小学生で身につけたい

語《ご》彙《い》力《りょく》1600

［コンパクト版］

監修
深谷圭助
（中部大学教授）

深谷先生《ふかやせんせい》からおうちの方《かた》へ

豊《ゆた》かな日本語《にほんご》の語彙《ごい》

子《こ》どもは、母親《ははおや》の言葉《ことば》をたくさん聞《き》きながら、言語《げんご》を習得《しゅうとく》していきます。その言葉《ことば》を私《わたし》たちは「**母語《ぼご》**」と読《よ》んでいます。母語《ぼご》は、ほかの人《ひと》とコミュニケーションをとるだけでなく、物事《ものごと》を考《かんが》えたり、感《かん》じたりする際《さい》の基本的《きほんてき》な「**頭《あたま》の中《なか》の枠組《わくぐ》み**」を形成《けいせい》します。「思考《しこう》の枠組《わくぐ》み」、「感性《かんせい》の枠組《わくぐ》み」を作《つく》りだすのが「母語《ぼご》」なのです。

物事《ものごと》を考《かんが》えるとき、感《かん》じるとき、人《ひと》は「言葉《ことば》」を使《つか》います。特《とく》に日本人《にほんじん》は、美《うつく》しさ、おいしさ、心地《ここち》よさを言葉《ことば》で表《あらわ》そうとします。例《たと》えば、日本《にほん》の美《うつく》しい四季《しき》の色彩《しきさい》を表《あらわ》すとき、さまざまな自然《しぜん》の事物《じぶつ》を用《もち》いた表現《ひょうげん》を使《つか》います。同《おな》じ「青《あお》」でも、**浅葱色《あさぎいろ》**、**群青色《ぐんじょういろ》**、**藍色《あいいろ》**など、いろいろな表現《ひょうげん》が存在《そんざい》します。また、ほかの国《くに》の言語《げんご》では、虹《にじ》の色《いろ》を五色《ごしょく》～二色《にしょく》でしか表現《ひょうげん》しません。しかし日本人《にほんじん》は七色《な/なしょく》もの色《いろ》を使《つか》って表現《ひょうげん》します。それは、色《いろ》に対《たい》する感性《かんせい》が生《う》み出《だ》す日本語《にほんご》の妙《みょう》ともいえます。日本人《にほんじん》にとって、**たくさんの語彙《ごい》を獲得《かくとく》することは、伝《つた》え合《あ》う力《ちから》だけでなく、物事《ものごと》を考《かんが》えたり、感《かん》じたりする力《ちから》を向上《こうじょう》させることにもつながります。**

小学生《しょうがくせい》のうちに語彙力《ごいりょく》を身《み》につける意義《いぎ》

これまでの児童語彙《じどうごい》の研究《けんきゅう》では、小学校一年生《しょうがっこういちねんせい》で**五千語《ごせんご》**程度《ていど》、小学校六年生《しょうがっこうろくねんせい》で**一万語《いちまんご》**から**一万二千語《いちまんにせんご》**程度《ていど》の語彙力《ごいりょく》を持《も》っていることがわかっています。そして、実際《じっさい》に社会《しゃかい》で活躍《かつやく》する大人《おとな》になるためには、その三倍《さんばい》の**四万語以上《よんまんごいじょう》の語彙《ごい》を身《み》につける必要《ひつよう》があると言《い》われています。**この研究《けんきゅう》からも語彙《ごい》を着実《ちゃくじつ》に修得《しゅうとく》することが重要《じゅうよう》なのは明《あき》らかです。

ところが、従来《じゅうらい》の小《しょう》、中《ちゅう》、高等学校《こうとうがっこう》の国語教育《こくごきょういく》において、語彙《ごい》指導《しどう》の方法《ほうほう》やカリキュラムはとても貧弱《ひんじゃく》です。学習指導要領《がくしゅうしどうようりょう》では、**各学年《かくがくねん》でどのような語彙《ごい》を修得《しゅうとく》させることが求《もと》められているのか、明確《めいかく》に示《しめ》されていません。**国語《こくご》の教科書《きょうかしょ》においても、学年配当漢字表《がくねんはいとうかんじひょう》に基《もと》づく漢字指導《かんじしどう》と関連《かんれん》した語彙指導《ごいしどう》が行《おこな》われる程度《ていど》です。

しかし、2017年《ねん》3月《がつ》に告示《こくじ》された※小学校学習指導要領《しょうがっこうがくしゅうしどうようりょう》では、「語彙力《ごいりょく》」を重視《じゅうし》した国語科教育《こくごかきょういく》を目指《めざ》しています。小学校学習指導要領《しょうがっこうがくしゅうしどうようりょう》において、「語彙力《ごいりょく》」が教育改革《きょういくかいかく》のキーワードの一《ひと》つになった点《てん》は、これまでの国語教育《こくごきょういく》をどのような視点《してん》から見直《みなお》したらよいのかを明快《めいかい》に示《しめ》したものと考《かんが》えられます。これまでの語彙教育《ごいきょういく》を抜本的《ばっぽんてき》に改革《かいかく》し、**子《こ》どもたちが日本語《にほんご》に関《かん》**

心《しん》をもてるように、そして今後《こんご》は**学習《がくしゅう》するべき語彙《ごい》とその系統《けいとう》的《てき》な学習順《がくしゅうじゅん》、語彙《ごい》の指導指針《しどうししん》を明《あき》らかにしていく**ことが求《もと》められます。語彙力《ごいりょく》を高《たか》めることで、読解力《どっかいりょく》や多様《たよう》な表現力《ひょうげんりょく》の基礎《きそ》固《がた》めが可能《かのう》です。語彙力《ごいりょく》は、国語科《こくごか》に置《お》ける基礎《きそ》・基盤《きばん》なのです。

※文部科学省《もんぶかがくしょう》の告示《こくじ》により日本《にほん》の学校教育《がっこうきょういく》（幼稚園《ようちえん》、小学校《しょうがっこう》、中学校《ちゅうがっこう》、高等《こうとう》学校《がっこう》、中等教育学校《ちゅうとうきょういくがっこう》、高等専門学校《こうとうせんもんがっこう》など）の教育内容《きょういくないよう》を規定《きてい》したもの。これを基《もと》にして検定教科書《けんていきょうかしょ》は作成《さくせい》され、各学校《かくがっこう》のカリキュラムが作成《さくせい》されます。

効率《こうりつ》よく語彙力《ごいりょく》をつけるために

私《わたし》は、これまで小学生《しょうがくせい》向《む》け国語辞典《こくごじてん》の編集《へんしゅう》に関《かか》わりながら、家庭生活《かていせいかつ》や学校生活《がっこうせいかつ》で子《こ》どもたちがどのような言葉《ことば》に触《ふ》れているのか、各教科《かくきょうか》の教科書《きょうかしょ》で、どのような言葉《ことば》を学《まな》んでいるのかという点《てん》に関心《かんしん》をもち、調査《ちょうさ》をしてきました。その経験《けいけん》をもとにつくられた本書《ほんしょ》は、小学生《しょうがくせい》に修得《しゅうとく》させるべき語彙《ごい》を学年毎《がくねんごと》の教科書語彙《きょうかしょごい》から抽出《ちゅうしゅつ》し、系統的《けいとうてき》に学《まな》ぶことができるドリルです。見出《みだ》しで語彙《ごい》の意味《いみ》を把握《はあく》、言《い》い換《か》え表現《ひょうげん》で応用《おうよう》し、穴埋《あなう》め問題《もんだい》で記憶《きおく》に定着《ていちゃく》させ、さらに**類語《るいご》**なども合《あ》わせて学習《がくしゅう》できるように工夫《くふう》しています。また、語彙《ごい》の適切《てきせつ》な活用《かつよう》のしかたが理《り》解《かい》できるように品詞《ひんし》の属性《ぞくせい》も明《あき》らかにしました。

「語彙《ごい》を身《み》につけること」は、**「学力《がくりょく》の基礎《きそ》」**であり、**「学力形《がくりょくけい》成《せい》の一丁目一番地《いっちょうめいちばんち》」**です。それは、算数《さんすう》における計算力《けいさんりょく》と並《なら》んで重要《じゅうよう》な基礎学力《きそがくりょく》です。小学校《しょうがっこう》では、配当漢字表《はいとうかんじひょう》に基《もと》づく漢字《かんじ》指導《しどう》に力《ちから》が入《い》れられています。それとあわせて、各学年《かくがくねん》における児童《じどう》の発達《はったつ》の程度《ていど》や教科内容《きょうかないよう》に対応《たいおう》した語彙指導《ごいしどう》にも取《と》り組《く》んでいくことが重要《じゅうよう》なのです。本書《ほんしょ》をお子様《こさま》に取《と》り組《く》ませることで、**骨太《ほねぶと》な語彙力《ごいりょく》**を身《み》につけ、しっかりとした**学力《がくりょく》の基礎《きそ》づくり**を行《おこな》っていただければ幸《さいわ》いです。

深谷圭助（ふかや　けいすけ）

中部大学教授《ちゅうぶだいがくきょうじゅ》、ＮＰＯ法人《ほうじん》こども・ことば研究所理事長《けんきゅうじょりじちょう》、元《もと》ロンドン大学東洋《だいがくとうよう》アフリカ研究学院客員研究員《けんきゅうがくいんきゃくいんけんきゅういん》。「辞書《じしょ》引《び》き学習《がくしゅう》法《ほう》」を開発《かいはつ》・提唱《ていしょう》し、自《みずか》らすすんで学《まな》ぶ力《ちから》の大切《たいせつ》さを主張《しゅちょう》している。近年《きんねん》では、イギリス、シンガポール、タイの現地学校《げんちがっこう》における「辞書《じしょ》引《び》き学習指導《がくしゅうしどう》」、母語《ぼご》、英語《えいご》に関《かん》する指導《しどう》・助言《じょげん》も行《おこな》っている。

この本《ほん》の特長《とくちょう》

1 1日《にち》1枚《まい》で成績《せいせき》アップ！

1日《にち》1枚《まい》、表《おもて》と裏《うら》の問題《もんだい》を解《と》く。これを毎日《まいにち》繰《く》り返《かえ》せば、1600の重要語句《じゅうようごく》が無理《むり》なく身《み》についていきます。家庭学習《かていがくしゅう》の習慣《しゅうかん》もつき、子《こ》どもが一人《ひとり》で勉強《べんきょう》に取《と》り組《く》めるようになります。

2 語句《ごく》と意味《いみ》を同時《どうじ》に学《まな》べる

ページの上部《じょうぶ》に語句《ごく》の品詞《ひんし》や意味《いみ》などをまとめています。問題《もんだい》を解《と》く前《まえ》に語句《ごく》の基本情報《きほんじょうほう》を覚《おぼ》えることで、語彙力《ごいりょく》の土台《どだい》がしっかりしたものになります。その後《ご》、問題《もんだい》を解《と》いてより記憶《きおく》に定着《ていちゃく》させていきます。

3 ×2倍以上《ばいいじょう》の学習効果《がくしゅうこうか》！

学習《がくしゅう》する語句《ごく》に似《に》た言葉《ことば》（類語《るいご》）も一緒《いっしょ》に覚《おぼ》えられるため、学習《がくしゅう》を進《すす》めるうちに頭《あたま》にストックされていく語句《ごく》が倍々《ばいばい》に増《ふ》えていきます。気《き》になった語句《ごく》は辞書《じしょ》でも調《しら》べてみると、より記憶《きおく》に定着《ていちゃく》します。

4 2つの練習問題《れんしゅうもんだい》で理解《りかい》を深《ふか》める

基本的《きほんてき》に、1つの語句《ごく》につき2つの問題《もんだい》が用意《ようい》されています。その語句《ごく》が実際《じっさい》に文《ぶん》の中《なか》でどんな使《つか》われ方《かた》をするのか、2パターンの例文《れいぶん》を見《み》ることで理解力《りかいりょく》アップにつながります。

5 全《すべ》ての漢字《かんじ》に読《よ》みがな付《つ》き！

全《すべ》ての漢字《かんじ》に読《よ》みがなを付《つ》けています。意味《いみ》や例文《れいぶん》も子《こ》どもにわかりやすく配慮《はいりょ》していますので、「なんて読《よ》むのかわからない！」と投《な》げ出《だ》すことなく取《と》り組《く》めます。

6 小学生《しょうがくせい》に必須《ひっす》の1600語《ご》が身《み》につく

六学年分《ろくがくねんぶん》の教科書《きょうかしょ》を分析《ぶんせき》し、小学校《しょうがっこう》の間《あいだ》に身《み》につけておきたい重要語句《じゅうようごく》を1600語選出《ごせんしゅつ》しています。使《つか》える語句《ごく》が増《ふ》えれば読解力《どっかいりょく》や表現力《ひょうげんりょく》が向上《こうじょう》し、作文《さくぶん》や発表《はっぴょう》などにも役立《やくだ》ちます。

本書《ほんしょ》の使《つか》い方《かた》

本書《ほんしょ》は小学生《しょうがくせい》のうちに覚《おぼ》えておきたい重要《じゅうよう》な語《ご》彙《い》を約《やく》1600語掲載《ごけいさい》しています。１日《にち》１枚《まい》ずつ毎日学習《まいにちがくしゅう》することをオススメします。７日ごとに少《すこ》し形式《けいしき》の違《ちが》った問題《もんだい》を出題《しゅつだい》していますので、１週間《しゅうかん》を１サイクルにして計画的《けいかくてき》に学習《がくしゅう》してみてください。コツコツ学習《がくしゅう》していけば、15 週間《しゅうかん》（約《やく》４か月《げつ》）で完了《かんりょう》できます。継続《けいぞく》は力《ちから》なり！目指《めざ》せ語彙博士《ごいはかせ》！！

語彙数《ごいすう》

これまでに、どのくらいの語彙《ごい》を覚《おぼ》えたかがわかります。

学《まな》んだ日《ひ》

学習《がくしゅう》した日《ひ》をメモできます。

見出《みだ》し語《ご》

そのページで覚《おぼ》えたい語彙《ごい》です。品詞《ひんし》や類語《るいご》も一緒《いっしょ》に覚《おぼ》えると効率《こうりつ》的《てき》に学習《がくしゅう》できます。

品詞《ひんし》

名詞《めいし》、動詞《どうし》、形容詞《けいようし》、形容動詞《けいようどうし》、副詞《ふくし》などに分類《ぶんるい》しています。

類語《るいご》

似《に》た意味《いみ》の言葉《ことば》です。意味《いみ》が複数《ふくすう》あるときは、意味《いみ》の①②…と連動《れんどう》しています。

意味《いみ》

見出《みだ》し語《ご》の意味《いみ》です。意味《いみ》が複数《ふくすう》あるときは、重要《じゅうよう》なものから①②…としています。

問1 左の語句と同じ意味の言葉をⒶ～Ⓖから選び、線で結びましょう。

問2 左の（　）に、❶～❼の語句から最も合うものを選んで書きなさい。

エ 漁師は（　）に船を出す。

学習《がくしゅう》の進《すす》め方《かた》

1
１段目《だんめ》にある見出《みだ》し語《ご》と意味《いみ》をセットで覚《おぼ》える（まずは読《よ》むだけでも◎）。

2
問《とい》１：２段目《だんめ》のＡ～Ｇの文《ぶん》に使《つか》われている太字《ふとじ》と意味《いみ》が合《あ》う見出《みだ》し語《ご》を線《せん》でつなぐ。

3
問《とい》２：３段目《だんめ》の空欄《くうらん》の中《なか》に、適切《てきせつ》な見出《みだ》し語《ご》を入《い》れて文章《ぶんしょう》を完成《かんせい》させる。

答《こた》え

裏《うら》ページの答《こた》えが載《の》っています。

問題《もんだい》

１つの語彙《ごい》について、練習問題《れんしゅうもんだい》に２回取《かいと》り組《く》めます。

＼アドバイス／

★ 間違《まちが》えた問題《もんだい》には印《しるし》をつけておきましょう。　★ わからなかった言葉《ことば》は、辞書《じしょ》を使《つか》って調《しら》べてみましょう。

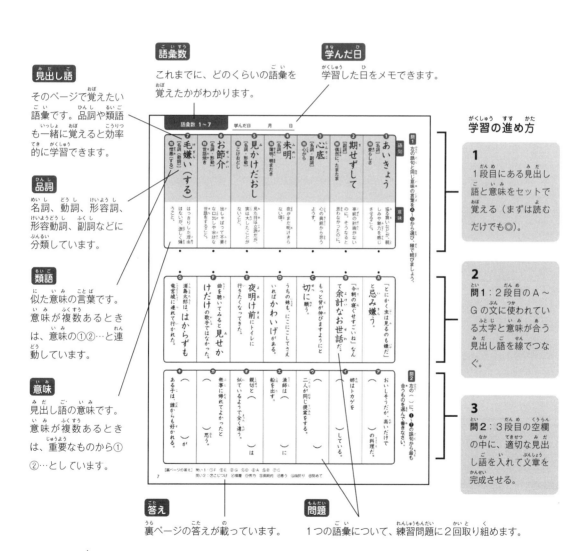

このドリルを使《つか》うみなさんへ

語彙力《ごいりょく》は学力《がくりょく》の基礎《きそ》です

みなさんは、いつから言葉《ことば》を話《はな》すようになったか、どんな言葉《ことば》を最初《さいしょ》に話《はな》したか、知《し》っていますか？

人《ひと》は、たくさんの言葉《ことば》をお母《かあ》さんやお父《とう》さん、家族《かぞく》や友達《ともだち》などから聞《き》いて、身《み》につけていきます。小学校《しょうがっこう》に入《はい》る頃《ころ》には、たくさんの言葉《ことば》を使《つか》っておしゃべりができるようになります。この頃《ころ》に、おしゃべりで使《つか》う言葉《ことば》（難《むずか》しい言葉《ことば》で「語彙《ごい》」と言《い》います）は、大体《だいたい》、二千《にせん》から三千語程度《さんぜんごていど》です。これだけの語彙《ごい》では、本《ほん》を読《よ》んだり、調《しら》べものをしたりすることはできません。読書《どくしょ》したり、国語《こくご》の問題《もんだい》をすらすら解《と》いたりするなら一万《いちまん》から一万二千《いちまんにせん》くらいの語彙《ごい》を身《み》につけていないと、難《むずか》しいと言《い》われています。さらに大人《おとな》になると四万語《よんまんご》くらいは身《み》につけていないと、新聞《しんぶん》や大人向《おとなむ》けの本《ほん》を読《よ》んだり、仕事《しごと》をしたりするのに差《さ》しさわりがでてくると言《い》われています。

語彙力《ごいりょく》は学力《がくりょく》の土台《どだい》です。たくさんの言葉《ことば》を理解《りかい》し、使《つか》えるようにしておくことは、全《すべ》ての学習《がくしゅう》の基礎《きそ》となります。国語《こくご》も算数《さんすう》も、理科《りか》も社会《しゃかい》も、教科書《きょうかしょ》や参考書《さんこうしょ》は全《すべ》て日本語《にほんご》で書《か》かれています。しかし、ただ本《ほん》を読《よ》んだり漢字《かんじ》の勉強《べんきょう》をしたりするだけでは、十分《じゅうぶん》な語彙力《ごいりょく》はつきません。

このドリルでは、小学生《しょうがくせい》のうちに理解《りかい》し、使《つか》えるようにしておきたい重要《じゅうよう》な語彙《ごい》を問題《もんだい》にしています。小学生《しょうがくせい》のみなさんには、ぜひ、このドリルを活用《かつよう》して、未来《みらい》を切《き》りひらく確《たし》かな語彙力《ごいりょく》をつけてほしいと願《ねが》っています。

２０２３年《ねん》５月《がつ》　春《はる》の京都《きょうと》にて　深谷圭助《ふかやけいすけ》

学んだ日　　月　　日

問1 左《ひだり》の語句《ごく》と同《おな》じ意味《いみ》の言葉《ことば》をA～Gから選《えら》び、線《せん》で結《むす》びましょう。

語句 / **意味**

1. **あいきょう** [名詞] 類 愛《あい》らしさ ― 振《ふ》る舞《ま》いなどが、親《した》しみや魅力《みりょく》を感《かん》じさせること。
2. **期《き》せずして** [副詞] 類 偶然《ぐうぜん》に、たまたま ― 事前《じぜん》の計画《けいかく》がないのに。そうなると思《おも》わなかったのに。
3. **心底《しんそこ》** [名詞・副詞] 類 心《こころ》から ― 心《こころ》の奥底《おくそこ》から思《おも》うようす。
4. **未明《みめい》** [名詞] 類 薄明《はくめい》、朝《あさ》まだき ― 夜《よる》がまだ明《あ》けきらない頃《ころ》。
5. **見《み》かけだおし** [名詞・形動] 類 こけおどし ― 見《み》た目《め》は立派《りっぱ》だが、実《じつ》は大《たい》したことがないこと。
6. **お節介《せっかい》** [名詞・形動] 類 世話焼《せわや》き ― 出《で》しゃばって不要《ふよう》な口出《くちだ》しや余計《よけい》な世話《せわ》をすること。
7. **毛嫌《けぎら》い（する）** [名詞（動詞）] 類 憎悪《ぞうお》（する） ― はっきりした理由《りゆう》はないが、激《はげ》しく嫌《きら》うこと。

A 「とにかく虫《むし》は見《み》るのも嫌《いや》だ」と**忌《い》み嫌《きら》う**。

B 「今朝《けさ》の寝《ね》ぐせすごいね」なんて**余計《よけい》なお世話《せわ》**だ。

C もっと背《せ》が伸《の》びますようにと**切《せつ》に**願《ねが》う。

D うちの妹《いもうと》も、にこにこしてさえいれば**かわいげ**がある。

E **夜明《よあ》け前《まえ》**にトイレに行《い》きたくなってきた。

F 曲《きょく》を聴《き》いてみると**見《み》せかけだけ**の歌手《かしゅ》ではなかった。

G 浦島太郎《うらしまたろう》は、**はからずも**竜宮城《りゅうぐうじょう》に連《つ》れて行《い》かれた。

問2 左《ひだり》の（　）に、1～7の語句《ごく》から最《もっと》も合《あ》うものを選《えら》んで書《か》きなさい。

ア おいしそうだが、高《たか》いだけで（　　　）の料理《りょうり》だ。

イ 姉《あね》はトカゲを（　　　）している。

ウ （　　　）二人《ふたり》が同《おな》じ提案《ていあん》をする。

エ 漁師《りょうし》は（　　　）に船《ふね》を出《だ》す。

オ 親切《しんせつ》と（　　　）は似《に》ているようで全《まった》く違《ちが》う。

カ 無事《ぶじ》に帰《かえ》れてよかったと（　　　）思《おも》う。

キ ある子《こ》は、誰《だれ》からも好《す》かれる（　　　）がある。

[裏ページの答え]　問い1：①F　②E　③G　④D　⑤A　⑥B　⑦C
問い2：㋐こじつけ　㋑横着　㋒労力　㋓画期的　㋔患う　㋕指折り　㋖努めて

問1 左《ひだり》の語句《ごく》と同《おな》じ意味《いみ》の言葉《ことば》をⒶ～Ⓖから選《えら》び、線《せん》で結《むす》びましょう。

	語句	意味
❶	**労力《ろうりょく》** [名詞] 類 労働力《ろうどうりょく》	働《はたら》き。何《なに》かを生《う》み出《だ》すために使《つか》う力《ちから》。
❷	**こじつけ(る)** [名詞(動詞)] 類 詭弁《きべん》、ごまかし	自分《じぶん》に都合《つごう》のよい理由《りゆう》をつけること。
❸	**患《わずら》う** [動詞] 類 病《や》む、発病《はつびょう》する	病気《びょうき》になる。
❹	**指折《ゆびお》り** [名詞] 類 屈指《くっし》、傑出《けっしゅつ》	多《おお》くの中《なか》で特《とく》に優《すぐ》れていること。
❺	**画期的《かっきてき》** [形動] 類 革新的《かくしんてき》、奇抜《きばつ》	新《あたら》しい時代《じだい》を開《ひら》くものであるようす。
❻	**努《つと》めて** [副詞] 類 できるだけ	可能《かのう》な限《かぎ》り力《ちから》を尽《つ》くして物事《ものごと》をするようす。
❼	**横着《おうちゃく》** [名詞・形動] 類 無精《ぶしょう》、ものぐさ	やらなければならないことを、怠《なま》けてしないこと。

Ⓐ **斬新《ざんしん》な**デザインだとほめられた。

Ⓑ 夜中《よなか》に空腹《くうふく》を感《かん》じ、**なるべく**音《おと》を立《た》てずに冷蔵庫《れいぞうこ》を開《あ》けた。

Ⓒ その犬《いぬ》は、餌《えさ》をもらうために**骨惜《ほねお》しみ**せず芸《げい》をする。

Ⓓ 全国《ぜんこく》でも**有数《ゆうすう》**の星空観察《ほしぞらかんさつ》スポットに行《い》ったのに、雨《あめ》になった。

Ⓔ 母《はは》に叱《しか》られた弟《おとうと》は、**屁理屈《へりくつ》**で言《い》い逃《のが》れしようと頑張《がんば》った。

Ⓕ **人手《ひとで》**不足《ぶそく》で手伝《てつだ》ったのに、余計《よけい》なお世話《せわ》だと言《い》われた。

Ⓖ ひどい風邪《かぜ》で何日《なんにち》も**寝込《ねこ》む**。

問2 左《ひだり》の(　)に、❶～❼の語句《ごく》から最《もっと》も合《あ》うものを選《えら》んで書《か》きなさい。

㋐ ウサギの目《め》は泣《な》き虫《むし》だから赤《あか》いなんて(　　　)だ。

㋑ 兄《あに》が(　　　)をして妹一人《いもうとひとり》に掃除《そうじ》をさせた。

㋒ (　　　)に見合《みあ》うだけの報酬《ほうしゅう》を求《もと》める。

㋓ (　　　)なアイデアにわくわくする。

㋔ 寒《さむ》くなってきたせいか風邪《かぜ》を(　　　)人《ひと》が多《おお》い。

㋕ 世界《せかい》でも(　　　)の手品師《てじなし》が公演《こうえん》をする。

㋖ 辛《つら》くても(　　　)明《あか》るい表情《ひょうじょう》をつくる。

[裏ページの答え]　問い1：①D　②G　③C　④E　⑤F　⑥B　⑦A
問い2：㋐見かけだおし　㋑毛嫌い　㋒期せずして　㋓末明　㋔お節介　㋕心底　㋖あいきょう

学んだ日　　月　　日

問1 左《ひだり》の語句《ごく》と同《おな》じ意味《いみ》の言葉《ことば》をⒶ～Ⓖから選《えら》び、線《せん》で結《むす》びましょう。

	語句	意味
❶	義務《ぎむ》 [名詞] 類 責務《せきむ》、務《つと》め	法律上《ほうりつじょう》や道徳上《どうとくじょう》、人《ひと》が当然《とうぜん》しなくてはならないこと。
❷	定着《ていちゃく》（する） [名詞（動詞）] 類 ①定住《ていじゅう》(する) ②浸透《しんとう》(する)	①決《き》まった位置《いち》に落《お》ち着《つ》くこと。②一般的《いっぱんてき》になること。
❸	殺風景《さっぷうけい》 [形動] 類 無風流《ぶふうりゅう》、寒々《さむざむ》しい	全《まった》く面白《おもしろ》みがないようす。
❹	成果《せいか》 [名詞] 類 収穫《しゅうかく》、賜物《たまもの》	出来上《できあ》がったよい結果《けっか》。
❺	一目置《いちもくお》く [慣用句] 類 敬意《けいい》を払《はら》う	相手《あいて》を自分《じぶん》より優《すぐ》れていると見《み》なし、重視《じゅうし》する。
❻	早速《さっそく》 [副詞] 類 すぐに、即座《そくざ》に	時間《じかん》をおかずに素《す》早《ばや》く行動《こうどう》するようす。
❼	障害《しょうがい》 [名詞] 類 邪魔物《じゃまもの》、支障《ししょう》	妨《さまた》げとなるもの。邪魔《じゃま》になるもの。

Ⓐ **味気《あじけ》ない**と言《い》われても派手《はで》な部屋《へや》は好《す》きじゃない。

Ⓑ 早《はや》く帰《かえ》りたいから、**直《ただ》ちに**作業《さぎょう》に取《と》り掛《か》かろう。

Ⓒ どんな**壁《かべ》**でも、ものともせずに突《つ》き進《すす》めたらいいなあ。

Ⓓ 気《き》にいった土地《とち》に**住《す》み着《つ》こう**と思《おも》う。

Ⓔ 父《ちち》も、けん玉《だま》にかけては息子《むすこ》に**優位《ゆうい》を認《みと》める**。

Ⓕ この優勝《ゆうしょう》は、応援団《おうえんだん》も含《ふく》め、みんなの汗《あせ》と涙《なみだ》の**結晶《けっしょう》**だ。

Ⓖ 今《いま》、**なすべきこと**は、けんかした相手《あいて》に謝《あやま》ることだ。

問2 左《ひだり》の（　）に、❶～❼の語句《ごく》から最《もっと》も合《あ》うものを選《えら》んで書《か》きなさい。

㋐ 多《おお》くの（　　　）を乗《の》り越《こ》えて成功《せいこう》した。

㋑ 大人《おとな》になると、税金《ぜいきん》を納《おさ》める（　　　）が生《う》まれる。

㋒ 先生《せんせい》も（　　　）ほど、彼《かれ》は歌《うた》がうまい。

㋓ 一見《いっけん》すれば砂漠《さばく》と空《そら》だけの（　　　）な写真《しゃしん》だ。

㋔ 小学校《しょうがっこう》の授業《じゅぎょう》でも英語教育《えいごきょういく》が（　　　）してきた。

㋕ （　　　）、今《いま》読《よ》んだ手紙《てがみ》の返事《へんじ》を書《か》く。

㋖ 勉強《べんきょう》した（　　　）が出《で》て、高得点《こうとくてん》がとれた。

［裏ページの答え］ 問い1：①E　②B　③A　④F　⑤G　⑥D　⑦C
問い2：㋐すさまじい　㋑へりくだる　㋒徹底的　㋓気安い　㋔なにしろ　㋕飢餓　㋖あけぼの

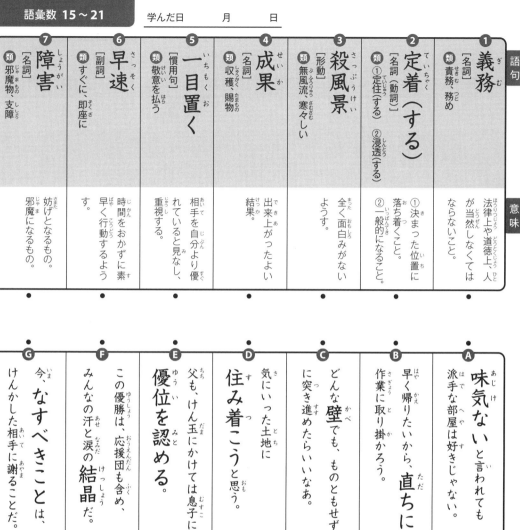

問1 左《ひだり》の語句《ごく》と同《おな》じ意味《いみ》の言葉《ことば》をⒶ～Ⓖから選《えら》び、線《せん》で結《むす》びましょう。

語句 / 意味

❶ **飢餓《きが》** ［名詞］ 類 飢《う》え
食《た》べ物《もの》がなくておなかがすき、苦《くる》しむこと。

❷ **あけぼの** ［名詞］ 類 暁《あかつき》、朝《あさ》ぼらけ
ほのぼのと夜《よる》が明《あ》ける頃《ころ》。

❸ **徹底的《てっていてき》** ［形動］ 類 すっかり、全《まった》く
どこまでも残《のこ》すところなくやり通《とお》すようす。

❹ **気安《きやす》い** ［形容詞］ 類 心安《こころやす》い
遠慮《えんりょ》がいらないようす。

❺ **なにしろ** ［副詞］ 類 何《なに》にせよ
ほかのことはさておき、そのことを強《つよ》めて言《い》う言葉《ことば》。

❻ **へりくだる** ［動詞］ 類 謙遜《けんそん》する
相手《あいて》を敬《うやま》って自分《じぶん》の立場《たちば》を低《ひく》くする。

❼ **すさまじい** ［形容詞］ 類 ①猛烈《もうれつ》 ②恐《おそ》ろしい
①程度《ていど》が異常《いじょう》に大《おお》きい。②危険《きけん》を感《かん》じて、不安《ふあん》である。

Ⓐ 父《ちち》は今《いま》、浴室《よくしつ》のカビを**完全《かんぜん》**に除去《じょきょ》しようと奮闘中《ふんとうちゅう》だ。

Ⓑ **夜明《よあ》け**の空《そら》を撮《と》ろうと思《おも》っていたのに、寝坊《ねぼう》した。

Ⓒ 大食《おおぐ》いの兄《あに》は、**とてつもない**量《りょう》のご飯《はん》を平《たい》らげる。

Ⓓ 謝《あやま》るつもりなら、**謙虚《けんきょ》な態度《たいど》をとる**ことだ。

Ⓔ **干乾《ひぼ》し**になりかけたキリギリスは、アリの家《いえ》を訪《たず》ねた。

Ⓕ 祖父《そふ》には**気《き》が置《お》けない**友人《ゆうじん》が多《おお》くいてうらやましい。

Ⓖ 母《はは》とママ友《とも》は**とにかく**おしゃべりが好《す》きだ。

問2 左《ひだり》の（　）に、❶～❼の語句《ごく》から最《もっと》も合《あ》うものを選《えら》んで書《か》きなさい。

㋐ （　　　　）強風《きょうふう》で傘《かさ》が裏返《うらがえ》しになった。

㋑ 目上《めうえ》の人《ひと》に対《たい》して（　　　　）。

㋒ （　　　　）に調《しら》べて故障《こしょう》の原因《げんいん》を見《み》つける。

㋓ （　　　　）友人《ゆうじん》同士《どうし》で楽《たの》しく語《かた》り合《あ》う。

㋔ （　　　　）、氷点下《ひょうてんか》まで冷《ひ》え込《こ》んだのだから寒《さむ》い。

㋕ （　　　　）に苦《くる》しむ地域《ちいき》の人々《ひとびと》を援助《えんじょ》する。

㋖ （　　　　）の空《そら》に太陽《たいよう》がだんだん顔《かお》を出《だ》す。

［裏ページの答え］ 問い1：①G ②D ③A ④F ⑤E ⑥B ⑦C
問い2：㋐障害 ㋑義務 ㋒一目置く ㋓殺風景 ㋔定着 ㋕早速 ㋖成果

問1 左《ひだり》の語句《ごく》と同《おな》じ意味《いみ》の言葉《ことば》を🅐～🅖から選《えら》び、線《せん》で結《むす》びましょう。

	語句	意味
❶	気心《きごころ》が知《し》れる［慣用句］ 類 親密《しんみつ》	お互《たが》いをよく知《し》る仲《なか》のよい間柄《あいだがら》であるようす。
❷	束《つか》の間《ま》［慣用句］ 類 短時間《たんじかん》	わずかな時間《じかん》。少《すこ》しの間《あいだ》。
❸	肩《かた》すかし［名詞］ 類 期待外《きたいはず》れ、予想外《よそうがい》	意表《いひょう》をついて勢《いきお》いをそらすこと。
❹	愚痴《ぐち》［名詞］ 類 ぼやき、繰《く》り言《ごと》	不満《ふまん》を言《い》って嘆《なげ》くこと。
❺	試《こころ》み［名詞］ 類 試《ため》し、テスト	どんな結果《けっか》が出《で》るか、調《しら》べるためにやってみること。
❻	素人《しろうと》［名詞］ 類 初心者《しょしんしゃ》	経験《けいけん》が少《すく》ない未熟《みじゅく》な人《ひと》。
❼	充実《じゅうじつ》（する）［名詞（動詞）］ 類 充足《じゅうそく》（する）	必要《ひつよう》なものが不足《ふそく》なく備《そな》わり、内容《ないよう》が豊《ゆた》かなこと。

🅐 人《ひと》の**文句**《もんく》をじっくり聞《き》く祖父《そふ》を僕《ぼく》はすごいと思《おも》う。

🅑 **実験**《じっけん》として、レモン汁《じる》と牛乳《ぎゅうにゅう》を混《ま》ぜてみた。

🅒 **ビギナー**だから、自分《じぶん》が楽《たの》しく歌《うた》えれば十分《じゅうぶん》だ。

🅓 目当《めあ》ての選手《せんしゅ》が出《で》ないなんて、とんだ**当**《あ》**て外**《はず》**れ**だ。

🅔 健康《けんこう》を回復《かいふく》し、気力《きりょく》も**十分**《じゅうぶん》**になる**。

🅕 **親**《した》**しい**間柄《あいだがら》の二人《ふたり》は、けなし合《あ》ってもけんかにならない。

🅖 ほんの**ひととき**であっても君《きみ》に再会《さいかい》できて幸《しあわ》せだった。

問2 左《ひだり》の（　）に、❶～❼の語句《ごく》から最《もっと》も合《あ》うものを選《えら》んで書《か》きなさい。

㋐ あなたには、つい（　　　　）をこぼしてしまう。

㋑ 期待《きたい》していたのに（　　　　）を食《く》らう。

㋒ （　　　　）に比喩《ひゆ》を使《つか》ったら詩《し》らしくなった。

㋓ 喜《よろこ》んだのも（　　　　）、すぐに逆転《ぎゃくてん》されて負《ま》けた。

㋔ 今日《きょう》は（　　　　）した練習《れんしゅう》ができた。

㋕ いつしか（　　　　）間柄《あいだがら》になった。

㋖ 木工《もっこう》に関《かん》してはずぶの（　　　　）です。

［裏ページの答え］ 問い1：①D　②G　③C　④B　⑤F　⑥A　⑦E
問い2：㋐逆上　㋑無謀　㋒激化　㋓善し悪し　㋔辛い　㋕本音　㋖胸がときめく

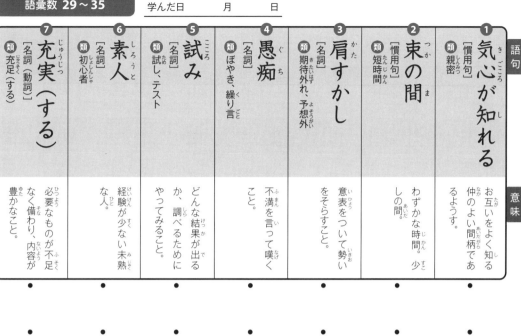

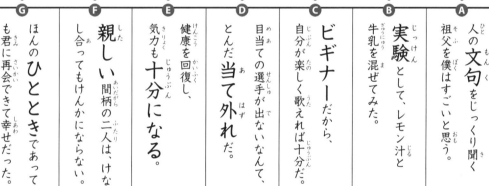

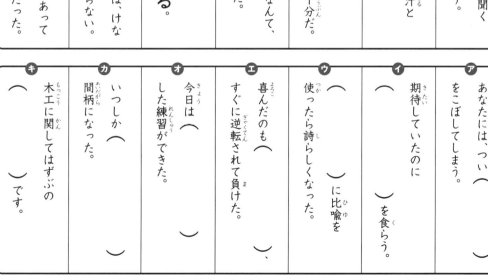

問1 左《ひだり》の語句《ごく》と同《おな》じ意味《いみ》の言葉《ことば》をⒶ～Ⓖから選《えら》び、線《せん》で結《むす》びましょう。

	語句	意味
❶	**胸《むね》がときめく** ［慣用句］ 類 胸《むね》が弾《はず》む	喜《よろこ》びや期待《きたい》でわくわくする。
❷	**激化《げきか》（する）** ［名詞（動詞）］ 類 熾烈化《しれつか》（する）	程度《ていど》が激《はげ》しくなること。
❸	**辛《つら》い** ［形容詞］ 類 ①切《せつ》ない　②冷《つめ》たい	①苦《くる》しくて我慢《がまん》できないようす。②接《せっ》し方《かた》がひどいようす。
❹	**逆上《ぎゃくじょう》（する）** ［名詞（動詞）］ 類 激怒《げきど》（する）、憤激《ふんげき》（する）	我《われ》を忘《わす》れるほど激《はげ》しい怒《いか》りにかられること。
❺	**本音《ほんね》** ［名詞］ 類 本心《ほんしん》、本意《ほんい》	偽《いつわ》りのない本当《ほんとう》の思《おも》い。
❻	**善《よ》し悪《あ》し** ［名詞］ 類 是非《ぜひ》、可否《かひ》	よいか悪《わる》いかということ。
❼	**無謀《むぼう》** ［名詞・形動］ 類 無鉄砲《むてっぽう》、軽《かる》はずみ	結果《けっか》を考《かんが》えずに物《もの》事《ごと》を行《おこな》うこと。

Ⓐ この案《あん》でよいか**適否《てきひ》**を問《と》う。

Ⓑ 努力《どりょく》をあざ笑《わら》う相手《あいて》に、主人公《しゅじんこう》は**激高《げきこう》**してとびかかった。

Ⓒ 月《つき》を見《み》て泣《な》くかぐや姫《ひめ》をそばで見《み》ている者《もの》たちも**心苦《こころぐる》しい**。

Ⓓ もうすぐお正月《しょうがつ》でお年玉《としだま》がもらえると思《おも》うと、**心《こころ》が躍《おど》る**。

Ⓔ 正義感《せいぎかん》から**向《む》こう見《み》ず**な行動《こうどう》に出《で》る。

Ⓕ 遠慮《えんりょ》しないで、**真意《しんい》**を聞《き》かせてほしい。

Ⓖ 意地《いじ》の張《は》り合《あ》いで対立《たいりつ》が**エスカレート**する。

問2 左《ひだり》の（　）に、❶～❼の語句《ごく》から最《もっと》も合《あ》うものを選《えら》んで書《か》きなさい。

㋐ あまりにも自分勝手《じぶんかって》な相手《あいて》に（　　　）する。

㋑ 十分《じゅうぶん》な装備《そうび》もなく登山《とざん》するのは（　　　）だ。

㋒ 徒競走《ときょうそう》のアンカー争《あらそ》いが（　　　）する。

㋓ 品物《しなもの》の（　　　）を見分《みわ》ける。

㋔ みんなに失敗《しっぱい》を責《せ》められて（　　　）一日《いちにち》だった。

㋕ 実《じつ》は野球《やきゅう》をやりたかったと（　　　）をもらす。

㋖ 宇宙飛行士《うちゅうひこうし》になった自分《じぶん》を想像《そうぞう》すると（　　　）。

［裏ページの答え］ 問い1：①F　②G　③D　④A　⑤B　⑥C　⑦E
問い2：㋐愚痴　㋑肩すかし　㋒試み　㋓束の間　㋔充実　㋕気心が知れる　㋖素人

学んだ日　　月　　日

問1 左《ひだり》の語句《ごく》と同《おな》じ意味《いみ》の言葉《ことば》をⒶ～Ⓖから選《えら》び、線《せん》で結《むす》びましょう。

	語句	意味
❶	**言《い》いがかり** [名詞] 類 難癖《なんくせ》、いちゃもん	筋《すじ》の通《とお》らない非難《ひなん》。根拠《こんきょ》もなくけなすこと。
❷	**いたいけ** [形動] 類 ①けなげ ②可憐《かれん》	①幼《おさな》いのに感心《かんしん》で心《こころ》を打《う》つようす。②幼《おさな》くかわいいようす。
❸	**探求《たんきゅう》(する)** [名詞(動詞)] 類 探索《たんさく》(する)、捜査《そうさ》(する)	何《なに》かを手《て》に入《い》れようとして探《さが》し求《もと》めること。
❹	**尽《つ》きる** [動詞] 類 ①枯渇《こかつ》する ②果《は》てる	①減《へ》っていってなくなる。②終《お》わる。
❺	**ぎくしゃく** [副詞] 類 ぎこちない	言葉《ことば》や動作《どうさ》が滑《なめ》らかでないようす。
❻	**渓谷《けいこく》** [名詞] 類 谷間《たにま》、山峡《さんきょう》	深《ふか》くて両側《りょうがわ》に険《けわ》しい壁《かべ》をもつ谷《たに》。
❼	**嫉妬《しっと》(する)** [名詞(動詞)] 類 やきもち、そねみ	自分《じぶん》より優《すぐ》れた者《もの》をうらやんで憎《にく》むこと。

Ⓐ 王妃《おうひ》は美《うつく》しい白雪姫《しらゆきひめ》を**ねたみ**、城《しろ》から追《お》い出《だ》した。

Ⓑ 自然《しぜん》の**峡谷《きょうこく》**を利用《りよう》してダムを建設《けんせつ》した。

Ⓒ 電池《でんち》が切《き》れかかり、おもちゃの犬《いぬ》の動《うご》きが**拙《つたな》い**。

Ⓓ 怒《いか》りにまかせ、**道理《どうり》に合《あ》わない文句《もんく》**をつける。

Ⓔ 買《か》いだめしていた限定品《げんていひん》のお菓子《かし》が、ついに**底《そこ》をつく**。

Ⓕ 授業《じゅぎょう》で水生生物《すいせいせいぶつ》の**調査《ちょうさ》**を行《おこな》った。

Ⓖ 五歳《ごさい》なのに、親《おや》を手伝《てつだ》おうとする姿《すがた》が**いじらしい**。

問2 左《ひだり》の（　）に、❶～❼の語句《ごく》から最《もっと》も合《あ》うものを選《えら》んで書《か》きなさい。

㋐ 人見知《ひとみし》り同士《どうし》で会話《かいわ》が（　　　）する。

㋑ 才能豊《さいのうゆた》かな人《ひと》には誰《だれ》でも（　　　）する。

㋒ これを食《た》べてしまったら、おやつのクッキーが（　　　）。

㋓ 手《て》を抜《ぬ》いただなんて、とんだ（　　　）だ。

㋔ 自分《じぶん》にとっての幸《しあわ》せを長年《ながねん》（　　　）している。

㋕（　　　）な子《こ》どもたちを守《まも》ろうと思《おも》う。

㋖ 美《うつく》しい（　　　）の風景写真《ふうけいしゃしん》を壁《かべ》に飾《かざ》る。

[裏ページの答え]　問い1：①D　②G　③E　④B　⑤F　⑥A　⑦C
問い2：㋐トラブル　㋑和む　㋒長所　㋓ただならぬ　㋔効率　㋕理想　㋖主張

問1 左《ひだり》の語句《ごく》と同《おな》じ意味《いみ》の言葉《ことば》をⒶ～Ⓖから選《えら》び、線《せん》で結《むす》びましょう。

語句 / 意味

❶ **和《なご》む** ［動詞］
類 和《やわ》らぐ、温和《おんわ》になる
気持《きも》ちが穏《おだ》やかになる。

❷ **理想《りそう》** ［名詞］
類 夢《ゆめ》、空想《くうそう》
こうあるべきだと考《かんが》えられること。

❸ **主張《しゅちょう》（する）** ［名詞（動詞）］
類 ①意見《いけん》（する）　②言説《げんせつ》
①ほかの人《ひと》に示《しめ》したい強《つよ》い考《かんが》え。②意《い》見《けん》を言《い》い張《は》ること。

❹ **効率《こうりつ》** ［名詞］
類 能率《のうりつ》
労力《ろうりょく》やエネルギーに対《たい》しての仕事《しごと》の進《すす》み方《かた》。

❺ **トラブル** ［名詞］
類 ①もめごと　②故障《こしょう》
①利益《りえき》を巡《めぐ》って起《お》きる争《あらそ》い。②処置《しょち》が必要《ひつよう》な事柄《ことがら》。

❻ **長所《ちょうしょ》** ［名詞］
類 美点《びてん》、メリット
よいところ。優《すぐ》れているところ。

❼ **ただならぬ** ［連語］
類 異常《いじょう》、普通《ふつう》ではない
通常《つうじょう》の範囲《はんい》を超《こ》えているようす。

Ⓐ 丈夫《じょうぶ》さが**取《と》り柄《え》**の植物《しょくぶつ》だから誰《だれ》でも育《そだ》てやすい。

Ⓑ 休憩《きゅうけい》を入《い》れたほうが勉強《べんきょう》の**はかどり具合《ぐあい》**はよい。

Ⓒ 疑《うたが》わしい判定《はんてい》に、客席《きゃくせき》は**尋常《じんじょう》でない**雰囲気《ふんいき》になった。

Ⓓ 赤《あか》ちゃんの笑顔《えがお》で、その場《ば》が**ほのぼのとする。**

Ⓔ 文章中《ぶんしょうちゅう》の筆者《ひっしゃ》の**訴《うった》え**を読《よ》み取《と》る力《ちから》をつけたい。

Ⓕ ちょっとした**いざこざ**があったが、もう解決《かいけつ》した。

Ⓖ 皆《みな》が互《たが》いを思《おも》いやる世界《せかい》こそ、人類《じんるい》の**目指《めざ》す形《かたち》**だ。

問2 左《ひだり》の（　）に、❶～❼の語句《ごく》から最《もっと》も合《あ》うものを選《えら》んで書《か》きなさい。

㋐ （　　　）の解決法《かいけつほう》を見《み》つける。

㋑ 春《はる》の日差《ひざ》しを浴《あ》びると、心《こころ》が（　　　）。

㋒ 礼儀正《れいぎただ》しいのは、彼《かれ》の（　　　）である。

㋓ どこか（　　　）気配《けはい》を感《かん》じて足《あし》がすくんだ。

㋔ 手順《てじゅん》を考《かんが》えて作業《さぎょう》すると（　　　）がよい。

㋕ （　　　）と現実《げんじつ》の違《ちが》いに悩《なや》む。

㋖ 明確《めいかく》な根拠《こんきょ》を挙《あ》げて（　　　）する。

［裏ページの答え］問い1：①D　②G　③F　④E　⑤C　⑥B　⑦A
問い2：㋐ぎくしゃく　㋑嫉妬　㋒尽きる　㋓言いがかり　㋔探求　㋕いたいけ　㋖渓谷

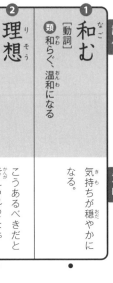

学んだ日　　月　　日

問1 左《ひだり》の語句《ごく》と同《おな》じ意味《いみ》の言葉《ことば》をⒶ～Ⓖから選《えら》び、線《せん》で結《むす》びましょう。

	語句	意味
①	不振《ふしん》 [名詞] 類 不活発《ふかっぱつ》、沈滞《ちんたい》	勢《いきお》いがふるわないこと。成績《せいせき》などが悪《わる》いこと。
②	感傷《かんしょう》 [名詞] 類 哀愁《あいしゅう》、哀感《あいかん》	物事《ものごと》に感《かん》じやすくなり、悲《かな》しい気分《きぶん》になること。
③	こじれる [動詞] 類 ①もつれる ②悪化《あっか》する	①物事《ものごと》が複雑《ふくざつ》になる。②病気《びょうき》がひどくなる。
④	馬《うま》が合《あ》う [慣用句] 類 気《き》が合《あ》う	馬《うま》と乗《の》り手《て》が一体《いったい》になるように、心地《ここち》よく通《つう》じ合《あ》う。
⑤	よそよそしい [形容詞] 類 水臭《みずくさ》い、つれない	見知《みし》らぬ人《ひと》に接《せっ》するように、親《した》しみを見《み》せないようす。
⑥	尻込《しりご》み（する） [名詞（動詞）] 類 躊躇《ちゅうちょ》（する）、萎縮《いしゅく》（する）	物事《ものごと》をするのにぐずぐずとためらうこと。
⑦	あからさま [形動] 類 露骨《ろこつ》	隠《かく》さないではっきり示《しめ》すようす。

Ⓐ 立候補《りっこうほ》しようと張《は》り切《き》っていたが、いざとなると**気後《きおく》れ**する。

Ⓑ 事態《じたい》が**ややこしくなる**前《まえ》に関係者《かんけいしゃ》で話《はな》し合《あ》う。

Ⓒ **スランプ**に陥《おちい》っていたが、ようやく持《も》ち直《なお》してきた。

Ⓓ 秋《あき》が深《ふか》まると**センチメンタルな気分《きぶん》**になる。

Ⓔ 改《あらた》まった席《せき》では**他人行儀《たにんぎょうぎ》な**態度《たいど》になってしまう。

Ⓕ よくもそんなに**おおっぴら**に自分《じぶん》の失敗《しっぱい》を言《い》えるね。

Ⓖ 好《この》みや考《かんが》え方《かた》が似《に》ているので、彼《かれ》とは**相性《あいしょう》がいい**と思《おも》う。

問2 左《ひだり》の（　）に、❶～❼の語句《ごく》から最《もっと》も合《あ》うものを選《えら》んで書《か》きなさい。

㋐ 大型犬《おおがたけん》に（　　　）して、私《わたし》の犬《いぬ》が前《まえ》に進《すす》まない。

㋑ 意見《いけん》を言《い》う人《ひと》が多《おお》すぎて問題《もんだい》が（　　　）。

㋒ （　　　）な反則行為《はんそくこうい》に、観客《かんきゃく》が騒《さわ》ぎ立《た》てる。

㋓ （　　　）人《ひと》と合《あ》わない人《ひと》がいるのは当然《とうぜん》だ。

㋔ 成績《せいせき》の（　　　）を理由《りゆう》に、部活《ぶかつ》をやめさせられた。

㋕ 切《せつ》ないドラマを見《み》て（　　　）にひたる。

㋖ せっかく会《あ》えたのに、どうも相手《あいて》が（　　　）。

［裏ページの答え］ 問い1：①E　②G　③A　④D　⑤F　⑥B　⑦C
問い2：㋐裏目に出る　㋑えんえん（と）　㋒好転　㋓早合点　㋔うっとうしい　㋕つくづく　㋖あてつけ

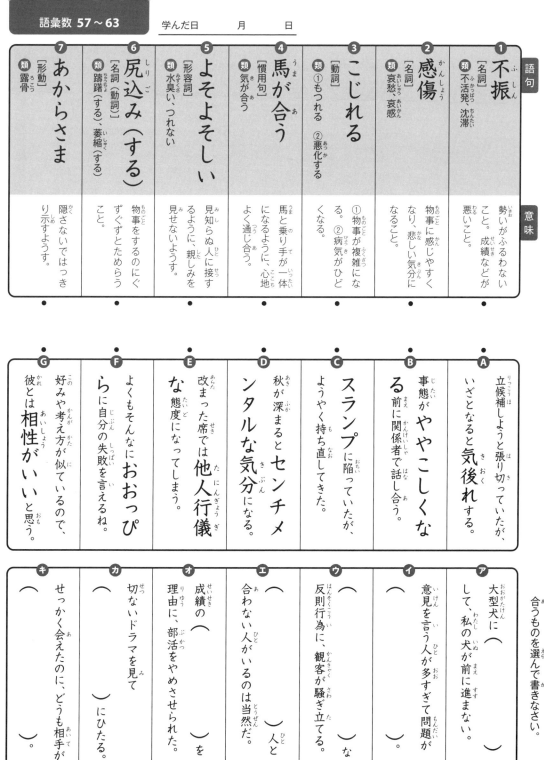

問1 左《ひだり》の語句《ごく》と同《おな》じ意味《いみ》の言葉《ことば》をⒶ～Ⓖから選《えら》び、線《せん》で結《むす》びましょう。

	語句	意味
❶	あてつけ ［名詞］ 類 皮肉《ひにく》	相手《あいて》の嫌《いや》がることをわざと言《い》ったりしたりすること。
❷	好転《こうてん》（する） ［名詞（動詞）］ 類 進歩《しんぽ》（する）	よい方向《ほうこう》に変化《へんか》すること。
❸	つくづく ［副詞］ 類 よくよく、しみじみ	切実《せつじつ》に感《かん》じたり、深《ふか》く考《かんが》えたりするようす。
❹	早合点《はやがてん》（する） ［名詞（動詞）］ 類 早《はや》のみこみ（する）	十分理解《じゅうぶんりかい》しないうちに、理解《りかい》できたと思《おも》い込《こ》むこと。
❺	裏目《うらめ》に出《で》る ［慣用句］ 類 逆目《ぎゃくめ》に出《で》る	物事《ものごと》が、期待《きたい》や希望《きぼう》した内容《ないよう》とは反対《はんたい》の結果《けっか》になる。
❻	うっとうしい ［形容詞］ 類 物憂《ものう》い	心《こころ》がふさいで、晴《は》れ晴《ば》れしないようす。
❼	えんえん（と） ［形動（副詞）］ 類 どこまでも	時間《じかん》や距離《きょり》が長《なが》く続《つづ》くようす。

Ⓐ 「家族《かぞく》はありがたいなあ」と骨身《ほねみ》にしみて思《おも》う。

Ⓑ 雨《あめ》ばかり続《つづ》いて憂《ゆう》うつな気分《きぶん》である。

Ⓒ 先生《せんせい》のお説教《せっきょう》がとめどなく続《つづ》く。

Ⓓ 終《お》わったと早《はや》とちりして、最後《さいご》の花火《はなび》を見《み》ずに帰《かえ》った。

Ⓔ 僕《ぼく》が恵《めぐ》まれているだなんて、あてこすりのつもりか。

Ⓕ なだめてみたが、かえって機嫌《きげん》を損《そこ》ね、逆効果《ぎゃくこうか》となる。

Ⓖ 話《はな》し合《あ》いの結果《けっか》、その問題《もんだい》は大《おお》きく改善《かいぜん》された。

問2 左《ひだり》の（　）に、❶～❼の語句《ごく》から最《もっと》も合《あ》うものを選《えら》んで書《か》きなさい。

㋐ 徹夜《てつや》で勉強《べんきょう》したが、眠《ねむ》くてテストができずに（　　　　）。

㋑ 列車《れっしゃ》が走《はし》る単調《たんちょう》なリズムが（　　　　）続《つづ》く。

㋒ 宣伝《せんでん》の効果《こうか》で売《う》り上《あ》げが（　　　　）する。

㋓ 優勝《ゆうしょう》が決《き》まったと思《おも》ったのは（　　　　）だった。

㋔ 気分《きぶん》が晴《は》れ晴《ば》れせず、毎日《まいにち》が（　　　　）。

㋕ まだまだ練習不足《れんしゅうぶそく》だったと（　　　　）感《かん》じる。

㋖ （　　　　）で妹《いもうと》にひどいことを言《い》う。

［裏ページの答え］ 問い1：①C　②D　③B　④G　⑤E　⑥A　⑦F
問い2：㋐尻込み　㋑こじれる　㋒あからさま　㋓馬が合う　㋔不振　㋕感傷　㋖よそよそしい

問1 左《ひだり》の語句《ごく》と同《おな》じ意味《いみ》の言葉《ことば》をA～Gから選《えら》び、線《せん》で結《むす》びましょう。

語句	意味
❶ ありきたり [形動] 類 月並《つきな》み、普通《ふつう》	従来《じゅうらい》どおりで、新《あたら》しさや工夫《くふう》がないようす。
❷ 歓喜《かんき》 [名詞] 類 狂喜《きょうき》	非常《ひじょう》にうれしがること。
❸ 過剰《かじょう》 [名詞・形動] 類 余分《よぶん》、超過《ちょうか》	適度《てきど》な量《りょう》や程度《ていど》を超《こ》えていること。
❹ 心境《しんきょう》 [名詞] 類 心理状態《しんりじょうたい》	そのときの心《こころ》の状態《じょうたい》。
❺ 到達《とうたつ》（する） [名詞（動詞）] 類 到着《とうちゃく》（する）	目標《もくひょう》としたところに着《つ》くこと。
❻ 要因《よういん》 [名詞] 類 原因《げんいん》、素因《そいん》	物事《ものごと》が起《お》きた主要《しゅよう》な原因《げんいん》。
❼ 仕向《しむ》ける [動詞] 類 仕掛《しか》ける	ほかがこちらの意《い》図《と》する行動《こうどう》をとるよう働《はたら》きかける。

- A 冗談《じょうだん》のつもりの一言《ひとこと》が、けんかの**もと**になる。
- B 今《いま》は、どうにでもなれという**精神状態《せいしんじょうたい》**だ。
- C 安《やす》さを強調《きょうちょう》して、買《か》いたくなるよう**誘導《ゆうどう》する**。
- D そんな**平凡《へいぼん》**な表現《ひょうげん》では読者《どくしゃ》を感動《かんどう》させられない。
- E やっとのことで、山頂《さんちょう》に**たどり着《つ》く**。
- F 周囲《しゅうい》からの**過度《かど》**の期待《きたい》はプレッシャーになる。
- G 念願《ねんがん》の金《きん》メダルを獲得《かくとく》して、**大喜《おおよろこ》び**する。

問2 左《ひだり》の（　）に、❶～❼の語句《ごく》から最《もっと》も合《あ》うものを選《えら》んで書《か》きなさい。

- ア （　　）なストーリーの小説《しょうせつ》だ。
- イ 卒業《そつぎょう》を前《まえ》に複雑《ふくざつ》な（　　）になる。
- ウ 失敗《しっぱい》の（　　）は体力不足《たいりょくぶそく》だ。
- エ 私《わたし》のちょっとした一言《ひとこと》に、彼《かれ》は（　　）に反応《はんのう》した。
- オ （　　）のあまり躍《おど》り出《だ》す人々《ひとびと》もいた。
- カ 話《はな》し合《あ》いの末《すえ》、結論《けつろん》に（　　）する。
- キ 彼《かれ》がキャプテンを引《ひ》き受《う》けるように（　　）。

［裏ページの答え］ 問い1：①F　②G　③D　④E　⑤B　⑥C　⑦A
問い2：㋐必ずしも　㋑あがめる　㋒朗らか　㋓気が利く　㋔顔見知り　㋕干渉　㋖平静

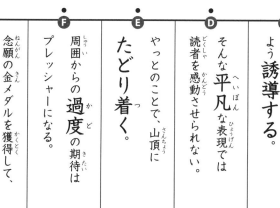

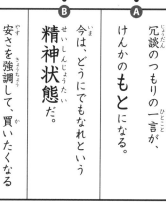

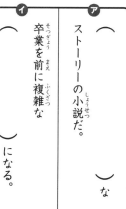

問1 左《ひだり》の語句《ごく》と同《おな》じ意味《いみ》の言葉《ことば》をA～Gから選《えら》び、線《せん》で結《むす》びましょう。

語句 / 意味

1 気《き》が利《き》く　[慣用句]　類 気働《きばたら》きがある
適切《てきせつ》な気配《きくば》りができるようす。

2 顔見知《かおみし》り　[名詞]　類 顔《かお》なじみ
顔《かお》を知《し》っている間柄《あいだがら》の人《ひと》。

3 平静《へいせい》　[名詞・形動]　類 平安《へいあん》
落《お》ち着《つ》いていること。穏《おだ》やかであること。

4 朗《ほが》らか　[形動]　類 明《あか》るい、明朗《めいろう》
心《こころ》が晴《は》れ晴《ば》れとしているようす。

5 必《かなら》ずしも　[副詞]　類 あながち
いつもそうとは限《かぎ》らないようす。

6 あがめる　[動詞]　類 敬《うやま》う
貴《とうと》ぶべきものとして重《おも》んじる。

7 干渉《かんしょう》（する）　[名詞（動詞）]　類 介入《かいにゅう》（する）、お節介《せっかい》
他人《たにん》のことに立《た》ち入《い》り、意見《いけん》の押《お》し付《つ》けをすること。

A 一人《ひとり》でできるからいらぬ口出《くちだ》しはしなくていいよ。

B お金《かね》があるほうが幸《しあわ》せとは一概《いちがい》には言《い》えない。

C 古代人《こだいじん》は、太陽《たいよう》を神《かみ》として崇拝《すうはい》した。

D 平穏《へいおん》な世《よ》の中《なか》が続《つづ》いてほしい。

E 辛《つら》いことがあっても、彼《かれ》はいつも陽気《ようき》に笑《わら》っている。

配慮《はいりょ》が行《ゆ》き届《とど》いたF 人《ひと》がいると皆《みな》が助《たす》かる。

G スポーツの大会《たいかい》を通《とお》して知《し》り合《あ》いになる。

問2 左《ひだり》の（　）に、1～7の語句《ごく》から最《もっと》も合《あ》うものを選《えら》んで書《か》きなさい。

ア （　　　）、質《しつ》の高《たか》い品物《しなもの》が売《う》れるとは限《かぎ》らない。

イ 神仏《しんぶつ》を（　　　）。

ウ 妹《いもうと》は（　　　）な性格《せいかく》だ。

エ いつも（　　　）彼女《かのじょ》は皆《みな》に愛《あい》されている。

オ 街《まち》で買《か》い物《もの》をしていたら（　　　）に会《あ》った。

カ 他人《たにん》に（　　　）しすぎると嫌《きら》われる。

キ 運動会《うんどうかい》が終《お》わり、学校《がっこう》に（　　　）が戻《もど》った。

[裏ページの答え]　問い1：①D　②G　③F　④B　⑤E　⑥A　⑦C
問い2：㋐ありきたり　㋑心境　㋒要因　㋓過剰　㋔歓喜　㋕到達　㋖仕向ける

学んだ日　　月　　日

問 左《ひだり》の語句《ごく》の意味《いみ》に合《あ》う発言《はつげん》を、下《した》のⒶ～Ⓗから選《えら》びましょう。

	1	2	3	4	5	6	7	8
語句	頭《あたま》が固《かた》い	頭《あたま》を痛《いた》める	頭《あたま》が上《あ》がらない	頭《あたま》が下《さ》がる	頭《あたま》を冷《ひ》やす	頭《あたま》に血《ち》がのぼる	頭《あたま》が切《き》れる	頭《あたま》を抱《かか》える
意味	自分《じぶん》の考《かんが》えにこだわり、人《ひと》の意見《いけん》を聞《き》かない。	心配《しんぱい》ごとなどで苦《くる》しみ、悩《なや》む。	圧倒《あっとう》されて、対等《たいとう》に振《ふ》る舞《ま》えない。	感心《かんしん》して、自然《しぜん》に敬《うやま》う気持《きも》ちになる。	冷静《れいせい》になるよう、気持《きも》ちを落《お》ち着《つ》かせる。	かっとして訳《わけ》がわからなくなる。	頭《あたま》の回転《かいてん》が速《はや》く、能力《のうりょく》が優《すぐ》れている。	どうしたらよいかわからず困《こま》り果《は》てる。
解答								

Ⓐ 毎朝《まいあさ》、公園《こうえん》の掃除《そうじ》をするなんて、なかなかできないことね。

Ⓑ なんだその言《い》い方《かた》は！　絶対《ぜったい》に許《ゆる》せないぞ！

Ⓒ あの子《こ》の判断《はんだん》は早《はや》くて正確《せいかく》だなあ。

Ⓓ お父《とう》さんったら、自分《じぶん》の言《い》うことだけが正《ただ》しいと思《おも》ってるんだから。

Ⓔ このテスト難《むずか》しいなあ。どこから手《て》をつけたらいいのかしら。

Ⓕ お母《かあ》さんの病気《びょうき》はどうすれば治《なお》るんだろう。

Ⓖ いつまでたっても、あの先輩《せんぱい》には逆《さか》らえないよ。

Ⓗ ここは慌《あわ》てずに、ひとまず水《みず》でも飲《の》んで考《かんが》えましょう。

［裏ページの答え］ ①起死回生　②過大評価　③汚名返上　④一長一短　⑤順風満帆　⑥古今東西　⑦百発百中　⑧一進一退

◆四字熟語《よじじゅくご》

一進一退《いっしんいったい》
覚え方　一《ひと》つ進《すす》んで一《ひと》つ退《しりぞ》く
意味　進《すす》んだり、後戻《あともど》りしたりすること。

一長一短《いっちょういったん》
覚え方　一《ひと》つの長所《ちょうしょ》と一《ひと》つの短所《たんしょ》
意味　よいところも悪《わる》いところも両方《りょうほう》あること。

起死回生《きしかいせい》
覚え方　起《お》き上《あ》がって死《し》から戻《もど》り、回復《かいふく》して生《い》き返《かえ》る
意味　絶望的《ぜつぼうてき》な状態《じょうたい》を立《た》ち直《なお》らせること。

古今東西《ここんとうざい》
覚え方　古《ふる》い時代《じだい》も今《いま》も東洋《とうよう》も西洋《せいよう》も
意味　いつの時代《じだい》でもどこの場所《ばしょ》でも。

順風満帆《じゅんぷうまんぱん》
覚え方　順風《じゅんぷう》（追《お》い風《かぜ》）が帆《ほ》に満《み》ちる
意味　物事《ものごと》が全《すべ》てうまく進《すす》むこと。

百発百中《ひゃっぱつひゃくちゅう》
覚え方　百発《ひゃっぱつ》打《う》って百回的中《ひゃっかいてきちゅう》する
意味　予想《よそう》や計画《けいかく》などが全部《ぜんぶ》当《あ》たること。

汚名返上《おめいへんじょう》
覚え方　汚《よご》れた名前《なまえ》を返上《へんじょう》する（返《かえ》す）
意味　過去《かこ》の不名誉《ふめいよ》や失敗《しっぱい》を晴《は》らすこと。

過大評価《かだいひょうか》
覚え方　過度《かど》に大《おお》きい評価《ひょうか》
意味　実際《じっさい》よりもよいように判断《はんだん》すること。

問　左《ひだり》の（　）にあてはまる四字熟語《よじじゅくご》を、上《うえ》から選《えら》びましょう。

❶ 九回裏《きゅうかいうら》ツーアウトから（　　　）のホームランを打《う》った。

❷ 私《わたし》たちは彼《かれ》のことを（　　　）していたようだ。

❸（　　　）のために、必死《ひっし》になって頑張《がんば》った。

❹ どのやり方《かた》にも（　　　）がある。

❺ あの人《ひと》の人生《じんせい》は（　　　）だね。

❻（　　　）の名作《めいさく》を集《あつ》める。

❼ 最近《さいきん》の天気予報《てんきよほう》は（　　　）だ。

❽ 風邪《かぜ》がなかなか治《なお》らず、（　　　）の状態《じょうたい》だ。

［裏ページの答え］ ①D ②F ③G ④A ⑤H ⑥B ⑦C ⑧E

学んだ日　　月　　日

問1 左《ひだり》の語句《ごく》と同《おな》じ意味《いみ》の言葉《ことば》を🅐～🅖から選《えら》び、線《せん》で結《むす》びましょう。

語句 / 意味

❶ **報《むく》い** ［名詞］ 類 ①応報《おうほう》 ②報酬《ほうしゅう》
①行動《こうどう》の結果《けっか》、身《み》に受《う》けるもの。②労《ろう》力《りょく》に対《たい》する金品《きんぴん》。

❷ **淡白《たんぱく》** ［名詞・形動］ 類 ①地味《じみ》 ②冷淡《れいたん》、淡々《たんたん》
①味《あじ》や色《いろ》が薄《うす》い。②性格《せいかく》がさっぱりしているようす。

❸ **浅《あさ》はか** ［名詞・形動］ 類 浅薄《せんぱく》
考《かんが》えが足《た》りないようす。

❹ **鈍《にぶ》い** ［形容詞］ 類 ①緩慢《かんまん》 ②ぼやけた
①動《うご》きがのろい。②はっきりしない。

❺ **つけ上《あ》がる** ［動詞］ 類 思《おも》い上《あ》がる、増長《ぞうちょう》する
調子《ちょうし》に乗《の》っていい気《き》になる。

❻ **たどたどしい** ［形容詞］ 類 おぼつかない
動《うご》きなどが不自然《ふしぜん》で滑《なめ》らかでない。

❼ **功績《こうせき》** ［名詞］ 類 功労《こうろう》
優《すぐ》れた仕事《しごと》の成果《せいか》。

🅐 母《はは》は**あっさり**した塩《しお》ラーメンが好《す》きだ。

🅑 **うぬぼれる**のもいい加減《かげん》にしろ！

🅒 おばあさんは、桃太郎《ももたろう》の**手柄《てがら》**を喜《よろこ》んだ。

🅓 弟《おとうと》を派手《はで》にからかったら**仕返《しかえ》し**された。

🅔 何《なに》もないところで転《ころ》ぶなんて**鈍臭《どんくさ》い**なぁ。

🅕 彼《かれ》の唯一《ゆいいつ》の欠点《けってん》は、**軽薄《けいはく》**なところだ。

🅖 二歳《にさい》の妹《いもうと》は、まだ話《はな》し方《かた》が**ぎこちない**。

問2 左《ひだり》の（　）に、❶～❼の語句《ごく》から最《もっと》も合《あ》うものを選《えら》んで書《か》きなさい。

㋐ 長年《ながねん》の（　　　）が認《みと》められる。

㋑ （　　　）痛《いた》みがじわじわと広《ひろ》がる。

㋒ 母《はは》の作《つく》る（　　　）な味付《あじつ》けの料理《りょうり》が好《す》きだ。

㋓ 弟《おとうと》は、ほめるとすぐに（　　　）。

㋔ 悪役《あくやく》が悪行《あくぎょう》の（　　　）を受《う》ける昔話《むかしばなし》を読《よ》む。

㋕ （　　　）な行動《こうどう》を慎《つつし》むよう言《い》われる。

㋖ （　　　）手《て》つきで料理《りょうり》をする。

［裏ページの答え］ 問い1：①B　②E　③F　④A　⑤G　⑥D　⑦C
問い2：㋐無造作　㋑回りくどい　㋒一心に　㋓宿願　㋔おどおど　㋕切り上げる　㋖潔白

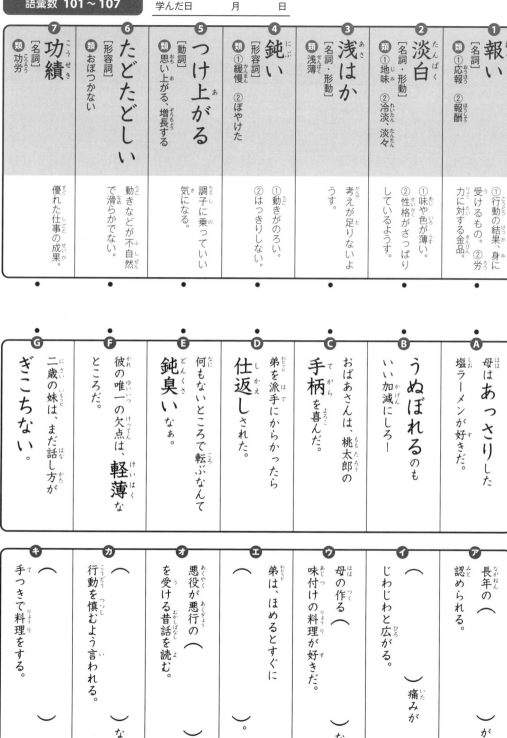

問1 左《ひだり》の語句《ごく》と同《おな》じ意味《いみ》の言葉《ことば》をⒶ～Ⓖから選《えら》び、線《せん》で結《むす》びましょう。

	語句	意味
❶	宿願《しゅくがん》［名詞］ 類 念願《ねんがん》	前々《まえまえ》から持《も》ち続《つづ》けている願《ねが》い。
❷	無造作《むぞうさ》［名詞・形動］ 類 何気《なにげ》なく	細《こま》かいことを気《き》にせずに物事《ものごと》をするようす。
❸	おどおど（する）［副詞（動詞）］ 類 びくびく（する）	怖《おそ》れや不安《ふあん》で落《お》ち着《つ》かないようす。
❹	一心《いっしん》に［副詞］ 類 もっぱら	一《ひと》つのことに集中《しゅうちゅう》するようす。
❺	切《き》り上《あ》げる［動詞］ 類 ①やめる ②繰《く》り上《あ》げる	①区切《くぎ》りをつける。②（算数《さんすう》）一《ひと》つ上《うえ》の位《くらい》に数《かず》を移《うつ》す。
❻	回《まわ》りくどい［形容詞］ 類 じれったい	話《はなし》などが、肝心《かんじん》な部分《ぶぶん》に行《い》き着《つ》かない。
❼	潔白《けっぱく》［名詞・形動］ 類 高潔《こうけつ》	心《こころ》がきれいで、やましいことがないようす。

Ⓐ 兄《あに》は、そのアイドルを**熱心《ねっしん》に**応援《おうえん》している。

Ⓑ **長年《ながねん》の願《ねが》い**がかなってお笑《わら》い芸人《げいにん》になる。

Ⓒ 彼女《かのじょ》の**けがれがない**心《こころ》を大切《たいせつ》にする。

Ⓓ **まどろっこしい**話《はなし》に、ついうとうとする。

Ⓔ 弟《おとうと》は、本《ほん》を棚《たな》に**適当《てきとう》に**並《なら》べた。

Ⓕ いたずらが見《み》つからないかと**冷《ひ》や冷《ひ》や**した。

Ⓖ ゲームをしたいので、勉強《べんきょう》を**一旦《いったん》終《お》える**。

問2 左《ひだり》の（　）に、❶～❼の語句《ごく》から最《もっと》も合《あ》うものを選《えら》んで書《か》きなさい。

㋐（　　　）に荷物《にもつ》を積《つ》み上《あ》げる。

㋑ えんえんと（　　　）説明《せつめい》が続《つづ》く。

㋒（　　　）練習《れんしゅう》したおかげで優勝《ゆうしょう》できた。

㋓ ついに（　　　）を果《は》たすときが来《き》た。

㋔（　　　）した態度《たいど》の人物《じんぶつ》を見《み》かける。

㋕ 今日《きょう》の仕事《しごと》はこれで（　　　）。

㋖ 身《み》の（　　　）を証明《しょうめい》する。

［裏ページの答え］ 問い1：①D ②A ③F ④E ⑤B ⑥G ⑦C
問い2：㋐功績 ㋑鈍い ㋒淡白 ㋓つけ上がる ㋔報い ㋕浅はか ㋖たどたどしい

学んだ日　　月　　日

問1 左《ひだり》の語句《ごく》と同《おな》じ意味《いみ》の言葉《ことば》をA～Gから選《えら》び、線《せん》で結《むす》びましょう。

語句 / 意味

1 **適当《てきとう》**
[名詞・形動]
類 ①妥当《だとう》、適度《てきど》 ②おざなり
①程度《ていど》がほどよいこと。②いい加減《かげん》にすますこと。

2 **口論《こうろん》(する)**
[名詞(動詞)]
類 言《い》い争《あらそ》い(する)
言葉《ことば》で争《あらそ》うこと。

3 **圧巻《あっかん》**
[名詞]
類 ハイライト
本《ほん》などの中《なか》で最《もっと》も優《すぐ》れているところ。

4 **あざける**
[動詞]
類 嘲笑《ちょうしょう》する
ばかにして笑《わら》ったり、悪口《わるぐち》を言《い》ったりする。

5 **だます**
[動詞]
類 ①かたる ②あやす
①うそを本当《ほんとう》と思《おも》わせる。②なだめすかす。

6 **うざっこい**
[形容詞]
類 うるさい、邪魔《じゃま》である
ごちゃごちゃして、面倒《めんどう》である。

7 **あらいざらい**
[副詞]
類 全《すべ》て
何《なに》から何《なに》まで。

A **うっとうしい**やつ、と言《い》われたくない。

B 母《はは》に机《つくえ》の中《なか》を**隅々《すみずみ》まで**見《み》られてしまった。

C いつもは辛《から》いが、今日《きょう》の味噌汁《みそしる》の塩加減《しおかげん》は**ちょうどいい**。

D **口《くち》げんか**では誰《だれ》にも負《ま》けない。

E 昨日《きのう》のアニメ、最後《さいご》が**いちばんいい場面《ばめん》**だったね。

F 失敗《しっぱい》した人《ひと》を**あざ笑《わら》う**のは、やめよう。

G 敵《てき》を**あざむく**には、まず味方《みかた》からだ。

問2 左《ひだり》の( )に、1～7の語句《ごく》から最《もっと》も合《あ》うものを選《えら》んで書《か》きなさい。

ア その映画《えいが》のクライマックスシーンは(　　)だった。

イ 甘《あま》い言葉《ことば》で人《ひと》を(　　)なんて!

ウ 前髪《まえがみ》が伸《の》びて(　　)。

エ 激《はげ》しい(　　)が始《はじ》まった。

オ 部屋《へや》を(　　)な温度《おんど》に保《たも》つ。

カ 小《ちい》さな欠点《けってん》を(　　)。

キ やってしまったいたずらを(　　)白状《はくじょう》する。

[裏ページの答え] 問い1:①D ②E ③B ④F ⑤G ⑥A ⑦C
問い2:㋐アピール ㋑取り繕う ㋒主観的 ㋓中断 ㋔専用 ㋕どうにか ㋖よみがえる

問1 左《ひだり》の語句《ごく》と同《おな》じ意味《いみ》の言葉《ことば》をⒶ～Ⓖから選《えら》び、線《せん》で結《むす》びましょう。

	語句	意味
❶	取《と》り繕《つくろ》う　［動詞］　類 ①ごまかす　②見《み》せかける	①失敗《しっぱい》などをごまかす。②上辺《うわべ》を飾《かざ》ってよく見《み》せる。
❷	アピール（する）　［名詞（動詞）］　類 ①主張《しゅちょう》（する）　②訴《うった》え（る）	①世間《せけん》に訴《うった》えること。②不服《ふふく》を申《もう》し立《た》てること。
❸	中断《ちゅうだん》（する）　［名詞（動詞）］　類 中止《ちゅうし》（する）	続《つづ》いていた物事《ものごと》が切《き》れること。
❹	どうにか　［副詞］　類 ①やっと　②まがりなりにも	①かろうじて。②なんとか。
❺	よみがえる　［動詞］　類 ①蘇生《そせい》する　②復活《ふっかつ》する	①生《い》き返《かえ》る。②失《うしな》われたものが元《もと》に戻《もど》る。
❻	専用《せんよう》　［名詞］　類 限定《げんてい》	決《き》まった人《ひと》や目的《もくてき》のために使《つか》うこと。
❼	主観的《しゅかんてき》　［形動］　類 個人的《こじんてき》	自分《じぶん》だけの考《かんが》えで言《い》ったり、したりするようす。

Ⓐ 女子《じょし》だけが使《つか》える更衣室《こういしつ》はこちらです。

Ⓑ 休憩《きゅうけい》のために、練習《れんしゅう》を途中《とちゅう》でやめる。

Ⓒ 父《ちち》の独自《どくじ》の判断《はんだん》で旅行先《りょこうさき》が決《き》まった。

Ⓓ 知《し》られたくない話題《わだい》だからお茶《ちゃ》を濁《にご》した。

Ⓔ 自分《じぶん》の魅力《みりょく》を前面《ぜんめん》に出《だ》そう。

Ⓕ 苦労《くろう》の末《すえ》、山《やま》の頂上《ちょうじょう》に着《つ》いた。

Ⓖ 愛犬《あいけん》が心臓《しんぞう》マッサージで息《いき》を吹《ふ》き返《かえ》した。

問2 左《ひだり》の（　）に、❶～❼の語句《ごく》から最《もっと》も合《あ》うものを選《えら》んで書《か》きなさい。

㋐ 彼《かれ》は自己《じこ》（　　　　）が苦手《にがて》だ

㋑ とっさにその場《ば》をうまく（　　　　）。

㋒ （　　　　）な意見《いけん》を述《の》べる。

㋓ 雨《あめ》でサッカーの試合《しあい》が（　　　　）される。

㋔ 会員《かいいん》（　　　　）の動画《どうが》サイトを見《み》る。

㋕ （　　　　）目的地《もくてきち》にたどり着《つ》く。

㋖ 昔《むかし》の記憶《きおく》が（　　　　）。

［裏ページの答え］ 問い1：①C　②D　③E　④F　⑤G　⑥A　⑦B
問い2：㋐圧巻　㋑だます　㋒うざっこい　㋓口論　㋔適当　㋕あざける　㋖あらいざらい

学んだ日　　月　　日

問1 左《ひだり》の語句《ごく》と同《おな》じ意味《いみ》の言葉《ことば》をⒶ～Ⓖから選《えら》び、線《せん》で結《むす》びましょう。

	語句	意味
❶	あてこする [動詞] 類 当《あ》てつける	関係《かんけい》ないことを言《い》うふりをして悪口《わるぐち》を言《い》う。
❷	二《に》の足《あし》を踏《ふ》む [慣用句] 類 尻込《しりご》みする	実行《じっこう》するのをためらう。
❸	感服《かんぷく》(する) [名詞(動詞)] 類 敬服《けいふく》(する)	心《こころ》から感心《かんしん》すること。
❹	従順《じゅうじゅん》 [形動] 類 素直《すなお》	人《ひと》に逆《さか》らわず、おとなしいようす。
❺	うなぎ上《のぼ》り [形動] 類 急上昇《きゅうじょうしょう》	上《あ》がり方《かた》が非常《ひじょう》に速《はや》い。
❻	判定《はんてい》(する) [名詞(動詞)] 類 決定《けってい》(する)	見分《みわ》けて定《さだ》めること。
❼	ひもじい [形容詞] 類 空腹《くうふく》	ひどくおなかがすいている。

Ⓐ お小遣《こづか》いが**どんどん上《あ》がる**のを期待《きたい》する。

Ⓑ 弟《おとうと》は私《わたし》の**言《い》いなり**にはならない。

Ⓒ 彼《かれ》は**皮肉《ひにく》を言《い》う**のが好《す》きだ。

Ⓓ 新刊《しんかん》のコミックを買《か》うかどうか、すごく**迷《まよ》う**。

Ⓔ 勝負《しょうぶ》は審判《しんぱん》の**判断《はんだん》**に委《ゆだ》ねられた。

Ⓕ 彼《かれ》の立派《りっぱ》な態度《たいど》を**敬《うやま》う**。

Ⓖ **腹《はら》ぺこ**で、もう死《し》にそうだ。

問2 左《ひだり》の（　）に、❶～❼の語句《ごく》から最《もっと》も合《あ》うものを選《えら》んで書《か》きなさい。

㋐ そのサッカー選手《せんしゅ》の評価《ひょうか》は（　　）だ。

㋑ 忠告《ちゅうこく》するふりをして、人《ひと》の失敗《しっぱい》を（　　）。

㋒ すばらしい作品《さくひん》を見《み》て（　　）する。

㋓ 難《むずか》しい挑戦《ちょうせん》に（　　）。

㋔ 食《た》べるものがなくて（　　）思《おも》いをする。

㋕ 彼《かれ》は、先生《せんせい》には（　　）だ。

㋖ そのボクサーは（　　）で勝《か》った。

[裏ページの答え]　問い1：①C　②F　③A　④B　⑤G　⑥E　⑦D
問い2：㋐基本　㋑切ない　㋒せっぱつまる　㋓油を売る　㋔厳か　㋕発想　㋖上回る

問1 左《ひだり》の語句《ごく》と同《おな》じ意味《いみ》の言葉《ことば》をA～Gから選《えら》び、線《せん》で結《むす》びましょう。

	語句	意味
1	上回《うわまわ》る [動詞] 類 しのぐ	数量《すうりょう》や程度《ていど》が基準《きじゅん》を超《こ》える。
2	発想《はっそう》（する） [名詞（動詞）] 類 着想《ちゃくそう》（する）	工夫《くふう》して考《かんが》えつくこと。
3	厳《おごそ》か [形動] 類 厳粛《げんしゅく》	威厳《いげん》があり、重々《おもおも》しいようす。
4	油《あぶら》を売《う》る [慣用句] 類 怠《なま》ける	仕事中《しごとちゅう》に無駄話《むだばなし》などをして時間《じかん》を過《す》ごす。
5	せっぱつまる [動詞] 類 追《お》い込《こ》まれる	物事《ものごと》が差《さ》し迫《せま》って困《こま》り切《き》る。
6	切《せつ》ない [形容詞] 類 やるせない	悲《かな》しくて、辛《つら》い。
7	基本《きほん》 [名詞] 類 基礎《きそ》	物事《ものごと》の大《おお》もとのこと。

A 卒業式《そつぎょうしき》は、荘厳《そうごん》な雰囲気《ふんいき》の中《なか》行《おこな》われた。

B 友達《ともだち》と図書館《としょかん》に行《い》ったが、結局勉強《けっきょくべんきょう》をサボった。

C 私《わたし》は、音楽《おんがく》の才能《さいのう》では姉《あね》に勝《まさ》っている。

D もう一度《いちど》、根本《こんぽん》からやり直《なお》そう。

E 映画《えいが》を見《み》て、胸《むね》が締《し》め付《つ》けられる。

F 彼女《かのじょ》の思《おも》い付《つ》きは、いつも個性的《こせいてき》だ。

G テストが間近《まぢか》に迫《せま》り、追《お》いつめられる。

問2 左《ひだり》の（　）に、1～7の語句《ごく》から最《もっと》も合《あ》うものを選《えら》んで書《か》きなさい。

ア （　　）的《てき》な問題《もんだい》に挑戦《ちょうせん》する。

イ 彼《かれ》に（　　）思《おも》いを打《う》ち明《あ》ける。

ウ こんなに（　　）前《まえ》に言《い》ってよ。

エ 店先《みせさき》で（　　）のは、やめてほしい。

オ 展覧会《てんらんかい》の（　　）な雰囲気《ふんいき》に背筋《せすじ》が伸《の》びる。

カ 行《い》き詰《づ》まったら（　　）の転換《てんかん》が必要《ひつよう》だ。

キ 平均的《へいきんてき》な記録《きろく》を（　　）。

[裏ページの答え]　問い1：①C　②D　③F　④B　⑤A　⑥E　⑦G
問い2：㋐うなぎ上り　㋑あてこする　㋒感服　㋓二の足を踏む　㋔ひもじい　㋕従順　㋖判定

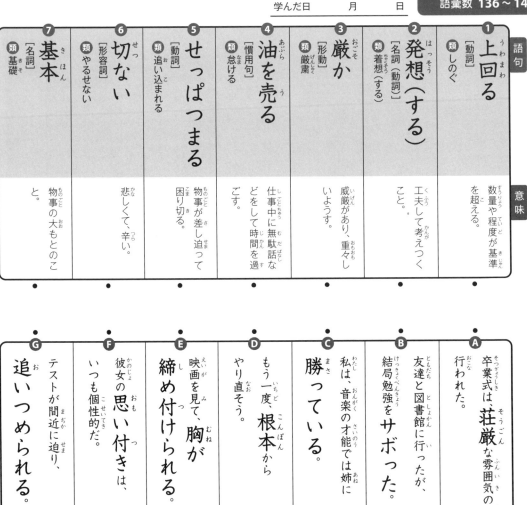

問1 左《ひだり》の語句《ごく》と同《おな》じ意味《いみ》の言葉《ことば》をⒶ～Ⓖから選《えら》び、線《せん》で結《むす》びましょう。

	語句	意味
❶	こびを売《う》る［慣用句］ 類 機嫌《きげん》をとる	人《ひと》の気《き》に入《い》るようにする。
❷	共感《きょうかん》（する）［名詞（動詞）］ 類 同感《どうかん》（する）	他人《たにん》の考《かんが》えに対《たい》して自分《じぶん》もそのとおりだと感《かん》じること。
❸	濃厚《のうこう》［名詞（形動）］ 類 ①濃密《のうみつ》 ②高確率《こうかくりつ》	①色《いろ》や味《あじ》などが濃《こ》いこと。②傾向《けいこう》が強《つよ》いこと。
❹	気落《きお》ち（する）［名詞（動詞）］ 類 落胆《らくたん》（する）	失望《しつぼう》すること。
❺	おのずと［副詞］ 類 おのずから	自然《しぜん》に。
❻	たけなわ［名詞（形動）］ 類 最中《さいちゅう》	物事《ものごと》のいちばん盛《さか》んなときのこと。
❼	蒸気《じょうき》［名詞］ 類 水蒸気《すいじょうき》	液体《えきたい》の蒸発《じょうはつ》、固体《こたい》の昇華《しょうか》によってできた気体《きたい》。

Ⓐ お気《き》に入《い》りの服《ふく》が破《やぶ》れて**がっかり**する。

Ⓑ 春《はる》**真《ま》っ盛《さか》り**の公園《こうえん》で花見《はなみ》をする。

Ⓒ 彼《かれ》は人《ひと》に**取《と》り入《い》る**のがうまい。

Ⓓ その考《かんが》えに**共鳴《きょうめい》**する人《ひと》は多《おお》い。

Ⓔ 鍋《なべ》からゆらゆらと**湯気《ゆげ》**が立《た》っている。

Ⓕ この豚骨《とんこつ》スープは**こってり**すぎて、私《わたし》にはくどい。

Ⓖ 教室《きょうしつ》の扉《とびら》が、**ひとりでに**開《ひら》いた。

問2 左《ひだり》の（　）に、❶～❼の語句《ごく》から最《もっと》も合《あ》うものを選《えら》んで書《か》きなさい。

㋐ 世界中《せかいじゅう》の人々《ひとびと》の（　　　）を呼《よ》ぶ。

㋑ プリンを食《た》べる。（　　　）な味《あじ》の

㋒ 試合《しあい》に負《ま》けて（　　　）する。

㋓ 旅行先《りょこうさき》で（　　　）機関車《きかんしゃ》に乗《の》る。

㋔ 先生《せんせい》に（　　　）ような人間《にんげん》にはなりたくない。

㋕ 目《め》を見《み》れば、気持《きも》ちは（　　　）わかる。

㋖ 宴《えん》（　　　）だが、この辺《へん》でお開《ひら》きにしよう。

［裏ページの答え］ 問い1：①B　②A　③D　④E　⑤F　⑥G　⑦C
問い2：㋐なぞらえる　㋑償う　㋒あらわ　㋓がぜん　㋔得策　㋕制する　㋖粗末

問1 左《ひだり》の語句《ごく》と同《おな》じ意味《いみ》の言葉《ことば》をⒶ～Ⓖから選《えら》び、線《せん》で結《むす》びましょう。

	語句	意味
❶	あらわ ［形動］ 類 ①露骨《ろこつ》 ②公《おおやけ》	①感情《かんじょう》などを隠《かく》さずむき出《だ》しにするようす。②公然《こうぜん》と。
❷	得策《とくさく》 ［名詞］ 類 有利《ゆうり》な手段《しゅだん》	得《とく》をするやり方《かた》。
❸	がぜん ［副詞］ 類 急《きゅう》に	突然《とつぜん》。
❹	償《つぐな》う ［動詞］ 類 弁償《べんしょう》する	損害《そんがい》を金品《きんぴん》などで埋《う》め合《あ》わせる。
❺	なぞらえる ［動詞］ 類 ①たとえる ②模《も》する	①あるものをほかのものにたとえる。②似《に》せる。
❻	粗末《そまつ》 ［形動］ 類 ①粗悪《そあく》 ②粗略《そりゃく》	①品質《ひんしつ》や作《つく》りが悪《わる》いようす。②いい加減《かげん》に扱《あつか》うようす。
❼	制《せい》する ［動詞］ 類 ①制止《せいし》する ②牛耳《ぎゅうじ》る	①言動《げんどう》や感情《かんじょう》を抑《おさ》える。②支配《しはい》する。

Ⓐ 一寸法師《いっすんぼうし》は、鬼退治《おにたいじ》の**よい方法《ほうほう》**を考《かんが》えた。

Ⓑ **赤裸々《せきらら》**な気持《きも》ちを伝《つた》えるのは恥《は》ずかしい。

Ⓒ 衝動《しょうどう》を**抑制《よくせい》**するのは難《むずか》しい。

Ⓓ 励《はげ》ましの言葉《ことば》に、**たちまち**勇気《ゆうき》がわいた。

Ⓔ けがが保険《ほけん》の**補償《ほしょう》**の対象《たいしょう》になった。

Ⓕ 人生《じんせい》を花《はな》の一生《いっしょう》に**見立《みた》てる**。

Ⓖ **不良品《ふりょうひん》**のおもちゃを返品《へんぴん》した。

問2 左《ひだり》の（　）に、❶～❼の語句《ごく》から最《もっと》も合《あ》うものを選《えら》んで書《か》きなさい。

㋐ 人生《じんせい》を旅《たび》に（　　　）。

㋑ 事故《じこ》による損失《そんしつ》を（　　　）ために働《はたら》く。

㋒ ついに事件《じけん》の真相《しんそう》が（　　　）になる。

㋓ おやつを食《た》べたら（　　　）やる気《き》が出《で》た。

㋔ 皆《みな》で（　　　）を考《かんが》える。

㋕ 生徒会《せいとかい》の選挙《せんきょ》で、過半数《かはんすう》を（　　　）。

㋖ （　　　）な造《つく》りの家《いえ》に住《す》む。

［裏ページの答え］ 問い１：①C　②D　③F　④A　⑤G　⑥B　⑦E
問い２：㋐共感　㋑濃厚　㋒気落ち　㋓蒸気　㋔こびを売る　㋕おのずと　㋖たけなわ

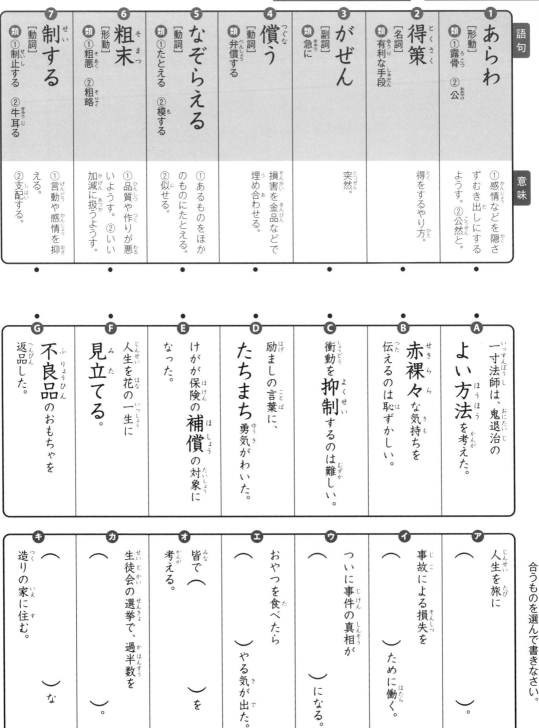

学んだ日　　月　　日

問1 左《ひだり》の語句《ごく》と同《おな》じ意味《いみ》の言葉《ことば》をⒶ～Ⓖから選《えら》び、線《せん》で結《むす》びましょう。

	語句	意味
❶	**導《みちび》く** [動詞] 類 ①率《ひき》いる ②促《うなが》す	①案内《あんない》する。②ある状態《じょうたい》へと仕《し》向《む》ける。
❷	**人見知《ひとみし》り(する)** [名詞(動詞)] 類 人《ひと》おじ(する)	慣《な》れない人《ひと》に対《たい》して恥《は》ずかしがること。
❸	**ちゅうちょ(する)** [名詞(動詞)] 類 ためらい	決心《けっしん》がつかず、迷《まよ》うこと。
❹	**不公平《ふこうへい》** [名詞(形動)] 類 不平等《ふびょうどう》	扱《あつか》いが公平《こうへい》でなく、偏《かたよ》っていること。
❺	**憂《ゆう》うつ** [名詞(形動)] 類 沈《ちん》うつ	気《き》が沈《しず》んで心《こころ》が晴《は》れないようす。
❻	**往々《おうおう》にして** [連語] 類 ちょくちょく	そうなることが多《おお》いようす。
❼	**真相《しんそう》** [名詞] 類 事実《じじつ》	実際《じっさい》の事情《じじょう》。

Ⓐ 周《まわ》りの目《め》が気《き》になって **二《に》の足《あし》を踏《ふ》んだ。**

Ⓑ おやつの取《と》り合《あ》いで **しばしば** けんかになる。

Ⓒ かぐや姫《ひめ》は、おじいさんに **本当《ほんとう》のこと**を話《はな》した。

Ⓓ このドラマの主人公《しゅじんこう》は、ひどく**内気《うちき》**だ。

Ⓔ 彼女《かのじょ》ばかりが**ひいき**されている、と感《かん》じる。

Ⓕ テストのことを考《かんが》えると **気《き》が晴《は》れない。**

Ⓖ 係員《かかりいん》が、入場者《にゅうじょうしゃ》を座席《ざせき》に **誘導《ゆうどう》する。**

問2 左《ひだり》の（　）に、❶～❼の語句《ごく》から最《もっと》も合《あ》うものを選《えら》んで書《か》きなさい。

㋐ 朝《あさ》の（　　　　）な気分《きぶん》を吹《ふ》っ飛《と》ばす。

㋑ （　　　　）することなく決断《けつだん》する。

㋒ 小《ちい》さい失敗《しっぱい》は（　　　　）ある。

㋓ キャプテンの一言《ひとこと》がチームを勝利《しょうり》に（　　　　）。

㋔ 探偵《たんてい》ホームズの目的《もくてき》は（　　　　）の究明《きゅうめい》だ。

㋕ 王《おう》の（　　　　）な振《ふ》る舞《ま》いに抗議《こうぎ》する。

㋖ 小《ちい》さい頃《ころ》はひどい（　　　　）だった。

［裏ページの答え］ 問い1：①D　②C　③A　④F　⑤B　⑥G　⑦E
問い2：㋐等分　㋑けなす　㋒描写　㋓円滑　㋔ふがいない　㋕持ち味　㋖誤算

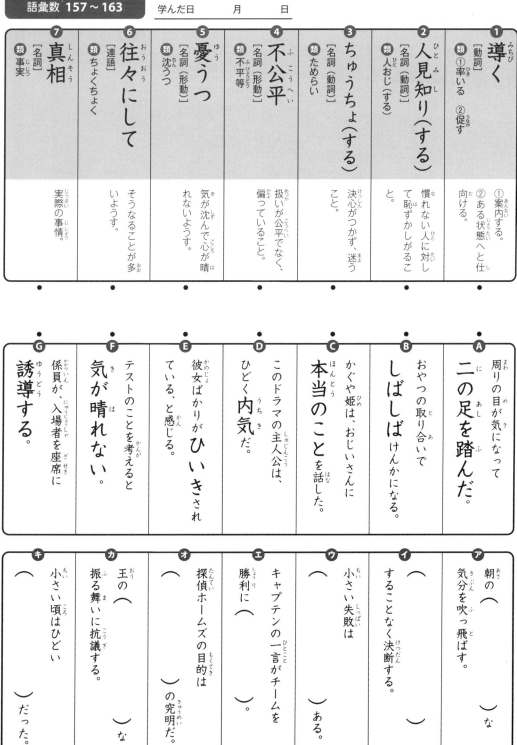

問1

左《ひだり》の語句《ごく》と同《おな》じ意味《いみ》の言葉《ことば》をⒶ～Ⓖから選《えら》び、線《せん》で結《むす》びましょう。

	語句	意味
❶	円滑《えんかつ》 ［形動］ 類 滞《とどこお》りない	物事《ものごと》が滑《なめ》らかに行《おこな》われること。
❷	持《も》ち味《あじ》 ［名詞］ 類 ①個性《こせい》 ②味《あじ》	①人物《じんぶつ》や作品《さくひん》の本来《ほんらい》の味《あじ》わい。②食《た》べ物《もの》が本来《ほんらい》持つ味。
❸	等分《とうぶん》（する） ［名詞（動詞）］ 類 均分《きんぶん》（する）	等《ひと》しく分《わ》けること。
❹	誤算《ごさん》 ［名詞］ 類 ①見込《みこ》み違《ちが》い ②計算違《けいさんちが》い	①見通《みとお》しの誤《あやま》り。②計算《けいさん》の誤《あやま》り。
❺	ふがいない ［形容詞］ 類 歯《は》がゆい	意気地《いくじ》がなく頼《たよ》りない。
❻	けなす ［動詞］ 類 そしる	人《ひと》やものを悪《わる》く言《い》う。
❼	描写《びょうしゃ》（する） ［名詞（動詞）］ 類 表現《ひょうげん》（する）	物事《ものごと》のようすや感情《かんじょう》などを文章《ぶんしょう》や絵《え》などで描《えが》くこと。

Ⓐ 妹《いもうと》と、スナック菓子《がし》を同《おな》じ分量《ぶんりょう》ずつ分《わ》けて食《た》べる。

Ⓑ この程度《ていど》の練習《れんしゅう》でへこたれるとは情《なさ》けないぞ。

Ⓒ 彼《かれ》の独自《どくじ》の作風《さくふう》が出《で》ている漫画《まんが》だね。

Ⓓ 難《むずか》しい文章《ぶんしょう》をすらすらと読《よ》んでみせる。

Ⓔ 新人画家《しんじんがか》が、自然《しぜん》の風景《ふうけい》を見事《みごと》に表《あらわ》した。

Ⓕ 私《わたし》が優勝《ゆうしょう》するなんて、いい意味《いみ》で予想外《よそうがい》だ。

Ⓖ 皆《みな》の前《まえ》でこき下《お》ろすなんて、ひどい。

問2

左《ひだり》の（　）に、❶～❼の語句《ごく》から最《もっと》も合《あ》うものを選《えら》んで書《か》きなさい。

ア ケーキを五《ご》（　　　　）に分《わ》ける。

イ 人《ひと》を（　　　　）のは、やめよう。

ウ 登場人物《とうじょうじんぶつ》の気持《きも》ちを（　　　　）する。

エ クラスのみんなと（　　　　）な人間関係《にんげんかんけい》を築《きず》く。

オ （　　　　）結果《けっか》に終《お》わって悔《くや》しい。

カ 食材《しょくざい》の（　　　　）を引《ひ》き出《だ》して料理《りょうり》する。

キ 夏休《なつやす》みの計画《けいかく》に（　　　　）が生《しょう》じる。

［裏ページの答え］ 問い1：①G　②D　③A　④E　⑤F　⑥B　⑦C
問い2：㋐憂うつ　㋑ちゅうちょ　㋒往々にして　㋓導く　㋔真相　㋕不公平　㋖人見知り

学んだ日　　月　　日

問1　左《ひだり》の語句《ごく》と同《おな》じ意味《いみ》の言葉《ことば》をⒶ～Ⓖから選《えら》び、線《せん》で結《むす》びましょう。

語句	意味
❶ もってこい ［形動］ 類 あつらえ向《む》き	ちょうどうまく合《あ》っているようす。
❷ とげのある ［連語］ 類 意地悪《いじわる》な	人《ひと》の心《こころ》を刺《さ》すような言動《げんどう》。
❸ したたる ［動詞］ 類 垂《た》れる	液体《えきたい》が滴《しずく》になって落《お》ちる。
❹ 気《き》が短《みじか》い ［連語］ 類 ①②短気《たんき》	①先《さき》を急《いそ》がないと気《き》が済《す》まない。②すぐ怒《おこ》る。
❺ 経費《けいひ》 ［名詞］ 類 費用《ひよう》	物事《ものごと》をするうえで必要《ひつよう》なお金《かね》。
❻ 遮《さえぎ》る ［動詞］ 類 ①遮断《しゃだん》する　②隔《へだ》てる	①邪魔《じゃま》をして止《と》める。②ものを置《お》いて視界《しかい》を妨《さまた》げる。
❼ 識別《しきべつ》（する） ［名詞（動詞）］ 類 鑑別《かんべつ》（する）	種類《しゅるい》や性質《せいしつ》などを見分《みわ》けること。

Ⓐ 彼《かれ》にそんなきついものの言《い》い方《かた》はよせよ。

Ⓑ 遠足《えんそく》にはうってつけのよい天気《てんき》だ。

Ⓒ 暑《あつ》さで汗《あせ》がぼたぼたと流《なが》れる。

Ⓓ 母《はは》はせっかちなので、いつも落《お》ち着《つ》かない。

Ⓔ ユニホームの購入《こうにゅう》にかかる金額《きんがく》を調《しら》べる。

Ⓕ 兄《あに》は、音《おと》の高低《こうてい》を正確《せいかく》に判別《はんべつ》できる。

Ⓖ 僕《ぼく》の前《まえ》に立《た》ちはだかるものはなにもない。

問2　左《ひだり》の（　）に、❶～❼の語句《ごく》から最《もっと》も合《あ》うものを選《えら》んで書《か》きなさい。

㋐ 木《き》を植《う》えて強風《きょうふう》を（　　　）。

㋑ 彼《かれ》には（　　　）の役柄《やくがら》だ。

㋒ 態度《たいど》をされて傷《きず》ついた。（　　　）

㋓ マネージャーが（　　　）を減《へ》らす努力《どりょく》をする。

㋔ 父《ちち》からの遺伝《いでん》だ。（　　　）性格《せいかく》は、

㋕ 水《みず》も（　　　）美男子《びだんし》とは、僕《ぼく》のことだ。

㋖ ひよこの雄《おす》と雌《めす》を（　　　）する。

［裏ページの答え］　問い1：①C　②B　③E　④F　⑤A　⑥G　⑦D
問い2：㋐あしらう　㋑度胸　㋒三枚目　㋓ぶっきらぼう　㋔依然　㋕打ち解ける　㋖甚だしい

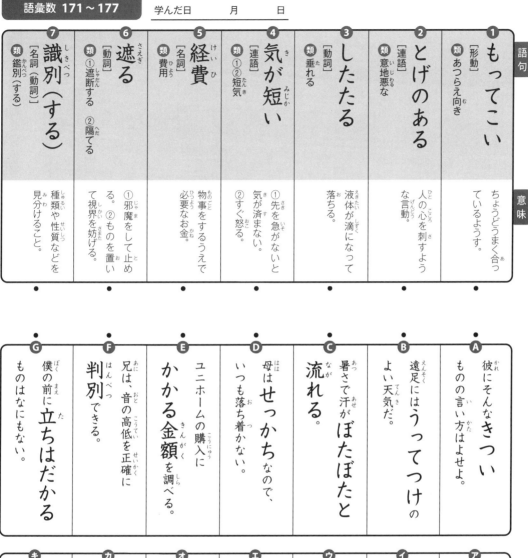

問1 左《ひだり》の語句《ごく》と同《おな》じ意味《いみ》の言葉《ことば》をⒶ～Ⓖから選《えら》び、線《せん》で結《むす》びましょう。

	語句	意味
❶	打《う》ち解《と》ける [動詞] 類 遠慮《えんりょ》がなくなる	心《こころ》の隔《へだ》たりがなくなり、親《した》しくなる。
❷	あしらう [動詞] 類 ①いなす ②配合《はいごう》する	①いい加減《かげん》に扱《あつか》う。②取《と》り合《あ》わせる。
❸	ぶっきらぼう [形動] 類 無愛想《ぶあいそう》	話《はな》し方《かた》や態度《たいど》が乱暴《らんぼう》で、愛想《あいそ》のないようす。
❹	甚《はなは》だしい [形容詞] 類 激《はげ》しい	普通《ふつう》の程度《ていど》を大《おお》きく超《こ》えている。
❺	度胸《どきょう》 [名詞] 類 大胆《だいたん》	物事《ものごと》を恐《おそ》れない心《こころ》。
❻	依然《いぜん》 [形動] 類 相変《あいか》わらず	前《まえ》と少《すこ》しも変《か》わらないようす。
❼	三枚目《さんまいめ》 [名詞] 類 面白《おもしろ》い役《やく》	こっけいな役《やく》を演《えん》じる俳優《はいゆう》、またはその役。

Ⓐ 試合《しあい》に出《で》ても緊張《きんちょう》しない姉《あね》は**肝《きも》ったま**がすわっている。

Ⓑ 無茶《むちゃ》ぶりしてくる友人《ゆうじん》に対《たい》して**適当《てきとう》に対応《たいおう》する**。

Ⓒ 白雪姫《しらゆきひめ》と小人《こびと》たちは、すぐに**仲《なか》よく**なった。

Ⓓ 僕《ぼく》は、二枚目《にまいめ》じゃなくて**笑《わら》わせる役《やく》**が好《す》きだ。

Ⓔ ポチは餌《えさ》をあげないと**素《そ》っ気《け》ない**態度《たいど》をとる。

Ⓕ 今年《ことし》の夏《なつ》は**ひどい**暑《あつ》さで体《からだ》が辛《つら》い。

Ⓖ 問題《もんだい》は**元《もと》のまま**で、解決《かいけつ》していない。

問2 左《ひだり》の（　）に、❶～❼の語句《ごく》から最《もっと》も合《あ》うものを選《えら》んで書《か》きなさい。

㋐ 突《つ》っかかる相手《あいて》を鼻《はな》で（　　　）。

㋑ ずいぶん（　　　）があるね、とほめられる。

㋒ 彼《かれ》に（　　　）を演《えん》じさせたら日本一《にっぽんいち》だ。

㋓ 父《ちち》は（　　　）だがユーモアもある。

㋔（　　　）として雨《あめ》が降《ふ》り続《つづ》いている。

㋕ クラスメイトと、すっかり（　　　）。

㋖ 勘違《かんちが》いも（　　　）、と彼《かれ》は苛立《いらだ》った。

[裏ページの答え] 問い1：①B　②A　③C　④D　⑤E　⑥G　⑦F
問い2：㋐遮る　㋑もってこい　㋒とげのある　㋓経費　㋔気が短い　㋕したたる　㋖識別

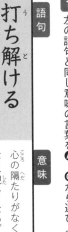

学んだ日　　月　　日

問 左《ひだり》の語句《ごく》の意味《いみ》に合《あ》う発言《はつげん》を、下《した》のⒶ～Ⓗから選《えら》びましょう。

	語句	意味	解答
❶	顔《かお》を出《だ》す	訪問《ほうもん》したり、会合《かいごう》に出席《しゅっせき》したりする。	
❷	顔《かお》から火《ひ》が出《で》る	恥《は》ずかしくて真《ま》っ赤《か》になる。	
❸	顔《かお》が利《き》く	信用《しんよう》や権威《けんい》があって、周《まわ》りによくしてもらえる。	
❹	顔《かお》をつぶす	名誉《めいよ》や体面《たいめん》を傷《きず》つける。	
❺	顔《かお》をそむける	見《み》ていられなくて、目《め》をそらす。	
❻	顔《かお》が広《ひろ》い	知《し》り合《あ》いが多《おお》く、付《つ》き合《あ》いが広《ひろ》い。	
❼	顔《かお》がほころぶ	表情《ひょうじょう》が和《やわ》らぎ、笑顔《えがお》になる。	
❽	顔《かお》が立《た》つ	名誉《めいよ》が傷《きず》つけられずに保《たも》たれる。	

Ⓐ 運動会《うんどうかい》のリレーでは、みんなの期待《きたい》を裏切《うらぎ》らずにすんでよかったよ。

Ⓔ テストでいい点《てん》をとったから、ついにやにやしちゃうな。

Ⓑ 友達《ともだち》がパーティーを開《ひら》いていたので、寄《よ》ってきたのよ。

Ⓕ 彼女《かのじょ》のお母《かあ》さんは地域《ちいき》の活動《かつどう》に熱心《ねっしん》で、いろんな人《ひと》を知《し》ってるよ。

Ⓒ 紹介《しょうかい》した友人《ゆうじん》が失敗《しっぱい》しちゃって、顔向《かおむ》けできないよ。

Ⓖ パパは芸能事務所《げいのうじむしょ》の社長《しゃちょう》だから、チケットがなくてもコンサート会場《かいじょう》に入《はい》れるのよ。

Ⓓ 日記《にっき》を弟《おとうと》に読《よ》まれてしまって、たまらない気分《きぶん》だったわ。

Ⓗ クモがチョウを食《た》べているのを見《み》て、思《おも》わず引《ひ》き返《かえ》したわ。

［裏ページの答え］ ①四面楚歌　②危機一髪　③異口同音　④因果応報　⑤自画自賛　⑥我田引水　⑦呉越同舟　⑧一石二鳥

◆四字熟語《よじじゅくご》

我田引水《がでんいんすい》
覚え方　自分《じぶん》（**我**《われ》）の**田**《た》んぼに**水**《みず》を**引**《ひ》く

意味　自分《じぶん》に都合《つごう》のいいように言《い》ったり、行《おこな》ったりすること。

因果応報《いんがおうほう》
覚え方　原**因**《げんいん》と結**果**《けっか》に**応**《おう》じて**報**《むく》いを受《う》ける

意味　よい行《おこな》いにはよい結果《けっか》、悪《わる》い行《おこな》いには悪《わる》い結果《けっか》が返《かえ》ること。

一石二鳥《いっせきにちょう》
覚え方　**一**《ひと》つの**石**《いし》で**二**《に》羽《わ》の**鳥**《とり》を得《え》る

意味　一《ひと》つの行動《こうどう》で二《ふた》つの利益《りえき》を得《え》ること。

異口同音《いくどうおん》
覚え方　**異**《こと》なる**口**《くち》が**同**《おな》じ**音**《おと》を出《だ》す

意味　多《おお》くの人《ひと》が口《くち》をそろえて同《おな》じことを言《い》うこと。

危機一髪《ききいっぱつ》
覚え方　**危機**《きき》が**髪一**《かみいっ》本分《ぽんぶん》に迫《せま》っている

意味　危機《きき》が迫《せま》って瀬戸際《せとぎわ》にあるということ。

呉越同舟《ごえつどうしゅう》
覚え方　**呉**《ご》と**越**《えつ》が**同**《おな》じ**舟**《ふね》に乗《の》っている

意味　仲《なか》の悪《わる》い者同士《ものどうし》が同《おな》じ場所《ばしょ》にいたり、行動《こうどう》を共《とも》にすること。

自画自賛《じがじさん》
覚え方　**自**分《じぶん》が描《か》いた絵《え》（**画**《が》）を、**自**分《じぶん》で絶**賛**《ぜっさん》する

意味　自分自身《じぶんじしん》や自分《じぶん》がしたことを自《じ》分《ぶん》でほめること。

四面楚歌《しめんそか》
覚え方　**四**《よっ》つの方角《ほうがく》（**面**《めん》）から**楚**《そ》の**歌**《うた》が聞《き》こえる

意味　周《まわ》りが反対《はんたい》する者《もの》ばかりで、味《み》方《かた》がいないこと。

問　左《ひだり》の（　）にあてはまる四字熟語《よじじゅくご》を、上《うえ》から選《えら》びましょう。

❶ 彼《かれ》の周《まわ》りは敵《てき》ばかりなので、いわゆる（　　　　）だね。

❷ 車《くるま》にぶつかりそうになったけど（　　　　）で助《たす》かった。

❸ 彼《かれ》が考《かんが》えを言《い》うと、誰《だれ》もが（　　　　）に賛成《さんせい》した。

❹ 遅刻《ちこく》をして叱《しか》られてしまったのだから（　　　　）だね。

❺ 自分《じぶん》の家《いえ》を自慢《じまん》するなんて（　　　　）だから嫌《いや》みに思《おも》われるよ。

❻ そんな（　　　　）の考《かんが》えでは、誰《だれ》もついて行《い》かないよ。

❼ 苦手《にがて》な人《ひと》と一緒《いっしょ》にいたら、（　　　　）だと言《い》われたよ。

❽ いらないものを売《う》ってお金《かね》がもらえるのだから、（　　　　）だね。

［裏ページの答え］①B　②D　③G　④C　⑤H　⑥F　⑦E　⑧A

学んだ日　　月　　日

問1 左《ひだり》の語句《ごく》と同《おな》じ意味《いみ》の言葉《ことば》をⒶ～Ⓖから選《えら》び、線《せん》で結《むす》びましょう。

	語句	意味
❶	疑《うたが》わしい [形容詞] 類 信《しん》じがたい	本当《ほんとう》かどうか、怪《あや》しい。信《しん》じられない。
❷	言《い》いなり [名詞] 類 言《い》うがまま	相手《あいて》の言《い》うとおりにする。
❸	いたわる [動詞] 類 ①気遣《きづか》う　②ねぎらう	①優《やさ》しく、大事《だいじ》にする。②温《あたた》かい気持《きも》ちで慰《なぐさ》める。
❹	窮屈《きゅうくつ》 [形動] 類 ①手狭《てぜま》　②気《き》づまり	①狭苦《せまくる》しくて身動《みうご》きできない。②心《こころ》がのびのびしない。
❺	一目散《いちもくさん》に [副詞] 類 まっしぐら	ほかのことに全《まった》く目《め》を向《む》けずに行《い》くようす。
❻	ひっきりなし [形動] 類 立《た》て続《つづ》け	途中《とちゅう》で切《き》れることなく続《つづ》くこと。
❼	削減《さくげん》(する) [名詞(動詞)] 類 切《き》り詰《つ》める	数量《すうりょう》や金額《きんがく》などを、削《けず》って少《すく》なくすること。

Ⓐ いたずらが見《み》つかり、わき目《め》も振《ふ》らずに逃《に》げる。

Ⓑ 弟《おとうと》の「絶対《ぜったい》に返《かえ》すよ」という言《こと》葉《ば》は、信用《しんよう》できない。

Ⓒ その食堂《しょくどう》には、お客《きゃく》が途《と》切《ぎ》れることなく訪《おとず》れる。

Ⓓ レジ袋《ぶくろ》の消費《しょうひ》を減《へ》らすために、エコバックを持参《じさん》しよう！

Ⓔ うちの犬《いぬ》は驚《おどろ》くほど従順《じゅうじゅん》な性格《せいかく》だ。

Ⓕ 三人《さんにん》で六畳《ろくじょう》部屋《べや》では、空間《くうかん》にゆとりがない。

Ⓖ けがをした友達《ともだち》を思《おも》いやって親切《しんせつ》にする。

問2 左《ひだり》の（　）に、❶～❼の語句《ごく》から最《もっと》も合《あ》うものを選《えら》んで書《か》きなさい。

㋐ 満員電車《まんいんでんしゃ》で立《た》っているのは（　　）だ。

㋑ 風邪《かぜ》をひいて寝込《ねこ》んでいる弟《おとうと》を（　　）。

㋒ 強《つよ》い相手《あいて》の命令《めいれい》には、どうしても（　　）になる。

㋓ ゴールを目指《めざ》して（　　）走《はし》る。

㋔ ごみの（　　）に取《と》り組《く》む。

㋕ タイムマシンは実現《じつげん》するかどうか（　　）。

㋖ 電話《でんわ》が（　　）に鳴《な》っている。

［裏ページの答え］ 問い1：①E　②C　③G　④B　⑤A　⑥D　⑦F
問い2：㋐読破　㋑およそ　㋒もどかしい　㋓踏ん張る　㋔けなげ　㋕切り札　㋖はつらつ

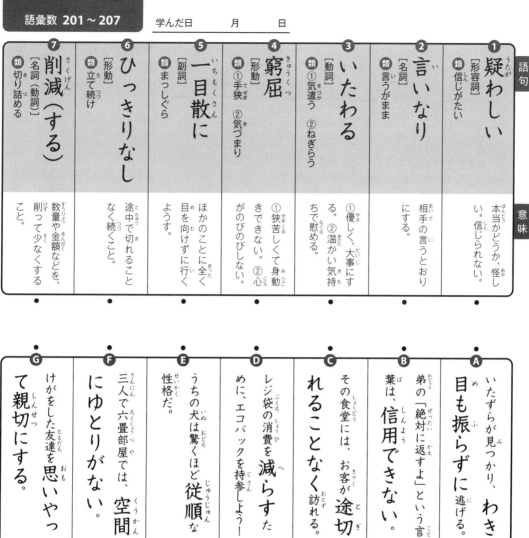

問1 左《ひだり》の語句《ごく》と同《おな》じ意味《いみ》の言葉《ことば》をⒶ～Ⓖから選《えら》び、線《せん》で結《むす》びましょう。

語句

❶ はつらつ
［形動］
類 活発《かっぱつ》、快活《かいかつ》

❷ 読破《どくは》（する）
［名詞（動詞）］
類 読《よ》み切《き》る

❸ けなげ
［形動］
類 いたいけ、かいがいしい

❹ 切《き》り札《ふだ》
［名詞］
類 ①奥《おく》の手《て》　②エース

❺ 踏《ふ》ん張《ば》る
［動詞］
類 ①頑張《がんば》る　②踏《ふ》み止《とど》まる

❻ およそ
［名詞・副詞］
類 ①ほぼ　②一般《いっぱん》に

❼ もどかしい
［形容詞］
類 はがゆい

意味

❶ 元気《げんき》があふれていて、明《あか》るいようす。

❷ 本《ほん》などを最後《さいご》まで読《よ》み通《とお》すこと。

❸ 弱《よわ》い者《もの》が、困難《こんなん》に負《ま》けずに頑張《がんば》るようす。

❹ ①とっておきの方法《ほうほう》。②トランプでいちばん強《つよ》い札《ふだ》。

❺ ①気力《きりょく》を出《だ》して頑張《がん》る。②足《あし》に力《ちから》を入《い》れて、こらえる。

❻ ①正確《せいかく》ではないが、大体《だいたい》。②一般的《いっぱんてき》に言《い》って。

❼ 自分《じぶん》の思《おも》うようにならなくて、不安定《ふあんてい》な気持《きも》ちになる。

Ⓐ 眠《ねむ》いけど頑張《がんば》ってこらえて、宿題《しゅくだい》を終《お》える。

Ⓑ 口《くち》げんかに勝《か》っとっておきの手段《しゅだん》は、変顔《へんがお》だ。

Ⓒ 僕《ぼく》の自慢《じまん》は、五十巻《ごじゅっかん》もある漫画《まんが》を読《よ》み終《お》えたことだ。

Ⓓ ケーキの上《うえ》のイチゴの数《かず》は、ざっと見《み》て二十個《にじゅっこ》だ。

Ⓔ 授業中《じゅぎょうちゅう》は静《しず》かな彼《かれ》だが、休《やす》み時間《じかん》は生《い》き生《い》きとして遊《あそ》ぶ。

Ⓕ 顔《かお》は知《し》っているのに、名前《なまえ》が出《で》て来《こ》なくてじれったい。

Ⓖ 幼《おさな》いながらもひたむきに取《と》り組《く》む姿《すがた》に感動《かんどう》した。

問2 左《ひだり》の（　）に、❶～❼の語句《ごく》から最《もっと》も合《あ》うものを選《えら》んで書《か》きなさい。

㋐ 文学全集《ぶんがくぜんしゅう》を（　　　　）する。

㋑ 完成《かんせい》まで（　　　　）一か月《げつ》しかない。

㋒ 勉強《べんきょう》がはかどらなくて（　　　　）。

㋓ 兄《あに》と相撲《すもう》を取《と》り、土俵《どひょう》ぎわで（　　　　）。

㋔ 妹《いもうと》が（　　　　）に子犬《こいぬ》の世話《せわ》をする。

㋕ 負《ま》けそうになったので、最後《さいご》の（　　　　）を出《だ》す。

㋖ 祖父《そふ》は八十歳《はちじゅっさい》を超《こ》えても、元気《げんき》（　　　　）だ。

［裏ページの答え］問い１：①B　②E　③G　④F　⑤A　⑥C　⑦D
問い２：㋐窮屈　㋑いたわる　㋒言いなり　㋓一目散に　㋔削減　㋕疑わしい　㋖ひっきりなし

学んだ日　　月　　日

問1 左《ひだり》の語句《ごく》と同《おな》じ意味《いみ》の言葉《ことば》をⒶ〜Ⓖから選《えら》び、線《せん》で結《むす》びましょう。

	語句	意味
❶	**訂正《ていせい》(する)**　[名詞(動詞)]　類 修正《しゅうせい》(する)	間違《まちが》いを正《ただ》しく改《あらた》めること。
❷	**存分《ぞんぶん》**　[副詞・形動]　類 十分《じゅうぶん》	思《おも》いのまま。思《おも》い通《どお》りに。
❸	**推《お》し量《はか》る**　[動詞]　類 推量《すいりょう》する	あることをもとに、ほかのことを「こうだろう」と考《かんが》える。
❹	**お世辞《せじ》**　[名詞]　類 おべんちゃら	相手《あいて》に気《き》に入《い》られるために言《い》う、過剰《かじょう》なほめ言葉《ことば》。
❺	**にわか雨《あめ》**　[名詞]　類 白雨《はくう》、急雨《きゅうう》	突然《とつぜん》降《ふ》り始《はじ》めて、すぐにやむ雨《あめ》。
❻	**味気《あじけ》ない**　[形容詞]　類 つまらない	味《あじ》わいや魅力《みりょく》がない。
❼	**直《ただ》ちに**　[副詞]　類 即座《そくざ》に	時間《じかん》をおかずに。すぐさま。

Ⓐ **通《とお》り雨《あめ》**に降《ふ》られて、びしょぬれだ。

Ⓑ 手書《てが》きでない年賀状《ねんがじょう》は**面白《おもしろ》みがない**。

Ⓒ 「若々《わかわか》しい」と言《い》われると、母《はは》は**おべっか**でも大喜《おおよろこ》びだ。

Ⓓ ランドセルを置《お》いたら、**すぐに**遊《あそ》びに出《で》かけよう。

Ⓔ 「玉子《たまご》」を「王子《おうじ》」と書《か》き間違《まちが》えて、**正《ただ》しく直《なお》した**。

Ⓕ バイキングに行《い》ったら、**思《おも》いっきり**食《た》べまくるぞ。

Ⓖ 黒板《こくばん》の消《け》し方《かた》から、先生《せんせい》の機嫌《きげん》を**推測《すいそく》する**。

問2 左《ひだり》の（　）に、❶〜❼の語句《ごく》から最《もっと》も合《あ》うものを選《えら》んで書《か》きなさい。

ア 週末《しゅうまつ》は思《おも》う（　　　）遊《あそ》ぶ。

イ 見《み》えすいた（　　　）を言《い》ってごまをする。

ウ （　　　）がやむのを待《ま》つ。

エ 目覚《めざ》ましが鳴《な》ったら、（　　　）起《お》きる。

オ 誤字《ごじ》を（　　　）するよう注意《ちゅうい》される。

カ 会話《かいわ》する相手《あいて》の気持《きも》ちを（　　　）。

キ 一日中家《いちにちじゅういえ》にこもって外《そと》に出《で》ないのは（　　　）。

[裏ページの答え]　問い1：①E　②A　③G　④B　⑤D　⑥C　⑦F
問い2：㋐矛盾　㋑ねたむ　㋒いつしか　㋓心憎い　㋔センス　㋕寸前　㋖しらを切る

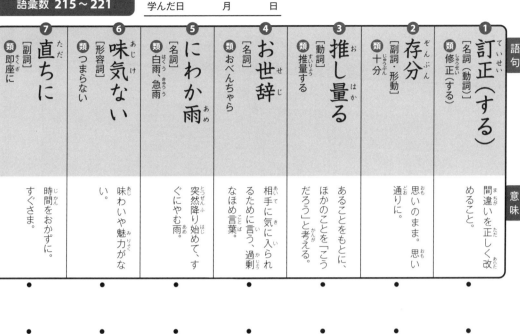

問1 左《ひだり》の語句《ごく》と同《おな》じ意味《いみ》の言葉《ことば》をⒶ～Ⓖから選《えら》び、線《せん》で結《むす》びましょう。

	語句	意味
❶	**心憎《こころにく》い** [形容詞] 類 ①しゃれた ②きめ細《こま》やかな	①憎《にく》らしいほど、すばらしい。②さりげない配慮《はいりょ》を感《かん》じる。
❷	**寸前《すんぜん》** [名詞] 類 直前《ちょくぜん》	ほんの少《すこ》しだけ前《まえ》。
❸	**矛盾《むじゅん》（する）** [名詞（動詞）] 類 不一致《ふいっち》、背反《はいはん》	あることとあることのつじつまが合《あ》わないこと。
❹	**いつしか** [副詞] 類 いつの間《ま》にやら	いつの間《ま》にか。気付《きづ》かぬうちに。
❺	**ねたむ** [動詞] 類 そねむ	人《ひと》のよいところをうらやみ、憎《にく》らしく思《おも》う。
❻	**しらを切《き》る** [慣用句] 類 とぼける	知《し》っているのに、知《し》らないふりをする。
❼	**センス** [名詞] 類 感性《かんせい》	物事《ものごと》の味《あじ》わいや魅《み》力《りょく》を感《かん》じ取《と》る心《こころ》の働《はたら》き。

Ⓐ 玄関《げんかん》を出《で》る**間際《まぎわ》**に、忘《わす》れ物《もの》を思《おも》い出《だ》した。

Ⓑ ゲームに夢中《むちゅう》になり、**知《し》らぬ間《ま》に**夜《よ》もふけていた。

Ⓒ 牛乳《ぎゅうにゅう》をこぼした弟《おとうと》が、「僕《ぼく》じゃないよ」と**しらばくれた**。

Ⓓ 彼女《かのじょ》の運《うん》のよさは、みんなが**嫉妬《しっと》する**ほどだ。

Ⓔ お母《かあ》さんに「肩《かた》たたき券《けん》」とは、**気《き》の利《き》いた**贈《おく》り物《もの》だ。

Ⓕ たまには雑誌《ざっし》を見《み》て、ファッションの**感覚《かんかく》**を磨《みが》こう。

Ⓖ 減量《げんりょう》と言《い》いながらお菓子《かし》を食《た》べては、**筋《すじ》が通《とお》らない**。

問2 左《ひだり》の（　）に、❶～❼の語句《ごく》から最《もっと》も合《あ》うものを選《えら》んで書《か》きなさい。

㋐ その話《はなし》の（　　　）を突《つ》かれてしまう。

㋑ 人《ひと》の幸福《こうふく》を（　　　）なんて心《こころ》が貧《まず》しい。

㋒ （　　　）春《はる》になっていた。

㋓ （　　　）もてなしを受《う》ける。

㋔ 笑《わら》いの（　　　）がある。

㋕ 発車《はっしゃ》（　　　）の電車《でんしゃ》に飛《と》び乗《の》る。

㋖ 「知《し》りません」と（　　　）。

[裏ページの答え]　問い1：①E　②F　③G　④C　⑤A　⑥B　⑦D
問い2：㋐存分　㋑お世辞　㋒にわか雨　㋓直ちに　㋔訂正　㋕推し量る　㋖味気ない

学んだ日　　月　　日

問1 左《ひだり》の語句《ごく》と同《おな》じ意味《いみ》の言葉《ことば》をⒶ～Ⓖから選《えら》び、線《せん》で結《むす》びましょう。

語句 / 意味

❶ **平然《へいぜん》(と)**
［形動（副詞）］
類 悪《わる》びれず
意味：慌《あわ》てずに、落《お》ち着《つ》き払《はら》って。

❷ **気《き》まずい**
［形容詞］
類 居心地《いごこち》が悪《わる》い
意味：お互《たが》いに気持《きも》ちがかみ合《あ》わず、打《う》ち解《と》けないようす。

❸ **復興《ふっこう》(する)**
［名詞（動詞）］
類 再興《さいこう》（する）
意味：元《もと》の通《とお》りに盛《さか》んになること。

❹ **会釈《えしゃく》(する)**
［名詞（動詞）］
類 一礼《いちれい》（する）
意味：軽《かる》く頭《あたま》を下《さ》げて、挨《あい》拶《さつ》すること。

❺ **遅《おそ》かれ早《はや》かれ**
［副詞］
類 いずれ
意味：遅《おそ》い早《はや》いの違《ちが》いはあるかもしれないが、そのうち。

❻ **よりどころ**
［名詞］
類 ①支《ささ》え　②証拠《しょうこ》
意味：①支《ささ》えとなるもの。頼《たよ》るところ。②元《もと》になる理由《りゆう》。

❼ **滅《ほろ》びる**
［動詞］
類 滅《ほろ》ぶ
意味：勢《いきお》いが衰《おとろ》えて、いなくなる。

Ⓐ 災害《さいがい》にあった町《まち》が、少《すこ》しずつ**立《た》ち直《なお》る**。

Ⓑ 弟《おとうと》は母親《ははおや》に怒《おこ》られても、**平気《へいき》なようすで**いる。

Ⓒ 姉《あね》のパンを無断《むだん》で食《た》べたことは、**いつかは**ばれるだろう。

Ⓓ 人類《じんるい》が**滅亡《めつぼう》する**日《ひ》が来《く》るなんて、怖《こわ》い話《はなし》はやめてくれ。

Ⓔ バーゲン会場《かいじょう》で先生《せんせい》にばったり会《あ》い、**軽《かる》くお辞儀《じぎ》**した。

Ⓕ 友達《ともだち》とけんかした翌日《よくじつ》は何《なん》となく**ばつが悪《わる》い**。

Ⓖ 僕《ぼく》にとって、彼《かれ》だけが**頼《たの》みの綱《つな》**だ。

問2 左《ひだり》の（　）に、❶～❼の語句《ごく》から最《もっと》も合《あ》うものを選《えら》んで書《か》きなさい。

㋐ （　　　　）、事件《じけん》は解決《かいけつ》するだろう。

㋑ （　　　　）のないうわさが広《ひろ》まる。

㋒ （　　　　）雰囲気《ふんいき》にまごまごする。

㋓ 彼《かれ》は忠告《ちゅうこく》を（　　　　）と無視《むし》した。

㋔ 百年《ひゃくねん》も栄《さか》えた国《くに》が（　　　　）。

㋕ 知《し》り合《あ》いとすれ違《ちが》うときに（　　　　）する。

㋖ 戦後《せんご》の（　　　　）がめざましい。

［裏ページの答え］ 問い1：①D　②E　③A　④B　⑤G　⑥C　⑦F
問い2：㋐しどろもどろ　㋑丁重　㋒過言ではない　㋓さかのぼる　㋔わだかまり　㋕没頭　㋖目白押し

問1 左《ひだり》の語句《ごく》と同《おな》じ意味《いみ》の言葉《ことば》をⒶ～Ⓖから選《えら》び、線《せん》で結《むす》びましょう。

	語句	意味
❶	わだかまり [名詞] 類 気《き》がかり	人《ひと》に対《たい》して気《き》になることがあり、すっきりしないこと。
❷	さかのぼる [動詞] 類 ①逆走《ぎゃくそう》する　②遡及《そきゅう》する	①流《なが》れに逆《さか》らって進《すす》む。②昔《むかし》に立《た》ち返《かえ》る。
❸	丁重《ていちょう》 [形動] 類 丁寧《ていねい》	丁寧《ていねい》で、礼儀正《れいぎただ》しいようす。
❹	目白押《めじろお》し [名詞] 類 すし詰《づ》め	たくさんの人《ひと》やものが込《こ》み合《あ》って並《なら》ぶこと。
❺	しどろもどろ [形動] 類 たじたじ	慌《あわ》てたり困《こま》ったりして、話《はな》し方《かた》が滑《なめ》らかでないようす。
❻	没頭《ぼっとう》(する) [名詞(動詞)] 類 専念《せんねん》(する)	一《ひと》つのことに夢中《むちゅう》になること。
❼	過言《かごん》ではない [連語] 類 言《い》いすぎではない	実際以上《じっさいいじょう》の、度《ど》を越《こ》した表現《ひょうげん》ではない。

Ⓐ 来客《らいきゃく》を、心《こころ》を込《こ》めてきめ細《こま》かくもてなす。

Ⓑ 春休《はるやす》みは、楽《たの》しい計画《けいかく》がぎゅうぎゅう詰《づ》めだ。

Ⓒ 兄《あに》は、おいしい納豆《なっとう》のかき混《ま》ぜ方《かた》の研究《けんきゅう》に熱中《ねっちゅう》している。

Ⓓ 妹《いもうと》と仲直《なかなお》りしても割《わ》り切《き》れない気持《きも》ちが残《のこ》る。

Ⓔ 時代《じだい》に逆行《ぎゃっこう》するような意見《いけん》には反対《はんたい》だ。

Ⓕ 彼《かれ》は学校中《がっこうじゅう》のアイドルだと言《い》っても大《おお》げさではない。

Ⓖ 核心《かくしん》をつかれ、動揺《どうよう》した口調《くちょう》で言《い》い訳《わけ》をする。

問2 左《ひだり》の（　）に、❶～❼の語句《ごく》から最《もっと》も合《あ》うものを選《えら》んで書《か》きなさい。

㋐ 本番《ほんばん》で緊張《きんちょう》して（　　）になる。

㋑ 鍵《かぎ》を拾《ひろ》ってくれた人《ひと》に（　　）に礼《れい》を言《い》う。

㋒ このラーメンは世界一《せかいいち》おいしいと言《い》っても（　　）。

㋓ 郷土史作成《きょうどしさくせい》のために町《まち》の歴史《れきし》を（　　）。

㋔ 長《なが》い間《あいだ》の（　　）が解《と》ける。

㋕ 夏休《なつやす》みは読書《どくしょ》に（　　）する。

㋖ パンダの見物客《けんぶつきゃく》が（　　）だ。

［裏ページの答え］ 問い1：①B　②F　③A　④E　⑤C　⑥G　⑦D
問い2：㋐遅かれ早かれ　㋑よりどころ　㋒気まずい　㋓平然　㋔滅びる　㋕会釈　㋖復興

問1 左《ひだり》の語句《ごく》と同《おな》じ意味《いみ》の言葉《ことば》をⒶ〜Ⓖから選《えら》び、線《せん》で結《むす》びましょう。

	語句	意味
❶	奇妙《きみょう》［名詞・形動］ 類 風変《ふうが》わり	普通《ふつう》とは違《ちが》っていて、珍《めずら》しいようす。
❷	分類《ぶんるい》（する）［名詞（動詞）］ 類 類別《るいべつ》（する）	性質《せいしつ》や特徴《とくちょう》によって物事《ものごと》を分《わ》けること。
❸	おろそか［形動］ 類 なおざり	手抜《てぬ》きしたり、ほったらかしにしたりするようす。
❹	説得《せっとく》（する）［名詞（動詞）］ 類 説《と》き伏《ふ》せる	よく説明《せつめい》して、わからせること。
❺	むしろ［副詞］ 類 いっそ	どちらかと言《い》うと。
❻	食《く》ってかかる［動詞］ 類 かみつく	きつい言《い》い方《かた》で、相手《あいて》に抵抗《ていこう》する。
❼	言《い》わぬが花《はな》［ことわざ］ 類 言《い》わぬは言《い》うに勝《まさ》る	はっきり言《い》わないほうが、差《さ》し障《さわ》りがなくてよい。

Ⓐ 庭《にわ》の手入《てい》れをいい加減《かげん》にすると、ジャングルになるよ。

Ⓑ 姉《あね》は機嫌《きげん》が悪《わる》いと、相手《あいて》かまわず突《つ》っかかる。

Ⓒ 「私《わたし》のような怠《なま》け者《もの》になるな」と言《い》って納得《なっとく》させる。

Ⓓ ご飯《はん》に牛乳《ぎゅうにゅう》をかけるとは、不思議《ふしぎ》な食《た》べ方《かた》だ。

Ⓔ 「前髪短《まえがみみじか》いよ」と口《くち》に出《だ》さないほうがいい。

Ⓕ ミニカーのコレクションを種類分《しゅるいわ》けする。

Ⓖ 温泉好《おんせんず》きのマイク君《くん》は日本人《にほんじん》よりもかえって日本人的《にほんじんてき》だ。

問2 左《ひだり》の（　）に、❶〜❼の語句《ごく》から最《もっと》も合《あ》うものを選《えら》んで書《か》きなさい。

㋐ その意見《いけん》には（　　）力《りょく》がある。

㋑ 白米《はくまい》より（　　）パンが好《す》きだ。

㋒ 自慢話《じまんばなし》は（　　）だ。

㋓ 図書館《としょかん》の本《ほん》を作者別《さくしゃべつ》に（　　）する。

㋔ 遊《あそ》んでばかりで勉強《べんきょう》を（　　）にする。

㋕ （　　）な光景《こうけい》に出会《であ》う。

㋖ 急《いそ》いでいるお客《きゃく》さんが店員《てんいん》に（　　）。

［裏ページの答え］ 問い1：①F　②C　③A　④B　⑤G　⑥E　⑦D
問い2：㋐断じて　㋑前兆　㋒念頭　㋓中旬　㋔ずけずけ　㋕突破　㋖恨む

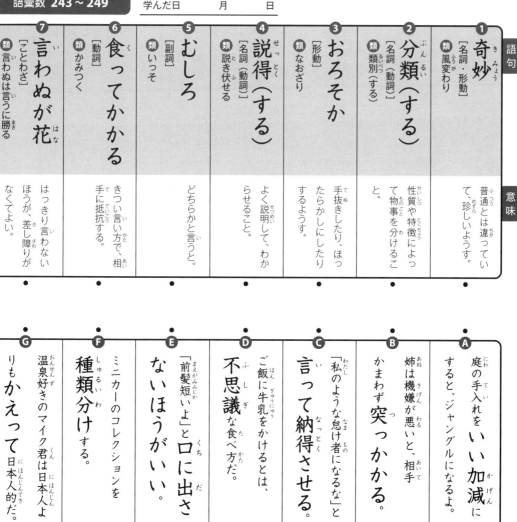

問1 左《ひだり》の語句《ごく》と同《おな》じ意味《いみ》の言葉《ことば》をⒶ～Ⓖから選《えら》び、線《せん》で結《むす》びましょう。

	語句	意味
❶	念頭《ねんとう》［名詞］ 類 内心《ないしん》	思《おも》い。胸《むね》の内《うち》。
❷	恨《うら》む［動詞］ 類 ①憎悪《ぞうお》する　②悔《く》やむ	①相手《あいて》を憎《にく》く思《おも》う。②思《おも》うようにならず、残念《ざんねん》に思《おも》う。
❸	突破《とっぱ》（する）［名詞（動詞）］ 類 ①突《つ》き抜ける　②越《こ》える	①突《つ》き破《やぶ》ること。②ある数量《すうりょう》以上《いじょう》になること。
❹	ずけずけ［副詞］ 類 率直《そっちょく》に	遠慮《えんりょ》をしないで、ものを言《い》うようす。
❺	前兆《ぜんちょう》［名詞］ 類 兆《きざ》し	何《なに》かが起《お》こる前《まえ》の知《し》らせのような出来事《できごと》。
❻	断《だん》じて［副詞］ 類 ①決《けっ》して　②きっと	①（「断《だん》じて～ない」の形《かたち》で）何《なに》があっても。②必《かなら》ず。
❼	中旬《ちゅうじゅん》［名詞］ 類 中《なか》ごろ	ひと月《つき》の、十一日《じゅういちにち》から二十日《はつか》までの十《とお》日間《かかん》。

Ⓐ 夢《ゆめ》をかなえるためには多《おお》くの**壁《かべ》を越《こ》え**ねばならない。

Ⓑ 彼《かれ》は**歯《は》に衣着《きぬき》せぬ**発言《はつげん》をする人《ひと》として有名《ゆうめい》だ。

Ⓒ いたずらを母《はは》に言《い》いつけた妹《いもうと》を**恨《うら》めしく思《おも》う**。

Ⓓ 一月《いちがつ》の**半《なか》ば**なのに、お年玉《としだま》をもう使《つか》い切《き》ったとは！

Ⓔ 日記帳《にっきちょう》を勝手《かって》に見《み》た父《ちち》を、**絶対《ぜったい》に**許《ゆる》さない。

Ⓕ 宿題《しゅくだい》をしてから遊《あそ》びに行《い》こうなんて考《かんが》えは**心《こころ》の中《なか》**にない。

Ⓖ 母《はは》の目《め》がつり上《あ》がっているのは、怒《いか》りが爆発《ばくはつ》する**前《まえ》ぶれ**だ。

問2 左《ひだり》の（　）に、❶～❼の語句《ごく》から最《もっと》も合《あ》うものを選《えら》んで書《か》きなさい。

㋐ 僕《ぼく》の話《はなし》は（　　　）うそではない。

㋑ 嵐《あらし》の（　　　）を感《かん》じる。

㋒ 先生《せんせい》のアドバイスを（　　　）に置《お》く。

㋓ 五月《ごがつ》の（　　　）に衣替《ころもが》えする。

㋔ （　　　）と意見《いけん》を言《い》われて傷《きず》つく。

㋕ 応募者《おうぼしゃ》が一万人《いちまんにん》を（　　　）する。

㋖ おやつを横取《よこど》りした兄《あに》を（　　　）。

［裏ページの答え］問い1：①D　②F　③A　④C　⑤G　⑥B　⑦E
問い2：㋐説得　㋑むしろ　㋒言わぬが花　㋓分類　㋔おろそか　㋕奇妙　㋖食ってかかる

学んだ日　　月　　日

問1 左《ひだり》の語句《ごく》と同《おな》じ意味《いみ》の言葉《ことば》をⒶ〜Ⓖから選《えら》び、線《せん》で結《むす》びましょう。

	語句	意味
❶	**露骨《ろこつ》** [名詞・形動] 類 あらわ、あけっぴろげ	気持《きも》ちなどを隠《かく》さずに、むき出《だ》しにしているようす。
❷	**もたらす** [動詞] 類 生《しょう》じさせる	発生《はっせい》させる。引《ひ》き起《お》こす。
❸	**服従《ふくじゅう》（する）** [名詞（動詞）] 類 付《つ》き従《したが》う	ほかの人《ひと》の言《い》いつけに従《したが》うこと。
❹	**急激《きゅうげき》** [形動] 類 やにわに、出《だ》し抜《ぬ》けに	動《うご》きや変化《へんか》が突然《とつぜん》で、激《はげ》しいようす。
❺	**ないがしろ** [形動] 類 軽視《けいし》	軽《かる》く見《み》て、いい加減《かげん》に扱《あつか》うようす。
❻	**獲得《かくとく》（する）** [名詞（動詞）] 類 取得《しゅとく》（する）	努力《どりょく》して、自分《じぶん》のものにすること。
❼	**持《も》て余《あま》す** [動詞] 類 手《て》に負《お》えない	どうすればいいのか、始末《しまつ》に苦《くる》しむ。

Ⓐ 「食《た》べ物《もの》を**粗末《そまつ》**にするな」が、うちのおばあちゃんの口癖《くちぐせ》だ。

Ⓑ **ふいに**雨《あめ》が降《ふ》り出《だ》して困《こま》ってしまった。

Ⓒ 限定版《げんていばん》のゲームを**頑張《がんば》って手《て》に入《い》れる**。

Ⓓ 班長《はんちょう》の命令《めいれい》に**何《なん》でも従《したが》う**のは無理《むり》だ。

Ⓔ 間違《まちが》えて同《おな》じものを注文《ちゅうもん》してしまい、**処分《しょぶん》に困《こま》る**。

Ⓕ 焼《や》きいもの香《かお》りが、人々《ひとびと》に幸《しあわ》せな気持《きも》ちを**運《はこ》んで来《く》る**。

Ⓖ 友達《ともだち》にカエルを見《み》せたら、**あからさま**に嫌《いや》がられた。

問2 左《ひだり》の（　）に、❶〜❼の語句《ごく》から最《もっと》も合《あ》うものを選《えら》んで書《か》きなさい。

㋐ 天気《てんき》が（　　）に変化《へんか》する。

㋑ 強《つよ》い者《もの》に（　　）するのはかっこ悪《わる》い。

㋒ （　　）な言《い》い方《かた》を避《さ》ける。

㋓ 親《おや》を（　　）にしてはいけません。

㋔ 竜巻《たつまき》が大《おお》きな被害《ひがい》を（　　）。

㋕ 暇《ひま》を（　　）生活《せいかつ》に飽《あ》きる。

㋖ 賞金《しょうきん》を（　　）するためにクイズを解《と》く。

［裏ページの答え］問い1：①B　②D　③A　④C　⑤G　⑥E　⑦F
問い2：㋐口出し　㋑険悪　㋒善意　㋓はばむ　㋔息抜き　㋕緊張感　㋖おろおろ

問1 左《ひだり》の語句《ごく》と同《おな》じ意味《いみ》の言葉《ことば》をⒶ～Ⓖから選《えら》び、線《せん》で結《むす》びましょう。

	語句	意味
❶	緊張感《きんちょうかん》 [名詞] 類 緊迫感《きんぱくかん》	心《こころ》が引《ひ》き締《し》まるような感《かん》じ。
❷	険悪《けんあく》 [名詞・形動] 類 ①不穏《ふおん》 ②重苦《おもくる》しい	①悪《わる》いことが起《お》きそうなようす。②とげとげしいようす。
❸	息抜《いきぬ》き [名詞] 類 休憩《きゅうけい》	少《すこ》し休《やす》んで、気分《きぶん》を換《か》えること。
❹	口出《くちだ》し（する） [名詞（動詞）] 類 差《さ》し出口《でぐち》	人《ひと》の話《はなし》に横《よこ》から割《わ》り込《こ》んで、ものを言《い》うこと。
❺	善意《ぜんい》 [名詞・形動] 類 ①厚意《こうい》 ②良心《りょうしん》	①人《ひと》を思《おも》う、温《あたた》かい心《こころ》。②よい点《てん》を見《み》ようとする心《こころ》。
❻	おろおろ（する） [副詞（動詞）] 類 当惑《とうわく》（する）	どうすればよいかわからなくて、焦《あせ》るようす。
❼	はばむ [動詞] 類 阻止《そし》する、妨害《ぼうがい》する	進《すす》もうとすることを妨《さまた》げる。

Ⓐ 勉強《べんきょう》の合間《あいま》の**気晴《きば》らし**に、お笑《わら》い番組《ばんぐみ》を見《み》る。

Ⓑ 本番前《ほんばんまえ》の**張《は》りつめた気《き》分《ぶん》**をほぐそうと、変顔《へんがお》をした。

Ⓒ 子《こ》どものけんかに、親《おや》が**出《で》しゃばる**のはよくない。

Ⓓ 黒《くろ》い雲《くも》が増《ふ》えて、**怪《あや》しい**空模様《そらもよう》になってきた。

Ⓔ かけっこの途中《とちゅう》で靴《くつ》が脱《ぬ》げて**あたふた**する。

Ⓕ 厚《あつ》い雲《くも》に**邪魔《じゃま》されて**、天《あま》の川《がわ》が見《み》えない。

Ⓖ **思《おも》いやり**で母《はは》に「痩《や》せたら」と言《い》ったら、怒《おこ》られた。

問2 左《ひだり》の（　）に、❶～❼の語句《ごく》から最《もっと》も合《あ》うものを選《えら》んで書《か》きなさい。

㋐ 余計《よけい》な（　　　）をするな。

㋑ （　　　）な関係《かんけい》になり、口《くち》をきかない。

㋒ 彼《かれ》の行動《こうどう》を（　　　）に解釈《かいしゃく》する。

㋓ 行《ゆ》く手《て》を（　　　）大《おお》きな犬《いぬ》に出《で》くわす。

㋔ （　　　）に散歩《さんぽ》する。

㋕ （　　　）が高《たか》まって皆無口《みなむくち》になる。

㋖ 急《きゅう》に雷《かみなり》が鳴《な》って（　　　）する。

［裏ページの答え］ 問い1：①G ②F ③D ④B ⑤A ⑥C ⑦E
問い2：㋐急激 ㋑服従 ㋒露骨 ㋓ないがしろ ㋔もたらす ㋕持て余す ㋖獲得

学んだ日　　月　　日

問1 左《ひだり》の語句《ごく》と同《おな》じ意味《いみ》の言葉《ことば》をⒶ～Ⓖから選《えら》び、線《せん》で結《むす》びましょう。

語句	意味
❶ **不可欠《ふかけつ》**［名詞・形動］ 類 必須《ひっす》	欠《か》けてはいけないようす。
❷ **成熟《せいじゅく》（する）**［名詞（動詞）］ 類 ①完熟《かんじゅく》（する） ②円熟《えんじゅく》（する）	①十分《じゅうぶん》に実《みの》ること。②十分《じゅうぶん》に成長《せいちょう》すること。
❸ **難《なん》なく**［副詞］ 類 わけなく	簡単《かんたん》に。難《むずか》しいことなく。
❹ **豊富《ほうふ》**［名詞・形動］ 類 潤沢《じゅんたく》	豊《ゆた》かで、たっぷりあるようす。
❺ **おざなり**［名詞・形動］ 類 適当《てきとう》	誠意《せいい》がなくて、その場限《ばかぎ》りであること。
❻ **取《と》りも直《なお》さず**［副詞］ 類 言《い》ってみれば	つまり。要《よう》するに。
❼ **気《き》をもむ**［慣用句］ 類 気《き》がもめる	あれやこれやと心《しん》配《ぱい》する。

Ⓐ ゲームの第一《だいいち》ステージは**たやすく**クリアした。

Ⓑ 父《ちち》は常《つね》に「そりゃ、すまん」と**いい加減《かげん》**な返事《へんじ》をする。

Ⓒ こたつに、ミカンは**なくてはならない**。

Ⓓ 雑誌《ざっし》の懸賞《けんしょう》の当選発表《とうせんはっぴょう》を**やきもきして**待《ま》つ。

Ⓔ 桃《もも》が**熟《う》れる**のを待《ま》っていたら、腐《くさ》っちゃった。

Ⓕ あのコンビニは、弁当《べんとう》の種類《しゅるい》が**たくさんある**。

Ⓖ マラソン大会《たいかい》は、**まさしく**「我慢比《がまんくら》べ」だ。

問2 左《ひだり》の（　）に、❶～❼の語句《ごく》から最《もっと》も合《あ》うものを選《えら》んで書《か》きなさい。

㋐ どうなることかと（　　　　）。

㋑ 人生《じんせい》は（　　　　）旅《たび》と言《い》ってもいい。

㋒ 心身《しんしん》ともに（　　　　）する。

㋓ 入学試験《にゅうがくしけん》に（　　　　）合格《ごうかく》する。

㋔ （　　　　）な対応《たいおう》をして後悔《こうかい》する。

㋕ 遠足《えんそく》にはおやつが（　　　　）だ。

㋖ （　　　　）な資源《しげん》を活用《かつよう》する。

［裏ページの答え］ 問い1：①G　②C　③E　④A　⑤D　⑥B　⑦F
問い2：㋐強制的　㋑架空　㋒念入り　㋓旺盛　㋔はたして　㋕横行　㋖白状

問1 左《ひだり》の語句《ごく》と同《おな》じ意味《いみ》の言葉《ことば》をⒶ～Ⓖから選《えら》び、線《せん》で結《むす》びましょう。

語句

❶ **旺盛《おうせい》** ［名詞・形動］ 類 活発《かっぱつ》

❷ **強制的《きょうせいてき》** ［形動］ 類 否応《いやおう》なしに

❸ **横行《おうこう》(する)** ［名詞（動詞）］ 類 蔓延《まんえん》(する)

❹ **果《は》たして** ［副詞］ 類 ①案《あん》の定《じょう》 ②いったい

❺ **架空《かくう》** ［名詞・形動］ 類 虚構《きょこう》

❻ **白状《はくじょう》(する)** ［名詞（動詞）］ 類 自白《じはく》(する)、自供《じきょう》(する)

❼ **念入《ねんい》り** ［形動］ 類 綿密《めんみつ》、丹念《たんねん》、入念《にゅうねん》

意味

❶ 勢《いきお》いや力《ちから》があふれているようす。

❷ 相手《あいて》に対《たい》して、無理《むり》に何《なに》かをさせるようす。

❸ よくないことが、盛《さか》んに行《おこな》われること。

❹ ①予想《よそう》どおり。②本当《ほんとう》に。

❺ 本当《ほんとう》はないことを、空想《くうそう》で作《つく》り出《だ》すこと。

❻ 自分《じぶん》の罪《つみ》や隠《かく》し事《ごと》を、そのまま話《はな》すこと。

❼ 細《こま》かいことまで注《ちゅう》意《い》して、丁寧《ていねい》に行《おこな》うようす。

Ⓐ すいかを丸《まる》ごと一個《いっこ》食《た》べたら、**やはり**おなかをこわした。

Ⓑ 「障子《しょうじ》に穴《あな》を開《あ》けたのは僕《ぼく》だよ」と、弟《おとうと》が**打《う》ち明《あ》けた**。

Ⓒ 虫歯《むしば》になって、歯医者《はいしゃ》さんに**無理《むり》やり**連《つ》れて行《い》かれる。

Ⓓ かっぱは、**想像上《そうぞうじょう》**の動物《どうぶつ》だ。

Ⓔ 駐輪場《ちゅうりんじょう》で、規則違反《きそくいはん》が**はびこる**。

Ⓕ 来客《らいきゃく》があるときだけ、**手抜《てぬ》きをせずに**掃除《そうじ》する。

Ⓖ 秋《あき》になるとますます、食欲《しょくよく》が**盛《さか》ん**になる。

問2 左《ひだり》の（　）に、❶～❼の語句《ごく》から最《もっと》も合《あ》うものを選《えら》んで書《か》きなさい。

ア （　　　）に練習《れんしゅう》させられる。

イ （　　　）の人物《じんぶつ》を想像《そうぞう》するのが好《す》きだ。

ウ 図工《ずこう》の作品《さくひん》を半年《はんとし》かけて（　　　）に仕上《しあ》げる。

エ 赤《あか》ちゃんは好奇心《こうきしん》（　　　）だ。

オ （　　　）お化《ば》けはいるのか。

カ ゲームの貸《か》し借《か》りが（　　　）する。

キ 正直《しょうじき》に（　　　）したほうが君《きみ》のためだ。

［裏ページの答え］ 問い1：①C　②E　③A　④F　⑤B　⑥G　⑦D
問い2：㋐気をもむ　㋑取りも直さず　㋒成熟　㋓難なく　㋔おざなり　㋕不可欠　㋖豊富

学んだ日　　月　　日

問 左《ひだり》の語句《ごく》の意味《いみ》に合《あ》う発言《はつげん》を、下《した》の A～H から選《えら》びましょう。

	語句	意味	解答
1	目《め》がない	どうしようもなく好《す》きである。	
2	目《め》を凝《こ》らす	じっと見《み》つめる。	
3	目《め》をつぶる	よくないことを、見《み》て見《み》ぬふりをする。	
4	目《め》に入《い》れても痛《いた》くない	かわいくてたまらない。	
5	目《め》に浮《う》かぶ	実際《じっさい》に見《み》ているように想像《そうぞう》する。	
6	目《め》の敵《かたき》	見《み》るたびにひどく憎《にく》らしく思《おも》う相手《あいて》。	
7	目《め》が点《てん》になる	とてもびっくりする。	
8	目《め》が利《き》く	良《よ》し悪《あ》しを見分《みわ》ける能力《のうりょく》をもっている。	

A うちのおじいちゃんは、私《わたし》のためならどんなことだってしてくれるわ。

B 本《ほん》で読《よ》んだ景色《けしき》が、本物《ほんもの》のように感《かん》じられたよ。

C お菓子《かし》があると、勉強《べんきょう》するのも忘《わす》れて食《た》べてしまうよ。

D 戸棚《とだな》から勝手《かって》にお菓子《かし》を食《た》べたこと、お母《かあ》さんには黙《だま》っててあげる。

E 友達《ともだち》は人形《にんぎょう》に詳《くわ》しくて、高級《こうきゅう》なものか安物《やすもの》かがすぐにわかるのよ。

F とても難《むずか》しい間違《まちが》い探《さが》しで、隅《すみ》から隅《すみ》まで見《み》てもわからなかったよ。

G 彼女《かのじょ》は、僕《ぼく》のすることに必《かなら》ず文句《もんく》を言《い》ってくるんだ。

H 授業中《じゅぎょうちゅう》にいきなり先生《せんせい》が歌《うた》い出《だ》しちゃって、みんなあっけにとられていたわ。

［裏ページの答え］ ①疑心暗鬼　②喜怒哀楽　③弱肉強食　④公明正大　⑤右往左往　⑥共存共栄　⑦一網打尽　⑧五里霧中

◆四字熟語《よじじゅくご》

一網打尽《いちもうだじん》
覚え方 **一**回**網**《いっかいあみ》を**打**《う》って取《と》り**尽**《つ》くす
意味 一度《いちど》に全部《ぜんぶ》捕《と》らえること。

右往左往《うおうさおう》
覚え方 **右**《みぎ》に**往**《い》(行《い》)ったり**左**《ひだり》に**往**《い》ったり
意味 慌《あわ》てて、あちこち動《うご》き回《まわ》ること。

疑心暗鬼《ぎしんあんき》
覚え方 **疑**《うたが》いの**心**《こころ》で**暗**《くら》い**鬼**《おに》になる
意味 何《なに》も信《しん》じられなくなること。

喜怒哀楽《きどあいらく》
覚え方 **喜**《よろこ》びと**怒**《いか》り、**哀**《かな》しみと**楽**《たの》しみ
意味 人間《にんげん》のいろいろな感情《かんじょう》。

共存共栄《きょうぞんきょうえい》
覚え方 **共**《とも》に**存**在《そんざい》し、**共**《とも》に**栄**《さか》える
意味 お互《たが》いに助《たす》け合《あ》って、共《とも》に栄《さか》えること。

公明正大《こうめいせいだい》
覚え方 **公**平《こうへい》で**明**《あか》るく**正**《ただ》しく**大**《おお》きい
意味 正《ただ》しくて立派《りっぱ》であること。

五里霧中《ごりむちゅう》
覚え方 **五里**《ごり》（約二十《やくにじゅっ》キロ）先《さき》まで**霧**《きり》の**中**《なか》
意味 どうしたらよいかわからないこと。

弱肉強食《じゃくにくきょうしょく》
覚え方 **弱**者《じゃくしゃ》が**肉**《にく》になり**強**者《きょうしゃ》が**食**《た》べる
意味 強《つよ》い者《もの》が弱《よわ》い者《もの》を負《ま》かして栄《さか》えること。

問 左《ひだり》の（　）にあてはまる四字熟語《よじじゅくご》を、上《うえ》から選《えら》びましょう。

❶ 友達《ともだち》に裏切《うらぎ》られて、（　　　　）になってしまった。

❷ あの人《ひと》は（　　　　）が激《はげ》しいところがある。

❸ 野生動物《やせいどうぶつ》の世界《せかい》は（　　　　）だ。

❹ 彼《かれ》はとても（　　　　）な人《ひと》なので信用《しんよう》できる。

❺ 道《みち》に迷《まよ》ってしまい、（　　　　）する。

❻ 世界《せかい》の国々《くにぐに》は（　　　　）を目指《めざ》すべきだ。

❼ 悪者《わるもの》を全員《ぜんいん》（　　　　）にするぞ。

❽ 先《さき》が見《み》えず、（　　　　）の状態《じょうたい》だ。

［裏ページの答え］ ①C　②F　③D　④A　⑤B　⑥G　⑦H　⑧E

学んだ日　　月　　日

問1 左《ひだり》の語句《ごく》と同《おな》じ意味《いみ》の言葉《ことば》をA～Gから選《えら》び、線《せん》で結《むす》びましょう。

	語句	意味
1	つけいる [動詞] 類 乗《じょう》じる	うまい機会《きかい》を捉《とら》えて利用《りよう》する。
2	無邪気《むじゃき》 [名詞・形動] 類 あどけない、天衣無縫《てんいむほう》	悪気《わるぎ》がなく、純粋《じゅんすい》で素直《すなお》なこと。
3	歩《あゆ》み寄《よ》り [名詞] 類 譲歩《じょうほ》、折《お》り合《あ》い	相手《あいて》の意見《いけん》や主張《しゅちょう》を尊重《そんちょう》し合《あ》い、解決《かいけつ》に近《ちか》づくこと。
4	一括《いっかつ》(する) [名詞(動詞)] 類 包括《ほうかつ》(する)	ばらばらのものをひとくくりにして扱《あつか》うこと。
5	事情《じじょう》 [名詞] 類 状況《じょうきょう》、実情《じつじょう》	物事《ものごと》がそうなったいろいろな理由《りゆう》。背景《はいけい》の状態《じょうたい》。
6	出来《でき》ばえ [名詞] 類 完成度《かんせいど》	出来上《できあ》がりの状態《じょうたい》。
7	涙《なみだ》ぐましい [形容詞] 類 感動的《かんどうてき》、気《き》の毒《どく》	感心《かんしん》や同情《どうじょう》により、思《おも》わず涙《なみだ》が出《で》そうなようす。

A 天真爛漫《てんしんらんまん》な子《こ》どもの言《い》うことは、憎《にく》まれ口《ぐち》でもかわいい。

B 彼女《かのじょ》が好《す》かれる所以《ゆえん》は優《やさ》しさにある。

C 時間《じかん》をかけた分《ぶん》、仕上《しあ》がりは上々《じょうじょう》だ。

D 雨《あめ》の中《なか》、一人《ひとり》で練習《れんしゅう》する姿《すがた》が痛々《いたいた》しい。

E 全員分《ぜんいんぶん》の申《もう》し込《こ》みをひとまとめで受理《じゅり》してもらう。

F 毛虫《けむし》が嫌《きら》いな僕《ぼく》の弱《よわ》みにつけこむなんて、ずるいよ。

G 意見《いけん》が対立《たいりつ》したときは、互《たが》いに譲《ゆず》り合《あ》うことも必要《ひつよう》だ。

問2 左《ひだり》の（　）に、1～7の語句《ごく》から最《もっと》も合《あ》うものを選《えら》んで書《か》きなさい。

ア 複数《ふくすう》の品《しな》を（　　　）して注文《ちゅうもん》する。

イ 見事《みごと》な（　　　）の作品《さくひん》だ。

ウ 意見《いけん》の違《ちが》う二人《ふたり》に（　　　）が見《み》られた。

エ （　　　）努力《どりょく》の末《すえ》、成功《せいこう》した。

オ 幼子《おさなご》の（　　　）な笑顔《えがお》に癒《い》やされる。

カ どうしても参加《さんか》できない（　　　）を話《はな》す。

キ なかなか（　　　）すきがない。

［裏ページの答え］ 問い1：①G　②D　③F　④E　⑤C　⑥A　⑦B
問い2：㋐虫がいい　㋑元祖　㋒半ば　㋓対策　㋔快い　㋕鈍化　㋖一線を画する

問1

左《ひだり》の語句《ごく》と同《おな》じ意味《いみ》の言葉《ことば》をA～Gから選《えら》び、線《せん》で結《むす》びましょう。

語句／**意味**

1. **鈍化《どんか》（する）** ［名詞（動詞）］ 類 ①鈍《にぶ》る ②減速《げんそく》（する）
   ①鋭《するど》さを失《うしな》うこと。②勢《いきお》いが弱《よわ》まること。
2. **対策《たいさく》** ［名詞］ 類 方策《ほうさく》、打《う》つ手《て》
   物事《ものごと》のようすに応《おう》じて考《かんが》える処置《しょち》の方法《ほうほう》。
3. **半《なか》ば** ［名詞・副詞］ 類 ①中間《ちゅうかん》 ②ほとんど
   ①全体《ぜんたい》の半分《はんぶん》ほどのところ。②かなりの程度《ていど》。
4. **一線《いっせん》を画《かく》する** ［慣用句］ 類 境界線《きょうかいせん》を引《ひ》く
   区別《くべつ》がはっきりしているようす。
5. **虫《むし》がいい** ［慣用句］ 類 身勝手《みがって》
   自分《じぶん》の都合《つごう》ばかり考《かんが》えるようす。
6. **元祖《がんそ》** ［名詞］ 類 創始者《そうししゃ》
   物事《ものごと》を最初《さいしょ》に始《はじ》めた人《ひと》。
7. **快《こころよ》い** ［形容詞］ 類 心地《ここち》いい
   心《こころ》や体《からだ》に好《この》ましく感《かん》じられるようす。

A 二刀流《にとうりゅう》の**本家本元《ほんけほんもと》**は宮本武蔵《みやもとむさし》だ。

B 丁寧《ていねい》な態度《たいど》で頼《たの》まれたので**気分《きぶん》よく**引《ひ》き受《う》ける。

C 勝手《かって》にやめたのに、また入《い》れてくれとは**図々《ずうずう》しい**。

D 叱《しか》られないようにするための**手立《てだ》て**を考《かんが》える。

E 子どもだましとは**全《まった》く異《こと》なる**本格的《ほんかくてき》な手品《てじな》を見《み》る。

F 二十世紀《にじゅっせいき》**中頃《なかごろ》**の文化《ぶんか》に興味《きょうみ》がある。

G 練習《れんしゅう》を怠《おこた》るとすぐに腕《うで》が**なまる**。

問2

左《ひだり》の（　）に、1～7の語句《ごく》から最《もっと》も合《あ》うものを選《えら》んで書《か》きなさい。

ア 僕《ぼく》を見捨《みす》てた君《きみ》が、助《たす》けてくれとは（　　　）。

イ 当店《とうてん》が、この有名《ゆうめい》なお菓子《かし》の（　　　）です。

ウ 志《こころざし》（　　　）で諦《あきら》めるのは辛《つら》い。

エ 被害《ひがい》を防《ふせ》ぐために（　　　）を立《た》てる。

オ 耳《みみ》に（　　　）言葉《ことば》にだまされてはいけない。

カ 成績《せいせき》の伸《の》びが（　　　）する。

キ ほかとは（　　　）レベルの選手《せんしゅ》だ。

［裏ページの答え］ 問い1：①F ②A ③G ④E ⑤B ⑥C ⑦D
問い2：㋐一括 ㋑出来ばえ ㋒歩み寄り ㋓涙ぐましい ㋔無邪気 ㋕事情 ㋖つけいる

問1 左《ひだり》の語句《ごく》と同《おな》じ意味《いみ》の言葉《ことば》をⒶ～Ⓖから選《えら》び、線《せん》で結《むす》びましょう。

	語句	意味
❶	**頻繁《ひんぱん》** [名詞・形動] 類 しょっちゅう	同《おな》じことが何度《なんど》も行《おこな》われるようす。
❷	**非常《ひじょう》** [名詞・形動] 類 ①異常《いじょう》 ②とても	①普段《ふだん》と違《ちが》うようす。②程度《ていど》が甚《はなは》だしいようす。
❸	**熟練《じゅくれん》（する）** [名詞（動詞）] 類 熟達《じゅくたつ》（する）	経験《けいけん》を十分《じゅうぶん》に積《つ》み、上手《じょうず》にできるようす。
❹	**格言《かくげん》** [名詞] 類 金言《きんげん》、ことわざ	人生《じんせい》の教訓《きょうくん》や戒《いまし》めを込《こ》めた、短《みじか》い言葉《ことば》。
❺	**はびこる** [動詞] 類 繁茂《はんも》する、横行《おうこう》する	好《この》ましくないものが広《ひろ》がる。
❻	**開《ひら》き直《なお》る** [動詞] 類 居直《いなお》る	覚悟《かくご》を決《き》めて、ふてぶてしい態度《たいど》になる。
❼	**段取《だんど》り** [名詞] 類 手配《てはい》	物事《ものごと》がうまく運《はこ》ぶよう、前《まえ》もって手順《てじゅん》を調《ととの》えること。

Ⓐ 目的地《もくてきち》に着《つ》いたら、案内《あんない》してもらえる**手《て》はず**になっている。

Ⓑ 背《せ》を伸《の》ばしたい弟《おとうと》は、**しきりに**牛乳《ぎゅうにゅう》を飲《の》みたがる。

Ⓒ どの道《みち》でも**達人《たつじん》となる**には、長年《ながねん》の修行《しゅぎょう》が必要《ひつよう》だ。

Ⓓ インフルエンザが**蔓延《まんえん》する**。

Ⓔ もはや**恥《はじ》も外聞《がいぶん》もかなぐり捨《す》てる**。

Ⓕ 今年《ことし》の夏《なつ》は**異例《いれい》**の暑《あつ》さになった。

Ⓖ ※「あきらめないやつには誰《だれ》も勝《か》てない」という**名言《めいげん》**で勇気《ゆうき》が出《で》た。

※アメリカのプロ野球選手《やきゅうせんしゅ》ベーブ・ルースの言葉《ことば》

問2 左《ひだり》の（　）に、❶～❼の語句《ごく》から最《もっと》も合《あ》うものを選《えら》んで書《か》きなさい。

㋐ 悪《あく》が（　　）世《よ》の中《なか》では困《こま》る。

㋑ 祖父《そふ》は（　　）を引用《いんよう》するのが好《す》きだ。

㋒ （　　）した職人《しょくにん》さんの仕事場《しごとば》を見学《けんがく》する。

㋓ 作業《さぎょう》の（　　）をつける。

㋔ もうどうにでもなれと（　　）。

㋕ （　　）に強《つよ》い勢力《せいりょく》の台風《たいふう》に備《そな》える。

㋖ このところしゃっくりが（　　）に出《で》る。

［裏ページの答え］ 問い1：①B　②E　③A　④G　⑤F　⑥C　⑦D
問い2：㋐ぬくもり　㋑間際　㋒挽回　㋓拙い　㋔静養　㋕証　㋖あまねく

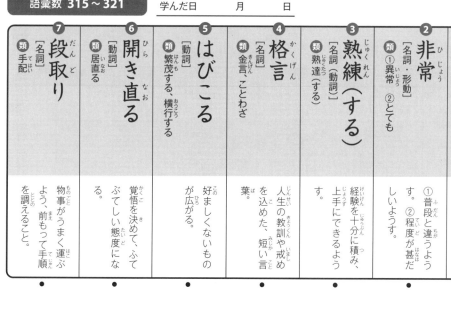

問1 左《ひだり》の語句《ごく》と同《おな》じ意味《いみ》の言葉《ことば》をⒶ～Ⓖから選《えら》び、線《せん》で結《むす》びましょう。

語句	意味
❶ 拙《つたな》い [形容詞] 類 稚拙《ちせつ》、未熟《みじゅく》	技術《ぎじゅつ》が足《た》りず、うまくできないようす。
❷ ぬくもり [名詞] 類 ぬくみ	温《あたた》かさ。
❸ 証《あかし》 [名詞] 類 証拠《しょうこ》、証明《しょうめい》	真実《しんじつ》であるという理由《りゆう》を示《しめ》すもの。
❹ 静養《せいよう》(する) [名詞(動詞)] 類 養生《ようじょう》(する)	病気《びょうき》や疲労回復《ひろうかいふく》などのため、心身《しんしん》を休《やす》めること。
❺ 挽回《ばんかい》(する) [名詞(動詞)] 類 復活《ふっかつ》(する)	失《うしな》ったものを取《と》り返《かえ》すこと。
❻ あまねく [副詞] 類 全《すべ》てに、全体《ぜんたい》に	広《ひろ》く行《ゆ》き渡《わた》るようす。
❼ 間際《まぎわ》 [名詞] 類 寸前《すんぜん》、目前《もくぜん》	物事《ものごと》が起《お》こる直前《ちょくぜん》。

Ⓐ **裏付《うらづ》け**がなければ、君《きみ》のしわざではないと信用《しんよう》できないよ。

Ⓑ まだ**へたくそ**だけれど、いつかプロ選手《せんしゅ》になりたい。

Ⓒ 自分《じぶん》の作《つく》った動画《どうが》が**広《ひろ》く**世界《せかい》に発信《はっしん》される。

Ⓓ ドラマなら、**土壇場《どたんば》**でヒーローに救《すく》われるものだが。

Ⓔ 干《ほ》したふとんの**ほかほかした感《かん》じ**が好《す》きだ。

Ⓕ わがままな自分《じぶん》を反省《はんせい》し、友人《ゆうじん》からの信用《しんよう》を**回復《かいふく》**する。

Ⓖ サルも来《く》るという温泉《おんせん》に入《はい》って**休養《きゅうよう》**する。

問2 左《ひだり》の（　）に、❶～❼の語句《ごく》から最《もっと》も合《あ》うものを選《えら》んで書《か》きなさい。

㋐ 人《ひと》の（　　　　）を感《かん》じる。

㋑ 出発《しゅっぱつ》（　　　　）になって天候《てんこう》が急変《きゅうへん》した。

㋒ 名誉《めいよ》を（　　　　）するつもりで頑張《がんば》る。

㋓ 外国人《がいこくじん》に（　　　　）英語《えいご》で道《みち》を教《おし》える。

㋔ 空気《くうき》のきれいな土地《とち》で（　　　　）する。

㋕ 情《なさ》けをもつことこそ人間《にんげん》である（　　　　）だ。

㋖ テレビの取材《しゅざい》を受《う》けて、母校《ぼこう》が（　　　　）知《し》れ渡《わた》る。

[裏ページの答え] 問い1：①B　②F　③C　④G　⑤D　⑥E　⑦A
問い2：㋐はびこる　㋑格言　㋒熟練　㋓段取り　㋔開き直る　㋕非常　㋖頻繁

学んだ日　　月　　日

問1 左《ひだり》の語句《ごく》と同《おな》じ意味《いみ》の言葉《ことば》をⒶ～Ⓖから選《えら》び、線《せん》で結《むす》びましょう。

	語句	意味
❶	おべっか [名詞] 類 へつらい	立場《たちば》が上《うえ》の人《ひと》の機嫌《きげん》をとること。
❷	愛用《あいよう》(する) [名詞(動詞)] 類 お気《き》に入《い》り	あるものを気《き》に入《い》って、いつも用《もち》いていること。
❸	催促《さいそく》(する) [名詞(動詞)] 類 督促《とくそく》(する)	人《ひと》に、約束《やくそく》や希望《きぼう》を実現《じつげん》してくれるよう求《もと》めること。
❹	好感《こうかん》 [名詞] 類 好意《こうい》	好《この》ましい感《かん》じ。
❺	積極的《せっきょくてき》 [名詞・形動] 類 能動的《のうどうてき》、自発的《じはつてき》	物事《ものごと》に自分《じぶん》から進《すす》んで向《む》き合《あ》おうとするようす。
❻	見栄《みば》え [名詞] 類 出《い》で立《た》ち	外観《がいかん》がよくて目立《めだ》つこと。
❼	賢明《けんめい》 [名詞・形動] 類 英明《えいめい》、利口《りこう》	判断《はんだん》や進《すす》め方《かた》が道理《どうり》にかなっていて、適切《てきせつ》であること。

Ⓐ 「早《はや》くおやつにして」と子《こ》どもたちが母親《ははおや》を**せかす**。

Ⓑ 折《お》り合《あ》いをつけるための話《はな》し合《あ》いに**前向《まえむ》き**になる。

Ⓒ **聡明《そうめい》**な人《ひと》は、敵《てき》なんか作《つく》らない。

Ⓓ **見《み》てくれ**ばかりを気《き》にする人《ひと》は信用《しんよう》できない。

Ⓔ 真面目《まじめ》そうな態度《たいど》は**いい印象《いんしょう》**を与《あた》える。

Ⓕ **おべんちゃら**を言《い》っても、先生《せんせい》には通《つう》じないよ。

Ⓖ **使《つか》い込《こ》んだ**バットだとヒットが出《で》やすい気《き》がする。

問2 左《ひだり》の( )に、❶～❼の語句《ごく》から最《もっと》も合《あ》うものを選《えら》んで書《か》きなさい。

㋐ 貸《か》した本《ほん》を早《はや》く返《かえ》してと(　　　　)する。

㋑ おじいちゃんが(　　　　)していた万年筆《まんねんひつ》をもらう。

㋒ 発表会用《はっぴょうかいよう》に(　　　　)のする衣装《いしょう》を用意《ようい》する。

㋓ 間違《まちが》いは速《すみ》やかに改《あらた》めるのが(　　　　)だ。

㋔ 笑顔《えがお》で応対《おうたい》する人《ひと》には(　　　　)がもてる。

㋕ 先生《せんせい》に(　　　　)を使《つか》う。

㋖ ボランティア活動《かつどう》に(　　　　)に参加《さんか》する。

[裏ページの答え] 問い1：①G　②E　③F　④A　⑤D　⑥B　⑦C
問い2：㋐好奇心　㋑心もとない　㋒厳格　㋓衝撃　㋔暴く　㋕取り巻く　㋖二枚目

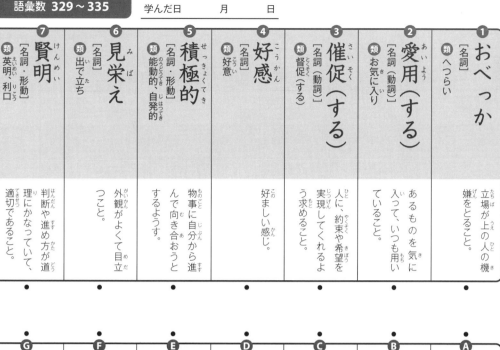

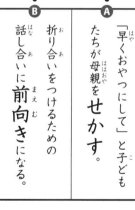

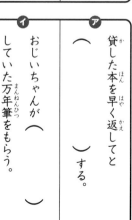

問1

左《ひだり》の語句《ごく》と同《おな》じ意味《いみ》の言葉《ことば》をⒶ〜Ⓖから選《えら》び、線《せん》で結《むす》びましょう。

	語句	意味
1	暴《あば》く [動詞] 類 暴露《ばくろ》する	他人《たにん》の隠《かく》し事《ごと》や欠点《けってん》を探《さぐ》り出《だ》して、公表《こうひょう》する。
2	心《こころ》もとない [形容詞] 類 おぼつかない	人《ひと》のありさまなどが頼《たよ》りなく感《かん》じられ、心配《しんぱい》するようす。
3	衝撃《しょうげき》 [名詞] 類 ①驚愕《きょうがく》 ②衝突《しょうとつ》	①強《つよ》い興奮《こうふん》や感動《かんどう》が起《お》きること。 ②ぶつかること。
4	好奇心《こうきしん》 [名詞] 類 探求心《たんきゅうしん》	未知《みち》の物事《ものごと》に対《たい》する興味《きょうみ》や関心《かんしん》。
5	取《と》り巻《ま》く [動詞] 類 ①包囲《ほうい》する ②へつらう	①周囲《しゅうい》を囲《かこ》む。 ②有力者《ゆうりょくしゃ》に付《つ》きまとって、機嫌《きげん》をとる。
6	厳格《げんかく》 [名詞・形動] 類 シビア、厳重《げんじゅう》	失態《しったい》を許《ゆる》さず、厳《きび》しくて手加減《てかげん》をしないようす。
7	二枚目《にまいめ》 [名詞・形動] 類 ①ハンサム ②美男役《びなんやく》	①美男子《びだんし》。②芝居《しばい》で看板《かんばん》の二番目《にばんめ》に名前《なまえ》を書《か》かれる人《ひと》。

Ⓐ 宇宙《うちゅう》について知《し》りたい気持《きも》ちがある。

Ⓑ 隣《となり》の家《いえ》は子《こ》どものしつけに厳《きび》しい。

Ⓒ いじいじ悩《なや》んでいると、せっかくの男前《おとこまえ》がだいなしだ。

Ⓓ 映画《えいが》の撮影現場《さつえいげんば》を、大勢《おおぜい》の見物人《けんぶつにん》が取《と》り囲《かこ》む。

Ⓔ 妹《いもうと》が祖母《そぼ》の家《いえ》に一人《ひとり》で行《い》けるのか不安《ふあん》だ。

Ⓕ 試合《しあい》に負《ま》けたショックでご飯《はん》が喉《のど》を通《とお》らない。

Ⓖ 人《ひと》の秘密《ひみつ》をすっぱ抜《ぬ》くような雑誌《ざっし》に踊《おど》らされるな。

問2

左《ひだり》の（　）に、❶〜❼の語句《ごく》から最《もっと》も合《あ》うものを選《えら》んで書《か》きなさい。

㋐ 子《こ》どもは（　　　　）が旺盛《おうせい》だ。

㋑ 果《は》たして計画通《けいかくどお》り進《すす》むのか、（　　　　）。

㋒ 主人公《しゅじんこう》は（　　　　）な家庭《かてい》で育《そだ》った。

㋓ 大好《だいす》きな歌手《かしゅ》が引退《いんたい》すると聞《き》き、（　　　　）を受《う》ける。

㋔ 刑事《けいじ》が事件《じけん》の真相《しんそう》を（　　　　）。

㋕ 話題《わだい》の人《ひと》を取材記者《しゅざいきしゃ》たちが（　　　　）。

㋖ 彼《かれ》は（　　　　）なうえ、気《き》さくだから人気者《にんきもの》だ。

[裏ページの答え]　問い1：①F　②G　③A　④E　⑤B　⑥D　⑦C
問い2：㋐催促　㋑愛用　㋒見栄え　㋓賢明　㋔好感　㋕おべっか　㋖積極的

問1 左《ひだり》の語句《ごく》と同《おな》じ意味《いみ》の言葉《ことば》をⒶ～Ⓖから選《えら》び、線《せん》で結《むす》びましょう。

語句	意味
❶ 賞味《しょうみ》（する）［名詞（動詞）］ 類 玩味《がんみ》（する）	おいしく飲《の》み食《く》いすること。
❷ 二《に》の舞《まい》［慣用句］ 類 前車《ぜんしゃ》の轍《てつ》を踏《ふ》む	前《まえ》にほかの人《ひと》がした失敗《しっぱい》を、自分《じぶん》も同様《どうよう》に繰《く》り返《かえ》すこと。
❸ 披露《ひろう》（する）［名詞（動詞）］ 類 公表《こうひょう》（する）	公《おおやけ》に発表《はっぴょう》すること。広《ひろ》く知《し》らせること。
❹ 財力《ざいりょく》［名詞］ 類 経済力《けいざいりょく》	財産《ざいさん》が多《おお》い人《ひと》が発揮《はっき》する威力《いりょく》。
❺ 手応《てごた》え［名詞］ 類 ①手当《てあ》たり ②好感触《こうかんしょく》	①働《はたら》きかけに対《たい》し、こちらに伝《つた》わる感覚《かんかく》。②成果《せいか》。
❻ 会得《えとく》（する）［名詞（動詞）］ 類 体得《たいとく》（する）	知識《ちしき》や技術《ぎじゅつ》を十分《じゅうぶん》理解《りかい》して、自分《じぶん》のものにすること。
❼ 秩序《ちつじょ》［名詞］ 類 規範《きはん》	社会《しゃかい》が調和《ちょうわ》を保《たも》つための、一定《いってい》の規則《きそく》や順序《じゅんじょ》。

Ⓐ 世《よ》の中《なか》には**金《かね》の力《ちから》**ではどうにもできないこともある。

Ⓑ 兄《あに》はまた、自作《じさく》の新曲《しんきょく》を**お披露目《ひろめ》**するつもりだ。

Ⓒ **前《まえ》の人《ひと》と同《おな》じしくじり**は避《さ》けたいものだ。

Ⓓ 姉《あね》は、父《ちち》の機嫌《きげん》のとり方《かた》を**マスター**している。

Ⓔ 高級《こうきゅう》チョコレートを家族《かぞく》に隠《かく》れてじっくりと**味《あじ》わう**。

Ⓕ **社会《しゃかい》を維持《いじ》する決《き》まり**を乱《みだ》してはならない。

Ⓖ 魚《さかな》がかかったのか、さおに**あたり**があった。

問2 左《ひだり》の（　）に、❶～❼の語句《ごく》から最《もっと》も合《あ》うものを選《えら》んで書《か》きなさい。

㋐ 今日《きょう》のテストは、何《なん》となく（　　　）があった。

㋑ 先輩《せんぱい》の動《うご》きを見《み》て、ダンスの振《ふ》り付《つ》けを（　　　）する。

㋒ いただいたお菓子《かし》をありがたく（　　　）する。

㋓ 学校《がっこう》の（　　　）を守《まも》る。

㋔ 彼《かれ》の（　　　）になるのは嫌《いや》だから、私《わたし》は行《い》かない。

㋕（　　　）がある人《ひと》に資金援助《しきんえんじょ》を頼《たの》む。

㋖ 練習《れんしゅう》の成果《せいか》を舞台《ぶたい》で（　　　）する。

［裏ページの答え］ 問い1：①F　②E　③G　④C　⑤A　⑥D　⑦B
問い2：㋐雑多　㋑白い目で見る　㋒手抜かり　㋓過ぎない　㋔曖昧　㋕収納　㋖青天の霹靂

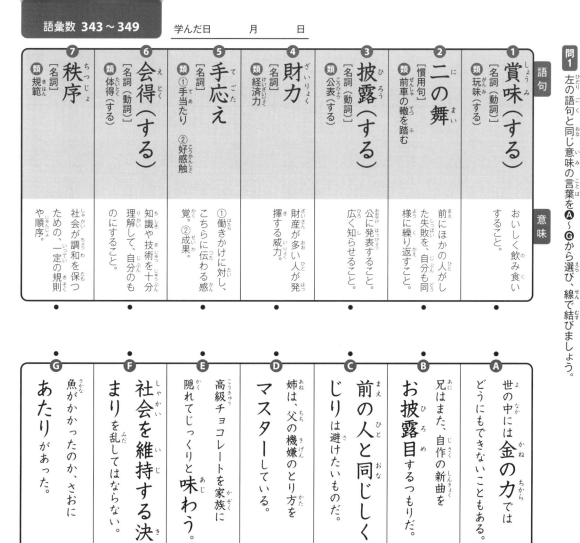

問1 左《ひだり》の語句《ごく》と同《おな》じ意味《いみ》の言葉《ことば》をⒶ～Ⓖから選《えら》び、線《せん》で結《むす》びましょう。

	語句	意味
❶	**曖昧《あいまい》** [名詞・形動] 類 まぎらわしい、不明瞭《ふめいりょう》	はっきりしないこと。
❷	**雑多《ざった》** [名詞・形動] 類 多種多様《たしゅたよう》	いろいろなものが入《い》り混《ま》じっていること。
❸	**収納《しゅうのう》(する)** [名詞(動詞)] 類 格納《かくのう》(する)、収《おさ》める	保管《ほかん》する場所《ばしょ》を見《み》つけて、片付《かたづ》けること。
❹	**(～に)過《す》ぎない** [連語] 類 (～で)しかない	ただ～だけだ。
❺	**白《しろ》い目《め》で見《み》る** [慣用句] 類 白眼視《はくがんし》する	冷《つめ》たい目《め》つきで見《み》る。軽蔑《けいべつ》や憎《にく》しみを示《しめ》す。
❻	**青天《せいてん》の霹靂《へきれき》** [連語] 類 驚天動地《きょうてんどうち》	晴《は》れた日《ひ》の雷《かみなり》のように、突然《とつぜん》起《お》きて人《ひと》を驚《おどろ》かす大事件《だいじけん》。
❼	**手抜《てぬ》かり** [名詞] 類 手落《てお》ち	物事《ものごと》を行《おこな》うとき、手《て》続《つづ》きや方法《ほうほう》に欠陥《けっかん》があること。

Ⓐ 電車《でんしゃ》で騒《さわ》ぎ、周《まわ》りから**冷《つめ》たい視線《しせん》を浴《あ》びた**。

Ⓑ 終了直前《しゅうりょうちょくぜん》でテストに**不備《ふび》**を見《み》つけ、大慌《おおあわ》てで直《なお》した。

Ⓒ 練習《れんしゅう》に励《はげ》んでも初心者《しょしんしゃ》の**域《いき》を出《で》ない**。

Ⓓ **突発的《とっぱつてき》な事件《じけん》**に、世《よ》の中《なか》が大騒《おおさわ》ぎになる。

Ⓔ たくさんのおもちゃが**ごちゃまぜ**に置《お》かれている。

Ⓕ **どっちつかず**の態度《たいど》を続《つづ》けるわけにいかない。

Ⓖ 整理《せいり》した後《あと》、どこに何《なに》を**しまった**かわからなくなる。

問2 左《ひだり》の( )に、❶～❼の語句《ごく》から最《もっと》も合《あ》うものを選《えら》んで書《か》きなさい。

㋐ そこは(　　　)な品《しな》を売《う》る店《みせ》です。

㋑ うそをついた彼《かれ》を、クラス中《じゅう》の人《ひと》が(　　　)。

㋒ どこかに(　　　)はないか、もう一度《いちど》見直《みなお》す。

㋓ 私《わたし》は一人《ひとり》の小学生《しょうがくせい》に(　　　)。

㋔ (　　　)な答《こた》え方《かた》は誤解《ごかい》のもとだ。

㋕ 部屋《へや》に(　　　)のスペースを増《ふ》やす。

㋖ 親友《しんゆう》が明日《あす》引《ひ》っ越《こ》すなんて(　　　)だ。

[裏ページの答え] 問い1：①E ②C ③B ④A ⑤G ⑥D ⑦F
問い2：㋐手応え ㋑会得 ㋒賞味 ㋓秩序 ㋔二の舞 ㋕財力 ㋖披露

問1 左《ひだり》の語句《ごく》と同《おな》じ意味《いみ》の言葉《ことば》をⒶ～Ⓖから選《えら》び、線《せん》で結《むす》びましょう。

語句 / **意味**

❶ **断行《だんこう》（する）**
［名詞（動詞）］
類 敢行《かんこう》（する）、強行《きょうこう》（する）
無理《むり》や困難《こんなん》があっても、押《お》し通《とお》して物事《ものごと》を行《おこな》うこと。

❷ **願《ねが》ってもない**
［連語］
類 おあつらえむき
望《のぞ》んでもかないそうにないことが、運《うん》よく実現《じつげん》するようす。

❸ **予兆《よちょう》**
［名詞］
類 前兆《ぜんちょう》、兆《きざ》し
未来《みらい》に起《お》こる事柄《ことがら》をほのめかす現象《げんしょう》。

❹ **以降《いこう》**
［名詞］
類 以後《いご》
ある時点《じてん》より後《あと》。

❺ **起点《きてん》**
［名詞］
類 出発点《しゅっぱつてん》、始点《してん》
始《はじ》まりとなる場所《ばしょ》。

❻ **許可《きょか》（する）**
［名詞（動詞）］
類 許容《きょよう》（する）、認可《にんか》（する）
願《ねが》いを受《う》け入《い》れること。

❼ **諭《さと》す**
［動詞］
類 教《おし》える、いさめる
目下《めした》の者《もの》に理解《りかい》できるよう道理《どうり》を説明《せつめい》する。

Ⓐ そのキャンプに参加《さんか》するには、保護者《ほごしゃ》の**承認《しょうにん》**が必要《ひつよう》だ。

Ⓑ 弟《おとうと》に、無駄遣《むだづか》いをしないよう**言《い》い聞《き》かせる**。

Ⓒ 公園《こうえん》を**スタート地点《ちてん》**として、散歩《さんぽ》コースを考《かんが》える。

Ⓓ 友達《ともだち》とけんかして**以来《いらい》**、目《め》も合《あ》わせない状態《じょうたい》が続《つづ》いている。

Ⓔ 劇《げき》で**思《おも》いがけない**役《やく》をもらい、はりきって練習《れんしゅう》する。

Ⓕ 試合《しあい》に勝《か》ったため、秘密《ひみつ》の作戦《さくせん》を**どうしてもやる**。

Ⓖ 母《はは》が一瞬黙《いっしゅんだま》り込《こ》むのは、お説教《せっきょう》が始《はじ》まる**前触《まえぶ》れ**だ。

問2 左《ひだり》の（　）に、❶～❼の語句《ごく》から最《もっと》も合《あ》うものを選《えら》んで書《か》きなさい。

㋐ 意地悪《いじわる》をしてはいけないと親《おや》が子《こ》を（　　　）。

㋑ バスの（　　　）となる駅《えき》に到着《とうちゃく》する。

㋒ 一致団結《いっちだんけつ》して、制度《せいど》の改革《かいかく》を（　　　）する。

㋓ 兄《あに》の顔《かお》には怒《いか》りが爆発《ばくはつ》する（　　　）があった。

㋔（　　　）チャンスが到来《とうらい》する。

㋕ 定刻《ていこく》になり、ようやく入場《にゅうじょう》の（　　　）が出《で》た。

㋖ 晴《は》れるのはあさって（　　　）の見込《みこ》みだ。

［裏ページの答え］ 問い1：①G　②F　③E　④C　⑤D　⑥A　⑦B
問い2：㋐きまりが悪い　㋑うぬぼれる　㋒怖気づく　㋓生い立ち　㋔きびきび　㋕一向に　㋖せき立てる

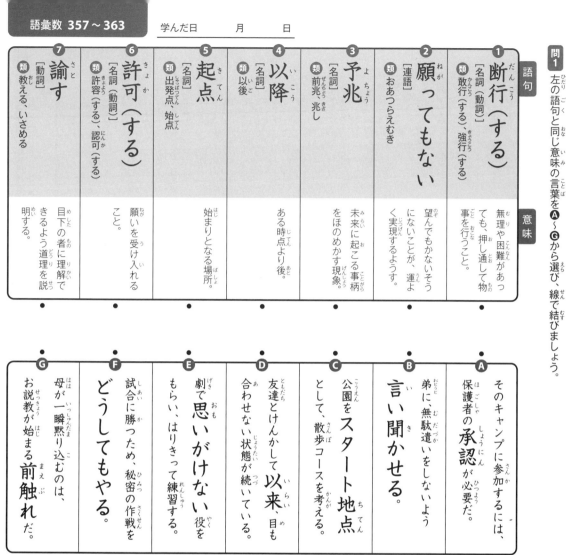

問1 左《ひだり》の語句《ごく》と同《おな》じ意味《いみ》の言葉《ことば》をA～Gから選《えら》び、線《せん》で結《むす》びましょう。

	語句	意味
1	一向《いっこう》に ［副詞］ 類 全然《ぜんぜん》、全《まった》く	（後《あと》に「ない」などの言葉《ことば》を伴《ともな》って）少《すこ》しも。
2	生《お》い立《た》ち ［名詞］ 類 身《み》の上《うえ》、履歴《りれき》	それまでどのように育《そだ》ってきたかということ。
3	きびきび ［副詞］ 類 生《い》き生《い》き、はきはき	動作《どうさ》や行動《こうどう》に無駄《むだ》がなく、引《ひ》き締《し》まっているようす。
4	きまりが悪《わる》い ［慣用句］ 類 ばつが悪《わる》い、不体裁《ふていさい》	周《まわ》りに対《たい》して何《なん》となく恥《は》ずかしい。
5	せき立《た》てる ［動詞］ 類 催促《さいそく》する	早《はや》くするように促《うなが》す。
6	うぬぼれる ［動詞］ 類 思《おも》い上《あ》がる	実際《じっさい》以上《いじょう》に自分《じぶん》を優《すぐ》れていると思《おも》い、得意《とくい》になる。
7	怖気《おじけ》づく ［動詞］ 類 ひるむ、たじろぐ	怖《こわ》がって気持《きも》ちがくじける。

- A ほめられていい気《き》になるのはよくないよ。
- B 威勢《いせい》よく来《き》たが、お化《ば》け屋敷《やしき》の前《まえ》に立《た》つと臆病《おくびょう》になる。
- C 皆《みな》の前《まえ》でごまかしがばれて、格好《かっこう》がつかない。
- D 早《はや》く遊園地《ゆうえんち》に行《い》こうよと、弟《おとうと》が家族《かぞく》をせっつく。
- E 号令《ごうれい》をかけると、みな元気《げんき》に素早《すばや》く片付《かたづ》けを始《はじ》めた。
- F めったにない経歴《けいれき》の持《も》ち主《ぬし》の話《はなし》を聞《き》くのは、面白《おもしろ》い。
- G 約束《やくそく》の時間《じかん》を過《す》ぎてもちっとも友達《ともだち》が現《あらわ》れない。

問2 左《ひだり》の（　）に、1～7の語句《ごく》から最《もっと》も合《あ》うものを選《えら》んで書《か》きなさい。

- ア 人違《ひとちが》いして知《し》らない人《ひと》を呼《よ》びとめ、（　　　）。
- イ 「歳《とし》のわりに美人《びじん》でしょう」と祖母《そぼ》が（　　　）。
- ウ 試合前《しあいまえ》に、相手《あいて》が強《つよ》そうなのを見《み》て（　　　）。
- エ 自分《じぶん》の（　　　）を小説《しょうせつ》にする。
- オ 子《こ》どもたちが（　　　）と掃除《そうじ》する。
- カ 父《ちち》は、出《で》かけたまま（　　　）帰《かえ》ってこない。
- キ 「電車《でんしゃ》に乗《の》り遅《おく》れるよ」と弟《おとうと》を（　　　）。

［裏ページの答え］ 問い1：①F ②E ③G ④D ⑤C ⑥A ⑦B
問い2：㋐諭す ㋑起点 ㋒断行 ㋓予兆 ㋔願ってもない ㋕許可 ㋖以降

学んだ日　　月　　日

問1 左《ひだり》の語句《ごく》と同《おな》じ意味《いみ》の言葉《ことば》をⒶ～Ⓖから選《えら》び、線《せん》で結《むす》びましょう。

語句

❶ **言《い》いよどむ**
[動詞]
類 言《い》い渋《しぶ》る、口《くち》ごもる

❷ **先人《せんじん》**
[名詞]
類 ①古人《こじん》　②先祖《せんぞ》

❸ **閉口《へいこう》（する）**
[名詞（動詞）]
類 口《くち》をつぐむ

❹ **程度《ていど》**
[名詞]
類 度合《どあ》い、ほど

❺ **災《わざわ》い**
[名詞]
類 災難《さいなん》

❻ **頑丈《がんじょう》**
[形動]
類 丈夫《じょうぶ》、頑強《がんきょう》

❼ **殊《こと》に**
[副詞]
類 ことさら、特別《とくべつ》に

意味

❶ つかえたり、ためらったりして曖昧《あいまい》な言《い》い方《かた》をする。

❷ ①昔《むかし》の人《ひと》。②祖先《そせん》。

❸ 黙《だま》り込《こ》んでしまうほどうんざりして、嫌《いや》になること。

❹ ほどあい。ちょうどよいと考《かんが》えられるところ。

❺ 人《ひと》を不幸《ふこう》にする悪《わる》い出来事《できごと》。

❻ 体《からだ》やものがどっしりしていて、丈夫《じょうぶ》なようす。

❼ ほかと比《くら》べて際立《きわだ》っているようす。

Ⓐ **ひどい目《め》**にあわないおまじないがあるなら、知《し》りたい。

Ⓑ 童話《どうわ》に出《で》てくるような**堅固《けんご》**な石造《いしづく》りのお城《しろ》が建《た》っている。

Ⓒ はっきり言《い》っては傷《きず》つくだろうと、**言葉《ことば》を濁《にご》す。**

Ⓓ しょっちゅう登山《とざん》に出向《でむ》く父《ちち》には**困《こま》っている。**

Ⓔ 三人姉妹《さんにんしまい》の中《なか》でも、**とりわけ**末《すえ》の妹《いもうと》は気立《きだ》てがよい。

Ⓕ 歴史《れきし》を巡《めぐ》る旅《たび》で、**昔人《せきじん》**の暮《く》らしに思《おも》いをはせる。

Ⓖ ここを曲《ま》がって百《ひゃく》メートル**くらい**歩《ある》くと、駅《えき》に出《で》ます。

問2 左《ひだり》の（　）に、❶～❼の語句《ごく》から最《もっと》も合《あ》うものを選《えら》んで書《か》きなさい。

㋐ 博物館《はくぶつかん》を見学《けんがく》して（　　）の足跡《あしあと》をたどる。

㋑ 人間《にんげん》の身勝手《みがって》さが（　　）を招《まね》く。

㋒ この舞台《ぶたい》では（　　）脇役《わきやく》の演技《えんぎ》が心《こころ》に響《ひび》いた。

㋓ 水害時《すいがいじ》は（　　）な建物《たてもの》の、上《うえ》の階《かい》に避難《ひなん》する。

㋔ 説明《せつめい》が回《まわ》りくどいのには（　　）する。

㋕ 完成《かんせい》まで、あと二《に》か月《げつ》（　　）かかる。

㋖ 相手《あいて》が腹《はら》を立《た》てるかと思《おも》い、（　　）。

［裏ページの答え］ 問い1：①E　②C　③G　④A　⑤B　⑥D　⑦F
問い2：㋐たま　㋑陰口　㋒推量　㋓行きずり　㋔小雨　㋕息が合う　㋖老化

問1 左《ひだり》の語句《ごく》と同《おな》じ意味《いみ》の言葉《ことば》をⒶ～Ⓖから選《えら》び、線《せん》で結《むす》びましょう。

	語句	意味
❶	推量《すいりょう》(する)　[名詞(動詞)]　類 推測《すいそく》(する)、推察《すいさつ》(する)	不明確《ふめいかく》な物事《ものごと》を、多《た》分《ぶん》こうだろうと考《かんが》えること。
❷	行《ゆ》きずり　[名詞]　類 通《とお》りがけ	単《たん》に道《みち》ですれ違《ちが》っただけということ。
❸	小雨《こさめ》　[名動]　類 小降《こぶ》り	少《すこ》しの雨《あめ》。
❹	息《いき》が合《あ》う　[慣用句]　類 気《き》が合《あ》う、馬《うま》が合《あ》う	一緒《いっしょ》に何《なに》かをする二人《ふたり》の気分《きぶん》がぴったり合《あ》う。
❺	陰口《かげぐち》　[名詞]　類 悪口《わるぐち》	本人《ほんにん》のいないところで、その人《ひと》を悪《わる》く言《い》うこと。
❻	老化《ろうか》(する)　[名詞(動詞)]　類 老《ふ》ける	歳《とし》をとって体《からだ》の機《き》能《のう》が衰《おとろ》えること。
❼	たま　[名詞・形動]　類 たまさか	珍《めずら》しいくらいに少《すく》ないこと。

Ⓐ あうんの呼吸《こきゅう》の二人《ふたり》が、見事《みごと》に餅《もち》をつき上《あ》げた。

Ⓑ いないところで悪《わる》く言《い》うより直接《ちょくせつ》言《い》え。

Ⓒ 通《とお》りすがりの人《ひと》に勇気《ゆうき》を出《だ》してインタビューする。

Ⓓ 「耳《みみ》が遠《とお》いのは年《とし》のせいだ」と言《い》われ、祖母《そぼ》が腹《はら》を立《た》てる。

Ⓔ けんかの原因《げんいん》は漫画《まんが》の取《と》り合《あ》いだろうと推《お》し量《はか》る。

Ⓕ こんなさびれた観光地《かんこうち》でも、まれに訪《おとず》れる人《ひと》がいる。

Ⓖ 霧雨《きりさめ》の中《なか》を、傘《かさ》もささずに歩《ある》く。

問2 左《ひだり》の（　）に、❶～❼の語句《ごく》から最《もっと》も合《あ》うものを選《えら》んで書《か》きなさい。

㋐ （　　　　）には手紙《てがみ》を書《か》いてください。

㋑ 人《ひと》の（　　　　）など、聞《き》くのも嫌《いや》だ。

㋒ 単《たん》なる（　　　　）だから外《はず》れるかもしれない。

㋓ （　　　　）の人《ひと》に道《みち》を教《おし》えてもらう。

㋔ （　　　　）でも、もし降《ふ》れば運動会《うんどうかい》は延期《えんき》だ。

㋕ さすがに姉妹《しまい》だけあって、（　　　　）演奏《えんそう》だ。

㋖ 若《わか》くても、細胞《さいぼう》の（　　　　）は起《お》きる。

[裏ページの答え]　問い1：①C　②F　③D　④G　⑤A　⑥B　⑦E
問い2：㋐先人　㋑災い　㋒殊に　㋓頑丈　㋔閉口　㋕程度　㋖言いよどむ

学んだ日　　月　　日

問 左《ひだり》の語句《ごく》の意味《いみ》に合《あ》う発言《はつげん》を、下《した》のⒶ～Ⓗから選《えら》びましょう。

	語句	意味	解答
1	耳《みみ》が痛《いた》い	自分《じぶん》の欠点《けってん》や弱点《じゃくてん》を言《い》われて、聞《き》くのが辛《つら》い。	
2	耳《みみ》が早《はや》い	うわさなどを知《し》るのが早《はや》い。	
3	耳《みみ》に入《い》れる	知《し》っておいてほしいことを前《まえ》もって話《はな》す。	
4	耳《みみ》にたこができる	何度《なんど》も聞《き》かされて嫌《いや》になる。	
5	耳《みみ》を疑《うたが》う	あまりに意外《いがい》で、聞《き》き間違《まちが》えたかと思《おも》う。	
6	耳《みみ》にする	人《ひと》づてに聞《き》く。	
7	耳《みみ》をそばだてる	集中《しゅうちゅう》して、よく聞《き》こうとする。	
8	耳《みみ》につく	音《おと》や声《こえ》が耳《みみ》に残《のこ》って気《き》になる。	

Ⓐ さっき見《み》たテレビドラマの主題歌《しゅだいか》が頭《あたま》の中《なか》で流《なが》れていて眠《ねむ》れないわ。

Ⓑ 近所《きんじょ》のおばさんが「明日《あす》は晴《は》れる」って言《い》ってたよ。

Ⓒ あの強豪校《きょうごうこう》が１回戦《かいせん》で負《ま》けたなんて、そんなこと信《しん》じられないよ。

Ⓓ 新作映画《しんさくえいが》のキャストを、もう知《し》ってるの？

Ⓔ 自分《じぶん》のダメなところを言《い》われちゃって、困《こま》ったよ。

Ⓕ かすかに聞《き》こえてくるあの音《おと》は、何《なん》の音《おと》かしら。

Ⓖ 「勉強《べんきょう》しなさい」って、顔《かお》を見《み》るたびに言《い》わないでよ。

Ⓗ 新《あたら》しく転校《てんこう》してくる友達《ともだち》について教《おし》えておくね。

［裏ページの答え］ ①一獲千金　②孤軍奮闘　③奇想天外　④悪戦苦闘　⑤臥薪嘗胆　⑥意気消沈　⑦以心伝心　⑧一喜一憂

◆四字熟語《よじじゅくご》

一獲千金《いっかくせんきん》

覚え方　一気《いっき》に獲得《かくとく》する、千《せん》の金《かね》を

意味　苦労《くろう》せずに、一度《いちど》に大金《たいきん》を手《て》に入《い》れること。

一喜一憂《いっきいちゆう》

覚え方　一《ひと》つ喜《よろこ》び、一《ひと》つ憂《うれ》える（心配《しんぱい》する）

意味　状況《じょうきょう》やようすが変《か》わるたびに、喜《よろこ》んだり心配《しんぱい》したりすること。

悪戦苦闘《あくせんくとう》

覚え方　形勢《けいせい》の悪《わる》い戦《たたか》いで苦闘《くとう》する

意味　不利《ふり》な状況《じょうきょう》の中《なか》で、苦《くる》しんで戦《たたか》うこと。

意気消沈《いきしょうちん》

覚え方　意欲《いよく》と元気《げんき》が消《き》えて沈《しず》む

意味　がっかりして元気《げんき》がなくなること。

以心伝心《いしんでんしん》

覚え方　心《こころ》を以《も》って心《こころ》を伝《つた》える

意味　言葉《ことば》にしなくても、思《おも》いや考《かんが》えが伝《つた》わること。

臥薪嘗胆《がしんしょうたん》

覚え方　薪《まき》に臥《ふ》し（横《よこ》たわり）胆《きも》を嘗《な》める

意味　目的《もくてき》を達成《たっせい》するために、大変《たいへん》な苦労《くろう》をすること。

奇想天外《きそうてんがい》

覚え方　奇抜《きばつ》な発想《はっそう》が天《てん》の外《そと》まで広《ひろ》がる

意味　考《かんが》えや思《おも》い付《つ》きが、とても変《か》わっていること。

孤軍奮闘《こぐんふんとう》

覚え方　孤立《こりつ》した軍《ぐん》が奮闘《ふんとう》する

意味　助《たす》けてくれる人《ひと》がいない中《なか》、たった一人《ひとり》で頑張《がんば》ること。

問　左《ひだり》の（　）にあてはまる四字熟語《よじじゅくご》を、上《うえ》から選《えら》びましょう。

❶（　　　）をねらって失敗《しっぱい》する。

❷彼《かれ》は助手《じょしゅ》がいない中《なか》、（　　　）して、実験《じっけん》を成功《せいこう》させた。

❸彼《かれ》の計画《けいかく》はいつも（　　　）で、驚《おどろ》かされる。

❹グループ発表会《はっぴょうかい》の資料《しりょう》を明日《あす》までに完成《かんせい》させようと、みんなで（　　　）する。

❺この悔《くや》しさを忘《わす》れず、次《つぎ》の大会《たいかい》に向《む》けて（　　　）のごとく練習《れんしゅう》に励《はげ》む。

❻試合《しあい》に負《ま》けてしまって、ひどく（　　　）する。

❼僕《ぼく》の気持《きも》ちは、（　　　）で彼《かれ》に伝《つた》わった。

❽テニスの応援《おうえん》で、プレーヤーが球《たま》を打《う》ち返《かえ》すたびに（　　　）する。

［裏ページの答え］ ①E ②D ③H ④G ⑤C ⑥B ⑦F ⑧A

学んだ日　　月　　日

問1 左《ひだり》の語句《ごく》と同《おな》じ意味《いみ》の言葉《ことば》をⒶ～Ⓖから選《えら》び、線《せん》で結《むす》びましょう。

語句

❶ **退《しりぞ》く**
[動詞]
類 ①引退《いんたい》する　②後退《こうたい》する

❷ **推敲《すいこう》(する)**
[名詞（動詞）]
類 書《か》き直《なお》す

❸ **留意《りゅうい》(する)**
[名詞（動詞）]
類 注意《ちゅうい》(する)

❹ **不服《ふふく》**
[名詞・形動]
類 不平《ふへい》

❺ **うろ覚《おぼ》え**
[名詞]
類 不確《ふたし》か

❻ **すがすがしい**
[形容詞]
類 せいせいする

❼ **矢先《やさき》**
[名詞]
類 ①ちょうど今《いま》　②矢面《やおもて》

意味

❶ ①仕事《しごと》や地位《ちい》から身《み》を引《ひ》く。②後《うし》ろへ下《さ》がる。

❷ 文章《ぶんしょう》の字句《じく》を練《ね》り直《なお》して、よいものにすること。

❸ 心《こころ》に留《と》めておくこと。

❹ 納得《なっとく》できないようす。

❺ 確《たし》かでない、ぼんやりとした記憶《きおく》。

❻ さわやかで気持《きも》ちがよい。

❼ ①物事《ものごと》が始《はじ》まろうとするとき。②矢《や》の飛《と》んで来《く》る方向《ほうこう》。

Ⓐ 手紙《てがみ》の文面《ぶんめん》を**リライトする**。

Ⓑ セリフが**あやふや**なまま、劇《げき》の主役《しゅやく》を演《えん》じる。

Ⓒ 出《で》かける**ちょうどそのとき**、電話《でんわ》がかかってきた。

Ⓓ 朝《あさ》のジョギングは、気分《きぶん》が**さっぱり**する。

Ⓔ 好《す》きな野球選手《やきゅうせんしゅ》が、今年《ことし》で現役《げんえき》を**辞《や》める**。

Ⓕ 寒《さむ》いので、風邪《かぜ》には十分《じゅうぶん》**気《き》を付《つ》ける**。

Ⓖ テストは**不満《ふまん》**な結果《けっか》に終《お》わった。

問2 左《ひだり》の（　）に、❶～❼の語句《ごく》から最《もっと》も合《あ》うものを選《えら》んで書《か》きなさい。

㋐ 安全《あんぜん》にはくれぐれも（　　　）する。

㋑ 下校《げこう》しようとした（　　　）の出来事《できごと》だった。

㋒ 大声《おおごえ》に驚《おどろ》いて、一歩《いっぽ》（　　　）。

㋓ 宿題《しゅくだい》の作文《さくぶん》を（　　　）する。

㋔ （　　　）の漢字《かんじ》を書《か》いてみせる。

㋕ 審判《しんぱん》の判定《はんてい》を（　　　）に思《おも》って抗議《こうぎ》する。

㋖ （　　　）高原《こうげん》の空気《くうき》を吸《す》う。

［裏ページの答え］ 問い1：①B　②D　③A　④C　⑤F　⑥G　⑦E
問い2：㋐五月雨　㋑言い訳　㋒俗　㋓取り返す　㋔おしきせ　㋕極端　㋖消極的

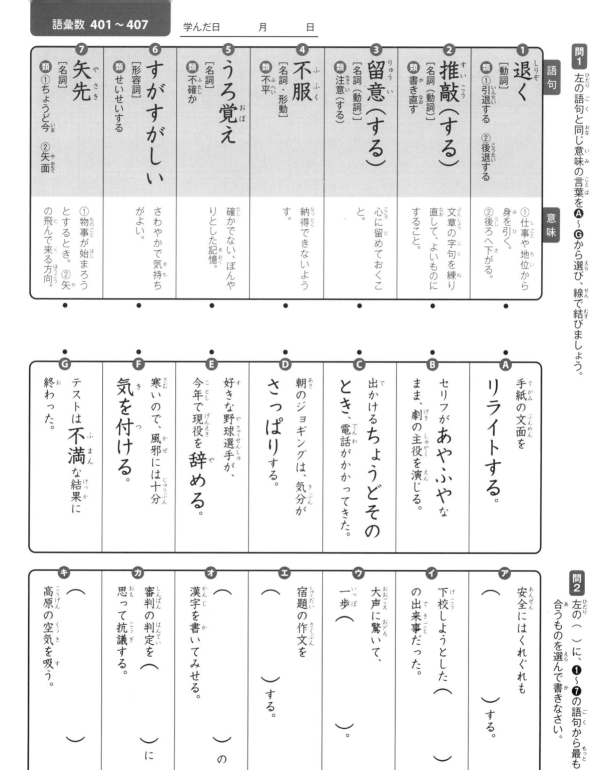

問1 左《ひだり》の語句《ごく》と同《おな》じ意味《いみ》の言葉《ことば》をⒶ～Ⓖから選《えら》び、線《せん》で結《むす》びましょう。

	語句	意味
❶	極端《きょくたん》 [名詞・形動] 類 ①過度《かど》 ②過激《かげき》	①甚《はなは》だしいようす。②考《かんが》えや行動《こうどう》がひどく偏《かたよ》ること。
❷	俗《ぞく》 [名詞・形動] 類 ①世《よ》の中《なか》 ②平凡《へいぼん》	①世間一般《せけんいっぱん》のこと。②平凡《へいぼん》でありきたりなようす。
❸	おしきせ [名詞] 類 お定《さだ》まり	上《うえ》から一方的《いっぽうてき》に与《あた》えられた事柄《ことがら》。
❹	五月雨《さみだれ》 [名詞] 類 ①間欠的《かんけつてき》 ②梅雨《つゆ》	①断続的《だんぞくてき》に繰《く》り返《かえ》すこと。②陰暦五《いんれきご》月頃《がつごろ》の長雨《ながあめ》。
❺	消極的《しょうきょくてき》 [形動] 類 受《う》け身《み》	進《すす》んで物事《ものごと》に取《と》り組《く》もうとしないようす。
❻	言《い》い訳《わけ》 [名詞] 類 口実《こうじつ》	そうなってしまった理由《りゆう》を説明《せつめい》すること。
❼	取《と》り返《かえ》す [動詞] 類 ①②取《と》り戻《もど》す	①再《ふたた》び自分《じぶん》のものにする。②元《もと》の状態《じょうたい》に戻《もど》す。

Ⓐ 頭《あたま》ごなしのルールに反抗《はんこう》する。

Ⓑ 姉《あね》は、人前《ひとまえ》でひどく緊張《きんちょう》する。

Ⓒ 大量《たいりょう》の宿題《しゅくだい》が小刻《こきざ》みに出《だ》される。

Ⓓ 出家《しゅっけ》して俗世間《ぞくせけん》から離《はな》れた人《ひと》もいる。

Ⓔ 親《おや》に取《と》り上《あ》げられたゲーム機《き》を奪還《だっかん》したい。

Ⓕ 彼《かれ》の引《ひ》っ込《こ》みがちな態度《たいど》が、失敗《しっぱい》につながった。

Ⓖ 風邪《かぜ》を口実《こうじつ》に、犬《いぬ》の散歩当番《さんぽとうばん》を免《まぬが》れる。

問2 左《ひだり》の（　）に、❶～❼の語句《ごく》から最《もっと》も合《あ》うものを選《えら》んで書《か》きなさい。

㋐ （　　）式《しき》にメールを送《おく》るのは迷惑《めいわく》だ。

㋑ 彼《かれ》は（　　）がましい口調《くちょう》で話《はな》した。

㋒ 彼女《かのじょ》は（　　）に言《い》うお嬢様《じょうさま》だ。

㋓ 電車《でんしゃ》の運行《うんこう》の遅《おく》れを（　　）。

㋔ （　　）のやり方《かた》では満足《まんぞく》しない。

㋕ 彼《かれ》の考《かんが》えは（　　）で、少《すこ》し乱暴《らんぼう》に思《おも》える。

㋖ 彼女《かのじょ》は、幼《おさな》い頃《ころ》は人《ひと》とあまり話《はな》さない（　　）な性格《せいかく》だった。

［裏ページの答え］ 問い1：①E　②A　③F　④G　⑤B　⑥D　⑦C
問い2：㋐留意　㋑矢先　㋒退く　㋓推敲　㋔うろ覚え　㋕不服　㋖すがすがしい

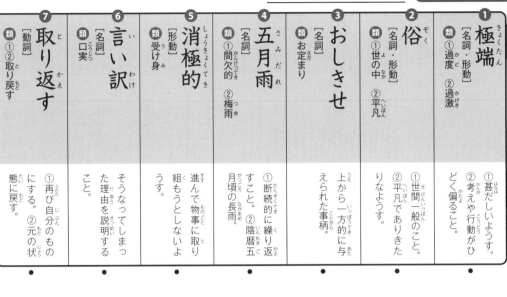

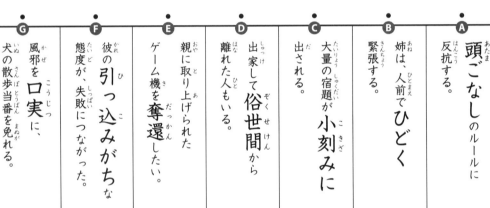

学んだ日　　月　　日

問1 左《ひだり》の語句《ごく》と同《おな》じ意味《いみ》の言葉《ことば》をⒶ～Ⓖから選《えら》び、線《せん》で結《むす》びましょう。

	語句	意味
❶	物腰《ものごし》 [名詞] 類 態度《たいど》	人《ひと》に対《たい》するものの言《い》い方《かた》や身《み》のこなし。
❷	災難《さいなん》 [名詞] 類 災禍《さいか》	思《おも》いもかけない不幸《ふこう》な出来事《できごと》。
❸	餞別《せんべつ》 [名詞] 類 別《わか》れのしるし	送別《そうべつ》の気持《きも》ちを込《こ》めて贈《おく》るお金《かね》や品《しな》物《もの》。
❹	否《いな》めない [連語] 類 否定《ひてい》できない	打《う》ち消《け》すことができない。
❺	ひしめく [動詞] 類 ひしめき合《あ》う	大勢《おおぜい》の人《ひと》が集《あつ》まって押《お》し合《あ》う。
❻	陰謀《いんぼう》 [名詞] 類 悪《わる》だくみ	ひそかに企《くわだ》てる悪《わる》い計画《けいかく》。
❼	けじめ [名詞] 類 分別《ふんべつ》	はっきりさせるべき区別《くべつ》。

Ⓐ 何《なに》か**魂胆**《こんたん》がありそうな表情《ひょうじょう》だね。

Ⓑ 姫《ひめ》の優雅《ゆうが》な**立《た》ち居《い》振《ふ》る舞《ま》い**に見《み》とれる。

Ⓒ 学生《がくせい》としての**節度**《せつど》をもって行動《こうどう》する。

Ⓓ **災《わざわ》い**は、忘《わす》れた頃《ころ》にやって来《く》る。

Ⓔ 引《ひ》っ越《こ》す友達《ともだち》に、皆《みな》で**はなむけ**を贈《おく》る。

Ⓕ 元旦《がんたん》の神社《じんじゃ》は、**ぎゅうぎゅう詰《づ》め**の状態《じょうたい》だ。

Ⓖ 妹《いもうと》のジュースを飲《の》んでしまった事実《じじつ》は**取《と》り消《け》せない**。

問2 左《ひだり》の（　）に、❶～❼の語句《ごく》から最《もっと》も合《あ》うものを選《えら》んで書《か》きなさい。

㋐ ライブ会場《かいじょう》に大勢《おおぜい》のファンが（　　）。

㋑ 長旅《ながたび》に出《で》る姉《あね》に（　　）を渡《わた》す。

㋒ 柔《やわ》らかい（　　）で人《ひと》に接《せっ》する。

㋓ 公私《こうし》の（　　）をつける。

㋔ 彼《かれ》の責任《せきにん》であることは（　　）。

㋕ 間一髪《かんいっぱつ》で（　　）を免《まぬが》れた。

㋖ その（　　）は失敗《しっぱい》に終《お》わった。

[裏ページの答え]　問い1：①G　②C　③B　④F　⑤A　⑥E　⑦D
問い2：㋐察する　㋑むなしい　㋒反抗　㋓過密　㋔画一的　㋕先駆け　㋖じれったい

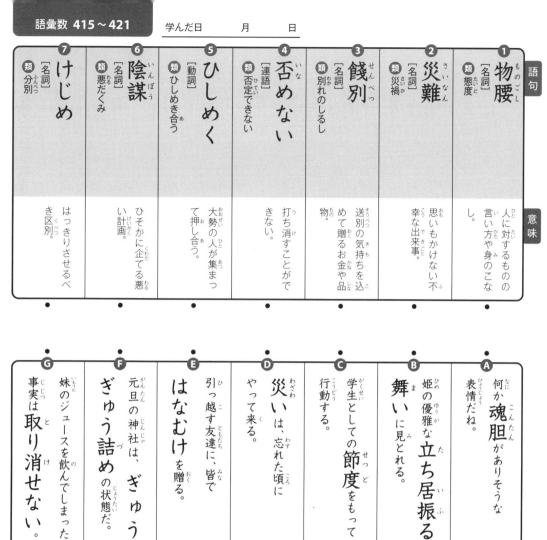

問1 左《ひだり》の語句《ごく》と同《おな》じ意味《いみ》の言葉《ことば》をⒶ～Ⓖから選《えら》び、線《せん》で結《むす》びましょう。

	語句	意味
❶	先駆《さきが》け（る）［名詞（動詞）］ 類 パイオニア	ほかよりも先《さき》になること。物事《ものごと》の始《はじ》めとなること。
❷	察《さっ》する［動詞］ 類 推察《すいさつ》する	状況《じょうきょう》から事情《じじょう》や気《き》持《も》ちを想像《そうぞう》し、理解《りかい》する。
❸	むなしい［形容詞］ 類 ①空虚《くうきょ》 ②役《やく》に立《た》たない	①空《から》っぽで内容《ないよう》がない。②行《おこな》うかいがない。
❹	じれったい［形容詞］ 類 いらいらする	思《おも》うように物事《ものごと》が進《すす》まず、苛立《いらだ》たしい。
❺	反抗《はんこう》（する）［名詞（動詞）］ 類 対抗《たいこう》（する）	逆《さか》らうこと。
❻	過密《かみつ》［名詞・形動］ 類 込《こ》み合う	度《ど》を越《こ》えて、人《ひと》などが集中《しゅうちゅう》しているようす。
❼	画一的《かくいってき》［形動］ 類 ワンパターン	全《すべ》てが一様《いちよう》で個性《こせい》や特色《とくしょく》がないようす。

Ⓐ 犯人《はんにん》は警察《けいさつ》に精一杯《せいいっぱい》抵抗《ていこう》した。

Ⓑ 不毛《ふもう》な話《はな》し合《あ》いは、もうやめよう。

Ⓒ 相手《あいて》の気持《きも》ちを推《お》し量《はか》る。

Ⓓ どの作品《さくひん》も紋切《もんき》り型《がた》で、つまらない。

Ⓔ 朝《あさ》の通学電車《つうがくでんしゃ》は、超満員《ちょうまんいん》だ。

Ⓕ 人前《ひとまえ》でうまく話《はな》せないのがもどかしい。

Ⓖ 彼《かれ》はロボット製作《せいさく》の分野《ぶんや》の草分《くさわ》けだ。

問2 左《ひだり》の（　）に、❶～❼の語句《ごく》から最《もっと》も合《あ》うものを選《えら》んで書《か》きなさい。

㋐ 試合《しあい》に負《ま》けた友人《ゆうじん》の気持《きも》ちを（　　）。

㋑ （　　）努力《どりょく》を続《つづ》ける羽目《はめ》になった。

㋒ 兄《あに》は（　　）期《き》の真《ま》っ最中《さいちゅう》だ。

㋓ 休《やす》みのない、（　　）なスケジュールをこなす。

㋔ （　　）な考《かんが》え方《かた》から脱却《だっきゃく》する。

㋕ 私《わたし》たちの学校《がっこう》は、男女共学《だんじょきょうがく》の（　　）と言《い》われている。

㋖ 渋滞《じゅうたい》で車《くるま》が前《まえ》に進《すす》まず、（　　）。

［裏ページの答え］ 問い1：①B ②D ③E ④G ⑤F ⑥A ⑦C
問い2：㋐ひしめく ㋑餞別 ㋒物腰 ㋓けじめ ㋔否めない ㋕災難 ㋖陰謀

問1 左《ひだり》の語句《ごく》と同《おな》じ意味《いみ》の言葉《ことば》をA～Gから選《えら》び、線《せん》で結《むす》びましょう。

語句	意味
1 過失《かしつ》 [名詞] 類 誤《あやま》り	不注意《ふちゅうい》による過《あやま》ち。
2 割《わ》り切《き》る [動詞] 類 思《おも》い切《き》る	一《ひと》つの考《かんが》え方《かた》や基準《きじゅん》をもとに、物事《ものごと》をはっきりと決《き》める。
3 保守《ほしゅ》(する) [名詞(動詞)] 類 ①保全《ほぜん》(する) ②維持《いじ》(する)	①正常《せいじょう》な状態《じょうたい》に保《たも》つこと。②伝統《でんとう》を重《おも》んじ、守《まも》ること。
4 軽減《けいげん》(する) [名詞(動詞)] 類 削減《さくげん》(する)	減《へ》らして軽《かる》くすること。
5 おもむろに [副詞] 類 ゆったりと	ゆっくりと動作《どうさ》を始《はじ》めるようす。
6 補足《ほそく》(する) [名詞(動詞)] 類 補充《ほじゅう》(する)	足《た》りないものを補《おぎな》うこと。
7 あたかも [副詞] 類 ①さながら ②まさに	①たとえて言《い》うと。②ちょうどそのとき。

- A まるで雪《ゆき》のような、ふんわりしたクリームだ。
- B いい加減《かげん》に踏《ふ》ん切《ぎ》りをつけたらどうなの。
- C トロッコは、徐々《じょじょ》にスピードを上《あ》げた。
- D 薬《くすり》を飲《の》んで、激《はげ》しい痛《いた》みを緩和《かんわ》する。
- E 彼《かれ》は、ようやく自分《じぶん》の間違《まちが》いを認《みと》めた。
- F 大切《たいせつ》な注意事項《ちゅういじこう》を付《つ》け加《くわ》える。
- G メンテナンスのためエレベーターが利用《りよう》できない。

問2 左《ひだり》の（　）に、1～7の語句《ごく》から最《もっと》も合《あ》うものを選《えら》んで書《か》きなさい。

- ア 父《ちち》の仕事《しごと》は、ビルの（　　）・点検《てんけん》だ。
- イ 先生《せんせい》は（　　）立《た》ち上《あ》がった。
- ウ パソコンのおかげで仕事《しごと》の負担《ふたん》が（　　）される。
- エ 今《いま》の説明《せつめい》を（　　）します。
- オ 彼女《かのじょ》の口振《くちぶ》りは（　　）実物《じつぶつ》を見《み》てきたかのようだ。
- カ （　　）の責任《せきにん》を問《と》われる。
- キ 何《なに》を言《い》っても無駄《むだ》だと（　　）。

［裏ページの答え］ 問い1：①A　②D　③F　④G　⑤C　⑥B　⑦E
問い2：㋐思い知る　㋑交流　㋒気が気でない　㋓おっくう　㋔微妙　㋕解釈　㋖内気

問1 左《ひだり》の語句《ごく》と同《おな》じ意味《いみ》の言葉《ことば》をⒶ〜Ⓖから選《えら》び、線《せん》で結《むす》びましょう。

	語句	意味
❶	気《き》が気《き》でない［連語］ 類 気《き》をもむ	心配《しんぱい》で気持《きも》ちが落《お》ち着《つ》かない。
❷	微妙《びみょう》［形動］ 類 割《わ》り切れない	物事《ものごと》が込《こ》み入っていて、簡単《かんたん》には言《い》い表《あらわ》せないようす。
❸	内気《うちき》［名詞・形動］ 類 内向的《ないこうてき》	気《き》が弱《よわ》く、人前《ひとまえ》で思《おも》ったことを言《い》ったりできない性質《せいしつ》。
❹	おっくう［形動］ 類 めんどくさい	気《き》が進《すす》まず、面倒《めんどう》に感《かん》じるようす。
❺	思《おも》い知《し》る［動詞］ 類 痛感《つうかん》する	身《み》にしみてはっきりわかる。
❻	交流《こうりゅう》(する)［名詞(動詞)］ 類 やりとり(する)	互《たが》いに交《まじ》わること。
❼	解釈《かいしゃく》(する)［名詞(動詞)］ 類 解説《かいせつ》(する)	文章《ぶんしょう》や物事《ものごと》の意味《いみ》を理解《りかい》したり、説明《せつめい》したりすること。

Ⓐ 兄《あに》の入学試験《にゅうがくしけん》の結果《けっか》を、**やきもき**して待《ま》つ。

Ⓑ 日本《にほん》とその国《くに》の間《あいだ》では、昔《むかし》から**行《い》き来《き》**が盛《さか》んだ。

Ⓒ 相手《あいて》チームの強《つよ》さを**ひしひしと感《かん》じる**。

Ⓓ **デリケート**な問題《もんだい》は、そっとしておこう。

Ⓔ 文章《ぶんしょう》の**捉《とら》え方《かた》**は、人《ひと》によって異《こと》なる。

Ⓕ **小心《しょうしん》**なので、母《はは》に言《い》い返《かえ》すことができない。

Ⓖ 部活《ぶかつ》で疲《つか》れたので、飼《か》い犬《いぬ》の散歩《さんぽ》も**煩《わずら》わしい**。

問2 左《ひだり》の（　）に、❶〜❼の語句《ごく》から最《もっと》も合《あ》うものを選《えら》んで書《か》きなさい。

㋐ 自分《じぶん》の勉強不足《べんきょうぶそく》を（　　　）。

㋑ プロとアマチュアとの（　　　）試合《しあい》に出《で》る。

㋒ 友達《ともだち》と何日《なんにち》も連絡《れんらく》がつかないので（　　　）。

㋓ 雨《あめ》が降《ふ》ると、外出《がいしゅつ》するのが（　　　）だ。

㋔ 性質《せいしつ》の（　　　）な違《ちが》いを見抜《みぬ》く。

㋕ 彼《かれ》の話《はなし》を善意《ぜんい》に（　　　）する。

㋖ （　　　）なところは父親譲《ちちおやゆず》りだ。

［裏ページの答え］ 問い1：①E ②B ③G ④D ⑤C ⑥F ⑦A
問い2：㋐保守 ㋑おもむろに ㋒軽減 ㋓補足 ㋔あたかも ㋕過失 ㋖割り切る

学んだ日　　月　　日

問1 左《ひだり》の語句《ごく》と同《おな》じ意味《いみ》の言葉《ことば》をⒶ～Ⓖから選《えら》び、線《せん》で結《むす》びましょう。

	語句	意味
❶	期限《きげん》 [名詞] 類 約束《やくそく》の時期《じき》	前《まえ》もって限《かぎ》られている時期《じき》。
❷	誇《ほこ》り [名詞] 類 自尊心《じそんしん》	得意《とくい》に思《おも》うこと。名誉《めいよ》に感《かん》じること。
❸	一日《いちじつ》の長《ちょう》 [慣用句] 類 亀《かめ》の甲《こう》より年《とし》の功《こう》	経験《けいけん》や技術《ぎじゅつ》が、ほかの人《ひと》より少《すこ》し優《すぐ》れていること。
❹	放棄《ほうき》(する) [名詞(動詞)] 類 投《な》げ出《だ》す	自分《じぶん》から捨《す》ててしまうこと。
❺	追《お》い風《かぜ》 [名詞] 類 ①後押《あとお》し ②順風《じゅんぷう》	①物事《ものごと》が有利《ゆうり》に進《すす》む状況《じょうきょう》。②進《すす》む方向《ほうこう》に後《うし》ろから吹《ふ》く風《かぜ》。
❻	しこり [名詞] 類 ①気《き》がかり ②腫《は》れ物《もの》	①あとに残《のこ》る気《き》まずい感《かん》じ。②筋肉《きんにく》がかたくなること。
❼	肝《きも》に銘《めい》じる [慣用句] 類 心《こころ》に刻《きざ》む	心《こころ》に深《ふか》く覚《おぼ》えていること。

Ⓐ 友達《ともだち》とけんかして、**わだかまり**が残《のこ》る。

Ⓑ その言葉《ことば》を**決《けっ》して忘《わす》れない**。

Ⓒ 売《う》れっ子《こ》の作家《さっか》は、いつも**締《し》め切《き》り**に追《お》われている。

Ⓓ 強豪校《きょうごうこう》の**プライド**にかけて、今日《きょう》の試合《しあい》は負《ま》けられない。

Ⓔ 彼《かれ》は全《すべ》ての財産《ざいさん》を**手放《てばな》した**。

Ⓕ 専門的《せんもんてき》な仕事《しごと》は、やはり**経験《けいけん》の差《さ》**がものを言《い》う。

Ⓖ **いい風向《かざむ》き**に乗《の》って、このまま勝《か》ち進《すす》もう！

問2 左《ひだり》の（　）に、❶～❼の語句《ごく》から最《もっと》も合《あ》うものを選《えら》んで書《か》きなさい。

㋐ 今回《こんかい》の失敗《しっぱい》を一生《いっしょう》（　　　　）。

㋑ 肩《かた》の（　　　　）をもみほぐす。

㋒ 野球《やきゅう》においては兄《あに》に（　　　　）がある。

㋓ 父《ちち》の生《い》き方《かた》を（　　　　）に思《おも》う。

㋔ 今月《こんげつ》でポイントカードの（　　　　）が切《き》れる。

㋕ けがのために試合《しあい》を（　　　　）する。

㋖ （　　　　）を受《う》けてヨットが進《すす》む。

［裏ページの答え］問い1：①B　②A　③D　④F　⑤G　⑥C　⑦E
問い2：㋐清潔　㋑小言　㋒脅迫　㋓巧み　㋔仕える　㋕とりわけ　㋖頭角を現す

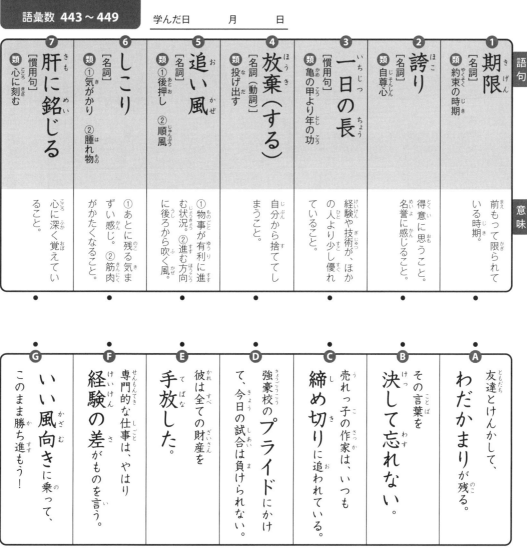

問1 左の語句《ごく》と同じ意味《いみ》の言葉《ことば》をⒶ～Ⓖから選《えら》び、線《せん》で結《むす》びましょう。

語句 / **意味**

❶ **脅迫《きょうはく》（する）**
［名詞（動詞）］
類 威嚇《いかく》（する）
相手《あいて》を脅《おど》して怖《おそ》れさせること。

❷ **巧《たく》み**
［名詞・形動］
類 ①巧妙《こうみょう》　②技巧《ぎこう》
①やり方《かた》が上手《じょうず》であること。②表現《ひょうげん》上《じょう》の優《すぐ》れた手法《しゅほう》。

❸ **仕《つか》える**
［動詞］
類 奉公《ほうこう》する
目上《めうえ》の人《ひと》のそばにいて、その人《ひと》の用《よう》をする。

❹ **頭角《とうかく》を現《あらわ》す**
［連語］
類 精彩《せいさい》を放《はな》つ
学問《がくもん》や才能《さいのう》がほかより優《すぐ》れて目立《めだ》つようになる。

❺ **小言《こごと》**
［名詞］
類 ①叱責《しっせき》　②苦情《くじょう》
①注意《ちゅうい》する言葉《ことば》。②不平不満《ふへいふまん》の言葉《ことば》。

❻ **清潔《せいけつ》**
［名詞・形動］
類 ①清浄《せいじょう》　②清廉《せいれん》
①汚《よご》れがないようす。②行《おこな》いが清《きよ》らかで、不正《ふせい》がないようす。

❼ **とりわけ**
［副詞］
類 殊《こと》に
多《おお》くのものの中《なか》でも特《とく》に。

Ⓐ 父《ちち》の**鮮《あざ》やかな**ハンドルさばきに感心《かんしん》する。

Ⓑ 彼《かれ》は、人《ひと》を**脅《おびや》かす**ような危険《きけん》な人物《じんぶつ》だ。

Ⓒ 食事《しょくじ》の前《まえ》には、手《て》を**きれいに**洗《あら》いましょう。

Ⓓ 少女《しょうじょ》は、宮中《きゅうちゅう》に**住《す》み込《こ》んで働《はたら》く**ことになった。

Ⓔ 母《はは》の料理《りょうり》では、ハンバーグが**格別《かくべつ》に**おいしい。

Ⓕ 若手《わかて》の台頭《たいとう》が**目《め》ざましい**。

Ⓖ 母《はは》の**説教《せっきょう》**は、もううんざりだ。

問2 左の（　）に、❶～❼の語句《ごく》から最《もっと》も合《あ》うものを選《えら》んで書《か》きなさい。

㋐ 彼《かれ》の服装《ふくそう》はさわやかで、（　　）な印象《いんしょう》を受《う》ける。

㋑ お（　　）を頂戴《ちょうだい》するのは、もう慣《な》れた。

㋒ 犯人《はんにん》から（　　）状《じょう》が届《とど》く。

㋓ （　　）を凝《こ》らした工芸品《こうげいひん》を鑑賞《かんしょう》する。

㋔ 立派《りっぱ》な主君《しゅくん》に（　　）。

㋕ 兄弟《きょうだい》の中《なか》でも、弟《おとうと》が（　　）足《あし》が速《はや》い。

㋖ この一年《いちねん》で、めきめきと（　　）だろう。

［裏ページの答え］ 問い1：①C　②D　③F　④E　⑤G　⑥A　⑦B
問い2：㋐肝に銘じる　㋑しこり　㋒一日の長　㋓誇り　㋔期限　㋕放棄　㋖追い風

学んだ日　　月　　日

問1 左《ひだり》の語句《ごく》と同《おな》じ意味《いみ》の言葉《ことば》をⒶ～Ⓖから選《えら》び、線《せん》で結《むす》びましょう。

	語句	意味
❶	良識《りょうしき》 [名詞] 類 節度《せつど》	物事《ものごと》に対《たい》する健全《けんぜん》な判断力《はんだんりょく》。
❷	宣告《せんこく》（する） [名詞（動詞）] 類 ①②申《もう》し渡《わた》す、宣《せん》する	①正式《せいしき》に言《い》い渡《わた》すこと。②判決《はんけつ》を言《い》い渡《わた》すこと。
❸	貫禄《かんろく》 [名詞] 類 風格《ふうかく》	身《み》に備《そな》わっている威厳《いげん》。
❹	犠牲《ぎせい》 [名詞] 類 代価《だいか》	目的《もくてき》のために大切《たいせつ》なものを失《うしな》うこと。
❺	資金《しきん》 [名詞] 類 資本《しほん》	事業《じぎょう》などの元《もと》になる金銭《きんせん》。
❻	はしたない [形容詞] 類 いやしい	下品《げひん》なようす。
❼	大半《たいはん》 [名詞] 類 大部分《だいぶぶん》	全体《ぜんたい》の半分《はんぶん》よりも多《おお》いこと。

Ⓐ ひざを立《た》てて食《た》べるのは**行儀《ぎょうぎ》が悪《わる》い**よ。

Ⓑ リビングに散《ち》らかっているのは、**おおかた**は姉《あね》のものだ。

Ⓒ 一人《ひとり》の人間《にんげん》として、**常識《じょうしき》**のある行動《こうどう》を心《こころ》がける。

Ⓓ 病状《びょうじょう》について、はっきりと**告《つ》げる**。

Ⓔ あの歌舞伎役者《かぶきやくしゃ》には、**品格《ひんかく》**を感《かん》じる。

Ⓕ 浦島太郎《うらしまたろう》が竜宮城《りゅうぐうじょう》で過《す》ごした時間《じかん》の**代償《だいしょう》**は、大《おお》きい。

Ⓖ わずかな**元手《もとで》**でお店《みせ》を開《ひら》いた。

問2 左《ひだり》の（　）に、❶～❼の語句《ごく》から最《もっと》も合《あ》うものを選《えら》んで書《か》きなさい。

㋐ （　　）ある人《ひと》になるために教養《きょうよう》は必要《ひつよう》だ。

㋑ 週末《しゅうまつ》を（　　）にして勉強《べんきょう》に励《はげ》んだ。

㋒ 旅行《りょこう》のための（　　）を貯《た》める。

㋓ （　　）笑《わら》い方《かた》をたしなめる。

㋔ 一日《いちにち》の（　　）をゲームに当《あ》ててしまった。

㋕ 裁判長《さいばんちょう》は、被告人《ひこくにん》の無罪《むざい》を（　　）した。

㋖ 王《おう》は、（　　）ある姿《すがた》を民衆《みんしゅう》の前《まえ》に示《しめ》した。

[裏ページの答え]　問い1：①B　②D　③C　④G　⑤A　⑥F　⑦E
問い2：㋐要領　㋑都度　㋒熱を上げる　㋓いなす　㋔偶然　㋕たまり兼ねる　㋖陰気

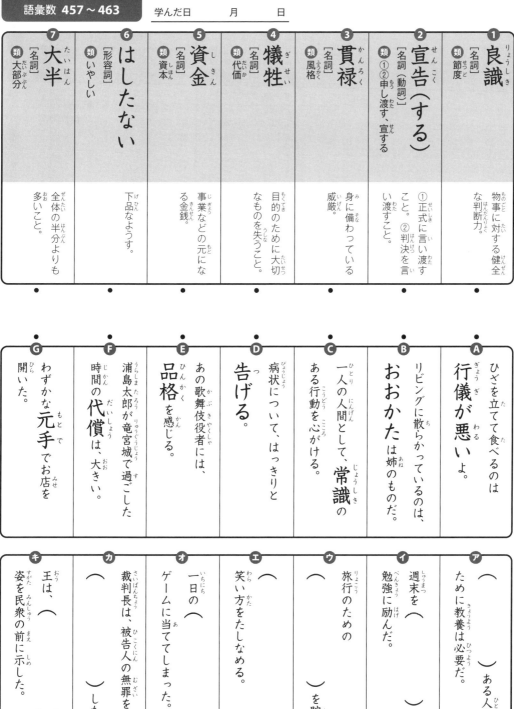

問1 左《ひだり》の語句《ごく》と同《おな》じ意味《いみ》の言葉《ことば》をⒶ～Ⓖから選《えら》び、線《せん》で結《むす》びましょう。

	語句	意味
1	熱《ねっ》を上《あ》げる ［連語］ 類 のぼせる	物事《ものごと》や人物《じんぶつ》に熱中《ねっちゅう》する。
2	陰気《いんき》 ［形動］ 類 陰鬱《いんうつ》	心《こころ》が暗《くら》く沈《しず》み、晴《は》れ晴《ば》れとしないようす。
3	偶然《ぐうぜん》 ［名詞（形動）］ 類 予測《よそく》できない	思《おも》いがけないようす。
4	たまり兼《か》ねる ［動詞］ 類 こらえきれない	これ以上《いじょう》我慢《がまん》しきれなくなる。
5	都度《つど》 ［名詞］ 類 毎回《まいかい》	そのたびごと。
6	要領《ようりょう》 ［名詞］ 類 ①要点《ようてん》 ②コツ	①物事《ものごと》の最《もっと》も大切《たいせつ》な点《てん》。②物事《ものごと》をうまく処理《しょり》する方法《ほうほう》。
7	いなす ［動詞］ 類 かわす	相手《あいて》の攻撃《こうげき》などを軽《かる》くあしらう。

Ⓐ 本《ほん》を読《よ》んだら、**いちいち**本棚《ほんだな》に戻《もど》しましょう。

Ⓑ 妹《いもうと》は、ハムスターの世話《せわ》に**夢中《むちゅう》**だ。

Ⓒ 駅《えき》で**たまたま**友達《ともだち》に会《あ》った。

Ⓓ 試合《しあい》に負《ま》けて、チームは**湿《しめ》っぽい**雰囲気《ふんいき》だ。

Ⓔ 鋭《するど》い質問《しつもん》を受《う》けても適当《てきとう》に**はぐらかす**。

Ⓕ バッティングの**ポイント**を早《はや》くつかみたい。

Ⓖ こんなひどい目《め》にあうなんて、**もうこりごりだ**。

問2 左《ひだり》の（　）に、1～7の語句《ごく》から最《もっと》も合《あ》うものを選《えら》んで書《か》きなさい。

㋐ （　　　）を得《え》ない返答《へんとう》に苛立《いらだ》つ。

㋑ 外出《がいしゅつ》の（　　　）、母《はは》に行《い》き先《さき》を知《し》らせる。

㋒ 野球《やきゅう》に（　　　）のにも限度《げんど》がある。

㋓ 母《はは》の追及《ついきゅう》を（　　　）ことは、まずできない。

㋔ これはまさに（　　　）の一致《いっち》だ。

㋕ 昨日《きのう》からの激痛《げきつう》に（　　　）。

㋖ 今日《きょう》の空《そら》はどんよりして（　　　）だ。

［裏ページの答え］ 問い1：①C ②D ③E ④F ⑤G ⑥A ⑦B
問い2：㋐良識 ㋑犠牲 ㋒資金 ㋓はしたない ㋔大半 ㋕宣告 ㋖貫禄

学んだ日　　月　　日

問1 左《ひだり》の語句《ごく》と同《おな》じ意味《いみ》の言葉《ことば》をA～Gから選《えら》び、線《せん》で結《むす》びましょう。

	語句	意味
1	**過激《かげき》**［名詞・形動］ 類 過度《かど》	非常《ひじょう》に激《はげ》しいようす。
2	**あらかじめ**［副詞］ 類 前《まえ》から	前《まえ》もって。
3	**打《う》ち込《こ》む**［動詞］ 類 ①没頭《ぼっとう》する　②叩《たた》き込《こ》む	①熱中《ねっちゅう》する。②ものを打《う》って中《なか》に入《い》れる。
4	**互《たが》い違《ちが》い**［連語］ 類 ①かわるがわる　②逆向《ぎゃくむ》き	①順番《じゅんばん》が入《い》れ替《か》わっている。②向《む》きが反対《はんたい》である。
5	**脆《もろ》い**［形容詞］ 類 ①脆弱《ぜいじゃく》　②くじけやすい	①くずれやすい。②心《こころ》が動《うご》かされやすい。
6	**携《たずさ》える**［動詞］ 類 ①同伴《どうはん》する　②団結《だんけつ》する	①人《ひと》やものを連《つ》れて行《い》く。②共《とも》に行動《こうどう》する。
7	**考案《こうあん》（する）**［名詞（動詞）］ 類 考《かんが》え付《つ》く	工夫《くふう》して考《かんが》え出《だ》すこと。

A 祖父《そふ》は、日用品《にちようひん》を**発明《はつめい》**するのが生《い》きがいだ。

B 彼女《かのじょ》のファッションセンスは**強烈《きょうれつ》**だ。

C 大切《たいせつ》なことは**事前《じぜん》に**伝《つた》えておく。

D パンに、ハムと野菜《やさい》を**交互《こうご》**にはさむ。

E 祖父母《そふぼ》を**伴《ともな》って**旅行《りょこう》に行《い》く。

F 母《はは》の**華奢《きゃしゃ》**なネックレスを壊《こわ》してしまった。

G 妹《いもうと》は、バレエの練習《れんしゅう》に**明《あ》け暮《く》れて**いる。

問2 左《ひだり》の（　）に、1～7の語句《ごく》から最《もっと》も合《あ》うものを選《えら》んで書《か》きなさい。

ア 弾丸《だんがん》サーブを相手《あいて》コートに（　　　　）。

イ 靴下《くつした》を左右《さゆう》（　　　　）にはく。

ウ 涙《なみだ》（　　　　）ので、悲《かな》しい映画《えいが》は見《み》ない。

エ 平和《へいわ》のために、皆《みな》が手《て》を（　　　　）。

オ 彼《かれ》がこのアイデアを（　　　　）した。

カ 日程《にってい》の変更《へんこう》について、（　　　　）了承《りょうしょう》する。

キ けがのため、（　　　　）な運動《うんどう》を禁止《きんし》される。

［裏ページの答え］問い1：①C　②B　③F　④E　⑤A　⑥G　⑦D
問い2：㋐手順　㋑おびただしい　㋒専念　㋓途絶える　㋔厳密　㋕必須　㋖抜かりなく

問1 左《ひだり》の語句《ごく》と同《おな》じ意味《いみ》の言葉《ことば》をⒶ～Ⓖから選《えら》び、線《せん》で結《むす》びましょう。

	語句		類	意味
❶	手順《てじゅん》	[名詞]	段取《だんど》り	物事《ものごと》をする順序《じゅんじょ》。
❷	抜《ぬ》かりなく	[連語]	間違《まちが》いなく	取《と》りこぼしや油断《ゆだん》なく。
❸	おびただしい	[形容詞]	①大量《たいりょう》の　②ものすごい	①数量《すうりょう》が非常《ひじょう》に多《おお》い。②程度《ていど》が甚《はなは》だしい。
❹	専念《せんねん》(する)	[名詞(動詞)]	熱中《ねっちゅう》(する)	一《ひと》つのことに心《こころ》を傾《かたむ》けること。
❺	途絶《とだ》える	[動詞]	途切《とぎ》れる	今《いま》まで続《つづ》いていた物事《ものごと》が途中《とちゅう》で絶《た》える。
❻	必須《ひっす》	[名詞]	なくてはならない	どうしても必要《ひつよう》なこと。
❼	厳密《げんみつ》	[形動]	厳格《げんかく》	細《こま》かい点《てん》まで厳《きび》しく注意《ちゅうい》が行《ゆ》き届《とど》いているようす。

Ⓐ おじからの音信《おんしん》が**不通《ふつう》**になってしばらくたつ。

Ⓑ 兄《あに》は、何《なん》でも**そつなく**こなすことができる。

Ⓒ 友達《ともだち》と遊《あそ》びに行《い》く**手《て》はず**を整《ととの》える。

Ⓓ 実験《じっけん》のデータを**精密《せいみつ》**に測定《そくてい》する。

Ⓔ 休日《きゅうじつ》は、一日中《いちにちじゅう》お菓子作《かしづく》りに**没頭《ぼっとう》する**。

Ⓕ **数《かぞ》えきれない**人数《にんずう》のファンが押《お》し寄《よ》せる。

Ⓖ 入会《にゅうかい》するには、女性《じょせい》であることが**不可欠《ふかけつ》**の条件《じょうけん》です。

問2 左《ひだり》の(　)に、❶～❼の語句《ごく》から最《もっと》も合《あ》うものを選《えら》んで書《か》きなさい。

㋐ 祭《まつ》りの準備《じゅんび》を(　　　)よく進《すす》める。

㋑ (　　　)量《りょう》の情報《じょうほう》が飛《と》び交《か》う時代《じだい》だ。

㋒ しばらくは学業《がくぎょう》に(　　　)する。

㋓ 夜《よる》になると人通《ひとどお》りが(　　　)。

㋔ (　　　)に言《い》うと、その答《こた》えは不正解《ふせいかい》だ。

㋕ 氏名《しめい》の記入《きにゅう》は(　　　)項目《こうもく》です。

㋖ 彼《かれ》なら(　　　)やってくれるだろう。

[裏ページの答え] 問い1：①B　②C　③G　④D　⑤F　⑥E　⑦A
問い2：㋐打ち込む　㋑互い違い　㋒脆い　㋓携える　㋔考案　㋕あらかじめ　㋖過激

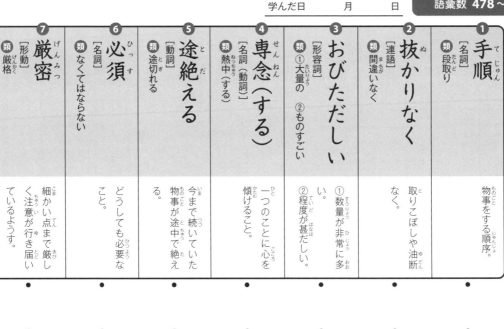

学んだ日　　月　　日

問 左《ひだり》の語句《ごく》の意味《いみ》に合《あ》う発言《はつげん》を、下《した》のⒶ～Ⓗから選《えら》びましょう。

	語句	意味	解答
❶	鼻《はな》が高《たか》い	得意《とくい》になり、自慢《じまん》するようす。	
❷	鼻《はな》で笑《わら》う	人《ひと》を見下《みくだ》して、ばかにするように笑《わら》う。	
❸	鼻《はな》息《いき》が荒《あら》い	物事《ものごと》への意気込《いきご》みが激《はげ》しい。	
❹	鼻《はな》を明《あ》かす	出《だ》し抜《ぬ》いて、驚《おどろ》かせる。	
❺	鼻《はな》をつく	刺激《しげき》が強《つよ》く、嫌《いや》なにおいがする。	
❻	鼻《はな》であしらう	人《ひと》の言葉《ことば》を取《と》り合《あ》おうとせず、冷《つめ》たく扱《あつか》う。	
❼	鼻《はな》歌《うた》まじり	気分《きぶん》よく、気軽《きがる》に物事《ものごと》をするようす。	
❽	鼻《はな》につく	人《ひと》の振《ふ》る舞《ま》いなどをうっとうしく感《かん》じる。	

Ⓐ うちの犬《いぬ》は、コンクールでチャンピオンになったよ。

Ⓔ 順調《じゅんちょう》に作業《さぎょう》が進《すす》んでいるので、楽《たの》しい気持《きも》ちになってきたわ。

Ⓑ 生《なま》ごみを置《お》いたままにしていたから、玄関《げんかん》が臭《くさ》いよ。

Ⓕ 県大会優勝《けんたいかいゆうしょう》！
よし、この調子《ちょうし》で全国制覇《ぜんこくせいは》だ！

Ⓒ 君《きみ》の球速《きゅうそく》なら、目《め》をつぶっても打《う》てるよ。

Ⓖ 今回《こんかい》のテストは君《きみ》に勝《か》ったぞ。どうだ。びっくりしただろう。

Ⓓ お父《とう》さんにお小遣《こづか》いの値上《ねあ》げを頼《たの》んだら、「そのうちね」としか返《かえ》ってこなかったよ。

Ⓗ あの人《ひと》はいつも海外旅行《かいがいりょこう》の自慢話《じまんばなし》ばかりしてうんざりだわ。

［裏ページの答え］ ①二人三脚　②名誉挽回　③無我夢中　④抱腹絶倒　⑤自給自足　⑥一期一会　⑦四苦八苦　⑧十人十色

◆四字熟語《よじじゅくご》

四苦八苦《しくはっく》
覚え方　四《よっ》つの苦《くる》しみ、八《やっ》つの苦《くる》しみ
意味　非常《ひじょう》に苦労《くろう》すること。

抱腹絶倒《ほうふくぜっとう》
覚え方　お腹《なか》を抱《かか》えて息《いき》が絶《た》えて倒《たお》れる
意味　身《み》をよじるほど大笑《おおわら》いすること。

無我夢中《むがむちゅう》
覚え方　我《われ》を無《な》くして夢《ゆめ》の中《なか》
意味　ある物事《ものごと》に熱中《ねっちゅう》して、我《われ》を忘《わす》れること。

名誉挽回《めいよばんかい》
覚え方　名誉《めいよ》を挽回《ばんかい》する
意味　誇《ほこ》りやよい評判《ひょうばん》を取《と》り戻《もど》すこと。

一期一会《いちごいちえ》
覚え方　一生《いっしょう》の期間《きかん》に一回《いっかい》会《あ》うだけ
意味　一生《いっしょう》に一度《いちど》しかない出会《であ》いのこと。

自給自足《じきゅうじそく》
覚え方　自分《じぶん》が補給《ほきゅう》して自分《じぶん》が満足《まんぞく》する
意味　生活《せいかつ》に必要《ひつよう》なものを自分《じぶん》で作《つく》ること。

十人十色《じゅうにんといろ》
覚え方　十人《じゅうにん》いれば十《じゅう》の色《いろ》
意味　好《この》みや考《かんが》えは、人《ひと》によっていろいろであるということ。

二人三脚《ににんさんきゃく》
覚え方　二人《ふたり》で脚《あし》三本《さんぼん》
意味　二人《ふたり》で協力《きょうりょく》して物事《ものごと》を進《すす》めること。

問　左《ひだり》の（　）にあてはまる四字熟語《よじじゅくご》を、上《うえ》から選《えら》びましょう。

❶ これからは、僕《ぼく》と（　　　　）で頑張《がんば》ろうね。

❷ さっきは三振《さんしん》したから、今度《こんど》はヒットを打《う》って、（　　　　）だ。

❸ 犬《いぬ》に追《お》いかけられて、（　　　　）で逃《に》げた。

❹ お笑《わら》い番組《ばんぐみ》を見《み》て、（　　　　）した。

❺ 祖父《そふ》は（　　　　）の生活《せいかつ》をしていた。

❻ （　　　　）の気持《きも》ちをもって、人《ひと》とのつながりを大切《たいせつ》にしたい。

❼ 計画《けいかく》がうまくいかずに、（　　　　）してしまった。

❽ 趣味《しゅみ》や好物《こうぶつ》は（　　　　）だね。

［裏ページの答え］①A　②C　③F　④G　⑤B　⑥D　⑦E　⑧H

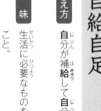

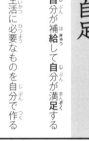

問1 左《ひだり》の語句《ごく》と同《おな》じ意味《いみ》の言葉《ことば》をＡ～Ｇから選《えら》び、線《せん》で結《むす》びましょう。

	語句	意味
1	**完璧《かんぺき》**［名詞・形動］ 類 完全《かんぜん》、完全無欠《かんぜんむけつ》	不足《ふそく》なところや悪《わる》い点《てん》が全《まった》くないこと。
2	**ぼうぜん**［形動］ 類 ぼんやり、あんぐり	驚《おどろ》きのあまり、ぼうっとしているようす。
3	**みくびる**［動詞］ 類 あなどる	大《たい》したことないと思《おも》って、相手《あいて》を軽《かる》く見《み》る。
4	**しきりに**［副詞］ 類 ①重《かさ》ねて　②ひたすら	①度々《たびたび》。繰《く》り返《かえ》し。②熱心《ねっしん》に。盛《さか》んに。
5	**取《と》り越《こ》し苦労《ぐろう》（する）**［名詞（動詞）］ 類 思《おも》い過《す》ごし	先《さき》のことを考《かんが》えて、いらない不安《ふあん》を感《かん》じること。
6	**しらじらしい**［形容詞］ 類 そらぞらしい	本当《ほんとう》ではないことが見《み》えすいている。
7	**気《き》が散《ち》る**［慣用句］ 類 注意散漫《ちゅういさんまん》になる	ほかのことが気《き》になって、集中《しゅうちゅう》できない。

- A　妹《いもうと》に百円《ひゃくえん》借《か》りたら、**何度《なんど》も**「早《はや》く返《かえ》して」と言《い》ってくる。
- B　「すぐ返《かえ》す」なんて、**うそだとわかる**ことを言《い》うな。
- C　遠足《えんそく》の日《ひ》に雨《あめ》が降《ふ》るかと思《おも》ったが、**余計《よけい》な心配《しんぱい》**だった。
- D　運動会《うんどうかい》のアーチが突然崩《とつぜんくず》れ、一同《いちどう》**あぜんと**した。
- E　一年生《いちねんせい》だと思《おも》って、**なめてい**たら、自分《じぶん》より字《じ》がうまかった。
- F　**集中《しゅうちゅう》できない**から、勉強中《べんきょうちゅう》はおやつも我慢《がまん》だ。
- G　秀才《しゅうさい》でイケメンでスポーツマン、彼《かれ》は**欠点《けってん》がない**なあ。

問2 左《ひだり》の（　）に、1～7の語句《ごく》から最《もっと》も合《あ》うものを選《えら》んで書《か》きなさい。

- ア　（　　　）と立《た》ちすくむ。
- イ　背中《せなか》がかゆくて（　　　）。
- ウ　（　　　）言《い》い訳《わけ》はやめなさい。
- エ　母《はは》は（　　　）ばかりしている。
- オ　今週《こんしゅう》は（　　　）雨《あめ》が降《ふ》る。
- カ　かけ算《ざん》の九九《くく》を（　　　）に覚《おぼ》える。
- キ　自分《じぶん》たちより弱《よわ》いチームだと（　　　）。

［裏ページの答え］問い1：①B　②F　③E　④A　⑤C　⑥G　⑦D
問い2：㋐一帯　㋑ひときわ　㋒息をのむ　㋓曲解　㋔警告　㋕まごまご　㋖客観的

問1 左《ひだり》の語句《ごく》と同《おな》じ意味《いみ》の言葉《ことば》をⒶ～Ⓖから選《えら》び、線《せん》で結《むす》びましょう。

	語句	意味
❶	まごまご（する）［副詞（動詞）］ 類 まごつく	どうすればよいかわからなくて、落《お》ち着《つ》かない。
❷	一帯《いったい》［名詞］ 類 一面《いちめん》	その付近《ふきん》の全《すべ》て。
❸	曲解《きょっかい》（する）［名詞（動詞）］ 類 ねじ曲《ま》げる	物事《ものごと》を素直《すなお》に受《う》け取《と》らず、ねじ曲《ま》げて解釈《かいしゃく》すること。
❹	息《いき》をのむ［慣用句］ 類 息《いき》が止《と》まる	はっと驚《おどろ》いて、息《いき》を止《と》める。
❺	客観的《きゃっかんてき》［形動］ 類 公平《こうへい》に、公正《こうせい》に	自分《じぶん》の考《かんが》えを入《い》れずに、物事《ものごと》を捉《とら》えるようす。
❻	ひときわ［副詞］ 類 特《とく》に、ことさら	ほかと比《くら》べて、いっそう。
❼	警告《けいこく》（する）［名詞（動詞）］ 類 忠告《ちゅうこく》（する）	よくないことが起《お》こる前《まえ》に、言《い》い聞《き》かせておくこと。

Ⓐ お化《ば》け屋敷《やしき》で、あまりの怖《こわ》さに言葉《ことば》が出《で》ない。

Ⓑ 入《い》り口《ぐち》がわからず、困《こま》ってうろうろする。

Ⓒ 事実《じじつ》をありのままに見《み》ても、この猫《ねこ》はかわいい。

Ⓓ 「約束違反《やくそくいはん》はお小遣《こづか》いなしだ」と、注意喚起《ちゅういかんき》される。

Ⓔ へそ曲《ま》がりの姉《あね》は、どんな話《はなし》もゆがめて受《う》け取《と》る。

Ⓕ この辺《あた》り全体《ぜんたい》を、どんよりとした雨雲《あまぐも》が覆《おお》う。

Ⓖ 授業参観《じゅぎょうさんかん》に赤《あか》いシャツで来《く》る父《ちち》は、とりわけ目立《めだ》つ。

問2 左《ひだり》の（　）に、❶～❼の語句《ごく》から最《もっと》も合《あ》うものを選《えら》んで書《か》きなさい。

㋐ その村《むら》（　　　）に春《はる》が訪《おとず》れる。

㋑ 富士山《ふじさん》が（　　　）高《たか》くそびえる。

㋒ 夕日《ゆうひ》が（　　　）ほど美《うつく》しい。

㋓ 彼《かれ》は人《ひと》の言葉《ことば》を（　　　）しがちだ。

㋔ 自転車《じてんしゃ》の駐輪違反《ちゅうりんいはん》で（　　　）を受《う》ける。

㋕ 道《みち》がわからなくて（　　　）する。

㋖（　　　）な意見《いけん》を述《の》べる。

［裏ページの答え］　問い1：①G　②D　③E　④A　⑤C　⑥B　⑦F
問い2：㋐ぼうぜん　㋑気が散る　㋒しらじらしい　㋓取り越し苦労　㋔しきりに　㋕完璧　㋖みくびる

学んだ日　　月　　日

問1 左《ひだり》の語句《ごく》と同《おな》じ意味《いみ》の言葉《ことば》をA～Gから選《えら》び、線《せん》で結《むす》びましょう。

語句	意味
❶ **したたか** [形動・副詞] 類 ①気丈《きじょう》 ②たいそう	①手《て》ごわくて、なかなか屈《くっ》しないようす。②大《おお》いに。激《はげ》しく。
❷ **無断《むだん》** [名詞] 類 無許可《むきょか》	許《ゆる》しを得《え》ていないこと。
❸ **あどけない** [形容詞] 類 けがれない	純粋《じゅんすい》で、かわいらしいようす。
❹ **両立《りょうりつ》(する)** [名詞(動詞)] 類 並立《へいりつ》(する)	二《ふた》つのことが同時《どうじ》に成《な》り立《た》つこと。
❺ **互角《ごかく》** [名詞・形動] 類 同格《どうかく》	互《たが》いの実力《じつりょく》が、同《おな》じくらいであること。
❻ **なつく** [動詞] 類 なじむ	相手《あいて》を怖《こわ》がらなくなって、慕《した》ってくる。
❼ **にぎわう** [動詞] 類 にぎわいを見《み》せる	人《ひと》がたくさん集《あつ》まって、にぎやかになる。

Ⓐ 勉強《べんきょう》とゲーム……、**どちらもする**のは難《むずか》しい。

Ⓑ どんなに攻《せ》められても、**しぶとく**やり返《かえ》す。

Ⓒ 人気《にんき》の日帰《ひがえ》り温泉《おんせん》がお客《きゃく》さんで**混《こ》み合《あ》う**。

Ⓓ 隣《となり》の家《いえ》の犬《いぬ》が、私《わたし》に**なれて**きてしっぽを振《ふ》ってくれる。

Ⓔ みんなに**断《ことわ》りなく**、ボールを持《も》ち出《だ》すな。

Ⓕ 生意気《なまいき》な妹《いもうと》も、寝顔《ねがお》はまだまだ**幼《おさな》くて無邪気《むじゃき》だ**。

Ⓖ お父《とう》さんと先生《せんせい》のだじゃれの実力《じつりょく》は、**五分五分《ごぶごぶ》**だ。

問2 左《ひだり》の（　）に、❶～❼の語句《ごく》から最《もっと》も合《あ》うものを選《えら》んで書《か》きなさい。

㋐ （　　　）で弟《おとうと》の漫画《まんが》を借《か》りる。

㋑ 父《ちち》と兄《あに》の腕相撲《うでずもう》は（　　　）の戦《たたか》いだ。

㋒ 姉《あね》は勉強《べんきょう》と部活《ぶかつ》を（　　　）させている。

㋓ 子《こ》どもが（　　　）表情《ひょうじょう》で笑《わら》う。

㋔ 彼女《かのじょ》は（　　　）な女性《じょせい》だ。

㋕ 大売《おおう》り出《だ》しで、商店街《しょうてんがい》が（　　　）。

㋖ 小犬《こいぬ》がおばあちゃんに（　　　）。

［裏ページの答え］ 問い1：①B ②C ③G ④A ⑤D ⑥E ⑦F
問い2：㋐やみくも ㋑状況 ㋒間柄 ㋓浮かない顔 ㋔拒否 ㋕つぶさに ㋖戸惑う

問1

左《ひだり》の語句《ごく》と同《おな》じ意味《いみ》の言葉《ことば》をⒶ～Ⓖから選《えら》び、線《せん》で結《むす》びましょう。

	語句	意味
❶	拒否《きょひ》(する)　[名詞(動詞)]　類 拒絶《きょぜつ》(する)	人《ひと》からの要求《ようきゅう》や働《はたら》きかけを、聞《き》き入《い》れないで断《ことわ》ること。
❷	やみくも　[名詞・形動]　類 手当《てあ》たり次第《しだい》	この先《さき》どうなるかを考《かんが》えずに、行動《こうどう》すること。
❸	浮《う》かない顔《かお》　[慣用句]　類 沈痛《ちんつう》な面持《おもも》ち	元気《げんき》がなくて、晴《は》れ晴《ば》れしない顔《かお》。
❹	戸惑《とまど》う　[動詞]　類 戸惑《とまど》いを覚《おぼ》える	どうしてよいかわからず、迷《まよ》う。
❺	状況《じょうきょう》　[名詞]　類 状態《じょうたい》	物事《ものごと》のようす、成《な》り行《ゆ》き。
❻	間柄《あいだがら》　[名詞]　類 仲《なか》	人《ひと》と人《ひと》とのつながり方《かた》、関《かか》わり方《かた》。
❼	つぶさに　[副詞]　類 詳《くわ》しく	細《こま》かいところまで、もれることなく。

Ⓐ 代表《だいひょう》に選《えら》ばれて、どうしようとまごつく。

Ⓑ 弟《おとうと》は、注射《ちゅうしゃ》を嫌《いや》がって受《う》け付《つ》けない。

Ⓒ やたらとチョコを配《くば》っても、彼氏《かれし》なんてできない。

Ⓓ 犬《いぬ》のフンを踏《ふ》んでしまったときのようすを説明《せつめい》する。

Ⓔ 保育園《ほいくえん》からずっと一緒《いっしょ》の彼《かれ》とは、兄弟《きょうだい》のような関係《かんけい》だ。

Ⓕ 弟《おとうと》のいたずらを、何《なに》から何《なに》まで母親《ははおや》に報告《ほうこく》する。

Ⓖ 彼女《かのじょ》にふられた兄《あに》は、ずっと沈《しず》んだ表情《ひょうじょう》だ。

問2

左《ひだり》の（　）に、❶～❼の語句《ごく》から最《もっと》も合《あ》うものを選《えら》んで書《か》きなさい。

㋐ （　　）に突《つ》っ走《ぱし》って道《みち》に迷《まよ》った。

㋑ 被害《ひがい》の（　　）をテレビで知《し》る。

㋒ 彼《かれ》とは、親《した》しい（　　）なので、遠慮《えんりょ》しない。

㋓ 朝《あさ》から（　　）をしている。

㋔ 差出人不明《さしだしにんふめい》の荷物《にもつ》の受《う》け取《と》りを（　　）する。

㋕ なくした眼鏡《めがね》を探《さが》し、部屋《へや》の中《なか》を（　　）調《しら》べる。

㋖ 知《し》らない人《ひと》に挨拶《あいさつ》されて（　　）。

［裏ページの答え］ 問い1：①B　②E　③F　④A　⑤G　⑥D　⑦C
問い2：㋐無断　㋑互角　㋒両立　㋓あどけない　㋔したたか　㋕にぎわう　㋖なつく

学んだ日　　月　　日

問1 左《ひだり》の語句《ごく》と同《おな》じ意味《いみ》の言葉《ことば》をⒶ～Ⓖから選《えら》び、線《せん》で結《むす》びましょう。

	語句	意味
❶	**いそしむ** [動詞] 類 精《せい》を出《だ》す	熱心《ねっしん》に取《と》り組《く》む。
❷	**いわば** [副詞] 類 言《い》うなれば	ほかのことにたとえて言《い》えば。
❸	**爽快《そうかい》** [名詞・形動] 類 すがすがしい	すっきりしていて、気持《きも》ちよいようす。
❹	**的中《てきちゅう》(する)** [名詞（動詞）] 類 ①予想《よそう》どおり ②命中《めいちゅう》（する）	①考《かんが》えたとおりになること。②的《まと》に当《あ》たること。
❺	**やりきれない** [形容詞] 類 ①やるせない ②しきれない	①こらえきれない。②最後《さいご》までやり通《とお》せない。
❻	**相棒《あいぼう》** [名詞] 類 仲間《なかま》、相方《あいかた》	一緒《いっしょ》に組《く》んで、行動《こうどう》する相手《あいて》。
❼	**著《いちじる》しい** [形容詞] 類 際立《きわだ》っている	目立《めだ》つくらい、はっきりしているようす。

Ⓐ シャワーを浴《あ》びて、**さっぱり、さわやか**だ。

Ⓑ ここ一年《いちねん》、身長《しんちょう》の伸《の》びが**ものすごい**。

Ⓒ お笑《わら》いコンテストに備《そな》えて、ものまねの練習《れんしゅう》に**励《はげ》む**。

Ⓓ 彼女の痛々《いたいた》しい姿《すがた》を**見《み》ていられない**。

Ⓔ 末《すえ》っ子《こ》は、**言《い》ってみれば**我《わ》が家《や》のアイドルだ。

Ⓕ **ヤマが当《あ》たって、**今夜《こんや》はカレーだ。

Ⓖ 僕《ぼく》の**パートナー**は、愛犬《あいけん》のコロだ。

問2 左《ひだり》の（　）に、❶～❼の語句《ごく》から最《もっと》も合《あ》うものを選《えら》んで書《か》きなさい。

㋐ 二人三脚《ににんさんきゃく》の（　　　）とは幼稚園《ようちえん》からの友達《ともだち》なので息《いき》が合《あ》う。

㋑ こう寒《さむ》くては（　　　）。

㋒ 物知《ものし》りの父《ちち》は（　　　）生《い》き字引《じび》きのような人《ひと》だ。

㋓ 科学《かがく》が（　　　）進歩《しんぽ》を遂《と》げる。

㋔ 予想《よそう》したテスト問題《もんだい》が（　　　）する。

㋕ 夏《なつ》の高原《こうげん》はすがすがしくて（　　　）だ。

㋖ 勉学《べんがく》に（　　　）と母《はは》が喜《よろこ》ぶ。

［裏ページの答え］ 問い1：①D　②F　③A　④G　⑤B　⑥C　⑦E
問い2：㋐滞在　㋑気を配る　㋒見損なう　㋓ありのまま　㋔きずな　㋕ささやか　㋖行き着く

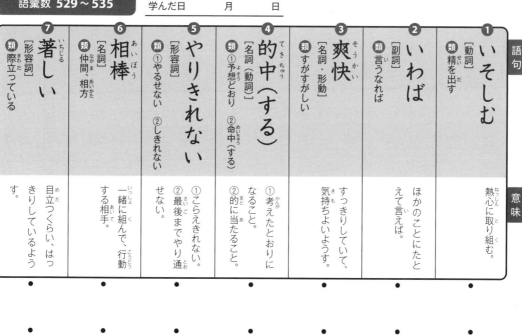

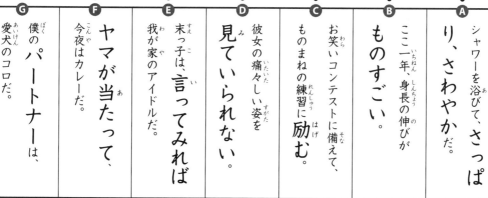

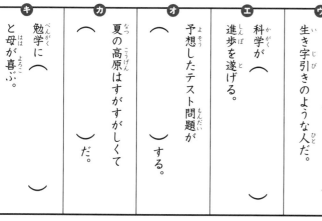

問1 左《ひだり》の語句《ごく》と同《おな》じ意味《いみ》の言葉《ことば》をⒶ～Ⓖから選《えら》び、線《せん》で結《むす》びましょう。

	語句	意味
❶	きずな [名詞] 類 結束《けっそく》	人《ひと》と人《ひと》との間《あいだ》にできる、切《き》っても切《き》れないつながり。
❷	気《き》を配《くば》る [慣用句] 類 配慮《はいりょ》する	周《まわ》りの人《ひと》や状況《じょうきょう》をよく見《み》て、細《こま》やかな心遣《こころづか》いをする。
❸	ささやか [形動] 類 つつましい	目立《めだ》たなくて、控《ひか》え目《め》なようす。
❹	滞在《たいざい》（する） [名詞（動詞）] 類 とう留《りゅう》（する）	よその土地《とち》に行《い》って、そこにしばらくいること。
❺	見損《みそこ》なう [動詞] 類 ①見過《みす》ごす ②見誤《みあやま》る	①うっかりして見《み》そびれる。②良《よ》し悪《あ》しの判断《はんだん》を誤《あやま》る。
❻	行《い》き着《つ》く [動詞] 類 到着《とうちゃく》する	目指《めざ》していた場所《ばしょ》に着《つ》く。
❼	ありのまま [名詞] 類 あるがまま	実際《じっさい》にあったとおり。

Ⓐ バレエの先生《せんせい》に、**ちょっとした**プレゼントを贈《おく》る。

Ⓑ 見《み》たかったテレビをうっかり**見逃《みのが》した**。

Ⓒ 探《さが》していたゲームショップに、やっと**たどり着《つ》いた**。

Ⓓ キャンプで、仲間《なかま》の**結《むす》び付《つ》き**が強《つよ》まる。

Ⓔ 「おいしくない」と思《おも》っても、母《はは》の前《まえ》では**そのまま**言《い》うな。

Ⓕ 姉《あね》の機嫌《きげん》を損《そこ》ねないよう、いろいろ**気《き》を遣《つか》う**。

Ⓖ おばあちゃんの家《いえ》に、一《いっ》か月間《げつかん》**とどまる**予定《よてい》だ。

問2 左《ひだり》の（　）に、❶～❼の語句《ごく》から最《もっと》も合《あ》うものを選《えら》んで書《か》きなさい。

㋐ 明日《あす》から大阪《おおさか》に十日間《とおかかん》（　　　）する。

㋑ 子《こ》どもの安全《あんぜん》を第一《だいいち》に（　　　）。

㋒ 僕《ぼく》の才能《さいのう》を（　　　）なよ。

㋓ 事実《じじつ》を（　　　）に書《か》く。

㋔ 固《かた》い（　　　）で結《むす》ばれる。

㋕ お別《わか》れ会《かい》を開《ひら》く。（　　　）な

㋖ 地図《ちず》を見《み》て目的地《もくてきち》に（　　　）。

［裏ページの答え］ 問い1：①C ②E ③A ④F ⑤D ⑥G ⑦B
問い2：㋐相棒 ㋑やりきれない ㋒いわば ㋓著しい ㋔的中 ㋕爽快 ㋖いそしむ

問1 左《ひだり》の語句《ごく》と同《おな》じ意味《いみ》の言葉《ことば》をⒶ～Ⓖから選《えら》び、線《せん》で結《むす》びましょう。

	語句	意味
❶	**いささか** [副詞] 類 ほんの少《すこ》し	少《すこ》しばかり。わずかに。
❷	**泡《あわ》を食《く》う** [慣用句] 類 パニックになる	思《おも》いがけないことが起《お》きて、あたふたする。
❸	**提案《ていあん》（する）** [名詞（動詞）] 類 発案《はつあん》（する）	意見《いけん》や考《かんが》えを出《だ》すこと。また、その意《い》見《けん》や考《かんが》え。
❹	**鉢合《はちあ》わせ（する）** [名詞（動詞）] 類 ①出《で》くわす　②衝突《しょうとつ》（する）	①思《おも》いがけず会《あ》う。②頭《あたま》と頭《あたま》をぶつけ合《あ》う。
❺	**度重《たびかさ》なる** [動詞] 類 再三《さいさん》起《お》きる	似《に》たようなことが、何度《なんど》も起《お》こる。
❻	**景観《けいかん》** [名詞] 類 眺望《ちょうぼう》	目《め》に見《み》える景色《けしき》。
❼	**いまいましい** [形容詞] 類 憎《にく》たらしい	悔《くや》しい。腹立《はらだ》たしい。

Ⓐ 友達《ともだち》に、遊《あそ》び終《お》わったゲームを交換《こうかん》しようと**申《もう》し出《で》る**。

Ⓑ 引《ひ》っ越《こ》しが**何回《なんかい》も続《つづ》い**て、いつも転校生《てんこうせい》だ。

Ⓒ 黒板《こくばん》への落書《らくが》き中《ちゅう》に先生《せんせい》が来《き》て、**驚《おどろ》き慌《あわ》てて**逃《に》げ出《だ》す。

Ⓓ 屋上《おくじょう》からの**眺《なが》め**がすばらしい。

Ⓔ 忘《わす》れ物《もの》を親《おや》に届《とど》けてもらうのは、**ちょっと**恥《は》ずかしい。

Ⓕ 買《か》ったばかりのおもちゃが壊《こわ》れて、**しゃくにさわる**。

Ⓖ おだんご屋《や》で、好《す》きな男子《だんし》と**ばったり会《あ》う**とは！

問2 左《ひだり》の（　）に、❶～❼の語句《ごく》から最《もっと》も合《あ》うものを選《えら》んで書《か》きなさい。

㋐ 山道《やまみち》で、クマに出会《であ》って（　　　）。

㋑ 古都《こと》の（　　　）を楽《たの》しむ余裕《よゆう》がなかった。

㋒ この暑《あつ》さには（　　　）まいった。

㋓ 廊下《ろうか》の曲《ま》がり角《かど》で先生《せんせい》と（　　　）する。

㋔ 顔《かお》にできた大《おお》きなニキビが（　　　）。

㋕ 思《おも》いがけない幸運《こううん》が（　　　）。

㋖ 話《はな》し合《あ》いで新《あたら》しい計画《けいかく》を（　　　）する。

［裏ページの答え］ 問い1：①E　②D　③G　④A　⑤C　⑥B　⑦F
問い2：㋐無意識　㋑忠告　㋒企てる　㋓ほくそ笑む　㋔いかつい　㋕いきさつ　㋖音頭を取る

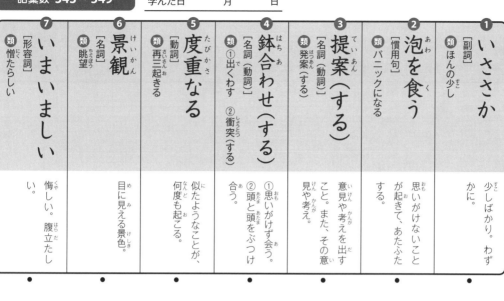

問1

左《ひだり》の語句《ごく》と同《おな》じ意味《いみ》の言葉《ことば》をⒶ～Ⓖから選《えら》び、線《せん》で結《むす》びましょう。

	語句	意味
❶	企《くわだ》てる　[動詞]　類 もくろむ	あることをしようと、計画《けいかく》を立《た》てる。
❷	いきさつ　[名詞]　類 経緯《けいい》	そうなるまでの事《じ》情《じょう》や訳《わけ》。
❸	無《む》意《い》識《しき》　[名詞・形動]　類 ①つい　②不覚《ふかく》	①自分《じぶん》で気《き》が付《つ》いていないこと。②意識《いしき》がないこと。
❹	いかつい　[形容詞]　類 いかめしい	ごつごつしていたりして、近寄《ちかよ》りがたく怖《こわ》そうなようす。
❺	忠告《ちゅうこく》(する)　[名詞（動詞）]　類 忠言《ちゅうげん》(する)、アドバイス(する)	相手《あいて》への思《おも》いやりから、間違《まちが》いを直《なお》すよう言《い》うこと。
❻	音頭《おんど》を取《と》る　[慣用句]　類 率先《そっせん》する、主導《しゅどう》する	皆《みな》をリードして、合《あ》図《ず》したり、まとめたりする。
❼	ほくそ笑《え》む　[動詞]　類 悦《えつ》に入《い》る	うまくいったぞと、一人《ひとり》でにやにやする。

Ⓐ ラーメン屋《や》のおやじは、顔《かお》は**ごつい**が愛想《あいそ》はいい。

Ⓑ 六年生《ろくねんせい》が**先頭《せんとう》に立《た》って**、ごみ拾《ひろ》い運動《うんどう》が始《はじ》まった。

Ⓒ 先生《せんせい》からの**助言《じょげん》**は素直《すなお》に聞《き》こう。

Ⓓ 坊主頭《ぼうずあたま》にするまでの**成《な》り行《ゆ》き**を、みんなに説明《せつめい》する。

Ⓔ 安《やす》く買《か》ったものを高《たか》く売《う》り付《つ》けて、大《おお》もうけを**たくらむ**。

Ⓕ お年玉《としだま》の多《おお》さに**にんまりする**。

Ⓖ 卒業式《そつぎょうしき》の歌《うた》を聞《き》くと、**知《し》らず知《し》らず**涙《なみだ》がこぼれる。

問2

左《ひだり》の（　）に、❶～❼の語句《ごく》から最《もっと》も合《あ》うものを選《えら》んで書《か》きなさい。

㋐ （　　　）に爪《つめ》をかむ癖《くせ》がある。

㋑ 人《ひと》の（　　　）に従《したが》うのが嫌《いや》だ。

㋒ 母《はは》に内緒《ないしょ》で一人旅《ひとりたび》を（　　　）。

㋓ 満点《まんてん》だったテストを見《み》て（　　　）。

㋔ （　　　）感《かん》じの男《おとこ》が前《まえ》からやってくる。

㋕ 事件《じけん》が起《お》きた（　　　）を語《かた》る。

㋖ クリスマスに父《ちち》が乾杯《かんぱい》の（　　　）。

[裏ページの答え]　問い1：①E　②C　③A　④G　⑤B　⑥D　⑦F
問い2：㋐泡を食う　㋑景観　㋒いささか　㋓鉢合わせ　㋔いまいましい　㋕度重なる　㋖提案

学んだ日　　月　　日

問1 左《ひだり》の語句《ごく》と同《おな》じ意味《いみ》の言葉《ことば》をⒶ～Ⓖから選《えら》び、線《せん》で結《むす》びましょう。

	語句	意味
❶	丹念《たんねん》［形動］ 類 丁寧《ていねい》	きめ細《こま》かく取《と》り組《く》むようす。
❷	つれない［形容詞］ 類 よそよそしい、冷淡《れいたん》	人《ひと》に対《たい》して関心《かんしん》や思《おも》いやりがなく、冷《つめ》たい。
❸	潤《うるお》い［名詞］ 類 ①水気《みずけ》、水分《すいぶん》 ②情趣《じょうしゅ》	①湿《しめ》り気《け》。②ゆとり。趣《おもむき》。
❹	伴《ともな》う［動詞］ 類 ①同伴《どうはん》する ②付随《ふずい》する	①一緒《いっしょ》に行《い》く。従《したが》える。②同時《どうじ》に起《お》こる。
❺	警戒《けいかい》(する)［名詞（動詞）］ 類 注意《ちゅうい》(する)、警固《けいご》(する)	よくないことが起《お》こらないように、気《き》を付《つ》けること。
❻	なじる［動詞］ 類 非難《ひなん》する	相手《あいて》の失敗《しっぱい》や悪《わる》い点《てん》をとがめる。
❼	参拝《さんぱい》(する)［名詞（動詞）］ 類 参詣《さんけい》(する)	神社《じんじゃ》や寺《てら》に拝《おが》みに行《い》くこと。

Ⓐ 「ポチ！」と呼《よ》んでも、老犬《ろうけん》は**素《そ》っ気《け》なく**通《とお》り過《す》ぎた。

Ⓑ 弟《おとうと》を**連《つ》れて**、買《か》い出《だ》しに行《い》く。

Ⓒ アイスを道《みち》に落《お》とした妹《いもうと》を**責《せ》め立《た》てる**。

Ⓓ **お参《まい》りする**前《まえ》に、焦《あせ》っておみくじを引《ひ》いてしまった。

Ⓔ 服《ふく》に付《つ》いたしょう油《ゆ》のシミを、**念入《ねんい》り**に取《と》る。

Ⓕ 母《はは》の自慢《じまん》は、**しっとりした感《かん》じ**のある肌《はだ》だ。

Ⓖ 貯金箱《ちょきんばこ》を勝手《かって》に持《も》ち出《だ》されないよう、**用心《ようじん》する**。

問2 左《ひだり》の（　）に、❶～❼の語句《ごく》から最《もっと》も合《あ》うものを選《えら》んで書《か》きなさい。

㋐ 発熱《はつねつ》を（　　　　）風邪《かぜ》が流行《りゅうこう》する。

㋑ 庭木《にわき》を（　　　　）に手入《てい》れする。

㋒ 台風《たいふう》を（　　　　）するよう、呼《よ》びかける。

㋓ 父《ちち》は（　　　　）のある生活《せいかつ》に憧《あこが》れるそうだ。

㋔ 近所《きんじょ》に（　　　　）客《きゃく》でにぎわう寺《てら》がある。

㋕ （　　　　）返事《へんじ》をすると、彼《かれ》は残念《ざんねん》な顔《かお》をした。

㋖ 人《ひと》の小《ちい》さな失敗《しっぱい》を（　　　　）なよ。

［裏ページの答え］ 問い1：①B　②C　③E　④A　⑤G　⑥D　⑦F
問い2：㋐がてら　㋑歯向かう　㋒歓迎　㋓不規則　㋔すかさず　㋕結末　㋖偽る

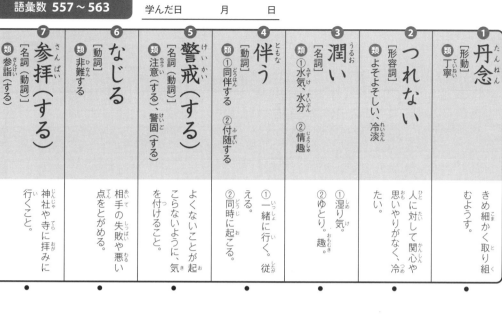

問1 左の語句《ごく》と同《おな》じ意味《いみ》の言葉《ことば》をA～Gから選《えら》び、線《せん》で結《むす》びましょう。

語句 / 意味

1 偽《いつわ》る ［動詞］ 類 だます — 本当《ほんとう》でないことを言《い》う。

2 がてら ［接尾］ 類 方々《かたがた》 — あることのついでに。

3 結末《けつまつ》 ［名詞］ 類 おしまい — 物事《ものごと》の最後《さいご》、結《むす》び。締《し》めくくり。

4 すかさず ［副詞］ 類 速《すみ》やかに、瞬時《しゅんじ》に — 即座《そくざ》に。間《ま》をおかないで。

5 歯向《はむ》かう ［動詞］ 類 ①たてつく ②食《く》い付《つ》く — ①逆《さか》らう。②かみつこうとする。

6 不規則《ふきそく》 ［名詞・形動］ 類 不順《ふじゅん》、不安定《ふあんてい》 — 規則正《きそくただ》しくないようす。

7 歓迎《かんげい》（する） ［名詞（動詞）］ 類 歓待《かんたい》（する） — うれしい気持《きも》ちで、相手《あいて》を受《う》け入《い》れること。

A 「わかる人《ひと》？」と聞《き》かれたら、すぐさま手《て》を挙《あ》げる。

B おなかが痛《いた》いとうそをついて、お手伝《てつだ》いを休《やす》む。

C 犬《いぬ》の散歩《さんぽ》をかねて、みんなの家《いえ》を見《み》て回《まわ》る。

D 朝寝坊《あさねぼう》に夜《よ》ふかしと、姉《あね》の生活《せいかつ》は乱《みだ》れている。

E ドラマの最終回《さいしゅうかい》は、どんな終《お》わり方《かた》になるのかな。

F いつでも遊《あそ》びに来《き》てね、喜《よろこ》んで迎《むか》えるよ。

G 母親《ははおや》に抵抗《ていこう》しても、「ご飯抜《はんぬ》きよ」と言《い》われるだけだ。

問2 左《ひだり》の（　）に、1～7の語句《ごく》から最《もっと》も合《あ》うものを選《えら》んで書《か》きなさい。

ア 散歩《さんぽ》（　　　）、花見《はなみ》をする。

イ 兄《あに》に（　　　）も返《かえ》り討《う》ちにあう。

ウ 新入生《しんにゅうせい》を（　　　）する会《かい》を開《ひら》く。

エ トランプを（　　　）に並《なら》べる。

オ 人《ひと》の話《はなし》に（　　　）口《くち》をはさむ。

カ 物語《ものがたり》の（　　　）は意外《いがい》だった。

キ 子《こ》ども扱《あつか》いは嫌《いや》で、年齢《ねんれい》を（　　　）。

［裏ページの答え］ 問い1：①E　②A　③F　④B　⑤G　⑥C　⑦D
問い2：㋐伴う　㋑丹念　㋒警戒　㋓潤い　㋔参拝　㋕つれない　㋖なじる

学んだ日　　月　　日

問1

左《ひだり》の語句《ごく》と同《おな》じ意味《いみ》の言葉《ことば》をⒶ～Ⓖから選《えら》び、線《せん》で結《むす》びましょう。

語句 / **意味**

❶ **かろうじて**
［副詞］
類 ようやく
やっとのことで。どうにか。

❷ **見過《みす》ごす**
［動詞］
類 ①見逃《みのが》す　②見落《みお》とす
①見《み》ても、そのままにする。②見《み》ても気付《きづ》かない。

❸ **いぶかしい**
［形容詞］
類 不審《ふしん》だ
どことなく疑《うたが》わしい。

❹ **あいにく**
［副詞・形動］
類 折《お》りあしく
不都合《ふつごう》なことに。

❺ **うり二《ふた》つ**
［慣用句］
類 見分《みわ》けが付《つ》かない
顔《かお》や形《かたち》がよく似《に》ていること。

❻ **混同《こんどう》（する）**
［名詞（動詞）］
類 ごちゃごちゃにする
区別《くべつ》するべきものを、混《ま》ぜて同《おな》じにしてしまうこと。

❼ **顔《かお》ぶれ**
［名詞］
類 仲間《なかま》、部員《ぶいん》
何《なに》かの集《あつ》まりや仕《し》事《ごと》などに参加《さんか》する人《ひと》たち。

Ⓐ プール開《びら》きの日《ひ》は、**残念《ざんねん》ながら**雨《あめ》だった。

Ⓑ **どうにかこうにか**提出期限《ていしゅつきげん》に間《ま》に合《あ》った。

Ⓒ いつもの**メンバー**が集《あつ》まって、草野球《くさやきゅう》をする。

Ⓓ 今回《こんかい》だけは**目《め》をつぶって**やろう。

Ⓔ 目玉焼《めだまや》きと玉子焼《たまごや》きを**一緒《いっしょ》だと思《おも》う**な。

Ⓕ 猫《ねこ》と話《はな》せるという話《はなし》は、**何《なん》となく怪《あや》しい**。

Ⓖ 生《う》まれたばかりの弟《おとうと》は、おじいちゃんに**そっくり**だった。

問2

左《ひだり》の（　）に、❶～❼の語句《ごく》から最《もっと》も合《あ》うものを選《えら》んで書《か》きなさい。

㋐ あの姉妹《しまい》はどこから見《み》ても（　　　）だ。

㋑ 好《す》きなテレビ番組《ばんぐみ》を（　　　）。

㋒ 行動《こうどう》に（　　　）点《てん》がいくつもある。

㋓ 訪問先《ほうもんさき》は（　　　）留守《るす》だった。

㋔ （　　　）合格点《ごうかくてん》をとれた。

㋕ なつかしい（　　　）がそろう。

㋖ 朝起《あさお》きたときは、夢《ゆめ》と現実《げんじつ》を（　　　）しがちだ。

［裏ページの答え］　問い1：①E　②A　③B　④G　⑤F　⑥D　⑦C
問い2：㋐刻一刻　㋑一因　㋒うってつけ　㋓手こずる　㋔まれ　㋕衝突　㋖上達

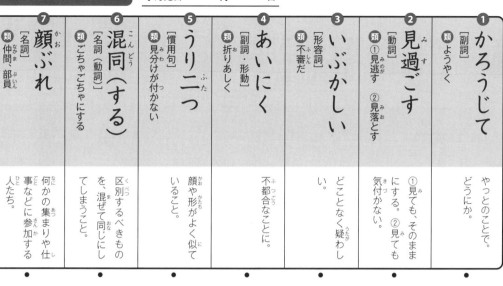

問1 左《ひだり》の語句《ごく》と同《おな》じ意味《いみ》の言葉《ことば》をⒶ～Ⓖから選《えら》び、線《せん》で結《むす》びましょう。

	語句	意味
❶	**手《て》こずる** [動詞] 類 手《て》を焼《や》く	思《おも》いどおりにならなくて、扱《あつか》いに苦労《くろう》する。
❷	**まれ** [形動] 類 希少《きしょう》	めったにないようす。珍《めずら》しいようす。
❸	**上達《じょうたつ》（する）** [名詞（動詞）] 類 腕《うで》が上《あ》がる	練習《れんしゅう》を重《かさ》ねて、上手《じょうず》になること。
❹	**刻一刻《こくいっこく》** [副詞] 類 刻々《こくこく》、時々刻々《じじこっこく》	時間《じかん》が少《すこ》しずつ過《す》ぎるようす。徐々《じょじょ》に。
❺	**うってつけ** [名詞・形動] 類 あつらえ向《む》き	ぴったりと合《あ》っていること。
❻	**衝突《しょうとつ》（する）** [名詞（動詞）] 類 ①追突《ついとつ》（する） ②対立《たいりつ》（する）	①ものとものがぶつかること。②考《かんが》えが合《あ》わず、争《あらそ》うこと。
❼	**一因《いちいん》** [名詞] 類 要因《よういん》	一《ひと》つの原因《げんいん》。

Ⓐ 放課後《ほうかご》に遊《あそ》びに行《い》かない日《ひ》は**ほとんどない**。

Ⓑ いい先生《せんせい》に出会《であ》ってから、ピアノが**うまくなった**。

Ⓒ 受《う》けないギャグを言《い》うことも、人気《にんき》がない**理由《りゆう》の一《ひと》つ**か。

Ⓓ 車《くるま》が壁《かべ》に**激突《げきとつ》**した。

Ⓔ 泣《な》いている幼《おさな》い弟《おとうと》を、**持《も》て余《あま》す**。

Ⓕ ピクニックには**もってこい**のいい天気《てんき》だ。

Ⓖ ロケット発射《はっしゃ》の時刻《じこく》が、**だんだん**と迫《せま》る。

問2 左《ひだり》の（　）に、❶～❼の語句《ごく》から最《もっと》も合《あ》うものを選《えら》んで書《か》きなさい。

㋐ 空《そら》の色《いろ》が（　　　）と変化《へんか》する。

㋑ 寝不足《ねぶそく》も虫歯《むしば》の（　　　）となる。

㋒ 昼寝《ひるね》に（　　　）のソファーを家具店《かぐてん》で見《み》つける。

㋓ 泣《な》き止《や》まない赤《あか》ちゃんに（　　　）。

㋔ 彼女《かのじょ》は、音楽《おんがく》に類《たぐ》い（　　　）な才能《さいのう》をもっている。

㋕ 二台《にだい》の車《くるま》が猛《もう》スピードで（　　　）する。

㋖ 習字《しゅうじ》が（　　　）したのをほめられた。

［裏ページの答え］ 問い1：①B ②D ③F ④A ⑤G ⑥E ⑦C
問い2：㋐うり二つ ㋑見過ごす ㋒いぶかしい ㋓あいにく ㋔かろうじて ㋕顔ぶれ ㋖混同

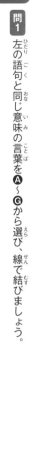

学んだ日　　月　　日

問 左《ひだり》の語句《ごく》の意味《いみ》に合《あ》う発言《はつげん》を、下《した》のⒶ〜Ⓗから選《えら》びましょう。

	語句	意味	解答
1	口《くち》を割《わ》る	隠《かく》していたことをしゃべってしまう。	
2	口《くち》が軽《かる》い	言《い》ってはいけないことまでべらべら話《はな》す。	
3	口《くち》がすべる	言《い》ってはいけないことを、ついつい言《い》ってしまう。	
4	口《くち》が重《おも》い	あまりものを言《い》わず、無口《むくち》だ。	
5	口《くち》がかたい	言《い》ってはいけないことを、むやみに言《い》わない。	
6	口《くち》が減《へ》らない	道理《どうり》に負《ま》けても、理屈《りくつ》を並《なら》べて言《い》い返《かえ》す。負《ま》け惜《お》しみを言《い》う。	
7	口《くち》は災《わざわ》いの元《もと》	不用意《ふようい》なことを言《い》って、よくないことになる。	
8	口《くち》をはさむ	ほかの人《ひと》が話《はな》しているところに割《わ》り込《こ》んで話《はな》す。	

Ⓐ あの人《ひと》は教室《きょうしつ》にいても全然《ぜんぜん》しゃべらないよね。

Ⓑ あの子《こ》は秘密《ひみつ》を守《まも》らないから注意《ちゅうい》しろよ。

Ⓒ 弟《おとうと》を問《と》いつめたら、こっそりお菓子《かし》を食《た》べたことを言《い》ったよ。

Ⓓ つい調子《ちょうし》に乗《の》って、友達《ともだち》の内緒話《ないしょばなし》を言《い》っちゃったよ。

Ⓔ 僕《ぼく》は、言《い》うなと言《い》われたことは絶対《ぜったい》に言《い》わないよ。

Ⓕ あの子《こ》はいつまでも言《い》い返《かえ》してくるから嫌《いや》だわ。

Ⓖ 先生《せんせい》の悪口《わるぐち》を言《い》っていたら、職員室《しょくいんしつ》に呼《よ》びつけられちゃったよ。

Ⓗ 今《いま》は、この子《こ》と話《はな》してるんだから、余計《よけい》なことを言《い》うなよ。

［裏ページの答え］①喜色満面　②一日千秋　③孤立無援　④完全無欠　⑤一心同体　⑥海千山千　⑦開口一番　⑧厚顔無恥

◆四字熟語《よじじゅくご》

一日千秋《いちじつせんしゅう》
覚え方　一日《いちにち》が秋千回《あきせんかい》
意味　とても待《ま》ち遠《どお》しいこと。

一心同体《いっしんどうたい》
覚え方　一《ひと》つの心《こころ》、同《おな》じ体《からだ》
意味　何人《なんにん》かの人《ひと》の気持《きも》ちが、しっかりと結《むす》び付《つ》くこと。

海千山千《うみせんやません》
覚え方　海《うみ》で千年《せんねん》、山《やま》で千年《せんねん》
意味　経験《けいけん》を積《つ》み、世《よ》の中《なか》のことを知《し》り尽《つ》くしていて、悪賢《わるがしこ》いこと。

開口一番《かいこういちばん》
覚え方　口《くち》を開《ひら》いて一番《いちばん》に
意味　話《はな》し始《はじ》めるとすぐに。

完全無欠《かんぜんむけつ》
覚え方　完全《かんぜん》で、欠点《けってん》が無《な》い
意味　不足《ふそく》や欠点《けってん》が少《すこ》しもないこと。

喜色満面《きしょくまんめん》
覚え方　喜《よろこ》びの色《いろ》が顔面《がんめん》に満《み》ちる
意味　うれしそうなようすが、顔《かお》に満《み》ちていること。

厚顔無恥《こうがんむち》
覚え方　顔《かお》の皮《かわ》が厚《あつ》く、恥《はじ》の心《こころ》が無《な》い
意味　厚《あつ》かましくて、恥《はじ》を知《し》らないようす。

孤立無援《こりつむえん》
覚え方　孤立《こりつ》して、支援《しえん》が無《な》い
意味　仲間《なかま》もなく、誰《だれ》の助《たす》けも得《え》られないでいること。

問　左《ひだり》の（　）にあてはまる四字熟語《よじじゅくご》を、上《うえ》から選《えら》びましょう。

❶ 山田《やまだ》さんは、うれしいことがあったようで、（　　　　）だ。

❷（　　　　）の思《おも》いで、お手紙《てがみ》をお待《ま》ちしております。

❸ 話《はな》し合《あ》いでは僕《ぼく》に賛成《さんせい》してくれる人《ひと》がいなくて、（　　　　）の状態《じょうたい》だった。

❹ 彼女《かのじょ》は何《なに》をやってもよくできる（　　　　）な人《ひと》だね。

❺ 彼《かれ》と僕《ぼく》はとても仲《なか》がよくて、（　　　　）だ。

❻ あの人《ひと》は、（　　　　）の商売上手《しょうばいじょうず》だから気《き》をつけよう。

❼ 親《しん》せき同士《どうし》の集《あつ》まりで、（　　　　）、おじさんが自慢話《じまんばなし》を始《はじ》めた。

❽ あんなことをして恥《は》ずかしくないのかな。（　　　　）な人《ひと》だなあ。

［裏ページの答え］①C　②B　③D　④A　⑤E　⑥F　⑦G　⑧H

学んだ日　　月　　日

問1　左《ひだり》の語句《ごく》と同《おな》じ意味《いみ》の言葉《ことば》を🅐～🅖から選《えら》び、線《せん》で結《むす》びましょう。

語句 / 意味

❶ すげない　［形容詞］　類 薄情《はくじょう》
思《おも》いやりがなく、冷《つめ》たい。

❷ ほてる　［動詞］　類 熱《あつ》くなる
熱《ねっ》っぽく感《かん》じる。

❸ やむを得《え》ない　［連語］　類 しかたがない
好《この》ましくはないが、そうするしかないようす。

❹ 意固地《いこじ》　［名詞・形動］　類 かたくな
頑固《がんこ》に意地《いじ》を張《は》るようす。

❺ 思《おも》い返《かえ》す　［動詞］　類 ①考《かんが》え直《なお》す　②回顧《かいこ》する
①もう一度《いちど》思《おも》い直《なお》す。②昔《むかし》のことを思《おも》い出《だ》す。

❻ 油断《ゆだん》（する）　［名詞（動詞）］　類 不注意《ふちゅうい》
気《き》を許《ゆる》して注意《ちゅうい》を怠《おこた》ること。

❼ 縮図《しゅくず》　［名詞］　類 比喩《ひゆ》
実際《じっさい》のようすを端《たん》的《てき》に表《あらわ》したもの。

🅐 この事件《じけん》は、現代社会《げんだいしゃかい》の**象徴《しょうちょう》**と言《い》える。

🅑 こんないたずらをしたら、叱《しか》られるのは**仕方《しかた》ない**。

🅒 挨拶《あいさつ》もしてくれないなんて、**つれない**な。

🅓 泥棒《どろぼう》を**警戒《けいかい》せずに**、家《いえ》の鍵《かぎ》をかけずに外出《がいしゅつ》した。

🅔 この文章《ぶんしょう》は**再考《さいこう》する**必要《ひつよう》がある。

🅕 ギャグがすべった恥《は》ずかしさで、顔《かお》が**赤《あか》くなる**。

🅖 彼《かれ》は、最後《さいご》まで**強情《ごうじょう》**に言《い》い張《は》った。

問2　左《ひだり》の（　）に、❶～❼の語句《ごく》から最《もっと》も合《あ》うものを選《えら》んで書《か》きなさい。

㋐ 暖《あたた》かい部屋《へや》にいると、顔《かお》が（　　）。

㋑ 修学旅行《しゅうがくりょこう》の思《おも》い出《で》を（　　）。

㋒ 運転《うんてん》を（　　）すると事故《じこ》にあうよ。

㋓ 悪天候《あくてんこう》のため、登頂《とうちょう》を断念《だんねん》するのは（　　）判断《はんだん》だ。

㋔ 学校《がっこう》は社会《しゃかい》の（　　）である。

㋕ 誘《さそ》いを（　　）態度《たいど》で断《ことわ》られる。

㋖ 二人《ふたり》とも（　　）になって、けんかが長引《ながび》く。

［裏ページの答え］ 問い１：①D　②E　③A　④F　⑤B　⑥G　⑦C
問い２：㋐要求　㋑装う　㋒弁明　㋓不快　㋔迎合　㋕必然　㋖一か八か

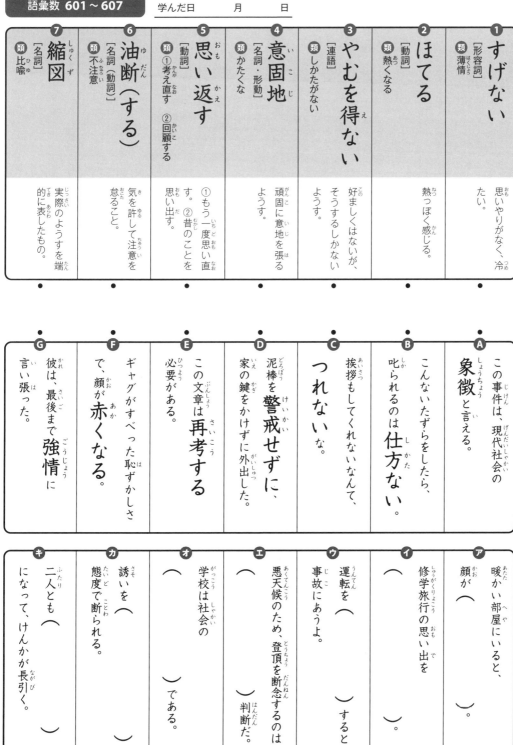

問1

左《ひだり》の語句《ごく》と同《おな》じ意味《いみ》の言葉《ことば》をⒶ～Ⓖから選《えら》び、線《せん》で結《むす》びましょう。

	語句	意味
❶	弁明《べんめい》（する）［名詞（動詞）］ 類 釈明《しゃくめい》（する）	自分《じぶん》の言行《げんこう》を説明《せつめい》して、相手《あいて》に理解《りかい》を求《もと》めること。
❷	装《よそお》う［動詞］ 類 ①着飾《きかざ》る ②偽《いつわ》る	①身《み》なりを整《ととの》えて飾《かざ》る。②見《み》せかける。
❸	不快《ふかい》［名詞・形動］ 類 ①不愉快《ふゆかい》 ②病気《びょうき》	①嫌《いや》な気持《きも》ちになること。②気分《きぶん》がよくないこと。
❹	一《いち》か八《ばち》か［慣用句］ 類 のるか反《そ》るか	運《うん》に任《まか》せて、思《おも》い切《き》ってやってみること。
❺	要求《ようきゅう》（する）［名詞（動詞）］ 類 要請《ようせい》（する）	そうしてほしいと求《もと》めること。
❻	迎合《げいごう》（する）［名詞（動詞）］ 類 追従《ついじゅう》（する）	相手《あいて》に気《き》に入《い》られるように調子《ちょうし》を合《あ》わせること。
❼	必然《ひつぜん》［名詞］ 類 必至《ひっし》	必《かなら》ずそうなるに決《き》まっていること。

Ⓐ 何《なに》か**面白《おもしろ》くない**ことでもあったの？

Ⓑ お小遣《こづか》いの値上《ねあ》げを、強《つよ》く**要望《ようぼう》**する。

Ⓒ あの事件《じけん》は、**避《さ》けられない運命《うんめい》**だった。

Ⓓ 苦《くる》しい**弁解《べんかい》**をして、余計《よけい》に恥《はじ》をかく。

Ⓔ 誕生日《たんじょうび》に**おめかしして**出掛《でか》けた。

Ⓕ **出《で》たとこ勝負《しょうぶ》**で、ヒッチハイクの旅《たび》に出《で》る。

Ⓖ 先輩《せんぱい》に**ごまをする**のは、すごく疲《つか》れる。

問2

左《ひだり》の（　）に、❶～❼の語句《ごく》から最《もっと》も合《あ》うものを選《えら》んで書《か》きなさい。

㋐ 無茶《むちゃ》な（　　　　）には、応《こた》えられない。

㋑ 祖母《そぼ》が、美《うつく》しい着物《きもの》で（　　　　）。

㋒ 証拠《しょうこ》がそろっていて、（　　　　）の余地《よち》はありません。

㋓ あなたには（　　　　）な思《おも》いをさせて申《もう》し訳《わけ》ない。

㋔ 権力《けんりょく》に（　　　　）することに疑問《ぎもん》をもつ。

㋕ あなたが責任《せきにん》を負《お》う（　　　　）性《せい》はない。

㋖ （　　　　）、あの子《こ》に声《こえ》を掛《か》けてみよう。

［裏ページの答え］ 問い1：①C　②F　③B　④G　⑤E　⑥D　⑦A
問い2：㋐ほてる　㋑思い返す　㋒油断　㋓やむを得ない　㋔縮図　㋕すげない　㋖意固地

学んだ日　　月　　日

問1 左《ひだり》の語句《ごく》と同《おな》じ意味《いみ》の言葉《ことば》をⒶ～Ⓖから選《えら》び、線《せん》で結《むす》びましょう。

語句 / 意味

❶ **出《だ》し抜《ぬ》く** ［動詞］ 類 裏《うら》をかく
すきをねらったり、だましたりして、人《ひと》より先《さき》にする。

❷ **やましい** ［形容詞］ 類 後《うし》ろめたい
悪《わる》いことをして良《りょう》心《しん》がとがめるようす。

❸ **浮《う》き足立《あしだ》つ** ［動詞］ 類 逃《に》げ腰《ごし》になる
不安《ふあん》や恐《おそ》れで落《お》ち着《つ》きがなくなる。

❹ **容易《ようい》** ［名詞・形動］ 類 平易《へいい》
簡単《かんたん》にできるようす。

❺ **おおらか** ［形動］ 類 寛容《かんよう》
細《こま》かいことにとらわれず、ゆったりとしているようす。

❻ **二《ふた》つ返事《へんじ》** ［名詞］ 類 快諾《かいだく》
すぐに快《こころよ》く引《ひ》き受《う》けること。

❼ **鈍《なま》る** ［動詞］ 類 鈍《にぶ》る、錆《さ》びる
体《からだ》の力《ちから》や働《はたら》きが弱《よわ》まる。

Ⓐ 彼女《かのじょ》の**おっとりした**性格《せいかく》が、人《ひと》に好《す》かれている。

Ⓑ 僕《ぼく》だけ注意《ちゅうい》されないのは、**後《うし》ろ暗《ぐら》い**。

Ⓒ 彼《かれ》は**嫌《いや》な顔《かお》一《ひと》つせず**応《おう》じてくれた。

Ⓓ 練習《れんしゅう》しないと、すぐに腕《うで》が**落《お》ちる**。

Ⓔ 自分《じぶん》だけ**抜《ぬ》けがけする**のはずるいぞ。

Ⓕ 激《はげ》しい雷鳴《らいめい》が響《ひび》き、**足《あし》が地《ち》に着《つ》かない**。

Ⓖ そんなのは**たやすい**御用《ごよう》だ。

問2 左《ひだり》の（　）に、❶～❼の語句《ごく》から最《もっと》も合《あ》うものを選《えら》んで書《か》きなさい。

㋐ 子《こ》どもを（　　　　）に育《そだ》てる。

㋑ 利益《りえき》を得《え》るために、人《ひと》を（　　　　）。

㋒ 彼《かれ》に（　　　　）ところは何《なに》もない。

㋓ 試合終了直前《しあいしゅうりょうちょくぜん》に逆転《ぎゃくてん》され、チームが（　　　　）。

㋔ （　　　　）で引《ひ》き受《う》ける。

㋕ （　　　　）にできる問題《もんだい》だけを解《と》く。

㋖ 体《からだ》が（　　　　）のを防《ふせ》ぐために、毎日運動《まいにちうんどう》しよう。

［裏ページの答え］ 問い1：①F　②A　③B　④G　⑤C　⑥D　⑦E
問い2：㋐さすらう　㋑すべ　㋒滞る　㋓お膳立て　㋔その場しのぎ　㋕個性的　㋖動揺

問1 左《ひだり》の語句《ごく》と同《おな》じ意味《いみ》の言葉《ことば》をⒶ～Ⓖから選《えら》び、線《せん》で結《むす》びましょう。

	語句	意味
❶	個性的《こせいてき》［形動］ 類 独創的《どくそうてき》	ほかの人《ひと》とは異《こと》なる性質《せいしつ》をもっているようす。
❷	滞《とどこお》る［動詞］ 類 ①停滞《ていたい》する　②滞納《たいのう》する	①物事《ものごと》が順調《じゅんちょう》に進《すす》まず、つかえる。②返済《へんさい》などがたまる。
❸	動揺《どうよう》（する）［名詞（動詞）］ 類 心《こころ》が騒《さわ》ぐ	気持《きも》ちが揺《ゆ》れ動《うご》くこと。
❹	さすらう［動詞］ 類 漂泊《ひょうはく》する	あてもなくさまよい歩《ある》く。
❺	すべ［名詞］ 類 手段《しゅだん》	目的《もくてき》を達成《たっせい》するための方法《ほうほう》。
❻	お膳立《ぜんだ》て［名詞］ 類 用意《ようい》	物事《ものごと》がいつでも始《はじ》められるように、準《じゅん》備《び》すること。
❼	その場《ば》しのぎ［名詞］ 類 その場逃《ばのが》れ	その場《ば》だけを取《と》り繕《つくろ》って切《き》り抜《ぬ》けようとすること。

Ⓐ 工事《こうじ》の影響《えいきょう》で、高速道路《こうそくどうろ》がひどく**渋滞《じゅうたい》する**。

Ⓑ 嫌《いや》なうわさ話《ばなし》を聞《き》いて、**心《こころ》がざわつく**。

Ⓒ これ以上《いじょう》の**手立《てだ》て**はもうない。

Ⓓ 誕生日《たんじょうび》パーティーの**支度《したく》**が調《ととの》う。

Ⓔ 冷蔵庫《れいぞうこ》にあるもので、**間《ま》に合《あ》わせ**の料理《りょうり》を作《つく》る。

Ⓕ **斬新《ざんしん》**なファッションに興味《きょうみ》がある。

Ⓖ 彼《かれ》はただ一人《ひとり》、海外《かいがい》を**放浪《ほうろう》する**。

問2 左《ひだり》の（　）に、❶～❼の語句《ごく》から最《もっと》も合《あ》うものを選《えら》んで書《か》きなさい。

㋐ 心《こころ》のおもむくまま、諸国《しょこく》を（　　　）。

㋑ なす（　　　）もなく、立《た》ちすくむ。

㋒ 家賃《やちん》の支払《しはら》いが（　　　）。

㋓ 仲直《なかなお》りの（　　　）をする。

㋔ （　　　）の言《い》い訳《わけ》は通用《つうよう》しない。

㋕ （　　　）な子《こ》だね、とよく言《い》われる。

㋖ 明日《あす》はテストだと聞《き》いて（　　　）する。

［裏ページの答え］ 問い1：①E　②B　③F　④G　⑤A　⑥C　⑦D
問い2：㋐おおらか　㋑出し抜く　㋒やましい　㋓浮き足立つ　㋔二つ返事　㋕容易　㋖鈍る

学んだ日　　月　　日

問1 左《ひだり》の語句《ごく》と同《おな》じ意味《いみ》の言葉《ことば》をⒶ～Ⓖから選《えら》び、線《せん》で結《むす》びましょう。

	語句	意味
❶	ふてくされる [動詞] 類 ふてる	不平《ふへい》・不満《ふまん》から反《はん》抗的《こうてき》で投《な》げやりな態度《たいど》をとる。
❷	かわす [動詞] 類 そらす	とっさに避《さ》ける。
❸	全然《ぜんぜん》 [副詞] 類 少《すこ》しも	（下《した》に打《う》ち消《け》しの言《こと》葉《ば》を伴《ともな》って）全《まった》く。
❹	しおらしい [形容詞] 類 奥《おく》ゆかしい	素直《すなお》でおとなしいようす。
❺	機知《きち》 [名詞] 類 ウィット	その場《ば》に応《おう》じてとっさに働《はたら》く知恵《ちえ》。
❻	説《と》き伏《ふ》せる [動詞] 類 口説《くど》く	相手《あいて》によく説明《せつめい》して、自分《じぶん》の意見《いけん》に従《したが》わせる。
❼	ひたむき [名詞・形動] 類 一途《いちず》	一《ひと》つのことに熱中《ねっちゅう》すること。

Ⓐ 父《ちち》は長《なが》い間《あいだ》、仕事《しごと》**一筋**《ひとすじ》に生《い》きてきた。

Ⓑ 外出《がいしゅつ》を思《おも》いとどまるように**説得**《せっとく》**する**。

Ⓒ つまみ食《ぐ》いの濡《ぬ》れ衣《ぎぬ》を着《き》せられて、**やけを起**《お》**こす**。

Ⓓ 一休《いっきゅう》さんは、**とんち**のきいた答《こた》えで人《ひと》を驚《おどろ》かせた。

Ⓔ 飛《と》んできたボールを、間一髪《かんいっぱつ》で**よける**。

Ⓕ 彼女《かのじょ》の**控**《ひか》**え目**《め》**な**態度《たいど》に好感《こうかん》をもつ。

Ⓖ 宿題《しゅくだい》が難《むずか》しくて**さっぱり**わからない。

問2 左《ひだり》の（　）に、❶～❼の語句《ごく》から最《もっと》も合《あ》うものを選《えら》んで書《か》きなさい。

㋐ 全力《ぜんりょく》のシュートが（　　　）入《はい》らない。

㋑ 彼女《かのじょ》の（　　　）な努力《どりょく》が実《み》を結《むす》んだ。

㋒ 進路《しんろ》について、親《おや》を（　　　）。

㋓ 彼女《かのじょ》は（　　　）物言《ものい》いをする。

㋔（　　　）に富《と》んだ会話《かいわ》で盛《も》り上《あ》がる。

㋕ 弟《おとうと》は、怒《おこ》られるとすぐに（　　　）。

㋖ とっさの判断《はんだん》で身《み》を（　　　）。

［裏ページの答え］ 問い１：①C　②D　③G　④F　⑤A　⑥B　⑦E
問い２：㋐お茶を濁す　㋑概念　㋒ぎこちない　㋓不様　㋔のさばる　㋕実態　㋖眼中

問1 左《ひだり》の語句《ごく》と同《おな》じ意味《いみ》の言葉《ことば》をⒶ～Ⓖから選《えら》び、線《せん》で結《むす》びましょう。

	語句	意味
❶	**のさばる**［動詞］ 類 横行《おうこう》する	好《す》き勝手《かって》に振《ふ》る舞《ま》って勢力《せいりょく》をふるう。
❷	**実態《じったい》**［名詞］ 類 実情《じつじょう》	実際《じっさい》の状態《じょうたい》。
❸	**お茶《ちゃ》を濁《にご》す**［慣用句］ 類 その場《ば》をしのぐ	いい加減《かげん》に対応《たいおう》して、その場《ば》をごまかす。
❹	**眼中《がんちゅう》**［名詞］ 類 視野《しや》	見《み》える範囲《はんい》。関心《かんしん》や意識《いしき》の範囲内《はんいない》。
❺	**ぎこちない**［形容詞］ 類 不自然《ふしぜん》	動作《どうさ》や言葉《ことば》に滑《なめ》らかさがない。
❻	**不様《ぶざま》**［名詞・形動］ 類 格好《かっこう》が悪《わる》い	姿《すがた》やようすがみっともないこと。
❼	**概念《がいねん》**［名詞］ 類 ①観念《かんねん》 ②概要《がいよう》	①共通《きょうつう》した特性《とくせい》から得《え》られる考《かんが》え。②大《おお》まかな内容《ないよう》。

Ⓐ **拙《つたな》い**文章《ぶんしょう》でも、情熱《じょうねつ》は伝《つた》わる。

Ⓑ 観衆《かんしゅう》の前《まえ》で**見苦《みぐる》しい**負《ま》け方《かた》はしたくない。

Ⓒ 詐欺《さぎ》を働《はたら》く悪人《あくにん》が**はびこる**。

Ⓓ 彼女《かのじょ》のプライベートの**ありさま**は、謎《なぞ》に包《つつ》まれている。

Ⓔ 宇宙《うちゅう》の**大体《だいたい》の捉《とら》え方《かた》**を知《し》る。

Ⓕ 僕《ぼく》は、彼女《かのじょ》の**視界《しかい》**に全《まった》く入《はい》っていない。

Ⓖ 面倒《めんどう》な質問《しつもん》をされたので、**うやむやにする**。

問2 左《ひだり》の（　）に、❶～❼の語句《ごく》から最《もっと》も合《あ》うものを選《えら》んで書《か》きなさい。

㋐ 「宿題《しゅくだい》終《お》わったの？」の質問《しつもん》に（　　　）。

㋑ 芸術《げいじゅつ》の（　　　）を理解《りかい》するための専門書《せんもんしょ》を読《よ》む。

㋒ ロボットの（　　　）動《うご》きが、観客《かんきゃく》の笑《わら》いを誘《さそ》う。

㋓ 何度《なんど》も（　　　）に転《ころ》んでしまった。

㋔ 世《よ》の中《なか》には多《おお》くの悪人《あくにん》が（　　　）。

㋕ 学校周辺《がっこうしゅうへん》の交通量《こうつうりょう》の（　　　）を調査《ちょうさ》する。

㋖ 成功《せいこう》するかどうかは（　　　）にない。

［裏ページの答え］問い1：①C　②E　③G　④F　⑤D　⑥B　⑦A
問い2：㋐全然　㋑ひたむき　㋒説き伏せる　㋓しおらしい　㋔機知　㋕ふてくされる　㋖かわす

学んだ日　　月　　日

問1 左《ひだり》の語句《ごく》と同《おな》じ意味《いみ》の言葉《ことば》をⒶ～Ⓖから選《えら》び、線《せん》で結《むす》びましょう。

	語句	意味
❶	**おとしいれる** ［動詞］ 類 ①欺《あざむ》く ②陥落《かんらく》させる	①だまして苦《くる》しい立場《たちば》に立《た》たせる。②攻《せ》め落《お》とす。
❷	**肯定《こうてい》（する）** ［名詞（動詞）］ 類 是認《ぜにん》（する）	そのとおりだと認《みと》めること。
❸	**断固《だんこ》** ［副詞］ 類 断然《だんぜん》	物事《ものごと》をきっぱりと行《おこな》うようす。
❹	**嘆《なげ》く** ［動詞］ 類 ①悔《く》いる ②憤慨《ふんがい》する	①ひどく悲《かな》しむ。②物事《ものごと》を憂《うれ》い、腹立《はらだ》たしく思《おも》う。
❺	**序列《じょれつ》** ［名詞］ 類 階級《かいきゅう》	順序《じゅんじょ》を付《つ》けて並《なら》べること。
❻	**初歩的《しょほてき》** ［形動］ 類 基礎的《きそてき》	学問《がくもん》や芸術《げいじゅつ》が、習《なら》い始《はじ》めの段階《だんかい》であるようす。
❼	**気晴《きば》らし** ［名詞］ 類 気分転換《きぶんてんかん》	ふさいだ気分《きぶん》を、ほかのことで晴《は》らすこと。

Ⓐ 勉強《べんきょう》の合間《あいま》には、ゲームという**息抜《いきぬ》き**が必要《ひつよう》だ。

Ⓑ **わなにかける**ような、ひきょうなまねをするな。

Ⓒ 私《わたし》たちの意見《いけん》が、全《すべ》て**承認《しょうにん》**された。

Ⓓ **強《つよ》い意志《いし》をもって**反対《はんたい》する。

Ⓔ アイドルの人気《にんき》**ランキング**が発表《はっぴょう》される。

Ⓕ **初心者向《しょしんしゃむ》け**のコースはあちらです。

Ⓖ 愛犬《あいけん》が病気《びょうき》になり、**悲嘆《ひたん》に暮《く》れた**。

問2 左《ひだり》の（　）に、❶～❼の語句《ごく》から最《もっと》も合《あ》うものを選《えら》んで書《か》きなさい。

㋐ 年功《ねんこう》（　　　）によって賃金《ちんぎん》が決《き》まる。

㋑ （　　　）に、コメディー映画《えいが》を見《み》に行《い》く。

㋒ 人《ひと》を（　　　）のは後味《あとあじ》が悪《わる》いものだ。

㋓ （　　　）なミスをおかす。

㋔ 意見《いけん》を（　　　）的《てき》に捉《とら》える。

㋕ （　　　）として戦《たたか》う決意《けつい》だ。

㋖ 祖父《そふ》が「今《いま》の若《わか》い者《もの》は…」と（　　　）。

［裏ページの答え］ 問い1：①D ②C ③G ④A ⑤E ⑥F ⑦B
問い2：㋐あっけない ㋑そそくさと ㋒ばつが悪い ㋓分が悪い ㋔交渉 ㋕宿命 ㋖折り紙付き

問1 左《ひだり》の語句《ごく》と同《おな》じ意味《いみ》の言葉《ことば》をⒶ～Ⓖから選《えら》び、線《せん》で結《むす》びましょう。

語句	意味
❶ **交渉《こうしょう》(する)** [名詞(動詞)] 類 ①折衝《せっしょう》(する) ②交流《こうりゅう》(する)	①相手《あいて》とかけ合《あ》うこと。②関《かか》わり合《あ》うこと。
❷ **宿命《しゅくめい》** [名詞] 類 天命《てんめい》	生《う》まれる前《まえ》から決《き》まっている、避《さ》けられない運命《うんめい》。
❸ **ばつが悪《わる》い** [慣用句] 類 体裁《ていさい》が悪《わる》い	何《なん》となく恥《は》ずかしい。
❹ **あっけない** [形容詞] 類 張《は》り合《あ》いがない	予想《よそう》よりも簡単《かんたん》で面白《おもしろ》みがなく、もの足《た》りない。
❺ **折《お》り紙《がみ》付《つ》き** [慣用句] 類 定評《ていひょう》がある	確《たし》かであると保証《ほしょう》できること。
❻ **分《ぶ》が悪《わる》い** [慣用句] 類 不利《ふり》	見込《みこ》みが悪《わる》い。
❼ **そそくさと** [副詞] 類 そわそわと	落《お》ち着《つ》かずに慌《あわ》ただしくするようす。

Ⓐ ドラマの最終回《さいしゅうかい》は、**期待外《きたいはず》れ**の内容《ないよう》だった。

Ⓑ 年末《ねんまつ》は、いつも**せわしなく**過《す》ごす。

Ⓒ ここで会《あ》うとは、不思議《ふしぎ》な**巡《めぐ》り合《あ》わせ**だ。

Ⓓ 新《あたら》しい自転車《じてんしゃ》を買《か》ってもらうという**談判《だんぱん》**は、決裂《けつれつ》した。

Ⓔ 学年一足《がくねんいちあし》が速《はや》いと**太鼓判《たいこばん》を押《お》された**児童《じどう》に会《あ》う。

Ⓕ 綱引《つなひ》きは、どう見《み》ても白組《しろぐみ》の**劣勢《れっせい》**だ。

Ⓖ みんなの前《まえ》で転《ころ》んでしまい、**きまりが悪《わる》い**。

問2 左《ひだり》の（　）に、❶～❼の語句《ごく》から最《もっと》も合《あ》うものを選《えら》んで書《か》きなさい。

㋐ 決勝戦《けっしょうせん》は（　　　）幕切《まくぎ》れだった。

㋑ 彼《かれ》は（　　　）その場《ば》を立《た》ち去《さ》った。

㋒ 父《ちち》に怒《おこ》られているところを友人《ゆうじん》に見《み》られて（　　　）。

㋓ こちらの（　　　）のは承知《しょうち》の上《うえ》だ。

㋔ 母《はは》は値下《ねさ》げを（　　　）するのがうまい。

㋕ 僕《ぼく》と彼《かれ》は（　　　）のライバルだ。

㋖ 彼《かれ》のリフティングの技術《ぎじゅつ》は（　　　）だ。

[裏ページの答え] 問い1：①B　②C　③D　④G　⑤E　⑥F　⑦A
問い2：㋐序列　㋑気晴らし　㋒おとしいれる　㋓初歩的　㋔肯定　㋕断固　㋖嘆く

学んだ日　　月　　日

問1 左《ひだり》の語句《ごく》と同《おな》じ意味《いみ》の言葉《ことば》をⒶ～Ⓖから選《えら》び、線《せん》で結《むす》びましょう。

	語句	意味
❶	破棄《はき》（する）［名詞（動詞）］ 類 ①撤回《てっかい》（する） ②処分《しょぶん》（する）	①一方的《いっぽうてき》に取《と》り消《け》すこと。②破《やぶ》り捨《す》てること。
❷	故意《こい》［名詞］ 類 わざわざ	わざとすること。
❸	几帳面《きちょうめん》［形動］ 類 誠実《せいじつ》	行動《こうどう》や性格《せいかく》が正確《せいかく》で、きちんとしているようす。
❹	取《と》り柄《え》［名詞］ 類 美点《びてん》	特別《とくべつ》によいところや勝《まさ》っている点《てん》。
❺	重《おも》きを置《お》く［慣用句］ 類 重要視《じゅうようし》	重要《じゅうよう》なものと考《かんが》える。
❻	ずさん［名詞・形動］ 類 ぞんざい	やり方《かた》がいい加減《かげん》で、不足《ふそく》や欠点《けってん》が多《おお》い。
❼	自滅《じめつ》（する）［名詞（動詞）］ 類 飛《と》んで火《ひ》に入《い》る夏《なつ》の虫《むし》	自分《じぶん》のせいで、自分《じぶん》に悪《わる》い結果《けっか》をもたらすこと。

Ⓐ おばは、婚約《こんやく》を**解消《かいしょう》**したらしい。

Ⓑ 僕《ぼく》は、**あえて**聞《き》こえないふりをした。

Ⓒ **雑《ざつ》な扱《あつか》い方《かた》**をして、バッグが破《やぶ》れた。

Ⓓ 彼《かれ》は、誰《だれ》が見《み》ても**真面目《まじめ》**な性格《せいかく》だ。

Ⓔ 英語教育《えいごきょういく》を**重視《じゅうし》する**学校《がっこう》が新設《しんせつ》される。

Ⓕ 誰《だれ》にでも一《ひと》つは**長所《ちょうしょ》**があるものだ。

Ⓖ 食《た》べすぎておなかが痛《いた》いのは、**自業自得《じごうじとく》**だと思《おも》う。

問2 左《ひだり》の（　）に、❶～❼の語句《ごく》から最《もっと》も合《あ》うものを選《えら》んで書《か》きなさい。

㋐ （　　　）に服《ふく》をたたんで整理《せいり》する。

㋑ 体《からだ》が丈夫《じょうぶ》なだけが（　　　）だ。

㋒ （　　　）に負《ま》けるなんて、許《ゆる》されない。

㋓ エラーの連続《れんぞく》で、チームは（　　　）した。

㋔ （　　　）な仕事《しごと》は周《まわ》りに迷惑《めいわく》がかかる。

㋕ 手紙《てがみ》を全《すべ》て（　　　）する。

㋖ 彼《かれ》は、仕事《しごと》よりも趣味《しゅみ》に（　　　）人《ひと》だ。

［裏ページの答え］　問い1：①D　②C　③E　④G　⑤B　⑥A　⑦F
問い2：㋐素っ気ない　㋑そびれる　㋒面倒　㋓往来　㋔手間取る　㋕超越　㋖気力

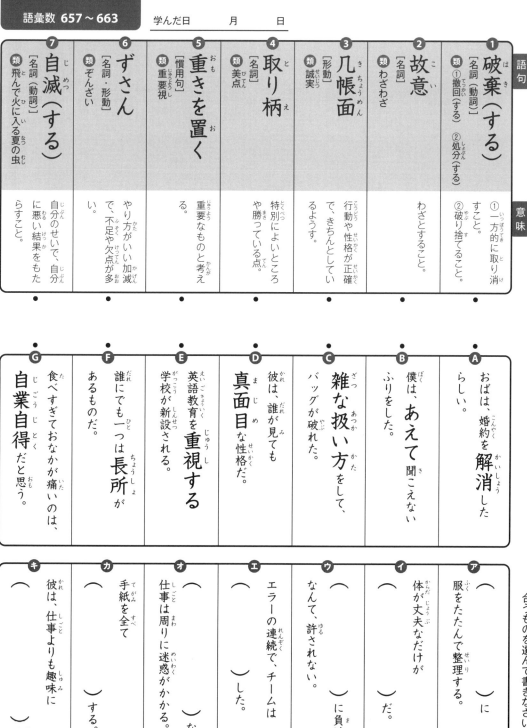

問1 左《ひだり》の語句《ごく》と同《おな》じ意味《いみ》の言葉《ことば》をA～Gから選《えら》び、線《せん》で結《むす》びましょう。

	語句	意味
1	**面倒《めんどう》** [名詞・形動] 類 ①煩雑《はんざつ》 ①②厄介《やっかい》	①手間《てま》がかかり、煩《わずら》わしい。②世話《せわ》。
2	**超越《ちょうえつ》（する）** [名詞（動詞）] 類 ①超絶《ちょうぜつ》（する） ②不問《ふもん》	①程度《ていど》をはるかに超《こ》えること。②問《もん》題《だい》にしないこと。
3	**往来《おうらい》（する）** [名詞（動詞）] 類 ①行《ゆ》き来《き》（する） ②道路《どうろ》	①行《い》ったり来《き》たりすること。②人《ひと》や車《くるま》の通《とお》る所《ところ》。
4	**そびれる** [接尾] 類 やり損《そこ》なう	～し損《そこ》ねる。
5	**素《そ》っ気《け》ない** [形容詞] 類 思《おも》いやりがない	愛想《あいそ》がない。
6	**手間取《てまど》る** [動詞] 類 滞《とどこお》る	思《おも》ったより時間《じかん》がかかる。
7	**気力《きりょく》** [名詞] 類 精力《せいりょく》	物事《ものごと》に立《た》ち向《む》かう精神力《せいしんりょく》。

A 準備《じゅんび》に**手《て》こずり**、学校《がっこう》に遅刻《ちこく》しそうになる。

B **冷《つめ》たい**態度《たいど》で相手《あいて》をあしらう。

C 彼《かれ》のピアノの才能《さいのう》は**ずば抜《ぬ》けて**いる。

D **厄介《やっかい》**な役目《やくめ》を、率先《そっせん》して引《ひ》き受《う》ける。

E 車《くるま》が**行《ゆ》き交《か》う**通《とお》りを歩《ある》く。

F レギュラーメンバーから外《はず》れ、**意気《いき》**消沈《しょうちん》する。

G 「ごめんね」と謝《あやま》る**機会《きかい》を逃《のが》す**。

問2 左《ひだり》の（　）に、1～7の語句《ごく》から最《もっと》も合《あ》うものを選《えら》んで書《か》きなさい。

ア 彼《かれ》は（　　　）話《はな》し方《かた》をする。

イ 図書館《としょかん》の本《ほん》を返《かえ》し（　　　）。

ウ 母《はは》が留守《るす》の間《あいだ》、小《ちい》さい妹《いもうと》の（　　　）を見《み》る。

エ 昼間《ひるま》、この道《みち》は車《くるま》の（　　　）が激《はげ》しい。

オ リレーでバトンの受《う》け渡《わた》しに（　　　）。

カ 車《くるま》を腕《うで》で引《ひ》っぱるなんて人《ひと》の力《ちから》を（　　　）している。

キ （　　　）も体力《たいりょく》も充実《じゅうじつ》している。

［裏ページの答え］ 問い1：①A ②B ③D ④F ⑤E ⑥C ⑦G
問い2：㋐几帳面 ㋑取り柄 ㋒故意 ㋓自滅 ㋔ずさん ㋕破棄 ㋖重きを置く

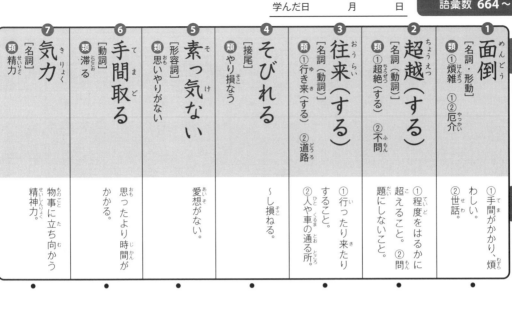

学んだ日　　月　　日

問1 左《ひだり》の語句《ごく》と同《おな》じ意味《いみ》の言葉《ことば》をⒶ〜Ⓖから選《えら》び、線《せん》で結《むす》びましょう。

	語句	意味
❶	手玉《てだま》に取《と》る ［慣用句］ 類 操縦《そうじゅう》する	人《ひと》を思《おも》うままに操《あやつ》る。
❷	添《そ》える ［動詞］ 類 ①付与《ふよ》する ②支《ささ》える	①付《つ》け加《くわ》える。②補助《ほじょ》する。
❸	仕打《しう》ち ［名詞］ 類 待遇《たいぐう》	人《ひと》に対《たい》する振《ふ》る舞《ま》い。
❹	悔《く》やむ ［動詞］ 類 ①悔《く》いる ②いたむ	①過《す》ぎたことを振《ふ》り返《かえ》り残念《ざんねん》に思《おも》う。②死《し》を悲《かな》しむ。
❺	ウエート ［名詞］ 類 ①比重《ひじゅう》 ②体重《たいじゅう》	①重点《じゅうてん》。②重量《じゅうりょう》。
❻	胸《むね》を張《は》る ［慣用句］ 類 ①得意《とくい》げにする ②背筋《せすじ》を伸《の》ばす	①自信《じしん》のある態度《たいど》をとる。②姿勢《しせい》を正《ただ》して胸《むね》を反《そ》らす。
❼	従事《じゅうじ》（する） ［名詞（動詞）］ 類 服《ふく》する	その仕事《しごと》に携《たずさ》わること。

Ⓐ 冷《つめ》たい**扱《あつか》い**をされて傷《きず》つく。

Ⓑ 人《ひと》の気持《きも》ちを**翻弄《ほんろう》する**のはよくない。

Ⓒ 彼《かれ》は人《ひと》のためになる仕事《しごと》に**就《つ》く**のが夢《ゆめ》だ。

Ⓓ 彼女《かのじょ》は、賞状《しょうじょう》を受《う》け取《と》って**誇《ほこ》らしげにする**。

Ⓔ コミュニケーションの**重要度《じゅうようど》**が高《たか》まる。

Ⓕ あんなこと言《い》わなければよかった、と**後悔《こうかい》**する。

Ⓖ トンカツに**付《つ》け合《あ》わせ**られたキャベツが好《す》きだ。

問2 左《ひだり》の（　）に、❶〜❼の語句《ごく》から最《もっと》も合《あ》うものを選《えら》んで書《か》きなさい。

㋐ 満足《まんぞく》のいく結果《けっか》に（　　　）。

㋑ ひどい（　　　）を受《う》ける。

㋒ 右足《みぎあし》に（　　　）をかけてバランスをとる。

㋓ 花束《はなたば》にメッセージを（　　　）。

㋔ 祖父《そふ》は農業《のうぎょう》に（　　　）している。

㋕ 敵《てき》を（　　　）作戦《さくせん》を立《た》てる。

㋖ 亡《な》くなった人《ひと》を、心《こころ》から（　　　）。

［裏ページの答え］ 問い1：①F ②G ③A ④E ⑤C ⑥B ⑦D
問い2：㋐あとの祭り ㋑典型的 ㋒業績 ㋓選択 ㋔素質 ㋕快適 ㋖妥協

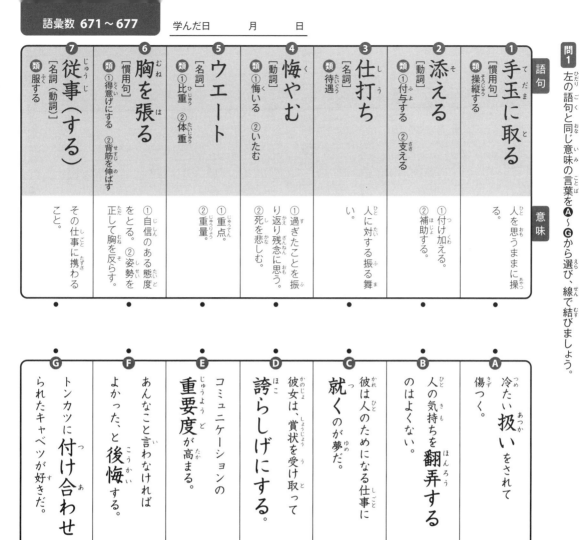

問1 左《ひだり》の語句《ごく》と同《おな》じ意味《いみ》の言葉《ことば》をⒶ～Ⓖから選《えら》び、線《せん》で結《むす》びましょう。

語句

❶ 典型的《てんけいてき》 ［形動］ 類 型《かた》にはまった
❷ 業績《ぎょうせき》 ［名詞］ 類 成績《せいせき》
❸ あとの祭《まつ》り ［慣用句］ 類 遅《おそ》きに失《しっ》する
❹ 選択《せんたく》（する） ［名詞（動詞）］ 類 より抜《ぬ》く
❺ 素質《そしつ》 ［名詞］ 類 資質《ししつ》
❻ 妥協《だきょう》（する） ［名詞（動詞）］ 類 協調《きょうちょう》（する）、折《お》り合《あ》い
❼ 快適《かいてき》 ［名詞・形動］ 類 快《こころよ》い

意味

❶ ある種類《しゅるい》の特徴《とくちょう》をよく表《あらわ》しているようす。
❷ 事業《じぎょう》や研究《けんきゅう》などの成果《せいか》や実績《じっせき》。
❸ 時機《じき》を逃《のが》して役《やく》に立《た》たなくなること。
❹ いくつかの中《なか》から適当《てきとう》なものを選《えら》ぶこと。
❺ 生《う》まれつき備《そな》わった性質《せいしつ》や能力《のうりょく》。
❻ 対立《たいりつ》したものについて、互《たが》いに譲《ゆず》ってまとめること。
❼ 非常《ひじょう》に気持《きも》ちがよいようす。

Ⓐ ラストスパートをかけたが、すでに**手遅《ておく》れ**だった。
Ⓑ 僕《ぼく》が姉《あね》に**譲歩《じょうほ》**して、けんかを回避《かいひ》する。
Ⓒ 我《われ》ながら、僕《ぼく》はすごい**才能《さいのう》**の持《も》ち主《ぬし》だと思《おも》う。
Ⓓ 海《うみ》からの**心地《ここち》よい**風《かぜ》が吹《ふ》く。
Ⓔ おいしそうなリンゴを**えり分《わ》ける**。
Ⓕ 鼻水《はなみず》は、風邪《かぜ》の**代表的《だいひょうてき》**な症状《しょうじょう》だ。
Ⓖ 彼《かれ》の**功績《こうせき》**を周《まわ》りに紹介《しょうかい》したいと思《おも》う。

問2 左《ひだり》の（　）に、❶～❼の語句《ごく》から最《もっと》も合《あ》うものを選《えら》んで書《か》きなさい。

㋐ 失敗《しっぱい》を悔《く》やんでも（　　　）だ。
㋑ 寿司《すし》は（　　　）な和食《わしょく》だ。
㋒ 偉大《いだい》な（　　　）を残《のこ》す。
㋓ どちらの案《あん》にするか、（　　　）を迫《せま》る。
㋔ 彼《かれ》の芸術的《げいじゅってき》な（　　　）を見抜《みぬ》く。
㋕ エアコンのきいた部屋《へや》で（　　　）に過《す》ごす。
㋖ 彼《かれ》は決《けっ》して（　　　）を許《ゆる》さない。

［裏ページの答え］ 問い1：①B　②G　③A　④F　⑤E　⑥D　⑦C
問い2：㋐胸を張る　㋑仕打ち　㋒ウエート　㋓添える　㋔従事　㋕手玉に取る　㋖悔やむ

語彙数 685～692　　学んだ日　　月　　日

問 左《ひだり》の語句《ごく》の意味《いみ》に合《あ》う発言《はつげん》を、下《した》のⒶ～Ⓗから選《えら》びましょう。

	1	2	3	4	5	6	7	8
語句	肩《かた》を入《い》れる	肩《かた》を並《なら》べる	肩《かた》で風《かぜ》を切《き》る	肩《かた》をもつ	肩《かた》で息《いき》をする	肩《かた》の荷《に》が下《お》りる	肩《かた》を落《お》とす	肩《かた》にかかる
意味	ある人《ひと》をひいきにして、力添《ちからぞ》えをする。	ある人《ひと》と同《おな》じくらいの力《ちから》をもつ。	肩《かた》をいからせて、いばって歩《ある》く。	対立《たいりつ》しているもののうち、一方《いっぽう》の味《み》方《かた》をする。応援《おうえん》をする。	はあはあと、苦《くる》しそうに呼吸《こきゅう》する。	気《き》にしていたことがなくなって、気《き》持《も》ちが楽《らく》になる。	がっかりして、気力《きりょく》をなくす。	頼《たよ》りにされて、責任《せきにん》などを負《お》う。
解答								

Ⓐ あんなに一生懸命練習《いっしょうけんめいれんしゅう》したのに、負《ま》けてしまって残念《ざんねん》だわ。

Ⓑ 学芸会《がくげいかい》の主役《しゅやく》を任《まか》されて、緊張《きんちょう》するなあ。

Ⓒ どけどけ。邪魔《じゃま》をするな。道《みち》をあけろ。

Ⓓ だいぶ疲《つか》れてきたみたい。呼吸《こきゅう》が荒《あら》くなってきたわ。

Ⓔ あの歌手《かしゅ》のファンクラブに入《はい》って、応援《おうえん》してるの。

Ⓕ やれやれ。発表会《はっぴょうかい》の資料作《しりょうづく》りが間《ま》に合《あ》って、ほっとしたよ。

Ⓖ みんな彼女《かのじょ》が悪《わる》いって言《い》うけど、あの子《こ》が言《い》っていることは正《ただ》しいと思《おも》うよ。

Ⓗ 僕《ぼく》も成長《せいちょう》して、マラソンならお父《とう》さんに負《ま》けなくなったよ。

［裏ページの答え］ ①三寒四温 ②大同小異 ③晴耕雨読 ④先手必勝 ⑤適材適所 ⑥針小棒大 ⑦千変万化 ⑧終始一貫

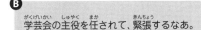

◆四字熟語《よじじゅくご》

三寒四温《さんかんしおん》
覚え方　三日寒《みっかさむ》くて、四日温《よっかあたた》かい
意味　寒《さむ》い日《ひ》が三日《みっか》、暖《あたた》かい日《ひ》が四日《よっか》続《つづ》くという、冬《ふゆ》から春先《はるさき》の季候《きこう》。

終始一貫《しゅうしいっかん》
覚え方　始《はじ》めから終《お》わりまで一貫《いっかん》して
意味　始《はじ》めから終《お》わりまで、態度《たいど》や意《い》見《けん》などが変《か》わらないようす。

針小棒大《しんしょうぼうだい》
覚え方　針《はり》のように小《ちい》さいことを、棒《ぼう》のように大《おお》きく
意味　ちょっとしたことを大《おお》げさに言《い》うこと。

晴耕雨読《せいこううどく》
覚え方　晴《は》れの日《ひ》は耕《たがや》し、雨《あめ》の日《ひ》は読書《どくしょ》をする
意味　仕事《しごと》や世間《せけん》などにしばられず、ゆうゆうとした生活《せいかつ》を送《おく》ること。

先手必勝《せんてひっしょう》
覚え方　先《さき》に手《て》を出《だ》せば、必《かなら》ず勝《か》てる
意味　勝負事《しょうぶごと》などで先手《せんて》を取《と》れば、必《かなら》ず勝てるということ。

千変万化《せんぺんばんか》
覚え方　千《せん》の変《へん》化《か》、万《まん》の変《へん》化《か》
意味　ようすがいろいろに変《か》わること。

適材適所《てきざいてきしょ》
覚え方　適切《てきせつ》な人材《じんざい》を適切《てきせつ》な所《ところ》に
意味　その人《ひと》の性質《せいしつ》や才能《さいのう》にふさわしい役目《やくめ》を割《わ》り当《あ》てること。

大同小異《だいどうしょうい》
覚え方　大《おお》きく同《おな》じで小《ちい》さく異《こと》なる
意味　少《すこ》しの違《ちが》いはあるが、大体《だいたい》は同《おな》じであること。

問　左《ひだり》の（　）にあてはまる四字熟語《よじじゅくご》を、上《うえ》から選《えら》びましょう。

❶（　　）を繰《く》り返《かえ》して、少《すこ》しずつ暖《あたた》かくなっていくね。

❷A社《しゃ》の製品《せいひん》もB社《しゃ》の製品《せいひん》も、（　　）だよ。

❸祖父母《そふぼ》はそろって定年退職《ていねんたいしょく》し、（　　）の毎日《まいにち》を送《おく》っている。

❹初回《しょかい》から全力《ぜんりょく》で攻《せ》めるぞ。（　　）だ。

❺文化祭《ぶんかさい》の仕事《しごと》の振《ふ》り分《わ》けは、（　　）になるように考《かんが》えました。

❻彼女《かのじょ》はいつも、（　　）な言《い》い方《かた》をするね。

❼雲《くも》の形《かたち》が（　　）して、美《うつく》しい。

❽彼《かれ》の主張《しゅちょう》は（　　）している。

［裏ページの答え］①E　②H　③C　④G　⑤D　⑥F　⑦A　⑧B

学んだ日　　月　　日

問1 左《ひだり》の語句《ごく》と同《おな》じ意味《いみ》の言葉《ことば》をA～Gから選《えら》び、線《せん》で結《むす》びましょう。

	語句	意味
1	**負傷《ふしょう》（する）** ［名詞（動詞）］ 類 痛手《いたで》、傷《きず》つく	体《からだ》に比較的《ひかくてき》大《おお》きな傷《きず》を負《お》うこと。
2	**まんべんない** ［形容詞］ 類 均一《きんいつ》に、ことごとく	行《ゆ》き届《とど》かないところがない。
3	**慣例《かんれい》** ［名詞］ 類 ならわし、しきたり	これまで行《おこな》われてきて、定着《ていちゃく》している習慣《しゅうかん》。
4	**はにかむ** ［動詞］ 類 恥《は》じらう	恥《は》ずかしがる。恥《は》ずかしそうな表情《ひょうじょう》をする。
5	**専《もっぱ》ら** ［副詞］ 類 専一《せんいつ》、ただただ	そのことばかり。
6	**異常《いじょう》** ［名詞・形動］ 類 異例《いれい》、異様《いよう》、おかしい	いつもと違《ちが》っていること。
7	**指揮《しき》（する）** ［名詞（動詞）］ 類 指図《さしず》（する）、先導《せんどう》（する）、統率《とうそつ》（する）	大勢《おおぜい》を指図《さしず》して統《とう》一《いつ》がとれた動《うご》きをさせること。

A 町内《ちょうない》カーニバルは、毎年《まいとし》**お決《き》まり**の行事《ぎょうじ》になった。

B いつもはおどける人《ひと》なのに、今日《きょう》はどうもようすが**変《へん》**だ。

C 歌《うた》をほめられた子《こ》が、**顔《かお》を赤《あか》らめる**。

D 新監督《しんかんとく》に、チームの**かじ取《と》り**を任《まか》せる。

E 毎年立候補《まいとしりっこうほ》して、飼育委員《しいくいいん》を務《つと》めている。**ひたすら**

F 張《は》り切《き》りすぎて**けが**をしても大変《たいへん》だ。

G ケーキの表面《ひょうめん》に、**余《あま》す所《ところ》なく**生《なま》クリームを塗《ぬ》る。

問2 左《ひだり》の（　）に、1～7の語句《ごく》から最《もっと》も合《あ》うものを選《えら》んで書《か》きなさい。

ア （　　　）に従《したが》って新入生歓迎会《しんにゅうせいかんげいかい》を行《おこな》う。

イ 今年《ことし》は（　　　）な暑《あつ》さが続《つづ》く。

ウ 先生《せんせい》の（　　　）で合奏《がっそう》する。

エ 腕《うで》を（　　　）し、病院《びょういん》でみてもらう。

オ 近所《きんじょ》の人《ひと》に話《はな》しかけられて弟《おとうと》が（　　　）。

カ 今《いま》は（　　　）将棋《しょうぎ》を趣味《しゅみ》にしている。

キ 塀《へい》に（　　　）塗《ぬ》り方《かた》でペンキを塗《ぬ》る。

［裏ページの答え］ 問い1：①E　②D　③F　④C　⑤B　⑥G　⑦A
問い2：㋐検算　㋑過程　㋒蒸し返す　㋓見てくれ　㋔一方的　㋕非行　㋖意図

問1 左《ひだり》の語句《ごく》と同《おな》じ意味《いみ》の言葉《ことば》をⒶ～Ⓖから選《えら》び、線《せん》で結《むす》びましょう。

語句 / 意味

❶ **一方的《いっぽうてき》**
[形動]
類 ①わがまま　②一面的《いちめんてき》
①自分《じぶん》の考《かんが》えだけに偏《かたよ》るようす。②一方《いっぽう》だけに偏《かたよ》るようす。

❷ **意図《いと》（する）**
[名詞（動詞）]
類 心《こころ》づもり、目的《もくてき》
こうしよう、と考《かんが》えること。

❸ **過程《かてい》**
[名詞]
類 沿革《えんかく》、プロセス
物事《ものごと》が移《うつ》り変《か》わっていく際《さい》の道筋《みちすじ》。

❹ **非行《ひこう》**
[名詞]
類 少年犯罪《しょうねんはんざい》、不品行《ふひんこう》
悪《わる》い行《おこな》い。特《とく》に、青《せい》少年《しょうねん》が反社会的《はんしゃかいてき》行《こう》動《どう》をすること。

❺ **見《み》てくれ**
[名詞]
類 格好《かっこう》、見《み》かけ
外側《そとがわ》から見《み》たときのようす。

❻ **検算《けんざん》（する）**
[名詞（動詞）]
類 確《たし》かめ算《ざん》
計算《けいさん》の結果《けっか》が正《ただ》しいかを確認《かくにん》するための計算《けいさん》。

❼ **蒸《む》し返《かえ》す**
[動詞]
類 繰《く》り返《かえ》す
一度《いちど》解決《かいけつ》した物事《ものごと》を、また問題《もんだい》にする。

Ⓐ 謝《あやま》ったのに、借《か》りた本《ほん》を破《やぶ》った話《はなし》を**また持《も》ち出《だ》す**。

Ⓑ **外観《がいかん》**は洋風《ようふう》なのに、中身《なかみ》は純和風《じゅんわふう》の旅館《りょかん》で、驚《おどろ》いた。

Ⓒ 青少年《せいしょうねん》が**よくない行為《こうい》**をしないよう、社会《しゃかい》で見守《みまも》る。

Ⓓ 敵《てき》の**ねらい**どおりにはさせない。

Ⓔ **自分《じぶん》の考《かんが》えだけ**で話《はな》す人《ひと》とは会話《かいわ》にならない。

Ⓕ チーム結成《けっせい》までの**歩《あゆ》み**を振《ふ》り返《かえ》って、涙《なみだ》する。

Ⓖ 何度《なんど》**試《ため》し算《ざん》**をしても、なかなか計算《けいさん》が合《あ》わない。

問2 左《ひだり》の（　）に、❶～❼の語句《ごく》から最《もっと》も合《あ》うものを選《えら》んで書《か》きなさい。

㋐ 答《こた》えが合《あ》っているか不安《ふあん》で、（　　　）する。

㋑ 制作《せいさく》の（　　　）を映像《えいぞう》で記録《きろく》しておく。

㋒ 結論《けつろん》が出《で》たはずの話《はなし》を（　　　）。

㋓ （　　　）は悪《わる》いが、とてもおいしいリンゴだ。

㋔ 試合《しあい》は（　　　）な展開《てんかい》になった。

㋕ （　　　）に走《はし》ろうとする生徒《せいと》を、先生《せんせい》が必死《ひっし》に説得《せっとく》する。

㋖ 作者《さくしゃ》がそのように表現《ひょうげん》した（　　　）を考《かんが》える。

[裏ページの答え] 問い1：①F　②G　③A　④C　⑤E　⑥B　⑦D
問い2：㋐慣例　㋑異常　㋒指揮　㋓負傷　㋔はにかむ　㋕専ら　㋖まんべんない

問1 左《ひだり》の語句《ごく》と同《おな》じ意味《いみ》の言葉《ことば》をⒶ～Ⓖから選《えら》び、線《せん》で結《むす》びましょう。

	語句	意味
1	置《お》き去《ざ》り [名詞] 類 置《お》きっぱなし	その場《ば》に置《お》いたままにして行《い》ってしまうこと。
2	的《まと》外《はず》れ [名詞・形動] 類 見当外《けんとうはず》れ	要点《ようてん》から外《はず》れていること。
3	区《く》切《ぎ》り [名詞] 類 休止《きゅうし》、一段落《いちだんらく》	物事《ものごと》の切《き》れ目《め》。
4	観衆《かんしゅう》 [名詞] 類 観客《かんきゃく》、聴衆《ちょうしゅう》	催《もよお》しなどを見《み》に来《き》ている大勢《おおぜい》の人々《ひとびと》。
5	不可解《ふかかい》 [名詞・形動] 類 不思議《ふしぎ》、不可思議《ふかしぎ》	理解《りかい》できないようす。
6	むごい [形容詞] 類 残酷《ざんこく》、非情《ひじょう》、ひどい	見《み》ていられないほど痛《いた》ましいようす。
7	不得手《ふえて》 [名詞・形動] 類 不得意《ふとくい》	得意《とくい》でないこと。うまくできないこと。

Ⓐ 奇妙《きみょう》なことに、天井《てんじょう》に、昨日《きのう》はなかった手形《てがた》が付《つ》いている。

Ⓑ 置《お》いてけぼりにされた子猫《こねこ》を拾《ひろ》う。

Ⓒ きりのいいところで休憩《きゅうけい》しよう。

Ⓓ ロケの見物人《けんぶつにん》が多《おお》すぎて、肝心《かんじん》の出演者《しゅつえんしゃ》が見《み》えない。

Ⓔ 質問《しつもん》に対《たい》し、とんちんかんな答《こた》えが出《で》て爆笑《ばくしょう》した。

Ⓕ 習字《しゅうじ》が苦手《にがて》な僕《ぼく》の書《か》き初《ぞ》めを、祖母《そぼ》は味《あじ》があるとほめてくれた。

Ⓖ 台風《たいふう》の風《かぜ》で、無残《むざん》にも、ヒマワリが根元《ねもと》から折《お》れた。

問2 左《ひだり》の（　）に、❶～❼の語句《ごく》から最《もっと》も合《あ》うものを選《えら》んで書《か》きなさい。

㋐ （　　　　）戦争《せんそう》を繰《く》り返《かえ》してはならない。

㋑ 毎晩《まいばん》（　　　　）な現象《げんしょう》が起《お》こる家《いえ》があるらしい。

㋒ 気持《きも》ちに（　　　　）を付《つ》ける。

㋓ 跳《と》び箱《ばこ》ならいいが、鉄棒《てつぼう》は（　　　　）だ。

㋔ 集合時間《しゅうごうじかん》に遅《おく》れ、バス停《てい》に（　　　　）にされた。

㋕ すばらしいプレーに（　　　　）がどよめく。

㋖ 議論《ぎろん》をかき乱《みだ》さないでくれ。（　　　　）な意見《いけん》で

［裏ページの答え］ 問い1：①G　②E　③A　④F　⑤D　⑥C　⑦B
問い2：㋐裏腹　㋑足手まとい　㋒要約　㋓かさばる　㋔散布　㋕息せき切って　㋖要件

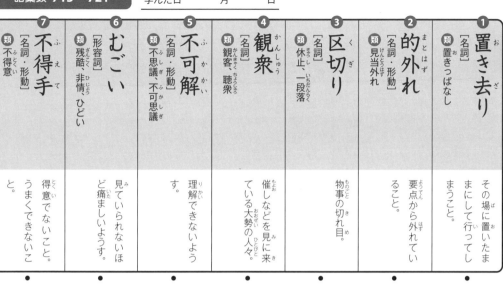

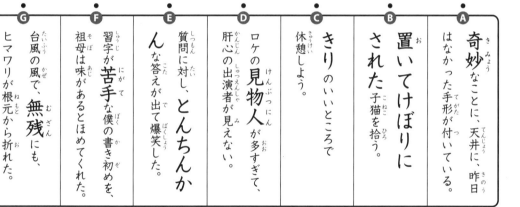

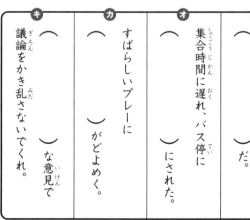

問1 左《ひだり》の語句《ごく》と同《おな》じ意味《いみ》の言葉《ことば》をⒶ～Ⓖから選《えら》び、線《せん》で結《むす》びましょう。

語句 / 意味

❶ **要件《ようけん》**
[名詞]
類 ①主用《しゅよう》　②絶対条件《ぜったいじょうけん》
①大事《だいじ》な用事《ようじ》。②必要《ひつよう》な条件《じょうけん》。

❷ **足手《あしで》まとい**
[名詞・形動]
類 手《て》かせ足《あし》かせ、荷厄介《にやっかい》
行動《こうどう》の自由《じゆう》を邪魔《じゃま》するもの。

❸ **散布《さんぷ》（する）**
[名詞（動詞）]
類 拡散《かくさん》（する）
まき散《ち》らすこと。

❹ **かさばる**
[動詞]
類 かさ高《だか》い
体積《たいせき》が大《おお》きい。

❺ **要約《ようやく》（する）**
[名詞（動詞）]
類 あらまし、概要《がいよう》
文章《ぶんしょう》などの内容《ないよう》を短《みじか》くまとめること。

❻ **息《いき》せき切《き》って**
[動詞]
類 息《いき》もたえだえ
急《いそ》いで走《はし》って来《き》て、息《いき》を切らしたようす。

❼ **裏腹《うらはら》**
[名詞・形動]
類 反対《はんたい》、あべこべ
正反対《せいはんたい》なこと。

Ⓐ 大学生《だいがくせい》の兄《あに》は、毎朝《まいあさ》、髪《かみ》にスプレーを**振《ふ》りかける**。

Ⓑ 晴《は》れてほしいという願《ねが》いとは**逆《ぎゃく》**に、土砂降《どしゃぶ》りになった。

Ⓒ 優勝《ゆうしょう》を伝《つた》えに、**息《いき》を弾《はず》ませて**部屋《へや》に飛《と》び込《こ》む。

Ⓓ 今日《きょう》の事件《じけん》について、**かいつまんで**話《はな》す。

Ⓔ 図書館《としょかん》に調《しら》べものに行《い》くのに、妹《いもうと》がついてくると**お荷物《にもつ》**だ。

Ⓕ ケーキの箱《はこ》が、冷蔵庫《れいぞうこ》の中《なか》で**場所《ばしょ》を取《と》る**。

Ⓖ とりあえず**要用《ようよう》**のみ申《もう》し上《あ》げます。

問2 左《ひだり》の（　）に、❶～❼の語句《ごく》から最《もっと》も合《あ》うものを選《えら》んで書《か》きなさい。

㋐ 優《やさ》しい言葉《ことば》とは（　　　　）の、冷《つめ》たい仕打《しう》ちだ。

㋑（　　　　）になると悪《わる》いからついて行《い》かない。

㋒ 文章《ぶんしょう》の内容《ないよう》を五十字《ごじゅうじ》以内《いない》に（　　　　）する。

㋓ 避難《ひなん》の際《さい》、（　　　　）ものは置《お》いていく。

㋔ 除草剤《じょそうざい》を庭一面《にわいちめん》に（　　　　）する。

㋕ 助《たす》けを求《もと》める声《こえ》に、（　　　　）駆《か》け付《つ》ける。

㋖ メールで（　　　　）を伝《つた》える。

［裏ページの答え］ 問い1：①B　②E　③C　④D　⑤A　⑥G　⑦F
問い2：㋐むごい　㋑不可解　㋒区切り　㋓不得手　㋔置き去り　㋕観衆　㋖的外れ

問1 左《ひだり》の語句《ごく》と同《おな》じ意味《いみ》の言葉《ことば》をⒶ～Ⓖから選《えら》び、線《せん》で結《むす》びましょう。

	語句	意味
❶	はぐらかす [動詞] 類 ごまかす、煙《けむ》に巻《ま》く	はっきり答《こた》えないでごまかす。
❷	断言《だんげん》（する） [名詞（動詞）] 類 明言《めいげん》（する）、公言《こうげん》（する）	きっぱりと言《い》い切《き》ること。
❸	妨害《ぼうがい》（する） [名詞（動詞）] 類 邪魔立《じゃまだ》て、妨《さまた》げ	邪魔《じゃま》をすること。
❹	未練《みれん》 [名詞・形動] 類 心残《こころのこ》り	物事《ものごと》に執着《しゅうちゃく》し、諦《あきら》めきれないこと。
❺	無愛想《ぶあいそう》 [名詞・形動] 類 素《そ》っ気《け》ない	愛想《あいそ》がないこと。
❻	疑惑《ぎわく》 [名詞] 類 嫌疑《けんぎ》、疑念《ぎねん》、いぶかしさ	本当《ほんとう》かどうか信用《しんよう》できず、疑《うたが》いをもつこと。
❼	理《り》にかなう [慣用句] 類 合理的《ごうりてき》、正当《せいとう》	道理《どうり》に合《あ》っているようす。

Ⓐ くじという当《とう》を得《え》たやり方《かた》で順番《じゅんばん》を決《き》める。

Ⓑ はっきりしない態度《たいど》に不審《ふしん》を抱《いだ》く。

Ⓒ 今度《こんど》の作戦《さくせん》は絶対《ぜったい》に成功《せいこう》させると言《い》い放《はな》つ。

Ⓓ 退会《たいかい》には、後《うし》ろ髪《がみ》を引《ひ》かれる思《おも》いがある。

Ⓔ 恥《は》ずかしさから、ついぶっきらぼうな態度《たいど》をとる。

Ⓕ 兄《あに》は成績《せいせき》の話《はなし》になると、すぐお茶《ちゃ》を濁《にご》す。

Ⓖ 僕《ぼく》の行《ゆ》く手《て》をはばむものは何《なに》もない。

問2 左《ひだり》の（　）に、❶～❼の語句《ごく》から最《もっと》も合《あ》うものを選《えら》んで書《か》きなさい。

㋐ 守備《しゅび》を（　　）すると、反則《はんそく》を取《と》られる。

㋑ 「もう絶対《ぜったい》に寝坊《ねぼう》しないぞ」と（　　）する。

㋒ 警察《けいさつ》に（　　）をもたれることはしていない。

㋓ 野生生物《やせいせいぶつ》は（　　）行動《こうどう》をしている。

㋔ 近所《きんじょ》の人《ひと》に挨拶《あいさつ》もしない（　　）な人《ひと》だ。

㋕ 父《ちち》は、まだ昔《むかし》の夢《ゆめ》に（　　）がある。

㋖ 核心《かくしん》に触《ふ》れそうになると、話《はなし》を（　　）。

［裏ページの答え］ 問い1：①G　②D　③B　④F　⑤A　⑥C　⑦E
問い2：㋐採用　㋑もはや　㋒能率　㋓淡い　㋔明瞭　㋕見識　㋖惑う

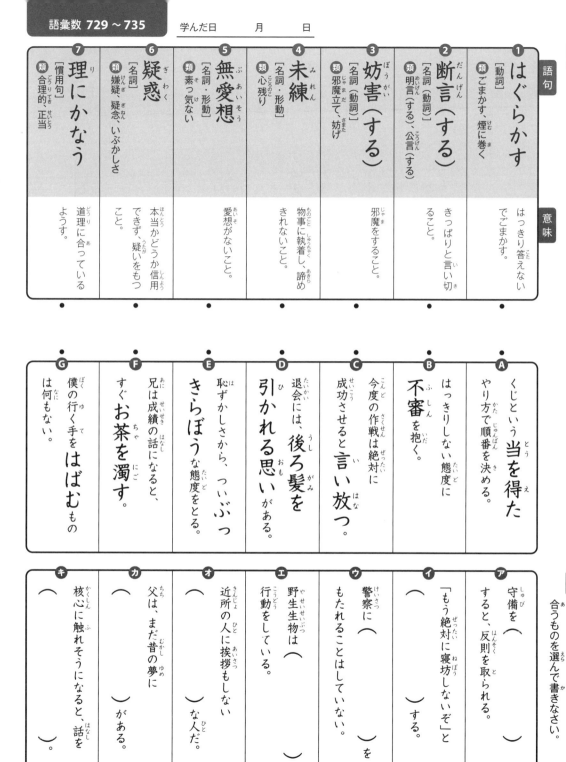

問1 左《ひだり》の語句《ごく》と同《おな》じ意味《いみ》の言葉《ことば》をⒶ～Ⓖから選《えら》び、線《せん》で結《むす》びましょう。

	語句	意味
①	もはや ［副詞］ 類 ①もう　②すでに	①こうなってしまっては。②早《はや》くも。
②	見識《けんしき》 ［名詞］ 類 知見《ちけん》	物事《ものごと》の本質《ほんしつ》を見抜《みぬ》く優《すぐ》れた判断力《はんだんりょく》や考《かんが》え。
③	採用《さいよう》（する） ［名詞（動詞）］ 類 ①採択《さいたく》（する）　②雇用《こよう》（する）	①複数《ふくすう》から選《えら》んで用《もち》いること。②人《ひと》を選《えら》んで雇《やと》うこと。
④	明瞭《めいりょう》 ［形動］ 類 明白《めいはく》、歴然《れきぜん》、明確《めいかく》	はっきりしていてわかりやすいようす。
⑤	惑《まど》う ［動詞］ 類 迷《まよ》う、戸惑《とまど》う	どうすべきかわからなくなって、困《こま》る。
⑥	淡《あわ》い ［形容詞］ 類 ①あっさり　②おぼろげ	①色《いろ》や味《あじ》が薄《うす》いようす。②かすかなようす。
⑦	能率《のうりつ》 ［名詞］ 類 効率《こうりつ》	一定《いってい》の時間内《じかんない》でできる仕事《しごと》の量《りょう》やはかどり方《かた》。

Ⓐ どっちの味方《みかた》をすべきかと、**うろたえる**。

Ⓑ 二《ふた》つの提案《ていあん》のうち、実現可能《じつげんかのう》なほうを**採《と》る**。

Ⓒ **ほんのり**甘《あま》いパンが好《す》きだ。

Ⓓ **確《たし》かな考《かんが》え**の持《も》ち主《ぬし》になれるよう頑張《がんば》る。

Ⓔ 騒《さわ》がしい場所《ばしょ》では、**勉強《べんきょう》の進《すす》み具合《ぐあい》**が悪《わる》い。

Ⓕ 記事《きじ》の内容《ないよう》が**一目瞭然《いちもくりょうぜん》**でわかる見出《みだ》しを考《かんが》えよう。

Ⓖ 正解《せいかい》がわかったが、**今《いま》となっては**遅《おそ》すぎる。

問2 左《ひだり》の（　）に、❶～❼の語句《ごく》から最《もっと》も合《あ》うものを選《えら》んで書《か》きなさい。

㋐ 職員《しょくいん》を（　　　）するための面接《めんせつ》を行《おこな》う。

㋑ （　　　）これまで、と思《おも》ったが、大丈夫《だいじょうぶ》だった。

㋒ 気分《きぶん》よく仕事《しごと》をしたほうが（　　　）が上《あ》がる。

㋓ （　　　）初恋《はつこい》ははかなく消《き》えた。

㋔ 発音《はつおん》が（　　　）だと聞《き》き取《と》りやすい。

㋕ 高《たか》い（　　　）の持《も》ち主《ぬし》は人《ひと》に信頼《しんらい》される。

㋖ 突然訳《とつぜんわけ》のわからないことを言《い》われて（　　　）。

［裏ページの答え］ 問い1：①F　②C　③G　④D　⑤E　⑥B　⑦A
問い2：㋐妨害　㋑断言　㋒疑惑　㋓理にかなう　㋔無愛想　㋕未練　㋖はぐらかす

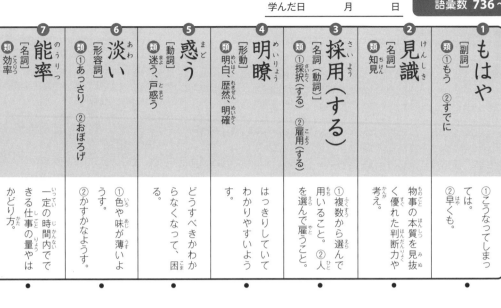

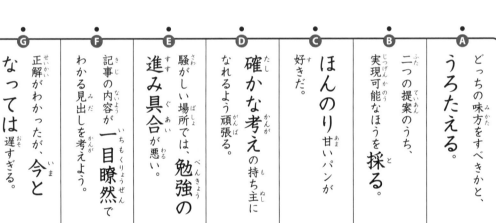

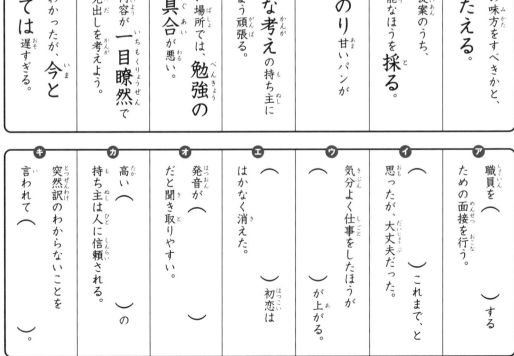

学んだ日　　月　　日

問1 左《ひだり》の語句《ごく》と同《おな》じ意味《いみ》の言葉《ことば》をⒶ～Ⓖから選《えら》び、線《せん》で結《むす》びましょう。

	語句	意味
❶	**腰《こし》が引《ひ》ける** [慣用句] 類 逃《に》げ腰《ごし》になる	責任《せきにん》を取《と》ることをおそれて、取《と》り組《く》みが消極的《しょうきょくてき》になる。
❷	**率直《そっちょく》** [名詞・形動] 類 単刀直入《たんとうちょくにゅう》、直接的《ちょくせつてき》	飾《かざ》らず、ありのままで素直《すなお》なようす。
❸	**たち** [名詞] 類 性格《せいかく》、本性《ほんしょう》	人《ひと》やものにもともと備《そな》わっている性《せい》質《しつ》。
❹	**討議《とうぎ》（する）** [名詞（動詞）] 類 議論《ぎろん》（する）、討論《とうろん》（する）	テーマに沿《そ》って意《い》見《けん》を交《か》わし、論《ろん》じ合《あ》うこと。
❺	**一定《いってい》** [名詞] 類 ①不変《ふへん》 ②そこそこ	①一《ひと》つに決《き》まっていること。②水準《すいじゅん》に達《たっ》していること。
❻	**炊《た》く** [動詞] 類 かしぐ	米《こめ》などを煮《に》て、食《た》べられるようにする。
❼	**体格《たいかく》** [名詞] 類 体《からだ》つき	体《からだ》の外観的《がいかんてき》なようす。

Ⓐ 卵《たまご》を**ボイルする**とき、目《め》を離《はな》すとすぐに吹《ふ》きこぼれる。

Ⓑ 毎月《まいつき》**決《き》まった**額《がく》しかお小遣《こづか》いをもらえない。

Ⓒ あの二人《ふたり》、**背格好《せかっこう》**はよく似《に》ているが、性格《せいかく》は対照的《たいしょうてき》だ。

Ⓓ 対立《たいりつ》する兄《あに》と姉《あね》のために、**話《はな》し合《あ》い**の場《ば》を設《もう》ける。

Ⓔ いざスピーチをしろと言《い》われると、**及《およ》び腰《ごし》になる**。

Ⓕ 僕《ぼく》は、虫《むし》に刺《さ》されやすい**体質《たいしつ》**なのかもしれない。

Ⓖ **ざっくばらん**な母《はは》が何《なに》を言《い》い出《だ》すか心配《しんぱい》だ。

問2 左《ひだり》の（　）に、❶～❼の語句《ごく》から最《もっと》も合《あ》うものを選《えら》んで書《か》きなさい。

㋐ （　　　）で勝《まさ》る力士《りきし》が有利《ゆうり》とは限《かぎ》らない。

㋑ 室内《しつない》の温度《おんど》を（　　　）に保《たも》つ。

㋒ 泣《な》き虫《むし》の子《こ》の子守《こも》りだけはどうも（　　　）。

㋓ 妹《いもうと》はおとなしそうに見《み》えて、実《じつ》は強情《ごうじょう》な（　　　）だ。

㋔ 炊飯器《すいはんき》を使《つか》わず、土鍋《どなべ》でご飯《はん》を（　　　）。

㋕ 今《いま》の自分《じぶん》の気持《きも》ちを（　　　）に話《はな》す。

㋖ 立場《たちば》の違《ちが》いを認《みと》め合《あ》いながら（　　　）する。

［裏ページの答え］ 問い1：①G ②E ③B ④D ⑤F ⑥A ⑦C
問い2：㋐上の空 ㋑致命的 ㋒分担 ㋓病み上がり ㋔苦し紛れ ㋕未知 ㋖才覚

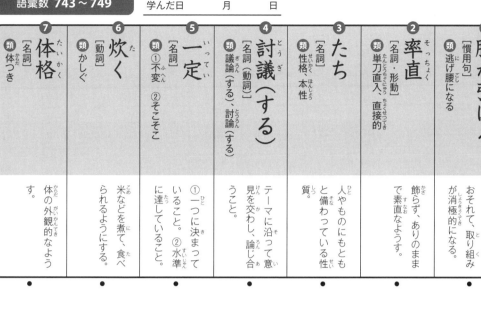

問1 左《ひだり》の語句《ごく》と同《おな》じ意味《いみ》の言葉《ことば》をⒶ～Ⓖから選《えら》び、線《せん》で結《むす》びましょう。

❶ 致命的《ちめいてき》［形動］
類 ①致死的《ちしてき》　②決定的《けっていてき》
意味：①命《いのち》に関《かか》わるようす。②取《と》り返《かえ》しがつかないようす。

❷ 苦《くる》し紛《まぎ》れ［名詞・形動］
類 窮余《きゅうよ》
意味：苦《くる》しさから逃《のが》れようと、いい加減《かげん》な行動《こうどう》をすること。

❸ 未知《みち》［名詞］
類 知《し》られていない
意味：まだ知《し》らないこと。

❹ 病《や》み上《あ》がり［名詞］
類 病後《びょうご》
意味：病気《びょうき》が治《なお》ったばかりで十分《じゅうぶん》に体力《たいりょく》が戻《もど》っていないこと。

❺ 上《うわ》の空《そら》［慣用句］
類 うつろ
意味：ほかのことに気《き》が向《む》き、目《め》の前《まえ》のことに集中《しゅうちゅう》しないようす。

❻ 才覚《さいかく》［名詞］
類 機転《きてん》、才能《さいのう》、機知《きち》
意味：素早《すばや》い頭《あたま》の働《はたら》き。

❼ 分担《ぶんたん》（する）［名詞（動詞）］
類 配分《はいぶん》（する）
意味：仕事《しごと》や責任《せきにん》、費用《ひよう》などを複数《ふくすう》で分《わ》けて持《も》つこと。

Ⓐ 優《すぐ》れた商売人《しょうばいにん》は、不景気《ふけいき》でも**知識《ちしき》と工夫《くふう》**で世《よ》を渡《わた》る。

Ⓑ 密林《みつりん》の奥地《おくち》は、**いまだに謎《なぞ》**の世界《せかい》だ。

Ⓒ 発表会《はっぴょうかい》に向《む》けて、班《はん》の中《なか》で仕事《しごと》を**振《ふ》り分《わ》けてやる。**

Ⓓ **治《なお》ったばかり**だから、本格的《ほんかくてき》な練習《れんしゅう》はまだ無理《むり》だ。

Ⓔ **苦肉《くにく》の策《さく》**としてあみだくじで答《こた》えを選《えら》ぶ。

Ⓕ 憧《あこが》れの人《ひと》を思《おも》うと、食事中《しょくじちゅう》も**心《こころ》ここにあらず**だ。

Ⓖ 玉手箱《たまてばこ》を開《あ》けたのは、**救《すく》いようがない**ミスだった。

問2 左《ひだり》の（　）に、❶～❼の語句《ごく》から最《もっと》も合《あ》うものを選《えら》んで書《か》きなさい。

㋐ 悩《なや》みがあると、つい授業《じゅぎょう》を聞《き》くのが（　　　）になる。

㋑ 電源《でんげん》が入《はい》らないという欠陥《けっかん》は（　　　）だ。

㋒ 五人《ごにん》で仕事《しごと》を（　　　）する。

㋓ （　　　）の体《からだ》に、今日《きょう》の暑《あつ》さはこたえる。

㋔ （　　　）の言《い》い訳《わけ》は、先生《せんせい》に通用《つうよう》しなかった。

㋕ （　　　）の生物《せいぶつ》が、地球《ちきゅう》にはまだたくさんいる。

㋖ 自《みずか》らの（　　　）だけで大商人《だいしょうにん》になる。

［裏ページの答え］問い1：①E　②G　③F　④D　⑤B　⑥A　⑦C
問い2：㋐体格　㋑一定　㋒腰が引ける　㋓たち　㋔炊く　㋕率直　㋖討議

学んだ日　　月　　日

問1 左《ひだり》の語句《ごく》と同《おな》じ意味《いみ》の言葉《ことば》をⒶ～Ⓖから選《えら》び、線《せん》で結《むす》びましょう。

	語句	意味
❶	**仲《なか》たがい（する）** ［名詞（動詞）］ 類 不仲《ふなか》、不和《ふわ》	仲《なか》が悪《わる》くなること。
❷	**効能《こうのう》** ［名詞］ 類 効用《こうよう》	ききめ。
❸	**願望《がんぼう》** ［名詞］ 類 希望《きぼう》、望《のぞ》み、夢《ゆめ》	願《ねが》い。
❹	**至急《しきゅう》** ［副詞］ 類 一刻《いっこく》も早《はや》く	非常《ひじょう》に急《いそ》ぐようす。
❺	**仮説《かせつ》** ［名詞］ 類 前提《ぜんてい》	何《なに》かを説明《せつめい》するために、仮《かり》に立《た》てた考《かんが》え。
❻	**短気《たんき》** ［名詞・形動］ 類 ①短慮《たんりょ》 ②怒《おこ》りっぽい	①気《き》が短《みじか》いこと。②すぐ怒《おこ》ったり、飽《あ》きたりすること。
❼	**手《て》っ取《と》り早《ばや》い** ［形容詞］ 類 手軽《てがる》、簡便《かんべん》	手間《てま》がかからず、簡《かん》単《たん》なようす。

Ⓐ あの舞台《ぶたい》に立《た》ちたいという**野望《やぼう》**が生《う》まれる。

Ⓑ 僕《ぼく》にとっては**たやすく**解《と》ける問題《もんだい》だ。

Ⓒ 二人《ふたり》が**対立《たいりつ》**している間《あいだ》に、もう一人《ひとり》のライバルが力《ちから》を付《つ》ける。

Ⓓ **できる限《かぎ》り速《すみ》やか**に、こちらに来《き》てくれ。

Ⓔ **こうだろうという考《かんが》え**を実証《じっしょう》したいと願《ねが》う。

Ⓕ 薬《くすり》の**効果《こうか》**が出るまで、もう少《すこ》し時間《じかん》がかかりそうだ。

Ⓖ 僕《ぼく》は**せっかち**なので、みんなより歩《ある》くのが速《はや》い。

問2 左《ひだり》の（　）に、❶～❼の語句《ごく》から最《もっと》も合《あ》うものを選《えら》んで書《か》きなさい。

㋐ 掃除機《そうじき》を出《だ》すよりほうきで掃《は》くほうが（　　　　）。

㋑ （　　　　）、お返事《へんじ》を聞《き》かせてください。

㋒ 歌手《かしゅ》になりたいという（　　　　）を抱《いだ》く。

㋓ （　　　　）を立《た》てて実験《じっけん》する。

㋔ つまらぬことが原因《げんいん》で（　　　　）する。

㋕ 薬《くすり》は、（　　　　）を確《たし》かめてから服用《ふくよう》する。

㋖ そんなことで怒《おこ》るなんて（　　　　）だね。

［裏ページの答え］ 問い1：①E　②C　③G　④D　⑤F　⑥A　⑦B
問い2：㋐うのみにする　㋑惨め　㋒柔軟　㋓厚かましい　㋔臨時　㋕省く　㋖だめおし

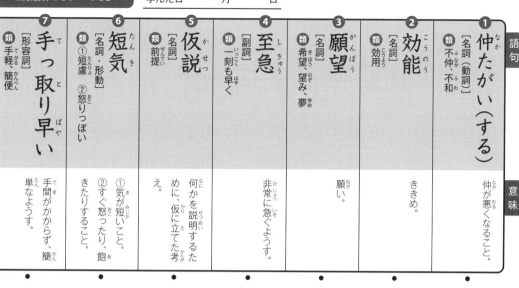

学んだ日　　月　　日

問1 左《ひだり》の語句《ごく》と同《おな》じ意味《いみ》の言葉《ことば》をⒶ～Ⓖから選《えら》び、線《せん》で結《むす》びましょう。

	語句	意味
❶	臨時《りんじ》 [名詞] 類 応急的《おうきゅうてき》、一時的《いちじてき》	必要《ひつよう》に応《おう》じて、そのとき限《かぎ》りで物事《ものごと》を行《おこな》うこと。
❷	厚《あつ》かましい [形容詞] 類 図々《ずうずう》しい	恥知《はじし》らずで遠慮《えんりょ》がないようす。
❸	惨《みじ》め [形動] 類 哀《あわ》れ、悲惨《ひさん》	見《み》ていられないほど哀《あわ》れなようす。
❹	うのみにする [慣用句] 類 盲信《もうしん》する	情報《じょうほう》の根拠《こんきょ》を確《たし》かめず、そのまま信《しん》じ込《こ》む。
❺	だめおし(する) [名詞（動詞）] 類 とどめを刺《さ》す	確実《かくじつ》な状況《じょうきょう》でも、さらに念《ねん》を入《い》れること。
❻	柔軟《じゅうなん》 [形動] 類 ①柔《やわ》らかい　②融通性《ゆうずうせい》	①柔《やわ》らかなようす。②その場《ば》に応《おう》じて対応《たいおう》できるようす。
❼	省《はぶ》く [動詞] 類 削《けず》る、省略《しょうりゃく》する	不要《ふよう》なものを取《と》り除《のぞ》いて少《すく》なくする。

Ⓐ ふんわりしたタオルで顔《かお》をふく。

Ⓑ 簡潔《かんけつ》にするため、不要《ふよう》な部分《ぶぶん》をばっさり切《き》り捨《す》てる。

Ⓒ 人《ひと》を踏《ふ》み付《つ》けて平気《へいき》でいるとは、厚顔無恥《こうがんむち》なやつだ。

Ⓓ 他人《たにん》の言《い》うことを頭《あたま》から信《しん》じるのは危険《きけん》だ。

Ⓔ 間《ま》に合《あ》わせの材料《ざいりょう》で料理《りょうり》した。

Ⓕ 九対一《きゅうたいいち》だったが、追《お》い討《う》ちをかける十点目《じゅってんめ》が入《はい》る。

Ⓖ こてんぱんに負《ま》け、情《なさ》けない気持《きも》ちで家《いえ》に帰《かえ》る。

問2 左《ひだり》の（　）に、❶～❼の語句《ごく》から最《もっと》も合《あ》うものを選《えら》んで書《か》きなさい。

㋐ テレビの報道《ほうどう》を、（　　　）のはよくない。

㋑ 雨《あめ》なのに傘《かさ》を忘《わす》れて（　　　）な気持《きも》ちで帰宅《きたく》した。

㋒ 物事《ものごと》は（　　　）に考《かんが》えたほうがうまくいく。

㋓ 後《あと》から来《き》て行列《ぎょうれつ》に割《わ》り込《こ》もうなんて（　　　）。

㋔ バケツを（　　　）のごみ入《い》れとして使《つか》う。

㋕ 無駄《むだ》を徹底的《てっていてき》に（　　　）。

㋖ 八回裏《はちかいうら》に、（　　　）のホームランを打《う》つ。

［裏ページの答え］ 問い1：①C　②F　③A　④D　⑤E　⑥G　⑦B
問い2：㋐手っ取り早い　㋑至急　㋒願望　㋓仮説　㋔仲たがい　㋕効能　㋖短気

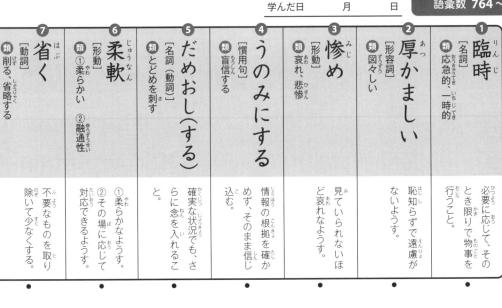

学んだ日　　月　　日

問1 左《ひだり》の語句《ごく》と同《おな》じ意味《いみ》の言葉《ことば》をⒶ～Ⓖから選《えら》び、線《せん》で結《むす》びましょう。

	語句	意味
❶	**直接的《ちょくせつてき》** [形動] 類 直《じか》に、ストレートに	何《なに》も仲立《なかだ》ちにしないようす。
❷	**消費《しょうひ》(する)** [名詞(動詞)] 類 使用《しよう》(する)、支出《ししゅつ》(する)	もの、時間《じかん》、エネルギー、お金《かね》などを使《つか》ってなくすこと。
❸	**調和《ちょうわ》(する)** [名詞(動詞)] 類 協調《きょうちょう》(する)、均整《きんせい》	ものとものとの間《あいだ》に釣《つ》り合《あ》いが取《と》れていること。
❹	**万全《ばんぜん》** [名詞・形動] 類 十全《じゅうぜん》、文句《もんく》なし	何《なに》も手落《てお》ちがないこと。
❺	**よりによって** [連語] 類 こともあろうに	ほかの選択《せんたく》ができたのに、まずい選択《せんたく》をしたということ。
❻	**進路《しんろ》** [名詞] 類 ①道筋《みちすじ》、針路《しんろ》 ②前途《ぜんと》	①進《すす》んでいく方向《ほうこう》。②将来《しょうらい》の方向《ほうこう》。
❼	**つじつま** [名詞] 類 筋《すじ》、道理《どうり》	話《はなし》の筋道《すじみち》。話《はなし》の前《ぜん》後《ご》のつながり方《かた》。

Ⓐ 甘《あま》い物《もの》は苦手《にがて》と言《い》いながら羊羹《ようかん》が好《す》きとは、**論理《ろんり》**が合《あ》わない。

Ⓑ **あろうことか**、試験《しけん》の日《ひ》に消《け》しゴムを忘《わす》れるなんて。

Ⓒ 主人公《しゅじんこう》の**行《ゆ》く手《て》**には、雲一《くもひと》つない青空《あおぞら》が広《ひろ》がる。

Ⓓ 直《なお》してほしいところを、**面《めん》と向《む》かって**言《い》う。

Ⓔ まだ十日《とおか》も前《まえ》だが、旅行《りょこう》の準備《じゅんび》は**完璧《かんぺき》**にできている。

Ⓕ 髪型《かみがた》と服《ふく》が**マッチして**いて素敵《すてき》だ。

Ⓖ 電力《でんりょく》を多《おお》く**使《つか》う**季節《きせつ》は、節電《せつでん》するべきだ。

問2 左《ひだり》の（　）に、❶～❼の語句《ごく》から最《もっと》も合《あ》うものを選《えら》んで書《か》きなさい。

㋐（　　　）がとれたインテリアだと思《おも》う。

㋑ 無理《むり》に（　　　）合《あ》わせをして、ぼろを出《だ》す。

㋒（　　　）足《あし》の遅《おそ》い僕《ぼく》に代走《だいそう》を任《まか》せるなんて。

㋓ 姉《あね》は食後《しょくご》の運動《うんどう》でカロリーを（　　　）している。

㋔（　　　）な表現《ひょうげん》はときに人《ひと》を傷《きず》つける。

㋕（　　　）な対策《たいさく》で期末《きまつ》テストに挑《いど》む。

㋖（　　　）を決《き》めるために先生《せんせい》に相談《そうだん》する。

[裏ページの答え]　問い1：①E　②F　③A　④B　⑤G　⑥D　⑦C
問い2：㋐口頭　㋑固定　㋒梅雨　㋓悪気　㋔奮発　㋕めきめき　㋖板挟み

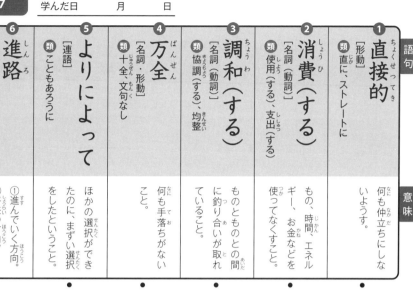

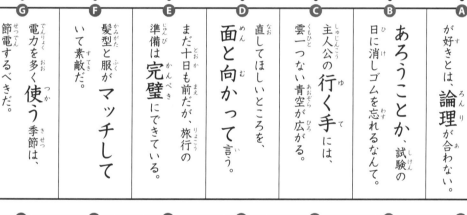

問1 左《ひだり》の語句《ごく》と同《おな》じ意味《いみ》の言葉《ことば》をⒶ～Ⓖから選《えら》び、線《せん》で結《むす》びましょう。

	語句	意味
❶	**めきめき** [副詞] 類 ①ぐんぐん ②めりめり	①進歩《しんぽ》や発展《はってん》が目《め》立《だ》って早《はや》いようす。②割《わ》れる音《おと》。
❷	**板挟《いたばさ》み** [名詞] 類 窮地《きゅうち》、苦境《くきょう》	対立《たいりつ》する二者《にしゃ》の間《あいだ》に立《た》って、どうにもできないこと。
❸	**口頭《こうとう》** [名詞] 類 口上《こうじょう》	文書《ぶんしょ》に書《か》かず、話《はな》して伝《つた》えること。
❹	**悪気《わるぎ》** [名詞] 類 悪意《あくい》	故意《こい》に人《ひと》に害《がい》を与《あた》えようとする気持《きも》ち。
❺	**奮発《ふんぱつ》(する)** [名詞(動詞)] 類 気前《きまえ》よく払《はら》う、はずむ	思《おも》い切《き》りよく、お金《かね》を出《だ》すこと。
❻	**固定《こてい》(する)** [名詞(動詞)] 類 ①留《と》める ②定着《ていちゃく》(する)	①ある場所《ばしょ》から動《うご》かないようにすること。②浸透《しんとう》。
❼	**梅雨《つゆ》** [名詞] 類 雨季《うき》、卯《う》の花《はな》くたし	日本《にほん》の六月《ろくがつ》から七《しち》月《がつ》にかけて長《なが》く降《ふ》り続《つづ》く雨《あめ》。

Ⓐ **口伝《くちづた》え**で何人《なんにん》もつないでいくと、話《はなし》の内容《ないよう》が変《か》わっていく。

Ⓑ 単《たん》なる不注意《ふちゅうい》で、**意地悪《いじわる》な気持《きも》ち**はなかった。

Ⓒ 同《おな》じ雨《あめ》でも**五月雨《さみだれ》**と呼《よ》ぶと気分《きぶん》が変《か》わる。

Ⓓ 工場《こうじょう》に大型《おおがた》の機械《きかい》を**据《す》え付《つ》ける**。

Ⓔ 父《ちち》の実家《じっか》のある町《まち》が、今《いま》、**目覚《めざ》ましく**発展《はってん》している。

Ⓕ **どっちにも付《つ》けない立場《たちば》**になるのは困《こま》る。

Ⓖ お祝《いわ》いだからと**気張《きば》って**、高《たか》い品物《しなもの》を贈《おく》る。

問2 左《ひだり》の（　）に、❶～❼の語句《ごく》から最《もっと》も合《あ》うものを選《えら》んで書《か》きなさい。

㋐ 連絡事項《れんらくじこう》を（　　　）で伝《つた》える。

㋑ 地震《じしん》に備《そな》えて、家具《かぐ》を（　　　）する。

㋒ （　　　）が明《あ》けるのが待《ま》ち遠《どお》しい。

㋓ （　　　）がなくても、相手《あいて》が嫌《いや》がることをしたら謝《あやま》る。

㋔ 母《はは》が（　　　）して、夕食《ゆうしょく》はステーキだった。

㋕ 新人《しんじん》が（　　　）力《ちから》を付《つ》ける。

㋖ 先輩《せんぱい》と後輩《こうはい》との（　　　）に悩《なや》む。

［裏ページの答え］ 問い1：①D ②G ③F ④E ⑤B ⑥C ⑦A
問い2：㋐調和 ㋑つじつま ㋒よりによって ㋓消費 ㋔直接的 ㋕万全 ㋖進路

学んだ日　　月　　日

問　左《ひだり》の語句《ごく》の意味《いみ》に合《あ》う発言《はつげん》を、下《した》のⒶ～Ⓗから選《えら》びましょう。

	語句	意味	解答
1	首《くび》をかしげる	困《こま》ったり疑問《ぎもん》に思《おも》ったりして考《かんが》え込《こ》む。	
2	首《くび》をすくめる	驚《おどろ》いたり困《こま》ったりして首《くび》を縮《ちぢ》める。	
3	首《くび》を縦《たて》に振《ふ》る	承知《しょうち》してうなずく。	
4	首《くび》を横《よこ》に振《ふ》る	断《ことわ》る。賛成《さんせい》しない。	
5	首《くび》を長《なが》くする	今《いま》か今《いま》かと待《ま》ちこがれる。	
6	首《くび》になる	仕事《しごと》などを辞《や》めさせられる。	
7	首《くび》を突《つ》っ込《こ》む	自分《じぶん》から進《すす》んで物事《ものごと》に関《かか》わる。	
8	首《くび》が回《まわ》らない	借金《しゃっきん》が返《かえ》せなくて、どうにもならない。	

Ⓐ 早《はや》く夏休《なつやす》みにならないかな。

Ⓑ 私《わたし》には、そんなことは到底《とうてい》できません。

Ⓒ ああ、びっくりした。突然《とつぜん》怒鳴《どな》らないでよ。

Ⓓ わかりました。先生《せんせい》のおっしゃるとおりだと思《おも》います。

Ⓔ 弟《おとうと》の言《い》うことが理解《りかい》できず、気《き》になっているのよ。

Ⓕ ねえ、ねえ、今《いま》みんなで何《なに》を話《はな》し合《あ》ってるの？　僕《ぼく》にも教《おし》えて。

Ⓖ 貧《まず》しくて、生活《せいかつ》が苦《くる》しい人《ひと》が増《ふ》えているそうだよ。

Ⓗ 委員長《いいんちょう》に選《えら》ばれたんだけど、失敗《しっぱい》ばかりして、もうしなくていいって言《い》われちゃった。

［裏ページの答え］　①回　②象　③異　④以　⑤会　⑥成　⑦意　⑧改　⑨解　⑩生　⑪移　⑫性

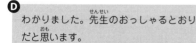

◆同音異義語《どうおんいぎご》

語句	意味
以外《いがい》	あるものを除《のぞ》いた、ほかのもの。
意外《いがい》	自分《じぶん》の予想《よそう》と違《ちが》っているようす。
気性《きしょう》	生《う》まれつきの性質《せいしつ》。
気象《きしょう》	大気《たいき》の状態《じょうたい》。
異動《いどう》	昇進《しょうしん》や転任《てんにん》などで、地位《ちい》や勤務先《きんむさき》が変《か》わること。
移動《いどう》	動《うご》いて場所《ばしょ》を変《か》わること。
会心《かいしん》	思《おも》い通《どお》りになって、満足《まんぞく》すること。
改心《かいしん》	悪《わる》かったと気《き》が付《つ》いて、心《こころ》を入《い》れ替《か》えること。
回答《かいとう》	質問《しつもん》などに答《こた》えること。
解答《かいとう》	問題《もんだい》を解《と》いて答《こた》えること。また、その答《こた》え。
成長《せいちょう》	人《ひと》や動物《どうぶつ》が育《そだ》つこと。
生長《せいちょう》	植物《しょくぶつ》が育《そだ》つこと。

問 左《ひだり》の（　）にあてはまる適切《てきせつ》な漢字《かんじ》を、下《した》の□から一《ひと》つ選《えら》びましょう。

1. アンケートに（　　）答《とう》する。
2. 気《き》（　　）衛星《えいせい》からの画像《がぞう》を見《み》る。
3. 父《ちち》は春《はる》の（　　）動《どう》で課長《かちょう》になった。
4. 自分《じぶん》（　　）外《がい》は信用《しんよう》できない。
5. （　　）心《しん》のヒットを打《う》った。
6. 子《こ》どもの（　　）長《ちょう》が楽《たの》しみだ。
7. （　　）外《がい》なことに彼《かれ》も来《き》ていた。
8. 今《いま》からでも（　　）心《しん》しなさい。
9. （　　）答《とう》を見《み》て採点《さいてん》する。
10. バラが（　　）長《ちょう》して花《はな》が咲《さ》く。
11. 体育館《たいいくかん》に（　　）動《どう》してください。
12. 彼《かれ》はにぎやかな気《き》（　　）だ。

移　象　会　意　性　成　異　回　解　以　生　改

［裏ページの答え］①E　②C　③D　④B　⑤A　⑥H　⑦F　⑧G

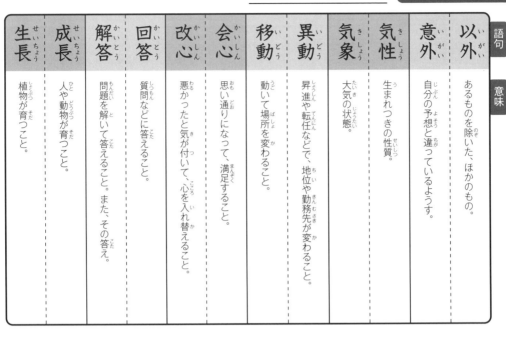

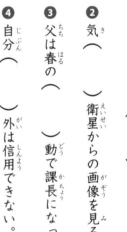

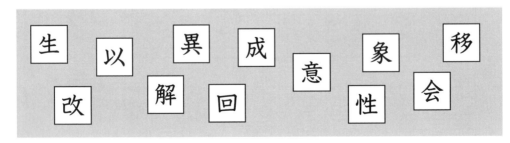

問1 左《ひだり》の語句《ごく》と同《おな》じ意味《いみ》の言葉《ことば》をⒶ～Ⓖから選《えら》び、線《せん》で結《むす》びましょう。

語句

❶ **奏《かな》でる**
[動詞]
類 演奏《えんそう》する、鳴《な》らす

❷ **尻上《しりあ》がり**
[名詞]
類 上昇《じょうしょう》カーブを描《えが》く

❸ **愛情《あいじょう》**
[名詞]
類 愛《あい》、優《やさ》しさ、好意《こうい》

❹ **感化《かんか》(する)**
[名詞（動詞）]
類 教化《きょうか》(する)、触発《しょくはつ》(する)

❺ **気《き》が張《は》る**
[慣用句]
類 緊張《きんちょう》する、身《み》が引《ひ》き締《し》まる

❻ **該当《がいとう》(する)**
[名詞（動詞）]
類 適合《てきごう》(する)、合致《がっち》(する)

❼ **くまなく**
[副詞]
類 どこもかしこも

意味

❶ 楽器《がっき》の音《おと》を出《だ》す。音楽《おんがく》を演奏《えんそう》する。

❷ 物事《ものごと》が、後《あと》になるほどよい状態《じょうたい》になること。

❸ 人《ひと》やものを大切《たいせつ》に思《おも》う、温《あたた》かい心《こころ》。

❹ 人《ひと》の心《こころ》を動《うご》かして、心《こころ》がけや行動《こうどう》を変《か》えさせること。

❺ 緊張《きんちょう》を保《たも》って、気持《きも》ちが緩《ゆる》まないようす。

❻ ある条件《じょうけん》にぴったり合《あ》うこと。

❼ ある範囲《はんい》の全体《ぜんたい》に、余《あま》すところなく及《およ》んでいるようす。

Ⓐ このまま成績《せいせき》が、**右肩上《みぎかたあ》がり**によくなるといいね。

Ⓑ 人気歌手《にんきかしゅ》に**影響《えいきょう》**され、姉《あね》のファッションセンスが変《か》わる。

Ⓒ 彼女《かのじょ》は、児童劇団《じどうげきだん》の応募資格《おうぼしかく》に**あてはまる**。

Ⓓ 柄《がら》にもなくと思《おも》うだろうが、私《わたし》はバイオリンを**弾《ひ》く**。

Ⓔ **隅《すみ》から隅《すみ》まで**見直《みなお》しても、いつもうっかりミスがある。

Ⓕ いざ清書《せいしょ》だと思《おも》うと、やっぱり**肩《かた》に力《ちから》が入《はい》る**。

Ⓖ 園長先生《えんちょうせんせい》が**いつくしみ**を込《こ》めて園児《えんじ》を見守《みまも》る。

問2 左《ひだり》の（　）に、❶～❼の語句《ごく》から最《もっと》も合《あ》うものを選《えら》んで書《か》きなさい。

㋐ （　　　　）を込《こ》めて料理《りょうり》をする。

㋑ 条件《じょうけん》に（　　　　）する人《ひと》を探《さが》す。

㋒ 優雅《ゆうが》なドレスを着《き》てピアノを（　　　　）。

㋓ 月光《げっこう》が地上《ちじょう》を（　　　　）照《て》らす。

㋔ 学芸会《がくげいかい》の前日《ぜんじつ》は眠《ねむ》れないほど（　　　　）。

㋕ 読書家《どくしょか》の先輩《せんぱい》に（　　　　）される。

㋖ （　　　　）に調子《ちょうし》がよくなる。

［裏ページの答え］ 問い1：①C　②F　③D　④G　⑤E　⑥A　⑦B
問い2：㋐ふところ　㋑しいたげる　㋒義理　㋓立て続け　㋔くつがえす　㋕雑談　㋖過保護

問1 左《ひだり》の語句《ごく》と同《おな》じ意味《いみ》の言葉《ことば》をⒶ～Ⓖから選《えら》び、線《せん》で結《むす》びましょう。

語句

❶ **義理《ぎり》**
［名詞］
類 ①節操《せっそう》、責任《せきにん》　②縁故《えんこ》
意味 ①人間《にんげん》として守《まも》るべき道理《どうり》。②血縁《けつえん》と同等《どうとう》の関係《かんけい》。

❷ **くつがえす**
［動詞］
類 ①裏返《うらがえ》す　②ひるがえす
意味 ①逆《ぎゃく》にする。②前《まえ》のことを否定《ひてい》し全面的《ぜんめんてき》に改《あらた》める。

❸ **しいたげる**
［動詞］
類 虐待《ぎゃくたい》する、責《せ》めさいなむ
意味 むごく扱《あつか》って苦《くる》しめる。

❹ **ふところ**
［名詞］
類 ①所持金《しょじきん》　②胸中《きょうちゅう》　③内懐《うちぶところ》
意味 ①持《も》っているお金《かね》。②内部《ないぶ》。人《ひと》の内面《ないめん》。③衣服《いふく》の胸《むね》の辺《あた》り。

❺ **過保護《かほご》**
［名詞・形動］
類 溺愛《できあい》、甘《あま》やかし
意味 子《こ》どもなどを必要《ひつよう》以上《いじょう》に大事《だいじ》にすること。

❻ **雑談《ざつだん》（する）**
［名詞（動詞）］
類 世間話《せけんばなし》、歓談《かんだん》（する）
意味 いろいろなことを気楽《きらく》に話《はな》し合《あ》うこと。

❼ **立《た》て続《つづ》け**
［名詞］
類 頻繁《ひんぱん》、しきり
意味 物事《ものごと》が途切《とぎ》れなく連続《れんぞく》して起《お》きるようす。

Ⓐ 姉《あね》たちの**おしゃべり**が、まだ止《と》まらない。

Ⓑ 今月《こんげつ》は家族《かぞく》のイベントが**引《ひ》っ切《き》りなし**にある。

Ⓒ 他人《たにん》のアイデアを横取《よこど》りするとは、**道義《どうぎ》**に外《はず》れた行《おこな》いだ。

Ⓓ 浦島太郎《うらしまたろう》は、亀《かめ》を**いじめる**子《こ》どもたちに声《こえ》を掛《か》けた。

Ⓔ 祖母《そぼ》はつい、僕《ぼく》たちを**猫《ねこ》かわいがり**する。

Ⓕ 負《ま》けていた試合《しあい》を最後《さいご》の最後《さいご》で**ひっくり返《かえ》す**。

Ⓖ 今月《こんげつ》は、お小遣《こづか》いがまだなので**財布《さいふ》の中身《なかみ》**が寂《さび》しい。

問2 左《ひだり》の（　）に、❶～❼の語句《ごく》から最《もっと》も合《あ》うものを選《えら》んで書《か》きなさい。

㋐ 相手《あいて》の（　　　　）の探《さぐ》り合《あ》いをしている段階《だんかい》だ。

㋑ 自由《じゆう》を奪《うば》うのは、動物《どうぶつ》を（　　　　）行為《こうい》だ。

㋒ 恩師《おんし》への（　　　　）を欠《か》くわけにいかない。

㋓ 最近《さいきん》、（　　　　）にいいことがあった。

㋔ 決定《けってい》を（　　　　）とはどういうことだ。

㋕ （　　　　）して時間《じかん》をつぶす。

㋖ 毎日車《まいにちくるま》で送迎《そうげい》だなんて（　　　　）だ。

［裏ページの答え］ 問い1：①D　②A　③G　④B　⑤F　⑥C　⑦E
問い2：㋐愛情　㋑該当　㋒奏でる　㋓くまなく　㋔気が張る　㋕感化　㋖尻上がり

問1 左《ひだり》の語句《ごく》と同《おな》じ意味《いみ》の言葉《ことば》をⒶ～Ⓖから選《えら》び、線《せん》で結《むす》びましょう。

	語句	意味
❶	**趣**《おもむき》 ［名詞］ 類 ①風雅《ふうが》 ②真意《しんい》	①心《こころ》にしみじみとするようす。②伝《つた》えたい内容《ないよう》。
❷	**定**《さだ》**める** ［動詞］ 類 制定《せいてい》、決断《けつだん》	物事《ものごと》を決定《けってい》する。
❸	**現**《げん》**に** ［副詞］ 類 現実《げんじつ》に、まさしく	想像上《そうぞうじょう》のことではなく、事実《じじつ》であるようす。
❹	**人情**《にんじょう》 ［名詞］ 類 人間味《にんげんみ》、情《なさ》け、憐《あわ》れみ	人間《にんげん》らしい優《やさ》しさや思《おも》いやり。
❺	**一面**《いちめん》 ［名詞］ 類 ①一帯《いったい》 ②側面《そくめん》	①辺《あた》り全体《ぜんたい》。②いくつかあるうちの一《ひと》つの面《めん》。
❻	**明**《あ》**け暮**《く》**れる** ［動詞］ 類 熱中《ねっちゅう》する	あることに没頭《ぼっとう》して過《す》ごすこと。
❼	**権力**《けんりょく》 ［名詞］ 類 権威《けんい》	ほかを支配《しはい》して従《したが》わせる力《ちから》。

Ⓐ 近所《きんじょ》の飲食店《いんしょくてん》の店主《てんしゅ》が、新《しん》メニューの開発《かいはつ》に**打**《う》**ち込**《こ》**む**。

Ⓑ 入室《にゅうしつ》の**権限**《けんげん》をもつ人《ひと》に許可《きょか》をとる。

Ⓒ なかなか**味**《あじ》**わい**のある庭園《ていえん》だ。

Ⓓ ちゃんと勉強《べんきょう》するよ、**実際**《じっさい》**に**今《いま》、机《つくえ》に向《む》かっているでしょ。

Ⓔ 肩《かた》たたき券《けん》の有効期間《ゆうこうきかん》を一年《いちねん》と**決**《き》**める**。

Ⓕ 教科書《きょうかしょ》を忘《わす》れたから、隣《となり》の君《きみ》の**慈悲**《じひ》にすがるしかない。

Ⓖ **そこらじゅう**に菜《な》の花《はな》が咲《さ》いている。

問2 左《ひだり》の（　）に、❶～❼の語句《ごく》から最《もっと》も合《あ》うものを選《えら》んで書《か》きなさい。

㋐ 下町《したまち》の（　　　　）にほろりとなる。

㋑ そう泣《な》くな！（　　　　）無事《ぶじ》に家《いえ》に帰《かえ》って来《き》たのだから。

㋒ 発表《はっぴょう》に向《む》けて、研究《けんきゅう》に（　　　　）毎日《まいにち》だ。

㋓ 相談《そうだん》されたときは、話《はなし》の（　　　　）をつかむことが重要《じゅうよう》だ。

㋔ 的《まと》のど真《ま》ん中《なか》にねらいを（　　　　）。

㋕（　　　　）に立《た》ち向《む》かうジャーナリストになりたい。

㋖ 水田《すいでん》が（　　　　）に広《ひろ》がる風景《ふうけい》を写真《しゃしん》に撮《と》る。

［裏ページの答え］ 問い1：①G　②A　③E　④B　⑤F　⑥D　⑦C
問い2：㋐てごろ　㋑万が一　㋒気が済む　㋓すたれる　㋔簡潔　㋕余地　㋖こっけい

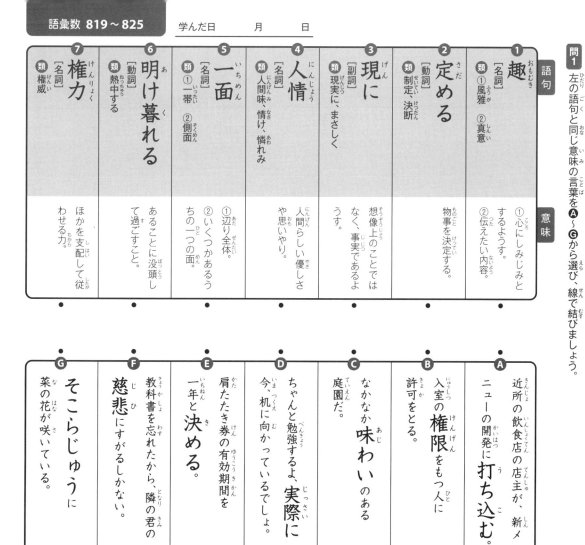

問1 左《ひだり》の語句《ごく》と同《おな》じ意味《いみ》の言葉《ことば》をⒶ～Ⓖから選《えら》び、線《せん》で結《むす》びましょう。

	語句	意味
❶	**すたれる** [動詞] 類 寂《さび》れる	活気《かっき》や人気《にんき》がなくなり、勢《いきお》いが衰《おとろ》える。
❷	**てごろ** [名詞・形動] 類 ①適当《てきとう》 ②相応《そうおう》	①扱《あつか》うのにちょうどよいようす。②自分《じぶん》に釣《つ》り合《あ》うようす。
❸	**こっけい** [名詞・形動] 類 ①おかしい ②愚《おろ》かしい	①おどけていて、面白《おもしろ》いこと。②くだらないこと。
❹	**余地《よち》** [名詞] 類 ①空《あ》き ②ゆとり	①空《あ》いている場所《ばしょ》。②あることをする余裕《よゆう》。
❺	**万一《まんいち》** [名詞・副詞] 類 ①万万一《ばんばんいつ》 ②仮《かり》に	①めったにないが、ごくまれにあること。②もしも。
❻	**気《き》が済《す》む** [慣用句] 類 満《み》たされる	満足《まんぞく》して落《お》ち着《つ》く。
❼	**簡潔《かんけつ》** [名詞・形動] 類 簡明《かんめい》、手短《てみじか》	簡単《かんたん》でわかりやすいこと。

Ⓐ 卓球初心者《たっきゅうしょしんしゃ》に似《に》つかわしいラケットを勧《すす》められる。

Ⓑ 荷物《にもつ》を置《お》くスペースを確保《かくほ》する。

Ⓒ 物事《ものごと》はシンプルに考《かんが》えたほうがうまくいく。

Ⓓ 妹《いもうと》の気持《きも》ちがおさまるまで言《い》わせておく。

Ⓔ 彼《かれ》はクラスでいちばんのひょうきん者《もの》だ。

Ⓕ 万一《まんいち》の事態《じたい》に備《そな》えて、準備《じゅんび》をしておこう。

Ⓖ もうはやらなくなったゲームでも捨《す》てられない。

問2 左《ひだり》の（　）に、❶～❼の語句《ごく》から最《もっと》も合《あ》うものを選《えら》んで書《か》きなさい。

㋐ （　　　）な値段《ねだん》で買《か》える電化製品《でんかせいひん》も多《おお》い。

㋑ （　　　）、届《とど》かなかったら電話《でんわ》してください。

㋒ 友人《ゆうじん》の（　　　）まで、練習《れんしゅう》に付《つ》き合《あ》う。

㋓ 流行《りゅうこう》しても、すぐに（　　　）ものもある。

㋔ 結論《けつろん》を二十字以内《にじゅうじいない》で（　　　）に書《か》く。

㋕ もう、迷《まよ》っている（　　　）はない。

㋖ （　　　）な話《はなし》で人《ひと》を笑《わら》わせる。

[裏ページの答え] 問い1：①C ②E ③D ④F ⑤G ⑥A ⑦B
問い2：㋐人情 ㋑現に ㋒明け暮れる ㋓趣 ㋔定める ㋕権力 ㋖一面

学んだ日　　月　　日

問1 左《ひだり》の語句《ごく》と同《おな》じ意味《いみ》の言葉《ことば》をⒶ～Ⓖから選《えら》び、線《せん》で結《むす》びましょう。

	語句	意味
❶	思《おも》いやり　［名詞］　類 配慮《はいりょ》、気遣《きづか》い	人《ひと》の身《み》を心配《しんぱい》して優《やさ》しくすること。
❷	着手《ちゃくしゅ》（する）　［名詞（動詞）］　類 開始《かいし》（する）	作業《さぎょう》などを始《はじ》めること。
❸	不景気《ふけいき》　［名詞・形動］　類 ①不況《ふきょう》　②陰気《いんき》	①経済《けいざい》が悪《わる》くて活気《かっき》がない。②沈《しず》んで元気《げんき》がないようす。
❹	修復《しゅうふく》（する）　［名詞（動詞）］　類 復元《ふくげん》（する）、修理《しゅうり》（する）	傷《いた》んだものなどを直《なお》して元通《もとどお》りにすること。
❺	護衛《ごえい》（する）　［名詞（動詞）］　類 警護《けいご》（する）	守《まも》るために付《つ》き従《したが》うこと。
❻	相次《あいつ》ぐ　［動詞］　類 頻発《ひんぱつ》する	同《おな》じような物事《ものごと》が休《やす》みなく起《お》こる。
❼	ふさわしい　［形容詞］　類 好適《こうてき》	似《に》つかわしいようす。あるものが釣《つ》り合《あ》っているようす。

Ⓐ **度重《たびかさ》なる**失礼《しつれい》にお詫《わ》びの言葉《ことば》もございません。

Ⓑ 遊《あそ》んでいて壊《こわ》した傘《かさ》を**修繕《しゅうぜん》**する。

Ⓒ 祖母《そぼ》が漬物《つけもの》を漬《つ》けるのに**うってつけ**の石《いし》だ。

Ⓓ 後回《あとまわ》しにしていた勉強《べんきょう》にようやく**取《と》り掛《か》かる**。

Ⓔ 新《あら》たな事件《じけん》を防《ふせ》ぐため、学校周辺《がっこうしゅうへん》を**見張《みは》る**。

Ⓕ **市場《しじょう》の低迷《ていめい》**で、なかなかものが売《う》れない。

Ⓖ 世《よ》の中《なか》は多《おお》くの人《ひと》の**善意《ぜんい》**に支《ささ》えられている。

問2 左《ひだり》の（　）に、❶～❼の語句《ごく》から最《もっと》も合《あ》うものを選《えら》んで書《か》きなさい。

㋐ 身辺《しんぺん》に（　　　）を付《つ》ける。

㋑ 占《うらな》い師《し》に言《い》われたとおり、よい知《し》らせが（　　　）。

㋒ 古《ふる》い時代《じだい》の美術品《びじゅつひん》を（　　　）する。

㋓ （　　　）のある一言《ひとこと》がありがたかった。

㋔ 児童会長《じどうかいちょう》に（　　　）人《ひと》を選《えら》ぶ。

㋕ 新《あたら》しい研究《けんきゅう》に（　　　）する。

㋖ （　　　）な顔《かお》をしていないで、楽《たの》しもう。

［裏ページの答え］問い1：①E　②C　③F　④G　⑤D　⑥B　⑦A
問い2：㋐生々しい　㋑まつわる　㋒忠実　㋓健全　㋔とっさに　㋕神秘的　㋖あたふた

問1 左《ひだり》の語句《ごく》と同《おな》じ意味《いみ》の言葉《ことば》をⒶ～Ⓖから選《えら》び、線《せん》で結《むす》びましょう。

	語句	意味
❶	健全《けんぜん》［名詞・形動］ 類 ①健康《けんこう》 ②理知的《りちてき》	①丈夫《じょうぶ》で健康《けんこう》なようす。②考《かんが》えや行《おこな》いに偏《かたよ》りがないようす。
❷	忠実《ちゅうじつ》［形動］ 類 ①まめやか ②写実《しゃじつ》	①誠実《せいじつ》であるようす。②ありのまま再現《さいげん》するようす。
❸	とっさに［副詞］ 類 すぐさま、即座《そくざ》に	瞬間的《しゅんかんてき》に反応《はんのう》するようす。
❹	神秘的《しんぴてき》［形動］ 類 神聖《しんせい》、不可思議《ふかしぎ》	人間《にんげん》の力《ちから》が及《およ》ばないような不思議《ふしぎ》なようす。
❺	あたふた［副詞］ 類 おたおた	急《いそ》いでいて、慌《あわ》てるようす。
❻	まつわる［動詞］ 類 つながる	関連《かんれん》がある。
❼	生々《なまなま》しい［形容詞］ 類 ①鮮烈《せんれつ》 ②現実味《げんじつみ》がある	①今起《いまお》こったかのような。②目《め》の前《まえ》で見《み》ているような。

Ⓐ 現場《げんば》のレポーターが**臨場感《りんじょうかん》のある**伝《つた》え方《かた》をする。

Ⓑ この学校《がっこう》に**関《かん》する**伝説《でんせつ》を取材《しゅざい》する。

Ⓒ わざわざお礼《れい》の手紙《てがみ》をくれるなんて**律儀《りちぎ》**な後輩《こうはい》だ。

Ⓓ 欠場《けつじょう》のはずのエースが登場《とうじょう》し、対戦相手《たいせんあいて》は**おたおた**した。

Ⓔ 高原《こうげん》の空気《くうき》を吸《す》うと、心《こころ》も体《からだ》も**健《すこ》やか**になる気《き》がする。

Ⓕ ボールが飛《と》んで来《き》て、**反射的《はんしゃてき》に**飛《と》びのく。

Ⓖ **ミステリアス**な女性《じょせい》に憧《あこが》れる。

問2 左《ひだり》の（　）に、❶～❼の語句《ごく》から最《もっと》も合《あ》うものを選《えら》んで書《か》きなさい。

㋐ 小説《しょうせつ》の（　　）表現《ひょうげん》に息《いき》をのむ。

㋑ その湖《みずうみ》に（　　）悲《かな》しい伝説《でんせつ》を聞《き》く。

㋒ 飼《か》い主《ぬし》に（　　）な犬《いぬ》の話《はなし》が、人《ひと》を感動《かんどう》させた。

㋓ （　　）なスポーツマン精神《せいしん》を養《やしな》う。

㋔ 転《ころ》びそうな子《こ》どもを、親《おや》が（　　）かばう。

㋕ （　　）な光景《こうけい》だというオーロラを見《み》たい。

㋖ 客《きゃく》の応対《おうたい》に慣《な》れない店員《てんいん》が（　　）する。

［裏ページの答え］ 問い1：①G　②D　③F　④B　⑤E　⑥A　⑦C
問い2：㋐護衛　㋑相次ぐ　㋒修復　㋓思いやり　㋔ふさわしい　㋕着手　㋖不景気

学んだ日　　月　　日

問1 左《ひだり》の語句《ごく》と同《おな》じ意味《いみ》の言葉《ことば》をⒶ～Ⓖから選《えら》び、線《せん》で結《むす》びましょう。

	語句	意味
❶	不始末《ふしまつ》 [名詞] 類 ①不成功《ふせいこう》 ②汚行《おこう》	①後始末《あとしまつ》のしかたが悪《わる》いこと。②迷惑《めいわく》をかける行《おこな》い。
❷	うやうやしい [形容詞] 類 折《お》り目正《めただ》しい、ねんごろ	礼儀正《れいぎただ》しく、丁寧《ていねい》な態度《たいど》をとること。
❸	すずなり [名詞] 類 豊作《ほうさく》	一《いっ》か所《しょ》に多《おお》くぶら下《さ》がったり、群《むら》がったりするようす。
❹	浪費《ろうひ》（する） [名詞（動詞）] 類 乱費《らんぴ》（する）、散財《さんざい》（する）	必要《ひつよう》のないことにお金《かね》や時間《じかん》を費《つい》やすこと。
❺	わずか [名詞・形動] 類 少量《しょうりょう》、微々《びび》	数量《すうりょう》や程度《ていど》などが、とても少《すく》ないこと。
❻	推理《すいり》（する） [名詞（動詞）] 類 推定《すいてい》（する）、推測《すいそく》（する）	ある事実《じじつ》をもとにして、ほかの事柄《ことがら》を推《お》し量《はか》ること。
❼	気候《きこう》 [名詞] 類 気象《きしょう》	その土地《とち》の気温《きおん》や降水量《こうすいりょう》、湿度《しつど》などの気象《きしょう》のようす。

Ⓐ 人気作家《にんきさっか》に手紙《てがみ》を書《か》いて、丁重《ていちょう》に講演《こうえん》のお願《ねが》いをする。

Ⓑ 足跡《あしあと》を手《て》がかりに、誰《だれ》のしわざか割《わ》り出《だ》す。

Ⓒ 食《た》べたのはちょっぴりでも、歯《は》は必《かなら》ず磨《みが》きましょう。

Ⓓ けんかの仲裁《ちゅうさい》に入ったが、不首尾《ふしゅび》に終《お》わった。

Ⓔ 今年《ことし》も、リンゴがたわわに実《みの》る。

Ⓕ その土地《とち》ごとに、風土《ふうど》に合《あ》った郷土料理《きょうどりょうり》がある。

Ⓖ 一時間《いちじかん》も待《ま》たせるなんて、時間《じかん》の無駄遣《むだづか》いをさせないで。

問2 左《ひだり》の（　）に、❶～❼の語句《ごく》から最《もっと》も合《あ》うものを選《えら》んで書《か》きなさい。

㋐ 誰《だれ》が犯人《はんにん》かを（　　　）する。

㋑ お菓子《かし》をほとんど食《た》べてしまって、残《のこ》りは（　　　）だ。

㋒ 侍《さむらい》が（　　　）態度《たいど》で書状《しょじょう》を差《さ》し出《だ》す。

㋓ 兄《あに》がまた（　　　）をしでかす。

㋔ 枝《えだ》に（　　　）のぶどうが、青空《あおぞら》に映《は》える。

㋕ 温暖《おんだん》な（　　　）の土地《とち》でみかんを栽培《さいばい》する。

㋖ 姉《あね》の（　　　）癖《ぐせ》を注意《ちゅうい》する。

［裏ページの答え］ 問い1：①E　②G　③B　④A　⑤D　⑥C　⑦F
問い2：㋐使い果たす　㋑威勢　㋒腹黒い　㋓自負　㋔据える　㋕匹敵　㋖さっそう

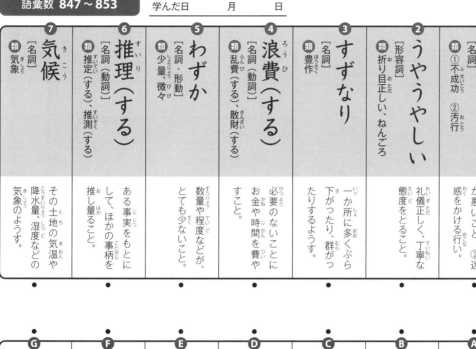

問1

左《ひだり》の語句《ごく》と同《おな》じ意味《いみ》の言葉《ことば》をA～Gから選《えら》び、線《せん》で結《むす》びましょう。

1 据《す》える
［動詞］
類 ①設置《せっち》　②就任《しゅうにん》
意味：①動《うご》かぬように置《お》く。位置《いち》を定《さだ》める。②役目《やくめ》に就《つ》ける。

2 使《つか》い果《は》たす
［動詞］
類 使《つか》い尽《つ》くす、使《つか》い切《き》る
意味：全部《ぜんぶ》使《つか》ってしまう。

3 さっそう（と）
［形動（副詞）］
類 凛々《りり》しい
意味：姿《すがた》や態度《たいど》、行《おこな》いなどがきりっとして気《き》持《も》ちのよいようす。

4 自負《じふ》（する）
［名詞（動詞）］
類 自任《じにん》（する）
意味：ある物事《ものごと》に自信《じしん》を持《も》ち、他人《たにん》には負《ま》けないと思《おも》うこと。

5 腹黒《はらぐろ》い
［形容詞］
類 よこしま、邪悪《じゃあく》
意味：心《こころ》の中《なか》に、悪《わる》いたくらみをもっているようす。

6 匹敵《ひってき》（する）
［名詞（動詞）］
類 互角《ごかく》、拮抗《きっこう》（する）、肩《かた》を並《なら》べる
意味：力《ちから》などが、あるものや人《ひと》と同《おな》じくらいであること。

7 威勢《いせい》
［名詞］
類 ①活力《かつりょく》　②権勢《けんせい》
意味：①活気《かっき》があること。②人《ひと》をおそれさせる力《ちから》。

A たとえ最下位《さいかい》でも、十《じゅっ》キロを走《はし》り抜《ぬ》いたという**誇《ほこ》り**がある。

B ヒーローだけあって、**小気《こき》味《み》よい**登場《とうじょう》のしかただ。

C このキノコはマツタケにも**引《ひ》けを取《と》らない**味《あじ》だ。

D こんな**陰険《いんけん》**な人間《にんげん》がいるなんて信《しん》じられない。

E 背丈《せたけ》が伸《の》びた一寸法師《いっすんぼうし》は、都《みやこ》に**腰《こし》を落《お》ち着《つ》けた**。

F 予防接種《よぼうせっしゅ》の列《れつ》にいても、自分《じぶん》の番《ばん》になるまでは**元気《げんき》**がいい。

G つい買《か》いすぎて、財布《さいふ》が**すっからかん**になる。

問2

左《ひだり》の（　）に、1～7の語句《ごく》から最《もっと》も合《あ》うものを選《えら》んで書《か》きなさい。

ア 体力《たいりょく》を（　　　）前《まえ》に休憩《きゅうけい》することが大事《だいじ》だ。

イ 「絶対《ぜったい》に勝《か》ってくるよ」とは、（　　　）がいい。

ウ なかなか本性《ほんしょう》を見《み》せない（　　　）人《ひと》は、

エ 少《すこ》しは役《やく》に立《た》てているという（　　　）がある。

オ いつも冷静《れいせい》な人《ひと》をキャプテンに（　　　）。

カ 彼《かれ》は小学生《しょうがくせい》だが、中学生《ちゅうがくせい》に（　　　）する力持《ちからも》ちだ。

キ ここぞという場面《ばめん》で（　　　）と現《あらわ》れる。

［裏ページの答え］問い1：①D　②A　③E　④G　⑤C　⑥B　⑦F
問い2：㋐推理　㋑わずか　㋒うやうやしい　㋓不始末　㋔すずなり　㋕気候　㋖浪費

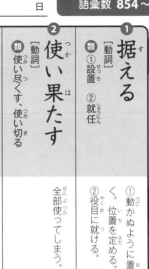

学んだ日　　月　　日

問1 左《ひだり》の語句《ごく》と同《おな》じ意味《いみ》の言葉《ことば》をⒶ～Ⓖから選《えら》び、線《せん》で結《むす》びましょう。

	語句	意味
1	**身《み》を引《ひ》く** [慣用句] 類 退《しりぞ》く、退任《たいにん》する	地位《ちい》・立場《たちば》などから引《ひ》き下《さ》がる。辞《や》める。
2	**陽気《ようき》** [名詞・形動] 類 ①快活《かいかつ》 ②気候《きこう》	①晴《は》れ晴《ば》れとして、朗《ほが》らかなようす。 ②季節《きせつ》。時節《じせつ》。
3	**お家芸《いえげい》** [名詞] 類 伝統芸《でんとうげい》、特技《とくぎ》	その家《いえ》に代々伝《だいだいつた》わってきた芸《げい》。いちばん得意《とくい》とする芸《げい》。
4	**罪滅《つみほろ》ぼし** [名詞] 類 贖罪《しょくざい》、お詫《わ》び	しでかした悪事《あくじ》の埋《う》め合《あ》わせに、よい行《おこな》いをすること。
5	**依頼《いらい》（する）** [名詞（動詞）] 類 要請《ようせい》（する）、要望《ようぼう》（する）、委嘱《いしょく》（する）	人《ひと》に頼《たの》むこと。 人《ひと》に頼《たよ》ること。
6	**確保《かくほ》（する）** [名詞（動詞）] 類 保持《ほじ》（する）、温存《おんぞん》（する）	必要《ひつよう》だと思《おも》って、しっかり取《と》っておくこと。
7	**まどろむ** [動詞] 類 うたたね	短《みじか》い時間《じかん》、浅《あさ》い眠《ねむ》りに入《はい》るようす。

Ⓐ 先生《せんせい》のものまねは、彼《かれ》の**十八番《おはこ》**だ。

Ⓑ 公園《こうえん》に早《はや》めに行《い》って、花見《はなみ》によい席《せき》を**キープ**する。

Ⓒ 祖父《そふ》はこたつで**うとうと****する**のが好《す》きらしい。

Ⓓ 今年《ことし》は応援団長《おうえんだんちょう》の立候補《りっこうほ》を**辞退《じたい》した**。

Ⓔ **朗《ほが》らかな**笑《わら》い声《ごえ》が音楽室《おんがくしつ》から響《ひび》く。

Ⓕ 弟《おとうと》のケーキを食《た》べた**償《つぐな》い**に、夕食《ゆうしょく》の肉団子《にくだんご》をやる。

Ⓖ ついでに手紙《てがみ》を出《だ》して来《き》てと**お願《ねが》い**したが、忘《わす》れられた。

問2 左《ひだり》の（　）に、❶～❼の語句《ごく》から最《もっと》も合《あ》うものを選《えら》んで書《か》きなさい。

㋐ あやとりはあの人《ひと》の（　　　　）だ。

㋑ 取材《しゅざい》の（　　　　）を受《う》ける。

㋒（　　　　）がよくなり、観光客《かんこうきゃく》が増《ふ》えた。

㋓ 心地《ここち》よいゆり椅子《いす》で（　　　　）。

㋔ 作業《さぎょう》に必要《ひつよう》な人員《じんいん》を（　　　　）する。

㋕ 泣《な》かせた（　　　　）に、チョコレートをあげる。

㋖ 対立《たいりつ》を避《さ》けて、自分《じぶん》から（　　　　）。

［裏ページの答え］ 問い１：①E　②G　③D　④C　⑤F　⑥A　⑦B
問い２：㋐発生　㋑すこぶる　㋒判決　㋓下回る　㋔あんばい　㋕自前　㋖重宝

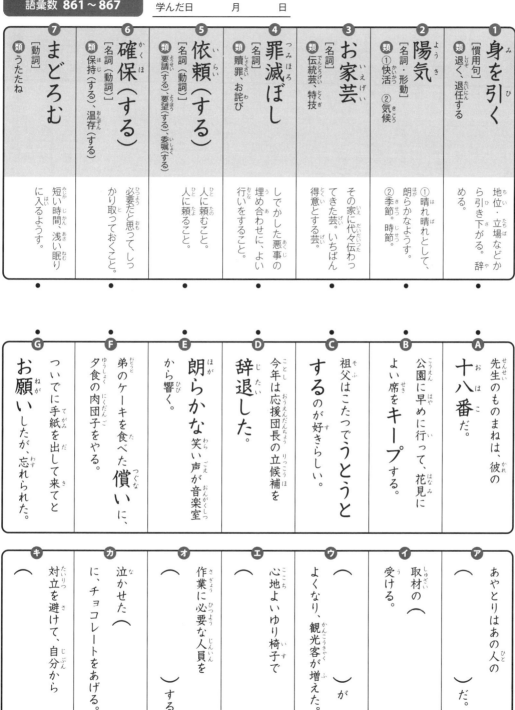

問1 左《ひだり》の語句《ごく》と同《おな》じ意味《いみ》の言葉《ことば》をⒶ～Ⓖから選《えら》び、線《せん》で結《むす》びましょう。

	語句	意味
❶	**自前**《じまえ》 ［名詞］ 類 自分持《じぶんも》ち	自分《じぶん》で用意《ようい》すること。自己費用《じこひよう》でまかなうこと。
❷	**すこぶる** ［副詞］ 類 大変《たいへん》、非常《ひじょう》に、ひどく	程度《ていど》が非常《ひじょう》に大《おお》きいようす。
❸	**あんばい** ［名詞・形動］ 類 調子《ちょうし》、容態《ようだい》	具合《ぐあい》。健康状態《けんこうじょうたい》。
❹	**重宝**《ちょうほう》 ［名詞・形動］ 類 有用《ゆうよう》、簡便《かんべん》	便利《べんり》で使《つか》いやすいこと。
❺	**発生**《はっせい》**（する）** ［名詞（動詞）］ 類 ①生起《せいき》（する）　②誕生《たんじょう》（する）	①物事《ものごと》が起《お》こること。 ②生《う》まれること。
❻	**下回**《したまわ》**る** ［動詞］ 類 下《くだ》る、届《とど》かない	数《かず》や量《りょう》が、基準値《きじゅんち》より少《すく》なくなる。
❼	**判決**《はんけつ》**（する）** ［名詞（動詞）］ 類 審判《しんぱん》（する）、裁定《さいてい》（する）	有罪《ゆうざい》か無罪《むざい》かなどを法律《ほうりつ》に従《したが》って裁《さい》判《ばん》で決めること。

Ⓐ 参加希望者数《さんかきぼうしゃすう》が、予定数《よていすう》を**割**《わ》**る**おそれがある。

Ⓑ どちらの言《い》い分《ぶん》が正《ただ》しいか、誰《だれ》かに**裁決**《さいけつ》してもらおうか。

Ⓒ **役立**《やくだ》**つ**人材《じんざい》だと思《おも》われ、あれこれ頼《たの》まれてしまう。

Ⓓ インフルエンザだそうですが、**お加減**《かげん》はいかがですか。

Ⓔ **自腹**《じばら》で用意《ようい》した舞台衣装《ぶたいいしょう》に文句《もんく》をつけられても困《こま》る。

Ⓕ 野球部《やきゅうぶ》の廃部騒動《はいぶそうどう》が**持**《も》**ちあがる**。

Ⓖ 怒《おこ》っているはずだが、**至**《いた》**って**穏《おだ》やかな母《はは》の顔《かお》が逆《ぎゃく》に怖《こわ》い。

問2 左《ひだり》の（　）に、❶～❼の語句《ごく》から最《もっと》も合《あ》うものを選《えら》んで書《か》きなさい。

㋐ 重大《じゅうだい》な事件《じけん》が（　　　　）する。

㋑ 祖父《そふ》が、（　　　　）上機嫌《じょうきげん》で話《はな》し始《はじ》める。

㋒ 被告《ひこく》に（　　　　）が下《くだ》る。

㋓ 交通事故《こうつうじこ》の件数《けんすう》が昨年《さくねん》を（　　　　）。

㋔ いい（　　　　）に芋《いも》が煮《に》えている。

㋕ 目的地《もくてきち》までの交通費《こうつうひ》は（　　　　）だ。

㋖ 電子《でんし》レンジは、何《なに》かと（　　　　）する家電《かでん》だ。

［裏ページの答え］　問い1：①D　②E　③A　④F　⑤G　⑥B　⑦C
問い2：㋐お家芸　㋑依頼　㋒陽気　㋓まどろむ　㋔確保　㋕罪滅ぼし　㋖身を引く

学んだ日　　月　　日

問1　左《ひだり》の語句《ごく》と同《おな》じ意味《いみ》の言葉《ことば》をⒶ～Ⓖから選《えら》び、線《せん》で結《むす》びましょう。

	語句	意味
1	ひけらかす [動詞] 類 誇示《こじ》する、見《み》せつける	優《すぐ》れていることを見《み》せて、自慢《じまん》する。
2	名目《めいもく》 [名詞] 類 ①公称《こうしょう》　②口実《こうじつ》	①表向《おもてむ》きの呼《よ》び方《かた》。 ②表向《おもてむ》きの理由《りゆう》。
3	志願《しがん》（する） [名詞（動詞）] 類 志望《しぼう》（する）、意欲《いよく》	自《みずか》ら進《すす》んで願《ねが》い出《で》ること。
4	困難《こんなん》 [名詞・形動] 類 面倒《めんどう》、至難《しなん》	やり遂《と》げるのが難《むずか》しいこと。
5	腕利《うでき》き [名詞] 類 上手《じょうず》、練達《れんたつ》	技能《ぎのう》が優《すぐ》れていること。
6	構《かま》える [動詞] 類 ①組《く》み立《た》てる　②身構《みがま》える	①整《ととの》った形《かたち》に作《つく》り上《あ》げる。②ある姿《し》勢《せい》や態度《たいど》をとる。
7	尻切《しりき》れとんぼ [名詞・形動] 類 不完全《ふかんぜん》、未完成《みかんせい》	物事《ものごと》が途中《とちゅう》で切《き》れてしまい、後《あと》が続《つづ》かないこと。

Ⓐ 父《ちち》の形相《ぎょうそう》に怖気《おじけ》づいて、言《い》い訳《わけ》が中途半端《ちゅうとはんぱ》になる。

Ⓑ ついに海外《かいがい》に家《いえ》を建《た》てた。

Ⓒ 優《すぐ》れた技量《ぎりょう》の大工《だいく》さんに、屋根《やね》を直《なお》してもらう。

Ⓓ 明日《あした》の調理実習《ちょうりじっしゅう》では、味見係《あじみがかり》を希望《きぼう》する。

Ⓔ 弟《おとうと》が、福引《ふくびき》で当《あ》てた自転車《じてんしゃ》を見《み》せびらかす。

Ⓕ 満点《まんてん》をとるのは一筋縄《ひとすじなわ》ではいかない。

Ⓖ 人《ひと》を肩書《かたが》きだけで判断《はんだん》してはいけない。

問2　左《ひだり》の（　）に、❶～❼の語句《ごく》から最《もっと》も合《あ》うものを選《えら》んで書《か》きなさい。

㋐ 指導《しどう》されたとおりに竹刀《しない》を（　　　　）。

㋑ 合格《ごうかく》は（　　　　）だと言《い》われても挑戦《ちょうせん》する。

㋒ リレーの第一走者《だいいちそうしゃ》に（　　　　）する。

㋓ 結末《けつまつ》がうまくついていない（　　　　）な小説《しょうせつ》だ。

㋔ 天才《てんさい》が、絵《え》の才能《さいのう》を（　　　　）。

㋕ ダイエットを（　　　　）に姉《あね》は嫌《きら》いな野菜《やさい》を残《のこ》す。

㋖ （　　　　）の刑事《けいじ》が、難事件《なんじけん》を解決《かいけつ》する。

［裏ページの答え］ 問い1：①E　②G　③C　④A　⑤B　⑥D　⑦F
問い2：㋐内訳　㋑見聞　㋒うらやむ　㋓しかめる　㋔無難　㋕悪あがき　㋖要点

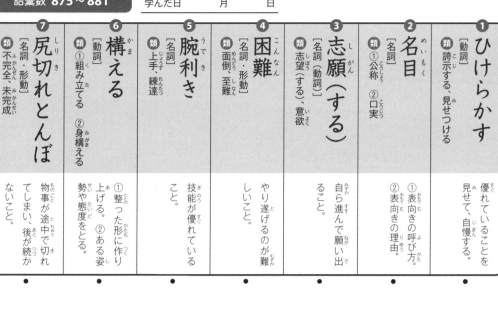

問1 左《ひだり》の語句《ごく》と同《おな》じ意味《いみ》の言葉《ことば》をⒶ～Ⓖから選《えら》び、線《せん》で結《むす》びましょう。

	語句	意味
❶	うらやむ [動詞] 類 羨望《せんぼう》する、ねたむ	自分《じぶん》よりよい境遇《きょうぐう》の人《ひと》を見《み》て、そうなりたいと思《おも》う。
❷	しかめる [動詞] 類 しかめっ面《つら》になる	不快《ふかい》さを感《かん》じて顔《かお》にしわを寄《よ》せる。
❸	見聞《けんぶん》(する) [名詞(動詞)] 類 見聞《みき》き(する)	実際《じっさい》に見《み》たり聞《き》いたりすること。
❹	悪《わる》あがき [名詞] 類 蟷螂《とうろう》の斧《おの》	効果《こうか》の見込《みこ》めないもがき。
❺	要点《ようてん》 [名詞] 類 骨子《こっし》、主旨《しゅし》	話《はなし》や文章《ぶんしょう》の中心《ちゅうしん》となる部分《ぶぶん》。
❻	内訳《うちわけ》 [名詞] 類 類別《るいべつ》	かかったお金《かね》の内容《ないよう》を種類《しゅるい》ごとに分《わ》けたもの。
❼	無難《ぶなん》 [名詞・形動] 類 ①安全《あんぜん》 ②まずまず	①危《あぶ》なくないこと。②よくもないが、悪《わる》くもないこと。

Ⓐ 無駄《むだ》な抵抗《ていこう》でも、テストの終了時間《しゅうりょうじかん》まで答《こた》えを考《かんが》える。

Ⓑ 話《はなし》の核《かく》となる部分《ぶぶん》を、聞《き》き逃《のが》した。

Ⓒ 修学旅行《しゅうがくりょこう》は、絶好《ぜっこう》の実地体験《じっちたいけん》の場《ば》だ。

Ⓓ 仮装大会《かそうたいかい》の運営費《うんえいひ》の詳《くわ》しい中身《なかみ》を報告《ほうこく》する。

Ⓔ 姉《あね》が、かわいがられている妹《いもうと》に嫉妬《しっと》する。

Ⓕ いつもと同《おな》じ道《みち》で帰《かえ》ったほうが安心《あんしん》だ。

Ⓖ 食事中《しょくじちゅう》に大笑《おおわら》いする大人《おとな》に眉《まゆ》をひそめる。

問2 左《ひだり》の（　）に、❶～❼の語句《ごく》から最《もっと》も合《あ》うものを選《えら》んで書《か》きなさい。

㋐ ピアノの教材費《きょうざいひ》の（　　）を詳《くわ》しく聞《き》く。

㋑ さまざまな場所《ばしょ》に旅行《りょこう》をして（　　）を広《ひろ》げる。

㋒ 誰《だれ》もが（　　）大邸宅《だいていたく》に住《す》む身分《みぶん》になる。

㋓ 足《あし》を踏《ふ》まれた痛《いた》さで、顔《かお》を（　　）。

㋔ あえて冒険《ぼうけん》せず、平凡《へいぼん》でも（　　）な方法《ほうほう》を選《えら》ぶ。

㋕（　　）だと言《い》われても、最後《さいご》まで努力《どりょく》する。

㋖ 単刀直入《たんとうちょくにゅう》に（　　）を言《い》え。

[裏ページの答え] 問い1：①E　②G　③D　④F　⑤C　⑥B　⑦A
問い2：㋐構える　㋑困難　㋒志願　㋓尻切れとんぼ　㋔ひけらかす　㋕名目　㋖腕利き

学んだ日　　月　　日

問 左《ひだり》の語句《ごく》の意味《いみ》に合《あ》う発言《はつげん》を、下《した》のⒶ～Ⓗから選《えら》びましょう。

	語句	意味	解答
1	腹《はら》が据《す》わる	落《お》ち着《つ》いていて、何事《なにごと》にも驚《おどろ》かない。	
2	腹《はら》に収《おさ》める	心《こころ》の中《なか》にしまい込《こ》み、誰《だれ》にも話《はな》さない。	
3	腹《はら》を抱《かか》える	とてもおかしくて、大笑《おおわら》いする。	
4	腹《はら》を決《き》める	決心《けっしん》する。覚悟《かくご》をする。	
5	腹《はら》を探《さぐ》る	相手《あいて》の本音《ほんね》や、本当《ほんとう》の気持《きも》ちを知《し》ろうとする。	
6	腹《はら》を割《わ》る	本当《ほんとう》の気持《きも》ちを隠《かく》さずに、全《すべ》て明《あ》かす。	
7	腹《はら》に据《す》えかねる	怒《いか》りを抑《おさ》えられない。	
8	腹《はら》に一物《いちもつ》	心《こころ》の中《なか》に悪《わる》いたくらみをもっていること。	

Ⓐ このお笑《わら》い芸人《げいにん》の一発《いっぱつ》ギャグは、涙《なみだ》が出《で》るほど面白《おもしろ》かったよ。

Ⓔ よし。この作戦《さくせん》でいこう。もう迷《まよ》わないぞ。

Ⓑ 校長先生《こうちょうせんせい》は、どんなときにも慌《あわ》てず、堂々《どうどう》としているね。

Ⓕ 今《いま》まで我慢《がまん》していたけど、あの人《ひと》の態度《たいど》にはもう限界《げんかい》！

Ⓒ 口《くち》ではそう言《い》っているけど、本心《ほんしん》はどうなのかしら。

Ⓖ このことは、僕《ぼく》だけが知《し》っていればいい。

Ⓓ この問題《もんだい》について、今思《いまおも》っていることをお互《たが》いに全部話《ぜんぶはな》してしまおうよ。

Ⓗ その顔《かお》は、私《わたし》の分《ぶん》までお菓子《かし》を食《た》べようと思《おも》っているでしょ。

[裏ページの答え] ①開　②回　③至　④換　⑤解　⑥会　⑦好　⑧械　⑨交　⑩快　⑪死　⑫寒

◆同音異義語《どうおんいぎご》

語句	意味
回復《かいふく》	よい状態《じょうたい》に戻《もど》ること。
快復《かいふく》	病気《びょうき》やけがが治《なお》ること。
開放《かいほう》	戸《と》や窓《まど》を開《あ》け放《はな》すこと。
解放《かいほう》	制限《せいげん》されていたものや人《ひと》を解《と》き放《はな》して、自由《じゆう》にすること。
必至《ひっし》	必《かなら》ずそうなるということ。
必死《ひっし》	死《し》ぬ覚悟《かくご》で全力《ぜんりょく》を尽《つ》くすこと。
換気《かんき》	空気《くうき》を入《い》れ換《か》えること。
寒気《かんき》	とても冷《つめ》たい空気《くうき》。
機械《きかい》	動力《どうりょく》を受《う》けて、一定《いってい》の作業《さぎょう》をする装置《そうち》。
機会《きかい》	何《なに》かをするのに、ちょうどよいとき。チャンス。
絶交《ぜっこう》	交際《こうさい》をやめること。
絶好《ぜっこう》	物事《ものごと》をするのに非常《ひじょう》によいこと。

問 左《ひだり》の（　）にあてはまる適切《てきせつ》な漢字《かんじ》を、下《した》の□から一《ひと》つ選《えら》びましょう。

1. ドーム球場《きゅうじょう》の屋根《やね》を（　）放《ほう》した。
2. 雨《あめ》がやんで、天気《てんき》が（　）復《ふく》した。
3. 事態《じたい》が悪《わる》くなるのは必《ひっ》（　）だ。
4. 部屋《へや》の（　）気《き》を忘《わす》れないように。
5. 人質《ひとじち》の（　）放《ほう》に成功《せいこう》した。
6. すばらしい機《き》（　）が訪《おとず》れた。
7. またとない絶《ぜっ》（　）のチャンスだ。
8. この機《き》（　）はとても便利《べんり》だ。
9. 友達《ともだち》と言《い》い争《あらそ》って絶《ぜっ》（　）する。
10. 順調《じゅんちょう》に（　）復《ふく》したので退院《たいいん》した。
11. 必《ひっ》（　）になって取《と》り組《く》む。
12. 今年一番《ことしいちばん》の（　）気《き》で雪《ゆき》が降《ふ》った。

開　換　解　死　回　至　快　械　寒　好　会　交

［裏ページの答え］ ①B ②G ③A ④E ⑤C ⑥D ⑦F ⑧H

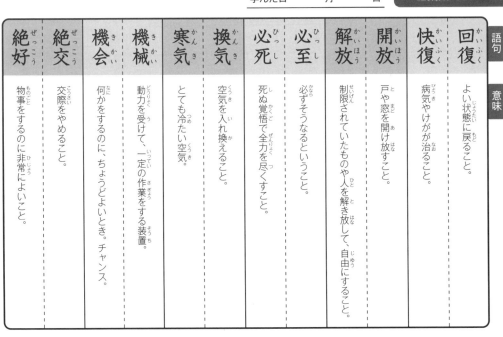

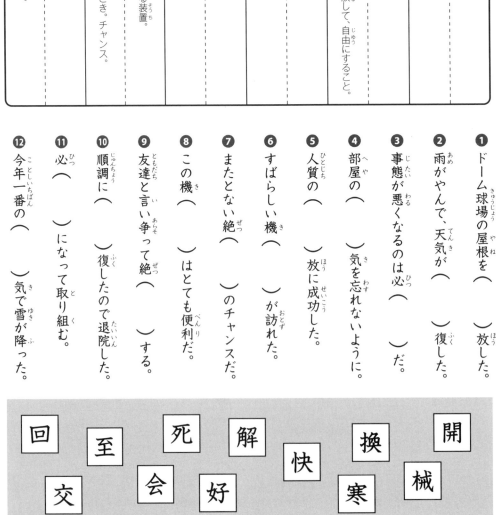

学んだ日　　月　　日

問1 左《ひだり》の語句《ごく》と同《おな》じ意味《いみ》の言葉《ことば》をⒶ～Ⓖから選《えら》び、線《せん》で結《むす》びましょう。

	語句	意味
❶	**そわそわ（する）** ［副詞（動詞）］ 類 気《き》が気《き》でない	心《こころ》や態度《たいど》が落《お》ち着《つ》かないようす。
❷	**好意《こうい》** ［名詞］ 類 ①好感《こうかん》　②善意《ぜんい》	①人《ひと》やものを好《この》ましく思《おも》う気持《きも》ち。②親切《しんせつ》な気持《きも》ち。
❸	**やつれる** ［動詞］ 類 ①痩《や》せこける　②落《お》ちぶれる	①痩《や》せ細《ほそ》る。②みすぼらしいようすになる。
❹	**言《い》い分《ぶん》** ［名詞］ 類 不平《ふへい》、文句《もんく》	言《い》いたいことや、不満《ふまん》に思《おも》っていること。
❺	**排除《はいじょ》（する）** ［名詞（動詞）］ 類 除去《じょきょ》（する）	いらないものを、取《と》り除《のぞ》くこと。
❻	**堅苦《かたくる》しい** ［形容詞］ 類 しかつめらしい	真面目《まじめ》すぎて、気楽《きらく》さやゆとりがないようす。
❼	**錯覚《さっかく》（する）** ［名詞（動詞）］ 類 ①錯誤《さくご》（する）　②勘違《かんちが》い	①実際《じっさい》と違《ちが》うように捉《とら》えること。②思《おも》い違《ちが》い。

Ⓐ お小遣《こづか》いを上《あ》げるべきだという僕《ぼく》の**主張《しゅちょう》**は却下《きゃっか》された。

Ⓑ 看病疲《かんびょうづか》れで、**げっそりと衰《おとろ》えた**。

Ⓒ ジェットコースターが楽《たの》しみで、**気《き》もそぞろ**だ。

Ⓓ サボりたい気持《きも》ちを**取《と》り払《はら》って**、勉強《べんきょう》に集中《しゅうちゅう》だ！

Ⓔ **形《かたち》だけの窮屈《きゅうくつ》な**挨拶《あいさつ》は抜《ぬ》きにしよう。

Ⓕ 青信号《あおしんごう》を、赤信号《あかしんごう》と**見間違《みまちが》えて**止《と》まってしまった。

Ⓖ 先輩《せんぱい》に**心《こころ》ひかれる**ような**思《おも》い**を抱《いだ》く。

問2 左《ひだり》の（　）に、❶～❼の語句《ごく》から最《もっと》も合《あ》うものを選《えら》んで書《か》きなさい。

㋐ ストレスがたまり、（　　　　）。

㋑ 邪魔《じゃま》を（　　　　）する。

㋒ （　　　　）話《はなし》はやめて、気楽《きらく》にいこう。

㋓ 隣《となり》の席《せき》の彼女《かのじょ》にひそかに（　　　　）を寄《よ》せる。

㋔ 下《くだ》り坂《ざか》なのに、上《のぼ》り坂《ざか》だと（　　　　）する。

㋕ 合格発表《ごうかくはっぴょう》が近付《ちかづ》いて（　　　　）する。

㋖ こちらにも（　　　　）がある。

［裏ページの答え］問い1：①D　②F　③G　④A　⑤B　⑥C　⑦E
問い2：㋐反論　㋑ちなみに　㋒悪化　㋓余暇　㋔気を遣う　㋕いそいそ　㋖あっぱれ

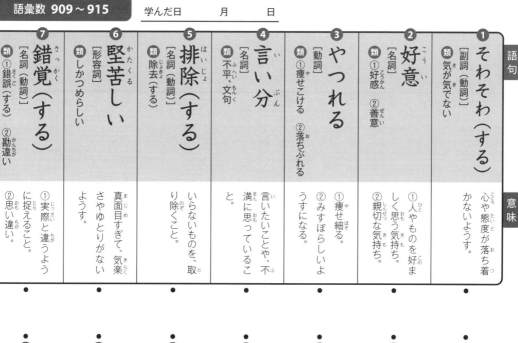

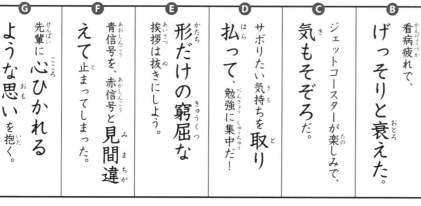

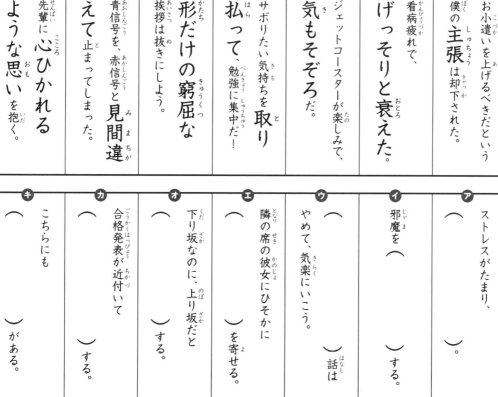

問1

左《ひだり》の語句《ごく》と同《おな》じ意味《いみ》の言葉《ことば》をⒶ～Ⓖから選《えら》び、線《せん》で結《むす》びましょう。

	語句	意味
❶	いそいそ（する）［副詞（動詞）］ 類 うきうき（する）	楽《たの》しくて、物事《ものごと》を急《いそ》いでするようす。
❷	余暇《よか》［名詞］ 類 レジャー	仕事《しごと》の合間《あいま》に使《つか》える、自由《じゆう》な時間《じかん》。ひま。
❸	反論《はんろん》（する）［名詞（動詞）］ 類 異議《いぎ》を唱《とな》える	相手《あいて》の意見《いけん》に対《たい》して、反対《はんたい》の意見《いけん》を言《い》うこと。
❹	気《き》を遣《つか》う［慣用句］ 類 心《こころ》を砕《くだ》く、配慮《はいりょ》する	いろいろと気《き》にしたり、心遣《こころづか》いをしたりする。
❺	あっぱれ［形動・感動詞］ 類 見事《みごと》、上等《じょうとう》	大変《たいへん》優《すぐ》れていることを、ほめるときに言《い》う言葉《ことば》。
❻	ちなみに［接続詞］ 類 ところで、ついでながら	前《まえ》の内容《ないよう》に補足《ほそく》して付《つ》け加《くわ》えるときに使《つか》う言葉《ことば》。
❼	悪化《あっか》（する）［名詞（動詞）］ 類 劣化《れっか》（する）	状況《じょうきょう》やようすなどが、次第《しだい》に悪《わる》くなること。

Ⓐ 友達《ともだち》のお母《かあ》さんに、あれこれと心《こころ》を配《くば》る。

Ⓑ 学校《がっこう》を一度《いちど》も休《やす》んだことがないとは大《たい》したものだ。

Ⓒ 私《わたし》は医者《いしゃ》です。ついでに言《い》うと父《ちち》も医者《いしゃ》です。

Ⓓ 小遣《こづか》いをもらって、心弾《こころはず》むようすで書店《しょてん》へ行《い》く。

Ⓔ 雪合戦《ゆきがっせん》をやりすぎて、風邪《かぜ》がひどくなった。

Ⓕ 仕事《しごと》と仕事《しごと》の間《あいだ》の自由時間《じゆうじかん》を楽《たの》しむ。

Ⓖ 「遅《おそ》い」と言《い》われたら、「気《き》が長《なが》いんだ」と言《い》い返《かえ》す。

問2

左《ひだり》の（　）に、❶～❼の語句《ごく》から最《もっと》も合《あ》うものを選《えら》んで書《か》きなさい。

㋐ 友達《ともだち》の意見《いけん》に（　　　）する。

㋑ 図書館《としょかん》は隔週木曜日《かくしゅうもくようび》が休館日《きゅうかんび》です。（　　　）明日《あす》は休館日《きゅうかんび》です。

㋒ 大《おお》げんかが原因《げんいん》で、人間関係《にんげんかんけい》が（　　　）する。

㋓ （　　　）の過《す》ごし方《かた》を考《かんが》える。

㋔ 身《み》だしなみに（　　　）。

㋕ 遠足《えんそく》に（　　　）と出《で》かける。

㋖ 全勝優勝《ぜんしょうゆうしょう》するとは、（　　　）だ。

［裏ページの答え］ 問い1：①C　②G　③B　④A　⑤D　⑥E　⑦F
問い2：㋐やつれる　㋑排除　㋒堅苦しい　㋓好意　㋔錯覚　㋕そわそわ　㋖言い分

学んだ日　　月　　日

問1 左《ひだり》の語句《ごく》と同《おな》じ意味《いみ》の言葉《ことば》をⒶ～Ⓖから選《えら》び、線《せん》で結《むす》びましょう。

	語句	意味
1	気《き》まま [名詞・形動] 類 自由勝手《じゆうかって》	遠慮《えんりょ》せず、自分《じぶん》の思《おも》いどおりにすること。わがまま。
2	企業《きぎょう》 [名詞] 類 事業《じぎょう》	ものを売《う》ったりして、お金《かね》をもうけるための集団《しゅうだん》。
3	あさましい [形容詞] 類 ①はしたない ②しがない	①いやしい。②みすぼらしい。情《なさ》けない。
4	誤解《ごかい》(する) [名詞(動詞)] 類 勘違《かんちが》い(する)	意味《いみ》を間違《まちが》って理解《りかい》すること。
5	不器用《ぶきよう》 [名詞・形動] 類 ぶきっちょ	手先《てさき》ですることが、うまくないこと。
6	辞退《じたい》(する) [名詞(動詞)] 類 辞《じ》する	人《ひと》から勧《すす》められたことを断《ことわ》ること。
7	ゆとり [名詞] 類 余《あま》り、余地《よち》	物事《ものごと》に余分《よぶん》があって、ゆったりしていること。

Ⓐ 髪《かみ》をバッサリ切《き》ったら、失恋《しつれん》したと**思《おも》い違《ちが》い**された。

Ⓑ けがをした選手《せんしゅ》が、出場《しゅつじょう》を**自分《じぶん》から控《ひか》える**。

Ⓒ 世界各地《せかいかくち》を**心《こころ》の赴《おもむ》くままに**旅《たび》して回《まわ》る。

Ⓓ 習《なら》い事《ごと》を増《ふ》やしすぎて、時間《じかん》に**余裕《よゆう》**がない。

Ⓔ 猫《ねこ》なで声《ごえ》で小遣《こづか》いをせびるなんて、**さもしい**なあ。

Ⓕ 父《ちち》は、食品関係《しょくひんかんけい》の**会社《かいしゃ》**に勤《つと》めるサラリーマンだ。

Ⓖ **細《こま》かい作業《さぎょう》が下手《へた》**な父《ちち》は、足《あし》の爪《つめ》が切《き》れない。

問2 左《ひだり》の（　）に、❶～❼の語句《ごく》から最《もっと》も合《あ》うものを選《えら》んで書《か》きなさい。

㋐（　　　）な手付《てつ》きで針《はり》を持《も》つ。

㋑（　　　）を招《まね》く言《い》い方《かた》をする。

㋒大《おお》きな（　　　）に就職《しゅうしょく》する。

㋓相手《あいて》の申《もう》し出《で》を丁寧《ていねい》に（　　　）する。

㋔気持《きも》ちに（　　　）をもって行動《こうどう》する。

㋕晴耕雨読《せいこううどく》の（　　　）な生活《せいかつ》を送《おく》る。

㋖口《くち》いっぱいにお菓子《かし》をほおばる君《きみ》は（　　　）ねえ。

［裏ページの答え］ 問い1：①B　②E　③G　④F　⑤A　⑥C　⑦D
問い2：㋐心当たり　㋑いたちごっこ　㋒先端　㋓うそぶく　㋔加工　㋕業を煮やす　㋖なんとか

問1

左《ひだり》の語句《ごく》と同《おな》じ意味《いみ》の言葉《ことば》をⒶ～Ⓖから選《えら》び、線《せん》で結《むす》びましょう。

語句 / **意味**

❶ **加工《かこう》(する)**
［名詞(動詞)］
類 手《て》を入《い》れる
原料《げんりょう》や素材《そざい》をもとに、別《べつ》のものに作《つく》りかえること。

❷ **なんとか(する)**
［副詞(動詞)］
類 かろうじて
どうにか。ぎりぎりで。

❸ **いたちごっこ**
［慣用句］
類 堂々巡《どうどうめぐ》り
互《たが》いに同《おな》じことを繰《く》り返《かえ》し、なかなか解決《かいけつ》しないこと。

❹ **うそぶく**
［動詞］
類 ①しらばっくれる　②ほらを吹《ふ》く
①とぼける。②実《じつ》現《げん》しないような大《おお》きなことを言《い》う。

❺ **先端《せんたん》**
［名詞］
類 ①突端《とったん》　②最前線《さいぜんせん》
①ものの端《はし》。とがっている先《さき》。②時代《じだい》や流行《りゅうこう》の最《もっと》も先《さき》。

❻ **心当《こころあ》たり**
［名詞］
類 思《おも》い当《あ》たるふし
思《おも》い当《あ》たること。見当《けんとう》を付《つ》けたところ。

❼ **業《ごう》を煮《に》やす**
［慣用句］
類 堪忍袋《かんにんぶくろ》の緒《お》が切《き》れる
思《おも》うように物事《ものごと》が進《すす》まず、いらいらする。

Ⓐ 棒《ぼう》の**先《さき》っぽ**に毛糸《けいと》をくくりつけて、猫《ねこ》をじゃらす。

Ⓑ 大豆《だいず》に**手《て》を加《くわ》えて**豆腐《とうふ》を作《つく》る。

Ⓒ 弟《おとうと》の帰宅《きたく》が遅《おそ》いから、**ここだと思《おも》う**場所《ばしょ》を捜《さが》す。

Ⓓ 二時間《にじかん》も待《ま》たされて、**我慢《がまん》できずに怒《おこ》り出《だ》す。**

Ⓔ 平均点《へいきんてん》がとれた。**やっとのことで**

Ⓕ 「え、何《なん》のこと？」と、**知《し》らないふりをする。**

Ⓖ やった、やらないで**押《お》し問答《もんどう》**を繰《く》り返《かえ》す。

問2

左《ひだり》の（　）に、❶～❼の語句《ごく》から最《もっと》も合《あ》うものを選《えら》んで書《か》きなさい。

㋐ いくら考《かんが》えても（　　　）がない。

㋑ 両者《りょうしゃ》の（　　　）は終《お》わりそうにない。

㋒ 時代《じだい》の（　　　）を行《い》く技術《ぎじゅつ》を開発《かいはつ》する。

㋓ 「クラスの男子《だんし》はみんな僕《ぼく》の子分《こぶん》だ」と（　　　）。

㋔ 海産物《かいさんぶつ》を（　　　）して缶詰《かんづめ》を作《つく》る。

㋕ 店員《てんいん》の対応《たいおう》の遅《おそ》さに（　　　）。

㋖ （　　　）締《し》め切《き》りに間《ま》に合《あ》った。

［裏ページの答え］問い1：①C　②F　③E　④A　⑤G　⑥B　⑦D
問い2：㋐不器用　㋑誤解　㋒企業　㋓辞退　㋔ゆとり　㋕気まま　㋖あさましい

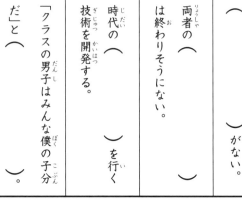

学んだ日　　月　　日

問1 左《ひだり》の語句《ごく》と同《おな》じ意味《いみ》の言葉《ことば》をⒶ～Ⓖから選《えら》び、線《せん》で結《むす》びましょう。

	語句	意味
❶	ばらす [動詞] 類 ①解体《かいたい》する　②暴《あば》く	①ばらばらにする。②秘密《ひみつ》などを人《ひと》に言《い》う。
❷	心置《こころお》きなく [副詞] 類 憂《う》いなく	心配《しんぱい》や遠慮《えんりょ》をしないで。
❸	出来合《できあ》い [名詞] 類 既製《きせい》	すでにできていること。作《つく》ってあるもの。
❹	補佐《ほさ》（する） [名詞（動詞）] 類 補助《ほじょ》（する）、サポート（する）	人《ひと》の仕事《しごと》を助《たす》けること。また、その役《やく》目《め》の人《ひと》。
❺	気後《きおく》れ（する） [名詞（動詞）] 類 尻込《しりご》み（する）	弱気《よわき》になって、積極的《せっきょくてき》になれないこと。
❻	指図《さしず》（する） [名詞（動詞）] 類 指示《しじ》（する）、指令《しれい》（する）	ほかの人《ひと》に言《い》って、仕事《しごと》や用事《ようじ》をさせること。
❼	太《ふと》っ腹《ぱら》 [名詞・形動] 類 豪快《ごうかい》、気前《きまえ》がいい	心《こころ》が広《ひろ》くおおらかで、小《ちい》さなことに動《どう》じないこと。

Ⓐ 「これやれ」「あれ持《も》って来《こ》い」と、偉《えら》そうに**言《い》い付《つ》ける**。

Ⓑ 兄《あに》は大舞台《おおぶたい》でも**萎縮《いしゅく》**しない。

Ⓒ 班長《はんちょう》を**手伝《てつだ》って支《ささ》える**役《やく》を買《か》って出《で》る。

Ⓓ 夏休《なつやす》みの間《あいだ》は、**安心《あんしん》して**朝寝坊《あさねぼう》ができる。

Ⓔ 後輩《こうはい》にアイスをおごって、**気《き》が大《おお》きい**ところを見《み》せる。

Ⓕ 古《ふる》い校舎《こうしゃ》を**取《と》り壊《こわ》す**。

Ⓖ **あらかじめ仕上《しあ》がっている**服《ふく》を買《か》う。

問2 左《ひだり》の（　）に、❶～❼の語句《ごく》から最《もっと》も合《あ》うものを選《えら》んで書《か》きなさい。

㋐ みんなに肉《にく》まんを差《さ》し入《い》れするとは（　　　）だ。

㋑ 手品《てじな》のネタを（　　　）とがっかりされた。

㋒ 父《ちち》は（　　　）のおかずばかり食《た》べている。

㋓ 兄《あに》は私《わたし》にあごで（　　　）する。

㋔ 副委員長《ふくいいんちょう》として委員長《いいんちょう》を（　　　）する。

㋕ 親友《しんゆう》と（　　　）語《かた》り合《あ》う。

㋖ 人前《ひとまえ》では（　　　）して、うまく話《はな》せない。

［裏ページの答え］問い1：①B　②D　③A　④G　⑤C　⑥E　⑦F
問い2：㋐ほおが緩む　㋑立ちつくす　㋒容態（容体）　㋓難関　㋔心外　㋕適応　㋖悪用

問1 左《ひだり》の語句《ごく》と同《おな》じ意味《いみ》の言葉《ことば》をⒶ～Ⓖから選《えら》び、線《せん》で結《むす》びましょう。

	語句	意味
❶	難関《なんかん》 [名詞] 類 ①難所《なんしょ》 ②困難《こんなん》	①通《とお》りにくい所《ところ》。②突破《とっぱ》するのが難《むずか》しい物事《ものごと》。
❷	ほおが緩《ゆる》む [慣用句] 類 口元《くちもと》が緩《ゆる》む	うれしくなって、思《おも》わずにこやかな顔《かお》になる。
❸	心外《しんがい》 [名詞・形動] 類 意外《いがい》、遺憾《いかん》	思《おも》いがけないことになって、悔《くや》しく思《おも》うようす。
❹	適応《てきおう》（する） [名詞（動詞）] 類 ①該当《がいとう》（する） ②適合《てきごう》（する）	①あてはまる。②動植物《どうしょくぶつ》が環境《かんきょう》により性質《せいしつ》を変《か》える。
❺	立《た》ちつくす [動詞] 類 立《た》ちすくむ	動《うご》かないで、いつまでも立《た》ち続《つづ》ける。
❻	悪用《あくよう》（する） [名詞（動詞）] 類 不正使用《ふせいしよう》（する）	本来《ほんらい》の使《つか》い方《かた》をしないで、悪《わる》いことに使《つか》うこと。
❼	容態《ようだい》（容体《ようだい》） [名詞] 類 病状《びょうじょう》	病気《びょうき》やけがのようす。

Ⓐ 逆恨《さかうら》みされるとは、思《おも》わぬことで残念《ざんねん》だ。

Ⓑ この坂道《さかみち》は、自転車《じてんしゃ》では簡単《かんたん》に通《とお》れない所《ところ》だ。

Ⓒ 美《うつく》しい虹《にじ》を見《み》て、その場《ば》に立《た》ったままになる。

Ⓓ お父《とう》さんにそっくりな犬《いぬ》を見《み》て、笑《え》みがこぼれる。

Ⓔ 給食当番《きゅうしょくとうばん》の立場《たちば》をずるく利用《りよう》して、大盛《おおも》りにする。

Ⓕ 熱《ねつ》を出《だ》した妹《いもうと》の体《からだ》の具合《ぐあい》は、翌朝《よくあさ》には快復《かいふく》した。

Ⓖ 使《つか》っている教科書《きょうかしょ》に対応《たいおう》したドリルを買《か》う。

問2 左《ひだり》の（　）に、❶～❼の語句《ごく》から最《もっと》も合《あ》うものを選《えら》んで書《か》きなさい。

㋐ 孫《まご》の顔《かお》を見《み》ると（　　　）。

㋑ 逆転《ぎゃくてん》ホームランを打《う》たれ、マウンドに（　　　）。

㋒ 入院《にゅういん》している母《はは》の（　　　）がよくなる。

㋓（　　　）と呼《よ》ばれる中学《ちゅうがく》の入試《にゅうし》を突破《とっぱ》する。

㋔ そんなあだ名《な》で呼《よ》ばれるのは（　　　）だ。

㋕ 気温《きおん》の変化《へんか》に（　　　）する。

㋖ パスポートを（　　　）した犯人《はんにん》が捕《つか》まった。

［裏ページの答え］ 問い1：①F　②D　③G　④C　⑤B　⑥A　⑦E
問い2：㋐太っ腹　㋑ばらす　㋒出来合い　㋓指図　㋔補佐　㋕心置きなく　㋖気後れ

学んだ日　　月　　日

問1 左《ひだり》の語句《ごく》と同《おな》じ意味《いみ》の言葉《ことば》をⒶ～Ⓖから選《えら》び、線《せん》で結《むす》びましょう。

	語句	意味
❶	即座《そくざ》（に）［名詞（副詞）］ 類 すぐさま、すかさず	その場《ば》ですぐに。
❷	何食《なにく》わぬ顔《かお》［慣用句］ 類 素知《そし》らぬ顔《かお》	何《なに》も知《し》らないというふりをしている顔《かお》つき。
❸	取得《しゅとく》（する）［名詞（動詞）］ 類 獲得《かくとく》（する）	ものや権利《けんり》などを自分《じぶん》のものにすること。
❹	圧迫《あっぱく》（する）［名詞（動詞）］ 類 ①圧縮《あっしゅく》（する） ②抑圧《よくあつ》（する）	①強《つよ》く押《お》し付《つ》ける。②力《ちから》で相手《あいて》をおさえ付《つ》ける。
❺	うめく［動詞］ 類 うんうん言《い》う	苦《くる》しみや痛《いた》みで、低《ひく》い声《こえ》を出《だ》す。
❻	心得《こころえ》［名詞］ 類 ①たしなみ ②心構《こころがま》え	①よく知《し》っていること。②注意《ちゅうい》すべきこと。
❼	一存《いちぞん》［名詞］ 類 私見《しけん》	自分一人《じぶんひとり》だけの考《かんが》え。

Ⓐ 門限《もんげん》を過《す》ぎても、しれっとした顔《かお》で帰宅《きたく》する。

Ⓑ 新品《しんぴん》の靴《くつ》がきつくて、指先《ゆびさき》が締《し》め付《つ》けられる。

Ⓒ 終業《しゅうぎょう》のチャイムが鳴《な》ったら、直《ただ》ちに校庭《こうてい》へ直行《ちょっこう》だ。

Ⓓ 父《ちち》には音楽《おんがく》の素養《そよう》がある。

Ⓔ お小遣《こづか》いの値上《ねあ》げは、お母《かあ》さんの独断《どくだん》では決《き》められないよ。

Ⓕ 姉《あね》が看護師《かんごし》の資格《しかく》を得《え》る。

Ⓖ 肘《ひじ》をぶつけて、思《おも》わずうなり声《ごえ》が出《で》る。

問2 左《ひだり》の（　）に、❶～❼の語句《ごく》から最《もっと》も合《あ》うものを選《えら》んで書《か》きなさい。

㋐ 運転免許《うんてんめんきょ》を（　　　　）する。

㋑ 傷口《きずぐち》に消毒液《しょうどくえき》をかけられて（　　　　）。

㋒ 父《ちち》の（　　　　）で住《す》む家《いえ》が決《き》まった。

㋓ 妹《いもうと》はいたずらをしても（　　　　）だ。

㋔ 質問《しつもん》されて（　　　　）に答《こた》える。

㋕ 茶道《さどう》の（　　　　）がある。

㋖ 大軍《たいぐん》で攻《せ》め、敵《てき》を（　　　　）する。

［裏ページの答え］ 問い1：①E ②F ③B ④G ⑤A ⑥C ⑦D
問い2：㋐悔いる ㋑導入 ㋒生来 ㋓原理 ㋔言い付け ㋕片手間 ㋖苦笑

問1 左《ひだり》の語句《ごく》と同《おな》じ意味《いみ》の言葉《ことば》をⒶ～Ⓖから選《えら》び、線《せん》で結《むす》びましょう。

	語句	意味
❶	原理《げんり》 [名詞] 類 原則《げんそく》	物事《ものごと》のおおもとにある理屈《りくつ》。
❷	導入《どうにゅう》（する） [名詞（動詞）] 類 ①持《も》ち込《こ》む ②冒頭《ぼうとう》	①導《みちび》き入《い》れること。②音楽《おんがく》や文学《ぶんがく》などの始《はじ》まりの部分《ぶぶん》。
❸	片手間《かたてま》 [名詞] 類 本業《ほんぎょう》の合間《あいま》	主《おも》な仕事《しごと》の合間《あいま》。また、合間《あいま》にほかの仕事《しごと》をすること。
❹	生来《せいらい》 [名詞] 類 ①天性《てんせい》 ②性来《せいらい》	①生《う》まれつき。②生《う》まれてから今日《きょう》まで。
❺	苦笑《くしょう》（する） [名詞（動詞）] 類 苦笑《にがわら》い（する）	心《こころ》の中《なか》では苦々《にがにが》しく思《おも》いながら笑《わら》うこと。
❻	言《い》い付《つ》け [名詞] 類 申《もう》し付《つ》け、指図《さしず》	相手《あいて》に対《たい》して、あることをするように言《い》うこと。
❼	悔《く》いる [動詞] 類 悔《く》やむ	失敗《しっぱい》などを恥《は》ずかしく思《おも》って、後悔《こうかい》する。

Ⓐ 先生《せんせい》のだじゃれに**仕方《しかた》なく笑《わら》う**。

Ⓑ 父《ちち》は大工《だいく》の**手《て》のあく時間《じかん》**に、木《き》のおもちゃを作《つく》る。

Ⓒ 姉《あね》の**命令《めいれい》**を守《まも》らないと、どうなるかわからない。

Ⓓ 大盛《おおも》りカレーを残《のこ》したことを、**後《あと》から残念《ざんねん》がる**。

Ⓔ はさみは、てこの**理論《りろん》**を応用《おうよう》している。

Ⓕ 祖父母《そふぼ》の家《いえ》にも、パソコンを**取《と》り入《い》れて**いる。

Ⓖ 弟《おとうと》は、**根《ね》っから**のお人《ひと》よしだ。

問2 左《ひだり》の（　）に、❶～❼の語句《ごく》から最《もっと》も合《あ》うものを選《えら》んで書《か》きなさい。

㋐ 努力《どりょく》しなかったことを（　　）。

㋑ 曲《きょく》の（　　）部《ぶ》を聴《き》く。

㋒ （　　）、風邪《かぜ》をひいたことがない。

㋓ 多数決《たすうけつ》の（　　）を研究《けんきゅう》する。

㋔ 先生《せんせい》の（　　）に従《したが》う。

㋕ 家事《かじ》の（　　）に小説《しょうせつ》を書《か》く。

㋖ うそだとわかって（　　）する。

［裏ページの答え］ 問い1：①C　②A　③F　④B　⑤G　⑥D　⑦E
問い2：㋐取得　㋑うめく　㋒一存　㋓何食わぬ顔　㋔即座　㋕心得　㋖圧迫

問1 左《ひだり》の語句《ごく》と同《おな》じ意味《いみ》の言葉《ことば》をⒶ～Ⓖから選《えら》び、線《せん》で結《むす》びましょう。

語句

❶ **促《うなが》す**
[動詞]
類 ①せかす ②推進《すいしん》する

❷ **特殊《とくしゅ》**
[名詞・形動]
類 特別《とくべつ》、特異《とくい》

❸ **まばら**
[形動]
類 少数《しょうすう》、ほとんどない

❹ **いざこざ**
[名詞]
類 ごたごた、トラブル

❺ **旨《むね》**
[名詞]
類 ①主旨《しゅし》、意図《いと》 ②主《おも》な

❻ **経《へ》る**
[動詞]
類 ①通過《つうか》する ②経過《けいか》する ③経験《けいけん》する

❼ **でっちあげる**
[動詞]
類 見《み》せかける、ねつ造《ぞう》する

意味

❶ ①急《いそ》がせる。②そうするように仕向《しむ》ける。

❷ 普通《ふつう》とは違《ちが》ったようすであること。

❸ すき間《ま》があって、数《かず》が少《すく》ないようす。

❹ 小《ちい》さな争《あらそ》いごと。いさかい。

❺ ①伝《つた》えようとする内《ない》容《よう》。②第一《だいいち》に大切《たいせつ》なこと。

❻ ①場所《ばしょ》を過《す》ぎる。②時《とき》が過《す》ぎる。③ある段階《だんかい》を通《とお》る。

❼ ないことを、あるように作《つく》る。

Ⓐ 兄弟間《きょうだいかん》で**ちょっとしたもめごと**が絶《た》えない。

Ⓑ 貸《か》した本《ほん》を返《かえ》してくれと**せき立《た》てる**。

Ⓒ 山《やま》を**越《こ》えて**、ようやく村《むら》へたどり着《つ》いた。

Ⓓ 踊《おど》りながら絵《え》が描《か》けるとは、**ユニーク**な才能《さいのう》だね。

Ⓔ 言《い》い訳《わけ》を本当《ほんとう》みたいに**作《つく》り上《あ》げる**。

Ⓕ さびれた遊園地《ゆうえんち》は、お客《きゃく》さんも**ちらほらだ**。

Ⓖ 恋敵《こいがたき》から、「決闘《けっとう》だぞ」という**内容《ないよう》**の手紙《てがみ》が来《き》た。

問2 左《ひだり》の（　）に、❶～❼の語句《ごく》から最《もっと》も合《あ》うものを選《えら》んで書《か》きなさい。

㋐ 多《おお》くの虫《むし》たちは（　　　）な能力《のうりょく》をもっている。

㋑ 庭《にわ》に草《くさ》が（　　　）に生《は》えている。

㋒ 「安《やす》い、うまい」を（　　　）とする店《みせ》。

㋓ 妹《いもうと》は、ありもしない話《はなし》を度々《たびたび》（　　　）。

㋔ 作品《さくひん》を仕上《しあ》げるために多《おお》くのプロセスを（　　　）。

㋕ 隣《となり》の家《いえ》との間《あいだ》に（　　　）が起《お》こる。

㋖ 運動会《うんどうかい》でけがをしないよう、注意《ちゅうい》を（　　　）。

［裏ページの答え］ 問い1：①F　②D　③E　④A　⑤G　⑥B　⑦C
問い2：㋐乱雑　㋑修理　㋒あざむく　㋓波乱　㋔さながら　㋕事実　㋖宿敵

問1 左《ひだり》の語句《ごく》と同《おな》じ意味《いみ》の言葉《ことば》をⒶ～Ⓖから選《えら》び、線《せん》で結《むす》びましょう。

	語句	意味
❶	修理《しゅうり》（する）［名詞（動詞）］ 類 修繕《しゅうぜん》（する）	壊《こわ》れたり、傷《きず》ついたりした部分《ぶぶん》を元《もと》の状態《じょうたい》にすること。
❷	乱雑《らんざつ》［名詞・形動］ 類 雑然《ざつぜん》	全体《ぜんたい》にばらばらで、乱《みだ》れているようす。
❸	波乱《はらん》［名詞］ 類 ①ごたごた　②激動《げきどう》	①もめごと。②激《はげ》しい変化《へんか》。
❹	さながら［副詞］ 類 のように、まさに	まるで。ちょうど。そのまま。
❺	あざむく［動詞］ 類 ①偽《いつわ》る、はめる　②惑《まど》わす	①人《ひと》をだます。②ほかのものと間《ま》違《ちが》えさせる。
❻	宿敵《しゅくてき》［名詞］ 類 競争相手《きょうそうあいて》	ずっと前《まえ》からの敵《てき》。
❼	事実《じじつ》［名詞・副詞］ 類 ①現実《げんじつ》　②本当《ほんとう》に	①実際《じっさい》にあったこと。②実際《じっさい》に。確《たし》かに。

Ⓐ 研究発表《けんきゅうはっぴょう》の前日《ぜんじつ》に、本番《ほんばん》**そっくり**の練習《れんしゅう》をした。

Ⓑ 彼《かれ》は、幼稚園《ようちえん》時代《じだい》からの**ライバル**だ。

Ⓒ ランドセルを忘《わす》れて学校《がっこう》へ行《い》った、この話《はなし》は**本当《ほんとう》**である。

Ⓓ たんすに服《ふく》を**まとまりなく**押《お》し込《こ》む。

Ⓔ 町長《ちょうちょう》の何気《なにげ》ない一言《ひとこと》が、町《まち》に**騒《さわ》ぎ**を巻《ま》き起《お》こす。

Ⓕ パンクした自転車《じてんしゃ》を**直《なお》して**もらった。

Ⓖ 落《お》とし穴《あな》の上《うえ》に葉《は》っぱを乗《の》せて、敵《てき》の目《め》を**ごまかす**。

問2 左《ひだり》の（　）に、❶～❼の語句《ごく》から最《もっと》も合《あ》うものを選《えら》んで書《か》きなさい。

㋐ ものが増《ふ》え、部屋《へや》の中《なか》が（　　　）になる。

㋑ 壊《こわ》れたおもちゃを（　　　）する。

㋒ 花《はな》をも（　　　）美《うつく》しさだ。

㋓（　　　）に富《と》んだ人生《じんせい》を送《おく》る。

㋔ あの女優《じょゆう》は（　　　）宝石《ほうせき》のように輝《かがや》いている。

㋕ 僕《ぼく》が一年間《いちねんかん》に百冊《ひゃくさつ》の本《ほん》を読《よ》んだのは（　　　）だ。

㋖ 十年来《じゅうねんらい》の（　　　）を倒《たお》す。

［裏ページの答え］ 問い1：①B　②D　③F　④A　⑤G　⑥C　⑦E
問い2：㋐特殊　㋑まばら　㋒旨　㋓でっちあげる　㋔経る　㋕いざこざ　㋖促す

問1 左《ひだり》の語句《ごく》と同《おな》じ意味《いみ》の言葉《ことば》をⒶ～Ⓖから選《えら》び、線《せん》で結《むす》びましょう。

語句

❶ **ねちねち**
［副詞］
類 ねちこく、執念深《しゅうねんぶか》く

❷ **慕《した》う**
［動詞］
類 ①愛《あい》する ②尊《とうと》む ③ついて行《い》く

❸ **キャンセル（する）**
［名詞（動詞）］
類 取《と》り消《け》し、解除《かいじょ》

❹ **根拠《こんきょ》**
［名詞］
類 ①よりどころ ②ベース

❺ **相槌《あいづち》を打《う》つ**
［慣用句］
類 話《はなし》を合《あ》わせる

❻ **圧倒《あっとう》（する）**
［名詞（動詞）］
類 制圧《せいあつ》（する）、圧迫《あっぱく》（する）

❼ **つつ抜《ぬ》け**
［名詞］
類 流出《りゅうしゅつ》

意味

❶ からみ付《つ》くように、しつこいようす。

❷ ①恋《こい》しく思《おも》う。②敬《うやま》って見習《みなら》う。③あとを追《お》う。

❸ すでに決《き》めていたことを、取《と》り消《け》すこと。

❹ ①もとになる理由《りゆう》。②もとになる場所《ばしょ》。根拠地《こんきょち》。

❺ 話《はなし》を聞《き》きながらうなずいたり、ときどき答《こた》えたりする。

❻ 強《つよ》い力《ちから》で、相手《あいて》をおさえ付《つ》けること。

❼ 音《おと》や声《こえ》や秘密《ひみつ》の話《はなし》などが、そのまま聞《き》こえること。

Ⓐ 台風《たいふう》が来《き》たので、旅行《りょこう》を**取《と》りやめ**にする。

Ⓑ 母《はは》から、**粘《ねば》りつくような**嫌味《いやみ》を言《い》われる。

Ⓒ **軽《かる》く受《う》け答《こた》え**しながら、人《ひと》の話《はなし》を聞《き》く。

Ⓓ イケメンの先輩《せんぱい》を**いとおしく思《おも》う**。

Ⓔ 「僕《ぼく》は天才《てんさい》だ！」と断言《だんげん》する**訳《わけ》**を説明《せつめい》してくれ。

Ⓕ 音痴《おんち》な歌声《うたごえ》が、隣《となり》の部屋《へや》から**まる聞《ぎ》こえ**だ。

Ⓖ 関西弁《かんさいべん》の祖母《そぼ》に、**迫力《はくりょく》で負《ま》かされる**。

問2 左《ひだり》の（　）に、❶～❼の語句《ごく》から最《もっと》も合《あ》うものを選《えら》んで書《か》きなさい。

㋐ （　　　　）を明《あき》らかにする。

㋑ 勢《いきお》いで敵《てき》を（　　　　）する。

㋒ 新幹線《しんかんせん》の切符《きっぷ》を（　　　　）する。

㋓ 説明《せつめい》を聞《き》きながら、（　　　　）。

㋔ 陰口《かげぐち》が、本人《ほんにん》に（　　　　）になる。

㋕ 愚痴《ぐち》を言《い》う。（　　　　）と

㋖ 飼《か》い主《ぬし》を（　　　　）のは犬《いぬ》の習性《しゅうせい》だ。

［裏ページの答え］ 問い1：①C　②F　③A　④B　⑤G　⑥E　⑦D
問い2：㋐えてして　㋑手軽　㋒利点　㋓委ねる　㋔遮断　㋕舌打ち　㋖ひとしきり

問1

左《ひだり》の語句《ごく》と同《おな》じ意味《いみ》の言葉《ことば》をA～Gから選《えら》び、線《せん》で結《むす》びましょう。

	語句	意味
❶	委《ゆだ》ねる ［動詞］ 類 委任《いにん》する	人《ひと》に任《まか》せる。
❷	えてして ［副詞］ 類 ややもすると、往々《おうおう》にして	どうかすると。とかく。
❸	舌打《したう》ち（する） ［名詞（動詞）］ 類 舌《した》を鳴《な》らす	がっかりしたときなどに、舌《した》を鳴《な》らすこと。
❹	ひとしきり ［副詞］ 類 ひととき	しばらく続《つづ》いて。
❺	手軽《てがる》 ［名詞・形動］ 類 たやすい、安易《あんい》	簡単《かんたん》で、やりやすいようす。
❻	遮断《しゃだん》（する） ［名詞（動詞）］ 類 遮《さえぎ》る、はばむ	流《なが》れているものを遮《さえぎ》って、止《と》めること。
❼	利点《りてん》 ［名詞］ 類 長所《ちょうしょ》、メリット	優《すぐ》れた点《てん》。便利《べんり》な点《てん》。

A　はずれくじを引《ひ》いて、「チェッ」と言《い》う。

B　妹《いもうと》は少《すこ》しの間《あいだ》盛《さか》んに泣《な》いて、ケロッとする。

C　母《はは》の機嫌《きげん》とりを、姉《あね》に託《たく》す。

D　長靴《ながぐつ》の取《と》り柄《え》は、水《みず》たまりで思《おも》い切《き》り遊《あそ》べることだ。

E　耳栓《みみせん》をして、父《ちち》のお説教《せっきょう》をシャットアウトする。

F　昼休《ひるやす》みの後《あと》の授業《じゅぎょう》は、大抵《たいてい》は眠《ねむ》い。

G　トーストと牛乳《ぎゅうにゅう》の、簡素《かんそ》な朝食《ちょうしょく》を取《と》る。

問2

左《ひだり》の（　）に、❶～❼の語句《ごく》から最《もっと》も合《あ》うものを選《えら》んで書《か》きなさい。

㋐　父親《ちちおや》は、（　　　　）娘《むすめ》に甘《あま》い。

㋑　日帰《ひがえ》り旅行《りょこう》は（　　　　）に行《い》ける。

㋒　飛行機《ひこうき》の（　　　　）は、速《はや》いことだ。

㋓　決定《けってい》を委員長《いいんちょう》に（　　　　）。

㋔　倒《たお》れた木《き》が、交通《こうつう》を（　　　　）する。

㋕　じゃんけんで負《ま》けて、（　　　　）する。

㋖　雪《ゆき》が（　　　　）降《ふ》る。

［裏ページの答え］ 問い1：①B　②D　③A　④E　⑤C　⑥G　⑦F
問い2：㋐根拠　㋑圧倒　㋒キャンセル　㋓相槌を打つ　㋔つつ抜け　㋕ねちねち　㋖慕う

学んだ日　　月　　日

問 左《ひだり》の語句《ごく》の意味《いみ》に合《あ》う発言《はつげん》を、下《した》のⒶ～Ⓗから選《えら》びましょう。

	語句	意味	解答
1	手《て》を貸《か》す	仕事《しごと》を手伝《てつだ》う。手助《てだす》けをする。	
2	手《て》を切《き》る	これまで続《つづ》いていた関係《かんけい》をなくす。	
3	手《て》を広《ひろ》げる	いろいろな仕事《しごと》や事業《じぎょう》などの関係《かんけい》する範囲《はんい》を広《ひろ》げる。	
4	手《て》を焼《や》く	うまく取《と》り扱《あつか》えないで、とても困《こま》る。	
5	手《て》を抜《ぬ》く	いい加減《かげん》にやって済《す》ませること。	
6	手《て》がない	取《と》るべき手段《しゅだん》や方法《ほうほう》がない。	
7	手《て》塩《しお》にかける	いろいろと世話《せわ》をして大切《たいせつ》に育《そだ》てる。	
8	手《て》に余《あま》る	自分《じぶん》の力《ちから》を超《こ》えていて、どうすることもできない。	

Ⓐ わかりやすく伝《つた》えるには、この資料《しりょう》を使《つか》うしかないな。

Ⓑ 絶交《ぜっこう》だ！ 君《きみ》とはもう二度《にど》と話《はな》さないぞ！

Ⓒ あのパン屋《や》さんのご主人《しゅじん》、今度《こんど》は隣町《となりまち》にお寿司屋《すしや》さんをオープンさせるんだって。

Ⓓ まだこんなにごみが残《のこ》っているなんて、ちゃんと掃除《そうじ》していない証拠《しょうこ》ね。

Ⓔ この猫《ねこ》は、生《う》まれたばかりの頃《ころ》から十五年《じゅうごねん》間《かん》、家族《かぞく》のようにかわいがっているわ。

Ⓕ 私《わたし》にできることがあったら、言《い》ってくださいね。

Ⓖ こんな大人数《おおにんずう》の中《なか》で司会《しかい》をするなんて、僕《ぼく》には無理《むり》だ。

Ⓗ 妹《いもうと》が私《わたし》の言《い》うことをちっとも聞《き》かないので、困《こま》るわ。

［裏ページの答え］ ①関　②厚　③感　④辞　⑤更　⑥講　⑦機　⑧好　⑨拾　⑩期　⑪事　⑫集

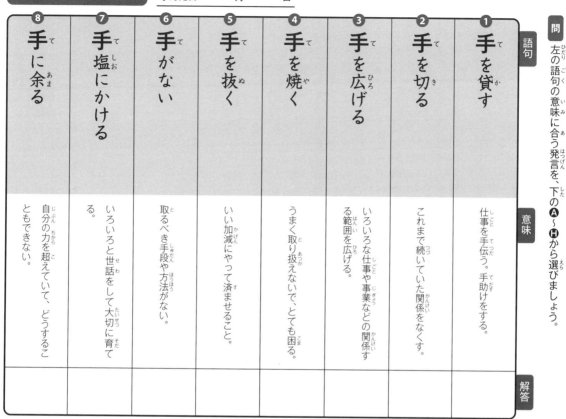

◆同《どう》音《おん》異《い》義《ぎ》語《ご》

語句	意味
更生《こうせい》	心《こころ》を入《い》れ替《か》えて、正《ただ》しい生《い》き方《かた》をするようになること。
厚生《こうせい》	人々《ひとびと》の健康《けんこう》を高《たか》め、生活《せいかつ》を豊《ゆた》かにすること。
好評《こうひょう》	評判《ひょうばん》がよいこと。
講評《こうひょう》	理由《りゆう》を挙《あ》げ、説明《せつめい》しながら批評《ひひょう》すること。
時期《じき》	物事《ものごと》を行《おこな》うときや期間《きかん》。
時機《じき》	物事《ものごと》をするのにちょうどよいとき。
事典《じてん》	いろいろな事柄《ことがら》を解説《かいせつ》した本《ほん》。
辞典《じてん》	言葉《ことば》の読《よ》み方《かた》、意味《いみ》、使《つか》い方《かた》などを説明《せつめい》した本《ほん》。
収集《しゅうしゅう》	ものを集《あつ》めること。
収拾《しゅうしゅう》	混乱《こんらん》している状態《じょうたい》をうまく収《おさ》めて、まとめること。
感心《かんしん》	優《すぐ》れたことに心《こころ》を動《うご》かされること。
関心《かんしん》	あることに興味《きょうみ》をもつこと。

問 左《ひだり》の（　）にあてはまる適切《てきせつ》な漢字《かんじ》を、下《した》の□から一《ひと》つ選《えら》びましょう。

1. 僕《ぼく》は科学《かがく》に（　）心《しん》がある。
2. 福利《ふくり》（　）生《せい》が行《い》き届《とど》いている。
3. 立派《りっぱ》な行動《こうどう》に（　）心《しん》する。
4. 国語《こくご》（　）典《てん》で意味《いみ》を調《しら》べる。
5. 彼《かれ》は立派《りっぱ》に（　）生《せい》した。
6. 絵《え》の先生《せんせい》が作品《さくひん》を（　）評《ひょう》した。
7. もう少《すこ》し時《じ》（　）を待《ま》とう。
8. 新《あたら》しい製品《せいひん》はとても（　）評《ひょう》だ。
9. 事態《じたい》を収《しゅう》（　）することが大切《たいせつ》だ。
10. 今年《ことし》も田植《たう》えの時《じ》（　）になった。
11. 百科《ひゃっか》（　）典《てん》は知識《ちしき》の泉《いずみ》だ。
12. 僕《ぼく》の趣味《しゅみ》は切手《きって》の収《しゅう》（　）だ。

拾　感　関　集　事　辞　更　期　好　厚　機　講

［裏ページの答え］ ①F ②B ③C ④H ⑤D ⑥A ⑦E ⑧G

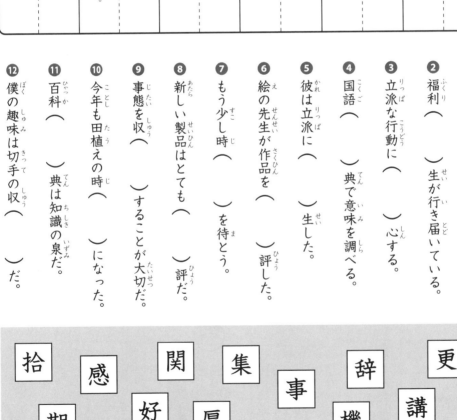

学んだ日　　月　　日

問1 左《ひだり》の語句《ごく》と同《おな》じ意味《いみ》の言葉《ことば》をⒶ～Ⓖから選《えら》び、線《せん》で結《むす》びましょう。

	語句	意味
❶	**現状《げんじょう》** [名詞] 類 現況《げんきょう》	現在《げんざい》の状況《じょうきょう》。
❷	**堂々巡《どうどうめぐ》り（する）** [名詞（動詞）] 類 エンドレス	同《おな》じような議論《ぎろん》を繰《く》り返《かえ》して、進展《しんてん》しないこと。
❸	**鮮《あざ》やか** [形動] 類 ①鮮明《せんめい》 ②秀逸《しゅういつ》	①美《うつく》しくはっきりしたようす。②腕前《うでまえ》がすばらしいようす。
❹	**推測《すいそく》（する）** [名詞（動詞）] 類 推量《すいりょう》（する）	似《に》た事実《じじつ》をもとにして、物事《ものごと》の見当《けんとう》を付《つ》けること。
❺	**息《いき》を殺《ころ》す** [慣用句] 類 息《いき》を凝《こ》らす	呼吸《こきゅう》を抑《おさ》えて、静《しず》かにする。
❻	**加減《かげん》（する）** [名詞（動詞）] 類 ①案配《あんばい》（する） ②調整《ちょうせい》（する）	①具合《ぐあい》や程度《ていど》。②調節《ちょうせつ》する。
❼	**兆《きざ》し** [名詞] 類 前兆《ぜんちょう》	物事《ものごと》が起《お》こりそうな気配《けはい》。

Ⓐ お体《からだ》の**調子《ちょうし》**はいかがですか。

Ⓑ 単純《たんじゅん》な彼女《かのじょ》が次《つぎ》に何《なに》をするかは、**推察《すいさつ》**するにかたくない。

Ⓒ 彼《かれ》との間《あいだ》に、友情《ゆうじょう》の**芽生《めば》え**を感《かん》じる。

Ⓓ かくれんぼでは、物陰《ものかげ》で**息《いき》を潜《ひそ》める**。

Ⓔ 世界各国《せかいかっこく》の**今《いま》のようす**を発信《はっしん》する。

Ⓕ 姉《あね》は**きらびやか**な衣装《いしょう》を着《き》て、満足《まんぞく》そうだ。

Ⓖ 学級会《がっきゅうかい》の話《はな》し合《あ》いが、全《まった》く**前《まえ》に進《すす》まない**。

問2 左《ひだり》の（　）に、❶～❼の語句《ごく》から最《もっと》も合《あ》うものを選《えら》んで書《か》きなさい。

㋐ （　　　）な色《いろ》の服《ふく》が好《す》きだ。

㋑ （　　　）ようにして、セミの羽化《うか》をそっと見守《みまも》る。

㋒ 体重《たいじゅう》が（　　　）維持《いじ》で満足《まんぞく》する。

㋓ 紅茶《こうちゃ》に入《い》れる砂糖《さとう》の分量《ぶんりょう》を（　　　）する。

㋔ 会議《かいぎ》は（　　　）で何《なに》も決《き》まらなかった。

㋕ もう四月《しがつ》だというのに、いまだに春《はる》の（　　　）は感《かん》じられない。

㋖ （　　　）の域《いき》を出《で》ない話《はなし》だ。

[裏ページの答え] 問い1：①C ②F ③B ④G ⑤D ⑥A ⑦E
問い2：㋐さげすむ ㋑抜き打ち ㋒ひるむ ㋓荒々しい ㋔からくり ㋕具体的 ㋖あわよくば

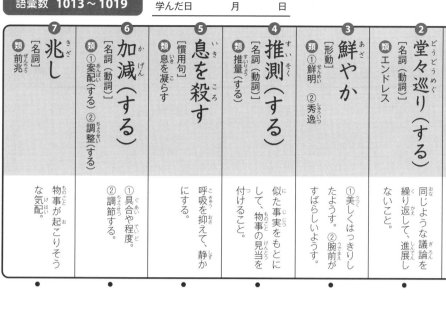

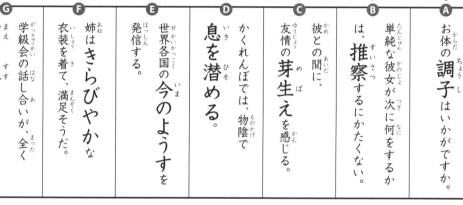

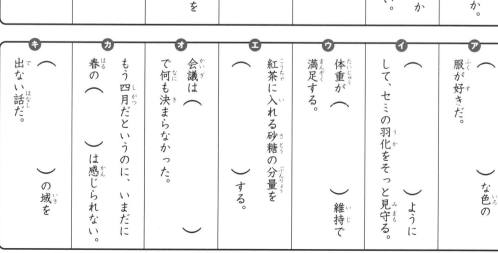

問1 左《ひだり》の語句《ごく》と同《おな》じ意味《いみ》の言葉《ことば》をⒶ～Ⓖから選《えら》び、線《せん》で結《むす》びましょう。

語句／意味

❶ **抜《ぬ》き打《う》ち**　［名詞］　類 出《だ》し抜《ぬ》け
予告《よこく》なしで突然《とつぜん》行《おこな》うこと。

❷ **荒々《あらあら》しい**　［形容詞］　類 激《はげ》しい、野蛮《やばん》な
人《ひと》の行動《こうどう》やようす、状況《じょうきょう》などが非常《ひじょう》に激《はげ》しい。

❸ **具体的《ぐたいてき》**　［形動］　類 実質的《じっしつてき》
形《かたち》や内容《ないよう》などがはっきりしているようす。

❹ **さげすむ**　［動詞］　類 見下《みさ》げる
ほかの人《ひと》を自分《じぶん》より劣《おと》っているとみなし、ばかにする。

❺ **ひるむ**　［動詞］　類 おじける
恐《おそ》ろしくて気力《きりょく》がくじける。

❻ **あわよくば**　［副詞］　類 できるなら
うまくいけば。機会《きかい》が得《え》られれば。

❼ **からくり**　［名詞］　類 ①策略《さくりゃく》　②構造《こうぞう》
①計略《けいりゃく》。②機械《きかい》などの仕掛《しか》け。

Ⓐ **運《うん》がよければ、**今日《きょう》は外食《がいしょく》かもしれない。

Ⓑ グラフを使《つか》って、**目《め》に見《み》える形《かたち》**で説明《せつめい》する。

Ⓒ **いきなり**テストだなんて、先生《せんせい》ひどいよ。

Ⓓ あまりに大《おお》きいカエルを見《み》て、**たじろぐ。**

Ⓔ 少年《しょうねん》たちの**たくらみ**にまんまとだまされる。

Ⓕ **乱暴《らんぼう》な**言《い》い方《かた》で怒鳴《どな》るのはやめてください。

Ⓖ **軽蔑《けいべつ》する**ような目《め》つきで見《み》られる。

問2 左《ひだり》の（　）に、❶～❼の語句《ごく》から最《もっと》も合《あ》うものを選《えら》んで書《か》きなさい。

㋐ 相手《あいて》を（　　　）ような話《はな》し方《かた》をする。

㋑ 持《も》ち物《もの》の（　　　）検査《けんさ》が行《おこな》われる。

㋒ （　　　）ことなく、敵《てき》に立《た》ち向《む》かう。

㋓ （　　　）波《なみ》が打《う》ち寄《よ》せる。

㋔ （　　　）人形《にんぎょう》を見物《けんぶつ》する。

㋕ もっと（　　　）な例《れい》を挙《あ》げてください。

㋖ （　　　）、服《ふく》や靴《くつ》も買《か》ってもらおう。

［裏ページの答え］　問い1：①E　②G　③F　④B　⑤D　⑥A　⑦C
問い2：㋐鮮やか　㋑息を殺す　㋒現状　㋓加減　㋔堂々巡り　㋕兆し　㋖推測

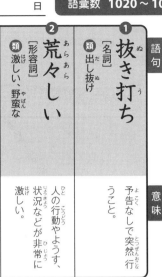

学んだ日　　月　　日

問1 左《ひだり》の語句《ごく》と同《おな》じ意味《いみ》の言葉《ことば》をⒶ～Ⓖから選《えら》び、線《せん》で結《むす》びましょう。

	語句	意味
❶	**そねむ** [動詞] 類 嫉妬《しっと》する	人《ひと》の才能《さいのう》や幸《しあわ》せなどをうらやましく思《おも》い、憎《にく》む。
❷	**兼《か》ねる** [動詞] 類 ①兼務《けんむ》　②～し難《がた》い	①一《ひと》つ（一人《ひとり》）で二《ふた》つ以上《いじょう》の役目《やくめ》をする。②～しにくい。
❸	**上手《じょうず》** [名詞・形動] 類 ①達者《たっしゃ》　②おべっか	①技術《ぎじゅつ》などが優《すぐ》れていること。②（「お」をつけて）お世辞《せじ》。
❹	**短所《たんしょ》** [名詞] 類 欠点《けってん》	劣《おと》っているところ。
❺	**慌《あわ》ただしい** [形容詞] 類 せわしない	時間《じかん》や気持《きも》ちに余裕《よゆう》がなく、急《いそ》いでいる。
❻	**有意義《ゆういぎ》** [名詞・形動] 類 有用《ゆうよう》	意味《いみ》や価値《かち》があること。
❼	**とっぴ** [形動] 類 奇《き》をてらう	思《おも》いもよらないようす。かなり風変《ふうが》わりなさま。

Ⓐ 父《ちち》は野球部《やきゅうぶ》とサッカー部《ぶ》のコーチを**掛《か》け持《も》っている**。

Ⓑ キャプテンは、ドリブルがすごく**うまい**。

Ⓒ 父《ちち》はいつも**有益《ゆうえき》**なアドバイスをくれる。

Ⓓ その歌手《かしゅ》は、**奇抜《きばつ》**なファッションで登場《とうじょう》した。

Ⓔ 相手《あいて》チームの**弱点《じゃくてん》**を突《つ》いて攻《せ》める。

Ⓕ 王妃《おうひ》は、自分《じぶん》より美《うつく》しい白雪姫《しらゆきひめ》を**ねたむ**。

Ⓖ 母《はは》はいつもバタバタして**落《お》ち着《つ》かない**。

問2 左《ひだり》の（　）に、❶～❼の語句《ごく》から最《もっと》も合《あ》うものを選《えら》んで書《か》きなさい。

㋐ 人《ひと》の成功《せいこう》を（　　）。

㋑ 彼《かれ》は、すぐにお（　　）を言《い》う。

㋒ （　　）毎日《まいにち》を送《おく》る。

㋓ 僕《ぼく》の（　　）は優柔不断《ゆうじゅうふだん》なところだ。

㋔ 彼《かれ》の（　　）な行動《こうどう》に振《ふ》り回《まわ》される。

㋕ 誕生日《たんじょうび》とクリスマスのプレゼントを（　　）。

㋖ 時間《じかん》を（　　）に使《つか》う。

［裏ページの答え］　問い1：①E　②F　③D　④A　⑤G　⑥C　⑦B
問い2：㋐無理強い　㋑濡れ衣　㋒再現　㋓由来　㋔吟味　㋕助長　㋖いさめる

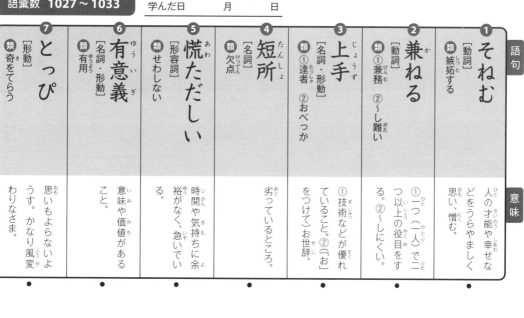

問1 左《ひだり》の語句《ごく》と同《おな》じ意味《いみ》の言葉《ことば》をⒶ～Ⓖから選《えら》び、線《せん》で結《むす》びましょう。

	語句	意味
❶	助長《じょちょう》（する）［名詞（動詞）］ 類 ①促進《そくしん》（する） ②拍車《はくしゃ》をかける	①成長《せいちょう》を手助《てだす》けすること。②悪《わる》い傾向《けいこう》を強《つよ》めること。
❷	無理強《むりじ》い（する）［名詞（動詞）］ 類 強制《きょうせい》（する）	無理《むり》にさせようとすること。
❸	いさめる［動詞］ 類 忠告《ちゅうこく》する	（目上《めうえ》の人《ひと》に）欠点《けってん》や不正《ふせい》を改《あらた》めるように言《い》う。
❹	濡《ぬ》れ衣《ぎぬ》［名詞］ 類 冤罪《えんざい》	罪《つみ》を犯《おか》していないのに、罪《つみ》があるとされること。
❺	由来《ゆらい》［名詞］ 類 由緒《ゆいしょ》	物事《ものごと》がたどってきた筋道《すじみち》。
❻	再現《さいげん》（する）［名詞（動詞）］ 類 復活《ふっかつ》（する）	一度《いちど》消えたものが再《ふたた》び現《あらわ》れること。また、現《あらわ》すこと。
❼	吟味《ぎんみ》（する）［名詞（動詞）］ 類 審査《しんさ》（する）	品質《ひんしつ》や内容《ないよう》などを念入《ねんい》りに調《しら》べること。

Ⓐ 無実《むじつ》の罪《つみ》を晴《は》らすのに、長《なが》い時間《じかん》がかかった。

Ⓑ お店《みせ》で、買《か》いたい時計《とけい》を品定《しなさだ》めしている。

Ⓒ 忘《わす》れていた記憶《きおく》が、はっきりとよみがえる。

Ⓓ 「先生《せんせい》、廊下《ろうか》を走《はし》っちゃだめだよ」と注意《ちゅうい》する。

Ⓔ 自立心《じりつしん》を後押《あとお》しするような接《せっ》し方《かた》をする。

Ⓕ 妹《いもうと》は、強引《ごういん》に歯医者《はいしゃ》に連《つ》れていかれた。

Ⓖ 地名《ちめい》のいわれについて調《しら》べる。

問2 左《ひだり》の（　）に、❶～❼の語句《ごく》から最《もっと》も合《あ》うものを選《えら》んで書《か》きなさい。

㋐ 勉強《べんきょう》を（　　　　）されると、嫌《いや》になる。

㋑ 彼《かれ》は（　　　　）を着《き》せられた。

㋒ 事件《じけん》のようすをドラマで（　　　　）する。

㋓ 自分《じぶん》の名前《なまえ》の（　　　　）を聞《き》く。

㋔ 審査員《しんさいん》が作品《さくひん》を（　　　　）する。

㋕ 過疎化《かそか》を（　　　　）するような現象《げんしょう》だ。

㋖ 先輩《せんぱい》を（　　　　）のは勇気《ゆうき》がいる。

［裏ページの答え］ 問い1：①F　②A　③B　④E　⑤G　⑥C　⑦D
問い2：㋐そねむ　㋑上手　㋒慌ただしい　㋓短所　㋔とっぴ　㋕兼ねる　㋖有意義

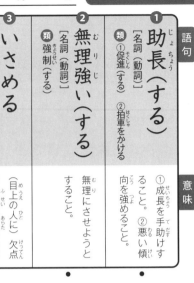

学んだ日　　月　　日

問1　左《ひだり》の語句《ごく》と同《おな》じ意味《いみ》の言葉《ことば》をⒶ～Ⓖから選《えら》び、線《せん》で結《むす》びましょう。

語句 / 意味

❶ **一躍《いちやく》（する）**
［名詞（動詞）・副詞］
類 ①一足飛《いっそくと》びに　②飛《と》び上《あ》がる
①地位《ちい》や名声《めいせい》などが急《きゅう》に上《あ》がること。②ひととび。

❷ **敬《うやま》う**
［動詞］
類 尊《とうと》ぶ
相手《あいて》を尊《とうと》い人《ひと》として礼《れい》を尽《つ》くす。

❸ **切実《せつじつ》**
［形動］
類 痛切《つうせつ》
自分《じぶん》に直接影響《ちょくせつえいきょう》するのを身《み》にしみて感《かん》じるようす。

❹ **規模《きぼ》**
［名詞］
類 サイズ
物事《ものごと》の仕組《しく》みや構造《こうぞう》の大《おお》きさ・広《ひろ》がり。

❺ **悪意《あくい》**
［名詞］
類 ①悪気《わるぎ》　②悪質《あくしつ》
①人《ひと》に害《がい》を与《あた》えようとする気持《きも》ち。②悪《わる》い意味《いみ》。

❻ **うららか**
［形動］
類 ①穏《おだ》やか　②朗《ほが》らか
①空《そら》が晴《は》れ、のどかなようす。②心《こころ》が晴《は》れて、明《あか》るいようす。

❼ **棄権《きけん》（する）**
［名詞（動詞）］
類 放棄《ほうき》（する）
自分《じぶん》の権利《けんり》を自分《じぶん》の意志《いし》で捨《す》てて、使《つか》わないこと。

Ⓐ 私《わたし》が**尊敬《そんけい》する**偉人《いじん》は、ナイチンゲールです。

Ⓑ 彼女《かのじょ》は、**にわかに**有名人《ゆうめいじん》となった。

Ⓒ 彼《かれ》は何《なに》か**魂胆《こんたん》**がありそうだ。

Ⓓ 体調不良《たいちょうふりょう》のため、大会《たいかい》への出場《しゅつじょう》を**辞退《じたい》**した。

Ⓔ 兄《あに》は、**スケール**の大《おお》きい夢《ゆめ》を語《かた》った。

Ⓕ **陽気《ようき》な**気候《きこう》の中《なか》、公園《こうえん》でのんびり昼寝《ひるね》をする。

Ⓖ お小遣《こづか》いが入《はい》った財布《さいふ》を落《お》としたのは、**深刻《しんこく》**な問題《もんだい》だ。

問2　左《ひだり》の（　）に、❶～❼の語句《ごく》から最《もっと》も合《あ》うものを選《えら》んで書《か》きなさい。

ア　なぜ彼《かれ》は（　　　）を抱《いだ》いたのだろう。

イ　日本最大《にほんさいだい》（　　　）の遊園地《ゆうえんち》で遊《あそ》ぶ。

ウ　相手《あいて》を（　　　）気持《きも》ちを言葉《ことば》にする。

エ　春《はる》の（　　　）な気候《きこう》に恵《めぐ》まれる。

オ　人気《にんき》の選手《せんしゅ》が、競技《きょうぎ》の途中《とちゅう》で（　　　）する。

カ　受験《じゅけん》するかどうかは、私《わたし》にとって（　　　）な問題《もんだい》だ。

キ　彼《かれ》らは（　　　）売《う》れっ子芸人《こげいにん》になった。

［裏ページの答え］　問い1：①C　②D　③F　④E　⑤G　⑥A　⑦B
問い2：㋐統率　㋑待望　㋒気がかり　㊁内弁慶　㋔身にしみる　㋕触れ込み　㋖野放し

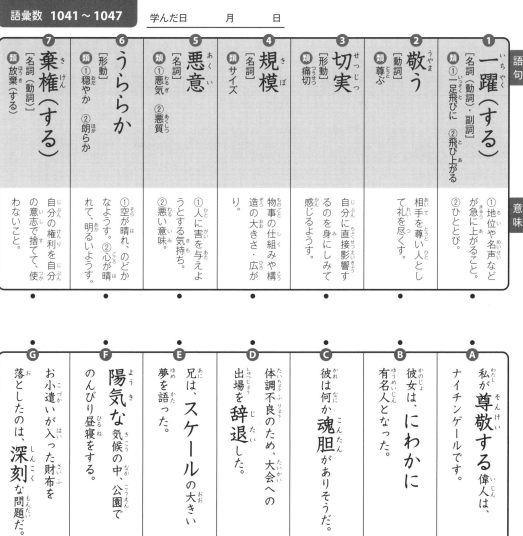

問1 左《ひだり》の語句《ごく》と同《おな》じ意味《いみ》の言葉《ことば》をⒶ～Ⓖから選《えら》び、線《せん》で結《むす》びましょう。

	語句	意味
❶	統率《とうそつ》（する）［名詞（動詞）］ 類 采配《さいはい》（する）	集団《しゅうだん》をまとめて率《ひき》いること。
❷	待望《たいぼう》（する）［名詞（動詞）］ 類 期待《きたい》（する）	実現《じつげん》を待《ま》ち望《のぞ》むこと。
❸	野放《のばな》し［名詞］ 類 ①遊牧《ゆうぼく》 ②放任《ほうにん》	①家畜《かちく》を放《はな》し飼《が》いにすること。②放《ほう》りっぱなしにすること。
❹	内弁慶《うちべんけい》［名詞・形動］ 類 陰弁慶《かげべんけい》	家《いえ》ではいばっているが、外《そと》では意気地《いくじ》がないようす。
❺	気《き》がかり［名詞・形動］ 類 懸念《けねん》	どうなるか不安《ふあん》で気《き》になること。
❻	触《ふ》れ込《こ》み［名詞］ 類 ピーアール	前《まえ》もって宣伝《せんでん》すること。広《ひろ》く伝《つた》えること。
❼	身《み》にしみる［慣用句］ 類 深《ふか》く感《かん》じる	心《こころ》の底《そこ》からしみじみと感《かん》じる。

Ⓐ 前評判《まえひょうばん》どおり激安《げきやす》のスーパーが開店《かいてん》した。

Ⓑ 平和《へいわ》な日常《にちじょう》のありがたさを痛感《つうかん》する。

Ⓒ 監督《かんとく》に代《か》わり、キャプテンがチームを指揮《しき》する。

Ⓓ 近所《きんじょ》にパン屋《や》ができるのを楽《たの》しみにする。

Ⓔ 妹《いもうと》は、家族《かぞく》には偉《えら》そうにしている。

Ⓕ 放牧《ほうぼく》された羊《ひつじ》を、牧羊犬《ぼくようけん》が追《お》いかける。

Ⓖ 楽天家《らくてんか》なので、心配《しんぱい》なことは何《なに》もない。

問2 左《ひだり》の（　）に、❶～❼の語句《ごく》から最《もっと》も合《あ》うものを選《えら》んで書《か》きなさい。

㋐ （　　　　）力《りょく》のある人物《じんぶつ》が監督《かんとく》に選《えら》ばれた。

㋑ 動物園《どうぶつえん》のパンダに、（　　　　）の赤《あか》ちゃんが生《う》まれる。

㋒ 入院《にゅういん》している祖母《そぼ》の具合《ぐあい》が（　　　　）だ。

㋓ （　　　　）なところは親譲《おやゆず》りだ。

㋔ 人《ひと》の親切《しんせつ》が（　　　　）。

㋕ 「日本最強《にほんさいきょう》」という（　　　　）の選手《せんしゅ》だ。

㋖ 犯罪《はんざい》を（　　　　）にしてはいけない。

［裏ページの答え］ 問い1：①B　②A　③G　④E　⑤C　⑥F　⑦D
問い2：㋐悪意　㋑規模　㋒敬う　㋓うららか　㋔棄権　㋕切実　㋖一躍

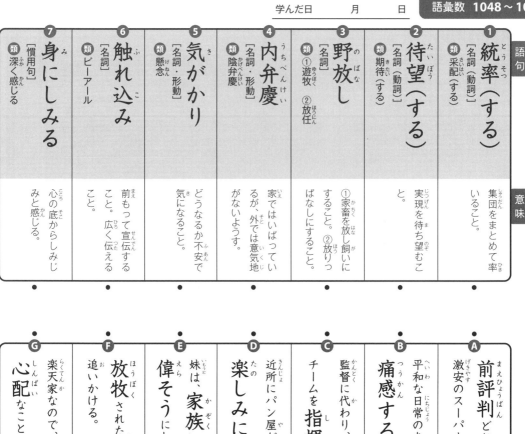

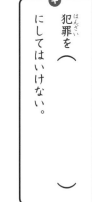

学んだ日　　月　　日

問1 左《ひだり》の語句《ごく》と同《おな》じ意味《いみ》の言葉《ことば》をⒶ～Ⓖから選《えら》び、線《せん》で結《むす》びましょう。

	語句	意味
❶	猛々《たけだけ》しい ［形容詞］ 類 ①荒々《あらあら》しい　②図太《ずぶと》い	①勇《いさ》ましくて強《つよ》そうである。 ②図々《ずうずう》しい。
❷	紙一重《かみひとえ》 ［名詞］ 類 僅差《きんさ》	違《ちが》いや隔《へだ》たりなどがきわめてわずかなこと。
❸	決断《けつだん》（する） ［名詞（動詞）］ 類 決定《けってい》（する）	はっきりと心《こころ》を決《き》めること。
❹	類《たぐ》い ［名詞］ 類 ①範疇《はんちゅう》　②同格《どうかく》	①同《おな》じ仲間《なかま》のもの。 ②同《おな》じ程度《ていど》のもの。
❺	実現《じつげん》（する） ［名詞（動詞）］ 類 実行《じっこう》（する）	計画《けいかく》や期待《きたい》などが現実《げんじつ》になること。
❻	たじろぐ ［動詞］ 類 尻込《しりご》みする	相手《あいて》の力《ちから》や勢《いきお》いに押《お》されてひるむ。
❼	スペース ［名詞］ 類 空白《くうはく》	すいている所《ところ》。空間《くうかん》。

Ⓐ この**種類**《しゅるい》の計算問題《けいさんもんだい》なら前《まえ》にも解《と》いたことがある。

Ⓑ 大型犬《おおがたけん》に出《で》くわし、思《おも》わず**後**《あと》**ずさり**する。

Ⓒ 時間《じかん》が余《あま》ったので、問題用紙《もんだいようし》の**余白**《よはく》に落書《らくが》きをする。

Ⓓ 一年後《いちねんご》に留学《りゅうがく》することを**決意**《けつい》する。

Ⓔ 長《なが》い間《あいだ》思《おも》い続《つづ》けてきた夢《ゆめ》が**かなう**。

Ⓕ **鼻**《はな》**の差**《さ》で、僕《ぼく》が一着《いっちゃく》でゴールした。

Ⓖ **いかめしい**顔付《かおつ》きの校長先生《こうちょうせんせい》だ。

問2 左《ひだり》の（　）に、❶～❼の語句《ごく》から最《もっと》も合《あ》うものを選《えら》んで書《か》きなさい。

㋐ 難《むずか》しい（　　　）を迫《せま》られる。

㋑ ゴリラの圧倒的《あっとうてき》な迫力《はくりょく》に（　　　）。

㋒ ばかと天才《てんさい》は（　　　）とはよく言《い》ったものだ。

㋓ 部屋《へや》の（　　　）に家具《かぐ》を置《お》く。

㋔ この（　　　）の生《い》き物《もの》は苦手《にがて》だ。

㋕ 盗人《ぬすっと》（　　　）とは君《きみ》のことだ。

㋖ 長年《ながねん》の夢《ゆめ》が（　　　）する。

〔裏ページの答え〕 問い1：①C　②G　③F　④A　⑤E　⑥D　⑦B
問い2：㋐歳末　㋑おぼつかない　㋒有頂天　㋓袖にする　㋔食い違う　㋕メリット　㋖意気地

問1　左《ひだり》の語句《ごく》と同《おな》じ意味《いみ》の言葉《ことば》をA～Gから選《えら》び、線《せん》で結《むす》びましょう。

	語句	意味
1	袖《そで》にする【慣用句】類 相手《あいて》にしない	親《した》しくしていた人《ひと》を冷淡《れいたん》に扱《あつか》うこと。
2	食《く》い違《ちが》う【動詞】類 行《ゆ》き違《ちが》う	ものや意見《いけん》などがうまくかみ合《あ》わない。
3	歳末《さいまつ》【名詞】類 歳暮《せいぼ》	年《とし》の暮《く》れ。
4	メリット【名詞】類 長所《ちょうしょ》	ある物事《ものごと》から得《え》られる利益《りえき》や価値《かち》。
5	おぼつかない【形容詞】類 ①危《あぶ》なっかしい　②不確《ふたし》かな	①しっかりしていない。②うまくいく見込《みこ》みが薄《うす》い。
6	意気地《いくじ》【名詞】類 意地《いじ》	自分《じぶん》の思《おも》うことを押《お》し通《とお》そうとする気持《きも》ち。
7	有頂天《うちょうてん》【名詞・形動】類 狂喜《きょうき》	我《われ》を忘《わす》れて喜《よろこ》ぶこと。

A　お互《たが》いに協力《きょうりょく》する**利点《りてん》**は大《おお》きい。

B　**大喜《おおよろこ》び**で家族《かぞく》に当選《とうせん》の報告《ほうこく》をする。

C　**鼻《はな》であしらう**ような態度《たいど》を見《み》せる。

D　すぐにへこたれるなんて、**根性《こんじょう》**がないね。

E　**たどたどしい**英語《えいご》で外国人《がいこくじん》に話《はな》しかけてみた。

F　**年末《ねんまつ》**年始《ねんし》は、祖父母《そふぼ》の家《いえ》で過《す》ごす。

G　二人《ふたり》の意見《いけん》はどうやっても**相容《あいい》れない**。

問2　左《ひだり》の（　）に、1～7の語句《ごく》から最《もっと》も合《あ》うものを選《えら》んで書《か》きなさい。

ア　（　　　　）の大売《おおう》り出《だ》しセールに行《い》く。

イ　この打率《だりつ》では、レギュラー入《い》りは（　　　　）。

ウ　宝《たから》くじに当《あ》たり、（　　　　）になる。

エ　幼《おさな》なじみの友人《ゆうじん》を（　　　　）。

オ　二人《ふたり》の意見《いけん》が全《まった》く（　　　　）。

カ　毎日宿題《まいにちしゅくだい》をする（　　　　）はたくさんある。

キ　（　　　　）がない、なんて言《い》わせない。

［裏ページの答え］問い1：①G　②F　③D　④A　⑤E　⑥B　⑦C
問い2：㋐決断　㋑たじろぐ　㋒紙一重　㋓スペース　㋔類い　㋕猛々しい　㋖実現

学んだ日　　月　　日

問1 左《ひだり》の語句《ごく》と同《おな》じ意味《いみ》の言葉《ことば》をⒶ～Ⓖから選《えら》び、線《せん》で結《むす》びましょう。

❶ 形式《けいしき》
[名詞]
類 ①見《み》た目《め》 ②様式《ようしき》
意味：①外側《そとがわ》から見《み》える形《かたち》。②一定《いってい》の手続《てつづ》き、やり方《かた》。

❷ うつろ
[名詞・形動]
類 ①がらんどう ②空虚《くうきょ》
意味：①中身《なかみ》がないこと。②ぼんやりして気《き》力《りょく》がないようす。

❸ 転倒《てんとう》（する）
[名詞（動詞）]
類 ①逆転《ぎゃくてん》（する） ②傾倒《けいとう》（する）
意味：①逆《さか》さになること。②ひっくり返《かえ》ること。

❹ 痛《いた》ましい
[形容詞]
類 痛々《いたいた》しい
意味：見《み》ていられないほど気《き》の毒《どく》で、心《こころ》が痛《いた》む。

❺ 紛《まぎ》らわしい
[形容詞]
類 わかりにくい
意味：よく似《に》ていて間違《まちが》えやすい。

❻ あわや
[副詞]
類 今《いま》にも
意味：危険《きけん》などが身《み》に及《およ》ぶ寸前《すんぜん》であるようす。もう少《すこ》しで。

❼ 後味《あとあじ》
[名詞]
類 ①感想《かんそう》 ②後口《あとくち》
意味：①物事《ものごと》が済《す》んだ後《あと》に残《のこ》る気分《きぶん》。②飲食《いんしょく》後《ご》に口《くち》に残《のこ》る味《あじ》。

Ⓐ クラスに同姓同名《どうせいどうめい》の人《ひと》がたくさんいて、**混同《こんどう》しやすい**。

Ⓑ あまりにも**かわいそうな**話《はなし》を聞《き》く。

Ⓒ よい映画《えいが》を見《み》て、その**余韻《よいん》**に浸《ひた》った。

Ⓓ **危《あや》うく**階段《かいだん》から落《お》ちるところだった。

Ⓔ 古《ふる》い樹木《じゅもく》の中《なか》が、**空《から》っぽ**になっている。

Ⓕ 彼《かれ》は**体裁《ていさい》**ばかりを取《と》り繕《つくろ》う。

Ⓖ この絵《え》は上下《じょうげ》が**あべこべ**だ。

問2 左《ひだり》の（　）に、❶～❼の語句《ごく》から最《もっと》も合《あ》うものを選《えら》んで書《か》きなさい。

㋐ （　　　　）の悪《わる》い結末《けつまつ》だ。

㋑ とても（　　　　）事故《じこ》が起《お》き、涙《なみだ》する。

㋒ ふらふらと（　　　　）な目《め》をしてさまよう。

㋓ （　　　　）にとらわれた考《かんが》え方《かた》をする。

㋔ 本末《ほんまつ》（　　　　）の議論《ぎろん》が続《つづ》く。

㋕ 僕《ぼく》と兄《あに》の靴下《くつした》は、同《おな》じ色《いろ》で（　　　　）。

㋖ （　　　　）車《くるま》が衝突《しょうとつ》するところだった。

［裏ページの答え］ 問い1：①E ②C ③F ④A ⑤B ⑥G ⑦D
問い2：㋐慎む ㋑定か ㋒反響 ㋓無知 ㋔大胆 ㋕屁理屈 ㋖言い逃れ

問1 左《ひだり》の語句《ごく》と同《おな》じ意味《いみ》の言葉《ことば》を**A**～**G**から選《えら》び、線《せん》で結《むす》びましょう。

語句 / 意味

1 慎《つつし》む
［動詞］
類 ①自重《じちょう》する ②度《ど》を越《こ》さない
①過《あやま》ちのないように気《き》を付《つ》ける。②控《ひか》え目《め》にする。

2 屁《へ》理《り》屈《くつ》
［名詞］
類 詭弁《きべん》
筋《すじ》の通《とお》らない理屈《りくつ》。

3 定《さだ》か
［形動］
類 確《たし》か
物事《ものごと》のようすや性《せい》質《しつ》がはっきりしているようす。

4 大胆《だいたん》
［名詞・形動］
類 ①果敢《かかん》 ②斬新《ざんしん》
①怖《おそ》れないこと。②思《おも》い切《き》った感《かん》じがするようす。

5 反響《はんきょう》（する）
［名詞（動詞）］
類 ①山《やま》びこ ②手応《てごた》え
①音《おと》が壁《かべ》などに当《あ》たって跳《は》ね返《かえ》ること。②反応《はんのう》。

6 無《む》知《ち》
［名詞・形動］
類 ①不案内《ふあんない》 ②浅《あさ》はか
①知識《ちしき》がないこと。②知恵《ちえ》がなく、愚《おろ》かなこと。

7 言《い》い逃《のが》れ
［名詞］
類 責任逃《せきにんのが》れ
言《い》い訳《わけ》をして責任《せきにん》や罪《つみ》を逃《のが》れようとすること。

A 彼《かれ》は、どんな場面《ばめん》でも**度《ど》胸《きょう》がある。**

B 「ヤッホー」の声《こえ》が、山々《やまやま》に**こだまする。**

C そんな理由《りゆう》は、**こじつけ**に過《す》ぎない。

D 自分《じぶん》の行動《こうどう》を**正当化《せいとうか》**する。

E 調子《ちょうし》に乗《の》って羽目《はめ》を外《はず》さないよう**自《じ》戒《かい》する。**

F 真相《しんそう》はいずれ**明《あき》らか**になるだろう。

G 勉強《べんきょう》を始《はじ》めたばかりで、まだ**ものを知《し》らない。**

問2 左《ひだり》の（　）に、**1**～**7**の語句《ごく》から最《もっと》も合《あ》うものを選《えら》んで書《か》きなさい。

ア 言動《げんどう》を（　　　）よう、お願《ねが》いします。

イ 彼《かれ》がどこへ行《い》ったのかは（　　　）でない。

ウ その映画《えいが》は、大《おお》きな（　　　）を呼《よ》んだ。

エ （　　　）をさらけ出《だ》す結果《けっか》となった。

オ （　　　）なデザインの服《ふく》を着《き》る。

カ （　　　）なんかしないで、自分《じぶん》の非《ひ》を認《みと》めなさい。

キ （　　　）を言《い》って、相手《あいて》を言《い》いくるめる。

［裏ページの答え］　問い１：①F　②E　③G　④B　⑤A　⑥D　⑦C
問い２：㋐後味　㋑痛ましい　㋒うつろ　㋓形式　㋔転倒　㋕紛らわしい　㋖あわや

問1

左《ひだり》の語句《ごく》と同《おな》じ意味《いみ》の言葉《ことば》をⒶ～Ⓖから選《えら》び、線《せん》で結《むす》びましょう。

語句／意味

❶ **間接的《かんせつてき》**
［形動］
類 ①暗《あん》に　②経由《けいゆ》して
①遠回《とおまわ》しに接《せっ》するようす。②間《あいだ》にものを隔《へだ》てているようす。

❷ **関《せき》の山《やま》**
［名詞］
類 せいぜい
できる最大限度《さいだいげんど》のこと。

❸ **明白《めいはく》**
［名詞・形動］
類 明瞭《めいりょう》
はっきりしていて、疑《うたが》う余地《よち》がないこと。

❹ **往復《おうふく》（する）**
［名詞（動詞）］
類 ①行《ゆ》き来（する）　②交換《こうかん》（する）
①行《い》きと帰《かえ》り。②手紙《てがみ》などのやりとり。

❺ **習慣《しゅうかん》**
［名詞］
類 ①風習《ふうしゅう》、ならわし　②慣例《かんれい》
①古《ふる》くから行《おこな》われている事柄《ことがら》。②決《き》まってすること。

❻ **丸《まる》め込《こ》む**
［動詞］
類 ①抱《だ》き込《こ》む　②入《い》れ込《こ》む
①他人《たにん》を自分《じぶん》の思《おも》い通《どお》りに操《あやつ》る。②丸《まる》めて中《なか》に入《い》れる。

❼ **証明《しょうめい》（する）**
［名詞（動詞）］
類 立証《りっしょう》（する）
証拠《しょうこ》や論理《ろんり》で物事《ものごと》の真偽《しんぎ》をはっきりさせること。

Ⓐ 実験《じっけん》のデータが、結論《けつろん》を**裏付《うらづ》ける**。

Ⓑ 自分《じぶん》の意見《いけん》を通《とお》すために、相手《あいて》を**言《い》いくるめる**。

Ⓒ 県大会《けんたいかい》では、ベスト8に残《のこ》るのが**やっと**だ。

Ⓓ 先生《せんせい》は、**それとなく**注意《ちゅうい》した。

Ⓔ 母《はは》が髪型《かみがた》を変《か》えたのは、**一目瞭然《いちもくりょうぜん》**だ。

Ⓕ 車《くるま》の**往来《おうらい》**が激《はげ》しい道《みち》は、気《き》を付《つ》けて渡《わた》ろう。

Ⓖ 祖母《そぼ》はお正月《しょうがつ》の**しきたり**を大事《だいじ》にしている。

問2

左《ひだり》の（　）に、❶～❼の語句《ごく》から最《もっと》も合《あ》うものを選《えら》んで書《か》きなさい。

㋐ 人《ひと》を通《とお》して（　　　）に聞《き》く。

㋑ 自分《じぶん》の意見《いけん》が正《ただ》しいことを（　　　）する。

㋒ 早起《はやお》きの（　　　）を身《み》につける。

㋓ 手伝《てつだ》いを押《お》し付《つ》けようと、弟《おとうと》を（　　　）。

㋔ 算数《さんすう》は苦手《にがて》なので、平均点《へいきんてん》をとるのが（　　　）だ。

㋕ 妹《いもうと》が私《わたし》の分《ぶん》のおやつまで食《た》べたのは（　　　）だ。

㋖ 新幹線《しんかんせん》の（　　　）切符《きっぷ》を買《か》って、祖父母《そふぼ》の家《いえ》へ向《む》かった。

［裏ページの答え］　問い1：①C　②F　③E　④G　⑤D　⑥A　⑦B
問い2：㋐比較　㋑気兼ね　㋒そぐわない　㋓売買　㋔記述　㋕大目に見る　㋖絶える

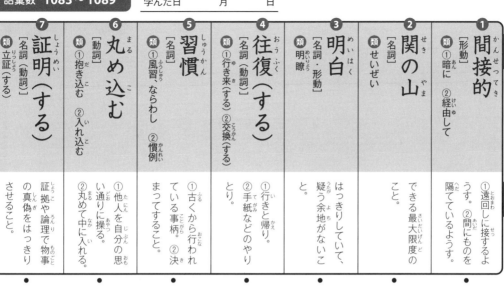

問1 左《ひだり》の語句《ごく》と同《おな》じ意味《いみ》の言葉《ことば》をA～Gから選《えら》び、線《せん》で結《むす》びましょう。

語句

1 売買《ばいばい》（する）
［名詞（動詞）］
類 商《あきな》い

2 そぐわない
［形容詞］
類 釣《つ》り合《あ》わない

3 大目《おおめ》に見《み》る
［慣用句］
類 寛大《かんだい》

4 気兼《きが》ね（する）
［名詞（動詞）］
類 心遣《こころづか》い

5 比較《ひかく》（する）
［名詞（動詞）］
類 対照《たいしょう》（する）

6 絶《た》える
［動詞］
類 ①断絶《だんぜつ》する　②尽《つ》きる

7 記述《きじゅつ》（する）
［名詞（動詞）］
類 叙述《じょじゅつ》（する）

意味

1 品物《しなもの》を売《う》ることと買《か》うこと。

2 ふさわしくない。似合《にあ》わない。

3 多少《たしょう》の欠点《けってん》はとがめないで許《ゆる》す。

4 人《ひと》に対《たい》して気《き》を遣《つか》うこと。

5 ほかのものと比《くら》べ合《あ》わせること。

6 ①関係《かんけい》などが途中《とちゅう》で切れる。②終《お》わる。

7 文章《ぶんしょう》にして書《か》き記《しる》すこと。

A 会話《かいわ》が途切《とぎ》れ、少《すこ》しの間《あいだ》静《しず》かになった。

B 先生《せんせい》への感謝《かんしゃ》の気持《きも》ちを書《か》き表《あらわ》す。

C 外国《がいこく》の会社《かいしゃ》と取《と》り引《ひ》きを始《はじ》める。

D 二《ふた》つの絵画《かいが》を対比《たいひ》させて鑑賞《かんしょう》する。

E 一回《いっかい》の遅刻《ちこく》には目《め》をつぶる。

F その服装《ふくそう》は、パーティーには場違《ばちが》いだ。

G どうぞ遠慮《えんりょ》なく召《め》し上《あ》がってください。

問2 左《ひだり》の（　）に、1～7の語句《ごく》から最《もっと》も合《あ》うものを選《えら》んで書《か》きなさい。

ア 味《あじ》の違《ちが》いを（　　　）して、よいほうを選《えら》ぶ。

イ 勉強中《べんきょうちゅう》の僕《ぼく》に、姉《あね》が（　　　）して黙《だま》る。

ウ 時代《じだい》に（　　　）法律《ほうりつ》を改定《かいてい》する。

エ 子《こ》どもがお店《みせ》で（　　　）することは禁止《きんし》されている。

オ （　　　）式《しき》の問題《もんだい》が苦手《にがて》だ。

カ いたずらを（　　　）のは、今回限《こんかいかぎ》りだ。

キ いつのまにか友人《ゆうじん》からの連絡《れんらく》が（　　　）。

［裏ページの答え］問い1：①D　②C　③E　④F　⑤G　⑥B　⑦A
問い2：㋐間接的　㋑証明　㋒習慣　㋓丸め込む　㋔関の山　㋕明白　㋖往復

学んだ日　　月　　日

問 左《ひだり》の語句《ごく》の意味《いみ》に合《あ》う発言《はつげん》を、下《した》のⒶ〜Ⓗから選《えら》びましょう。

	語句	意味	解答
1	足《あし》がすくむ	怖《こわ》くて、動《うご》けなくなる。	
2	足《あし》が出《で》る	用意《ようい》していたお金《かね》では足《た》りなくなる。	
3	足《あし》が棒《ぼう》になる	長時間《ちょうじかん》歩《ある》き回《まわ》って、足《あし》がひどく疲《つか》れる。	
4	足《あし》を洗《あら》う	今《いま》までのよくない生活《せいかつ》をやめて、そこから抜《ぬ》け出《だ》す。	
5	足《あし》を運《はこ》ぶ	わざわざ訪《たず》ねて行《い》く。	
6	足《あし》を引《ひ》っ張《ぱ》る	物事《ものごと》の邪魔《じゃま》をして、うまくいかないようにする。	
7	足《あし》が地《ち》に着《つ》かない	緊張《きんちょう》などで落《お》ち着《つ》かない。	
8	足《あし》が重《おも》い	ある所《ところ》へ行《い》くのが嫌《いや》だ。気《き》が進《すす》まない。	

Ⓐ まだ行《い》ったことがなかったので、彼女《かのじょ》の家《いえ》に行《い》ってみたよ。

Ⓑ 職員室《しょくいんしつ》に呼《よ》ばれてるんだけど、行《い》きたくないなあ。

Ⓒ 合格発表《ごうかくはっぴょう》まであと少《すこ》しだから、そわそわするよ〜。

Ⓓ もう歩《ある》けない。どこかでひと休《やす》みしよう。

Ⓔ 今日《きょう》もエラーをして、チームに迷惑《めいわく》をかけてしまった。

Ⓕ あそこに大《おお》きな犬《いぬ》がいるわ。どうしよう。

Ⓖ ぬいぐるみが意外《いがい》と高《たか》くて、持《も》っていたお金《かね》が足《た》りなくなっちゃった。

Ⓗ そろそろゲームばかりする生活《せいかつ》はやめて、しっかり勉強《べんきょう》しよう。

［裏ページの答え］ ①平　②究　③精　④期　⑤証　⑥並　⑦制　⑧後　⑨清　⑩求　⑪障　⑫勢

◆同音異義語《どうおんいぎご》

語句	意味
最後《さいご》	いちばん終《お》わり。
最期《さいご》	死《し》ぬ間際《まぎわ》。死《し》に際《ぎわ》。
清算《せいさん》	金銭関係《きんせんかんけい》を整理《せいり》して、後始末《あとしまつ》をつけること。
精算《せいさん》	使《つか》った運賃《うんちん》や費用《ひよう》などを詳《くわ》しく計算《けいさん》すること。
追究《ついきゅう》	わからないことを深《ふか》く調《しら》べること。
追求《ついきゅう》	どこまでも追《お》い求《もと》めること。
体制《たいせい》	組織《そしき》や社会《しゃかい》の仕組《しく》み。
体勢《たいせい》	あることをしようとするときの体《からだ》の構《かま》え。
平行《へいこう》	二《ふた》つの直線《ちょくせん》や平面《へいめん》が、いくら伸《の》ばしても交《まじ》わらないこと。
並行《へいこう》	二《ふた》つ以上《いじょう》のものが、並《なら》んでいくこと。
保証《ほしょう》	間違《まちが》いないと請《う》け合《あ》うこと。責任《せきにん》を持《も》つこと。
保障《ほしょう》	ほかから被害《ひがい》などを受《う》けないように保護《ほご》すること。

問　左《ひだり》の（　）にあてはまる適切《てきせつ》な漢字《かんじ》を、下《した》の□から一《ひと》つ選《えら》びましょう。

1. 定規《じょうぎ》で（　　）行《こう》な直線《ちょくせん》を引《ひ》いた。
2. 真理《しんり》を追《つい》（　　）する。
3. 乗《の》り越《こ》し料金《りょうきん》を（　　）算《さん》した。
4. 祖《そ》母《ぼ》の最《さい》（　　）を看取《みと》った。
5. 品質《ひんしつ》は私《わたし》が保《ほ》（　　）します。
6. 二《ふた》つの作業《さぎょう》を（　　）行《こう》して行《おこな》った。
7. 三人体《さんにんたい》（　　）で作業《さぎょう》に取《と》り組《く》む。
8. 最《さい》（　　）まで学校《がっこう》に残《のこ》っていた。
9. たまっていた借金《しゃっきん》を（　　）算《さん》した。
10. 幸福《こうふく》を追《つい》（　　）する。
11. 身《み》の安全《あんぜん》を保《ほ》（　　）される。
12. つまずいて、体《たい》（　　）が崩《くず》れた。

究　障　平　勢　並　制　求　清　証　精　後　期

［裏ページの答え］①F　②G　③D　④H　⑤A　⑥E　⑦C　⑧B

学んだ日　　月　　日

問1 左《ひだり》の語句《ごく》と同《おな》じ意味《いみ》の言葉《ことば》をⒶ～Ⓖから選《えら》び、線《せん》で結《むす》びましょう。

	語句	意味
❶	**思《おも》いすごし** [名詞] 類 思《おも》い込《こ》み	余計《よけい》なことまで心《しん》配《ぱい》すること。
❷	**小手調《こてしら》べ** [名詞] 類 試用《しよう》	本格的《ほんかくてき》に始《はじ》める前《まえ》に、試《ため》しにやってみること。
❸	**駆使《くし》(する)** [名詞（動詞）] 類 操《あやつ》る	思《おも》いどおりに使《つか》いこなすこと。
❹	**経由《けいゆ》(する)** [名詞（動詞）] 類 経《へ》る	ある地点《ちてん》を通《とお》ること。
❺	**未開《みかい》** [名詞・形動] 類 ①原始的《げんしてき》 ②手付《てつ》かず	①文明《ぶんめい》が開《あ》けていないようす。②開拓《かいたく》されていないようす。
❻	**挑発《ちょうはつ》(する)** [名詞（動詞）] 類 触発《しょくはつ》(する)、けしかける	相手《あいて》を刺激《しげき》して、行動《こう》するように仕向《しむ》けること。
❼	**指摘《してき》(する)** [名詞（動詞）] 類 指示《しじ》(する)	誤《あやま》りや問題点《もんだいてん》などを取《と》り出《だ》して示《しめ》すこと。

Ⓐ 免許取《めんきょと》りたての母《はは》は、**試《こころ》み**に近《ちか》くの駅《えき》までドライブした。

Ⓑ 兄《あに》が、弟《おとうと》を**たき付《つ》ける**ような発言《はつげん》をする。

Ⓒ 病気《びょうき》かもしれないなんて、**考《かんが》えすぎ**だよ。

Ⓓ 彼《かれ》の意見《いけん》に**異議《いぎ》を唱《とな》える**。

Ⓔ 世界《せかい》にはまだ**開発《かいはつ》されていない**地域《ちいき》がある。

Ⓕ 愛用《あいよう》している道具《どうぐ》を**自由自在《じゆうじざい》に使《つか》う**。

Ⓖ 東京発《とうきょうはつ》、ロンドン**回《まわ》り**の飛行機《ひこうき》に乗《の》る。

問2 左《ひだり》の（　）に、❶～❼の語句《ごく》から最《もっと》も合《あ》うものを選《えら》んで書《か》きなさい。

㋐ 彼《かれ》の（　　　）に乗《の》ったのは軽率《けいそつ》だった。

㋑ 静岡《しずおか》（　　　）甲府行《こうふい》きのバスはもう出発《しゅっぱつ》した。

㋒ 鋭《するど》い（　　　）を受《う》けて、ぐうの音《ね》も出《で》ない。

㋓ （　　　）に、ゆっくり泳《およ》いでみる。

㋔ 撮影《さつえい》にドローンを（　　　）する。

㋕ それは君《きみ》の（　　　）だ。

㋖ （　　　）の原野《げんや》を探検《たんけん》する。

[裏ページの答え]　問い1：①C　②D　③G　④E　⑤F　⑥B　⑦A
問い2：㋐あぶれる　㋑純粋　㋒かまける　㋓反発　㋔検討　㋕補修　㋖奮起

問1 左《ひだり》の語句《ごく》と同《おな》じ意味《いみ》の言葉《ことば》をⒶ～Ⓖから選《えら》び、線《せん》で結《むす》びましょう。

	語句	意味
❶	反発《はんぱつ》（する）［名詞（動詞）］ 類 ①反抗《はんこう》（する） ②リバウンド（する）	①逆《さか》らって受《う》け入《い》れないこと。②跳《は》ね返《かえ》ること。
❷	あぶれる［動詞］ 類 取《と》り逃《の》がす	仕事《しごと》や獲物《えもの》などを得《え》られないでいる。
❸	純粋《じゅんすい》［名詞・形動］ 類 ①生粋《きっすい》 ②一途《いちず》	①混《ま》じり気《け》がないようす。②悪《わる》い心《こころ》や私欲《しよく》がないこと。
❹	検討《けんとう》（する）［名詞（動詞）］ 類 吟味《ぎんみ》（する）	詳《くわ》しく調《しら》べて考《かんが》えること。
❺	奮起《ふんき》（する）［名詞（動詞）］ 類 発奮《はっぷん》（する）	張《は》り切《き》って心《こころ》が奮《ふる》い立《た》つこと。
❻	かまける［動詞］ 類 かかりっ切《き》りになる	一《ひと》つのことにとらわれてほかのことをする余裕《よゆう》がない。
❼	補修《ほしゅう》（する）［名詞（動詞）］ 類 修繕《しゅうぜん》（する）	壊《こわ》れたところを補《おぎな》い、繕《つくろ》うこと。

Ⓐ 自転車《じてんしゃ》の**修理《しゅうり》**をお店《みせ》に頼《たの》む。

Ⓑ 宿題《しゅくだい》に**手《て》いっぱい**で予習《よしゅう》ができなかった。

Ⓒ 配慮《はいりょ》のない発言《はつげん》に**抵抗《ていこう》**を感《かん》じる。

Ⓓ 地域《ちいき》の活動《かつどう》では、人《ひと》が多《おお》くて役《やく》に**ありつけない**。

Ⓔ 事件《じけん》の歴史的《れきしてき》な背景《はいけい》を**考察《こうさつ》**する。

Ⓕ 応援《おうえん》の歓声《かんせい》を聞《き》いて、急《きゅう》に**やる気《き》を出《だ》す**。

Ⓖ この犬《いぬ》は血統書付《けっとうしょつ》きの**正統《せいとう》**な秋田犬《あきたいぬ》だ。

問2 左《ひだり》の（　）に、❶～❼の語句《ごく》から最《もっと》も合《あ》うものを選《えら》んで書《か》きなさい。

㋐ メンバーが奇数《きすう》なので、ペアを組《く》むと一人《ひとり》（　　　　）。

㋑ （　　　　）な心《こころ》をいつまでも忘《わす》れない。

㋒ 一《ひと》つのことに（　　　　）と、周《まわ》りが見《み》えなくなるよ。

㋓ 低《てい》（　　　　）の枕《まくら》で寝《ね》ると気持《きも》ちいい。

㋔ 委員会《いいんかい》で（　　　　）を重《かさ》ねる。

㋕ 体育館《たいいくかん》の（　　　　）工事《こうじ》が始《はじ》まる。

㋖ コーチが選手《せんしゅ》に（　　　　）を促《うなが》す。

［裏ページの答え］ 問い1：①C　②A　③F　④G　⑤E　⑥B　⑦D
問い2：㋐挑発　㋑経由　㋒指摘　㋓小手調べ　㋔駆使　㋕思いすごし　㋖未開

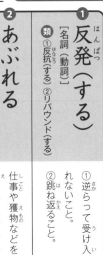

学んだ日　　月　　日

問1 左《ひだり》の語句《ごく》と同《おな》じ意味《いみ》の言葉《ことば》をⒶ～Ⓖから選《えら》び、線《せん》で結《むす》びましょう。

	語句	意味
❶	**あっさり(する)／(と)** ［形動（動詞）／（副詞）］ 類 ①淡白《たんぱく》 ②容易《ようい》	①さっぱりしているようす。②簡単《かんたん》なようす。
❷	**日夜《にちや》** ［名詞・副詞］ 類 ①年中《ねんじゅう》 ②昼夜《ちゅうや》	①いつも。②昼《ひる》と夜《よる》。
❸	**浮《う》かれる** ［動詞］ 類 浮《うわ》つく	うきうきと楽《たの》しい気持《きも》ちになる。
❹	**余白《よはく》** ［名詞］ 類 空欄《くうらん》	何《なに》も書《か》いていない白《しろ》い部分《ぶぶん》。
❺	**取《と》り込《こ》む** ［動詞］ 類 ①取《と》り入《い》れる ②持《も》ち込《こ》む	①自分《じぶん》のものにする。②外《そと》にあるものを取《と》って中《なか》へ入《い》れる。
❻	**はやて** ［名詞］ 類 疾風《しっぷう》	急《きゅう》に激《はげ》しく吹《ふ》く風《かぜ》。
❼	**予知《よち》** ［名詞］ 類 予見《よけん》	何《なに》が起《お》こるか、前《まえ》もって知《し》ること。

Ⓐ 遠足《えんそく》のおやつを買《か》うのは、**心《こころ》が弾《はず》む**。

Ⓑ 彼女《かのじょ》は彼《かれ》の暴言《ぼうげん》を**さらっと**受《う》け流《なが》した。

Ⓒ 読書《どくしょ》で豊富《ほうふ》な知識《ちしき》を**吸収《きゅうしゅう》する**。

Ⓓ 彼《かれ》は**先見《せんけん》**の明《めい》があるので、事業《じぎょう》に成功《せいこう》した。

Ⓔ 兄《あに》は、**明《あ》けても暮《く》れても**勉強《べんきょう》をしている。

Ⓕ **突風《とっぷう》**にあおられて、傘《かさ》が飛《と》ばされる。

Ⓖ ノートの**空白《くうはく》**の部分《ぶぶん》にメモする。

問2 左《ひだり》の（　）に、❶～❼の語句《ごく》から最《もっと》も合《あ》うものを選《えら》んで書《か》きなさい。

㋐ 教科書《きょうかしょ》の（　　　）には落書《らくが》きしないように！

㋑ 彼《かれ》は、（　　　）のように駆《か》け抜《ぬ》けた。

㋒ 姉《あね》は（　　　）とピアノの習《なら》い事《ごと》を辞《や》めた。

㋓ 地震《じしん》を（　　　）するのは難《むずか》しい。

㋔ 洗濯物《せんたくもの》を（　　　）のは、僕《ぼく》の仕事《しごと》だ。

㋕ バレンタインのチョコをもらい、（　　　）。

㋖ 彼《かれ》は（　　　）を問《と》わず努力《どりょく》している。

［裏ページの答え］ 問い1：①C ②D ③F ④E ⑤G ⑥A ⑦B
問い2：㋐種明かし ㋑人手 ㋒悲痛 ㋓しのぐ ㋔保全 ㋕違反 ㋖判別

問1 左《ひだり》の語句《ごく》と同《おな》じ意味《いみ》の言葉《ことば》をⒶ〜Ⓖから選《えら》び、線《せん》で結《むす》びましょう。

	語句	意味
❶	判別《はんべつ》(する)［名詞（動詞）］ 類 識別《しきべつ》(する)	はっきり見分《みわ》けること。
❷	悲痛《ひつう》［名詞・形動］ 類 心痛《しんつう》	悲《かな》しく痛《いた》ましいこと。
❸	違反《いはん》(する)［名詞（動詞）］ 類 反則《はんそく》(する)	規則《きそく》や決《き》まりに背《そむ》くこと。
❹	保全《ほぜん》(する)［名詞（動詞）］ 類 保守《ほしゅ》(する)	安全《あんぜん》であるように保護《ほご》すること。
❺	種明《たねあ》かし(する)［名詞（動詞）］ 類 ①暴露《ばくろ》(する) ②ばらす	①隠《かく》れた事情《じじょう》を説明《せつめい》する。②手品《てじな》の仕掛《しか》けを説明《せつめい》する。
❻	人手《ひとで》［名詞］ 類 ①人助《ひとだす》け ②人員《じんいん》 ③他所《たしょ》	①他人《たにん》の手助《てだす》け。②働《はたら》く人《ひと》。③他人《たにん》の手《て》。
❼	しのぐ［動詞］ 類 ①踏《ふ》ん張《ば》る ②超《こ》える	①困難《こんなん》を耐《た》え、切《き》り抜《ぬ》ける。②数《かず》や程度《ていど》がほかよりも勝《まさ》る。

Ⓐ グラウンドの整備《せいび》には、多《おお》くの**加勢《かせい》**を必要《ひつよう》とした。

Ⓑ マラソンは**辛抱《しんぼう》する**心《こころ》を育《はぐく》む。

Ⓒ 弟《おとうと》はどんぐりの種類《しゅるい》を**区別《くべつ》**できる。

Ⓓ キャスターが、**沈痛《ちんつう》**な面持《おもも》ちで事故《じこ》について語《かた》る。

Ⓔ 通学路《つうがくろ》の**安全確保《あんぜんかくほ》**に努《つと》める。

Ⓕ **反則《はんそく》する**人《ひと》は、ゲームに参加《さんか》できない。

Ⓖ クラスの問題点《もんだいてん》を**明《あき》らかにする**。

問2 左《ひだり》の（　）に、❶〜❼の語句《ごく》から最《もっと》も合《あ》うものを選《えら》んで書《か》きなさい。

㋐ 推理小説《すいりしょうせつ》のトリックの（　　　）をする。

㋑ 飼《か》い犬《いぬ》が（　　　）に渡《わた》る。

㋒ 筆者《ひっしゃ》の（　　　）な心《こころ》の叫《さけ》びを読《よ》み取《と》る。

㋓ とっさのアイデアで急場《きゅうば》を（　　　）。

㋔ 体育館使用《たいいくかんしよう》の（　　　）に関《かん》する話《はな》し合《あ》いを行《おこな》う。

㋕ 交通《こうつう》（　　　）をして、罰金《ばっきん》を支払《しはら》う。

㋖ 真偽《しんぎ》を（　　　）するための材料《ざいりょう》を集《あつ》める。

［裏ページの答え］ 問い1：①B　②E　③A　④G　⑤C　⑥F　⑦D
問い2：㋐余白　㋑はやて　㋒あっさり　㋓予知　㋔取り込む　㋕浮かれる　㋖日夜

学んだ日　　月　　日

問1 左《ひだり》の語句《ごく》と同《おな》じ意味《いみ》の言葉《ことば》をⒶ～Ⓖから選《えら》び、線《せん》で結《むす》びましょう。

	語句	意味
❶	**相性《あいしょう》** ［名詞］ 類 親和性《しんわせい》	互《たが》いの性格《せいかく》の合《あ》い具合《ぐあい》。
❷	**均等《きんとう》** ［名詞・形動］ 類 平等《びょうどう》	二《ふた》つ以上《いじょう》の物事《ものごと》が等《ひと》しい状態《じょうたい》であること。
❸	**不慣《ふな》れ** ［形動］ 類 経験《けいけん》が浅《あさ》い	慣《な》れていないようす。
❹	**活気《かっき》** ［名詞］ 類 生気《せいき》	生《い》き生《い》きとした勢《いきお》い。
❺	**援助《えんじょ》（する）** ［名詞（動詞）］ 類 援護《えんご》（する）	困《こま》った状態《じょうたい》にある人《ひと》や国《くに》を助《たす》けること。
❻	**隔《へだ》たり** ［名詞］ 類 ①開《ひら》き ②打《う》ち解《と》けない	①距離《きょり》や時間《じかん》が離《はな》れていること。②考《かんが》えや気持《きも》ちの違《ちが》い。
❼	**移譲《いじょう》（する）** ［名詞（動詞）］ 類 委譲《いじょう》（する）	権利《けんり》や財産《ざいさん》などをほかに譲《ゆず》り移《うつ》すこと。

Ⓐ 兄《あに》が持《も》っているプラモデルを全《すべ》て**譲《ゆず》ってくれた**。

Ⓑ 僕《ぼく》と祖父《そふ》の間《あいだ》には、大《おお》きな年齢《ねんれい》の**差《さ》**がある。

Ⓒ 素材《そざい》の**組《く》み合《あ》わせのよさ**で、味《あじ》が決《き》まる。

Ⓓ ピザを五《ご》**等分《とうぶん》**に切《き》るのは難《むずか》しい。

Ⓔ 事故《じこ》の被害者《ひがいしゃ》を**支援《しえん》**するネットワークが立《た》ち上《あ》がる。

Ⓕ 彼女《かのじょ》は**経験不足《けいけんぶそく》**だが才能《さいのう》はある。

Ⓖ 妹《いもうと》がいつもの**元気《げんき》**を取《と》り戻《もど》す。

問2 左《ひだり》の（　）に、❶～❼の語句《ごく》から最《もっと》も合《あ》うものを選《えら》んで書《か》きなさい。

㋐ 二人《ふたり》の意見《いけん》には大《おお》きな（　　　　）がある。

㋑ （　　　　）な仕事《しごと》に戸惑《とまど》う。

㋒ 将来《しょうらい》、貧《まず》しい国《くに》を（　　　　）する仕事《しごと》に就《つ》きたい。

㋓ 食料《しょくりょう》を（　　　　）に配分《はいぶん》する。

㋔ 僕《ぼく》と兄《あに》が卓球《たっきゅう》のペアを組《く》むと（　　　　）がいい。

㋕ 土地《とち》の所有権《しょゆうけん》を（　　　　）する。

㋖ よいニュースが舞《ま》い込《こ》み、街《まち》に（　　　　）が満《み》ちる。

［裏ページの答え］ 問い1：①E　②C　③G　④F　⑤D　⑥A　⑦B
問い2：㋐軽装　㋑群衆　㋒自衛　㋓歯がゆい　㋔天地　㋕協定　㋖公平

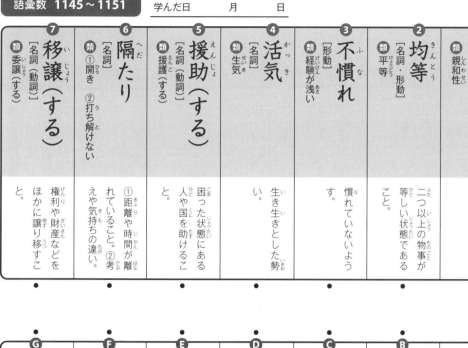

問1 語句

左《ひだり》の語句《ごく》と同《おな》じ意味《いみ》の言葉《ことば》をⒶ～Ⓖから選《えら》び、線《せん》で結《むす》びましょう。

	語句	意味
❶	公平《こうへい》 [名詞・形動] 類 公明《こうめい》	人《ひと》や物事《ものごと》を同等《どうとう》に扱《あつか》い、一方《いっぽう》に偏《かたよ》らないこと。
❷	協定《きょうてい》（する） [名詞（動詞）] 類 協約《きょうやく》（する）	競争《きょうそう》を避《さ》けるため、相談《そうだん》して取《と》り決めること。
❸	天地《てんち》 [名詞] 類 ①コスモス ②世《よ》の中《なか》 ③上下《じょうげ》	①宇宙《うちゅう》。②天《てん》と地《ち》。人間《にんげん》が生《い》きる場所《ばしょ》。③ものの上《うえ》と下《した》。
❹	自衛《じえい》（する） [名詞（動詞）] 類 自己防衛《じこぼうえい》	自分《じぶん》の力《ちから》で自分《じぶん》を守《まも》ること。
❺	軽装《けいそう》（する） [名詞（動詞）] 類 クールビズ	身軽《みがる》で簡単《かんたん》な服装《ふくそう》。
❻	歯《は》がゆい [形容詞] 類 もどかしい	思《おも》うようにならなくて、苛立《いらだ》たしい。
❼	群衆《ぐんしゅう》 [名詞] 類 集団《しゅうだん》	一《いっ》か所《しょ》に群《むら》がり、集《あつ》まった多《おお》くの人々《ひとびと》。

Ⓐ 自分《じぶん》の番《ばん》がなかなか回《まわ》ってこないので、**じれったい**。

Ⓑ 駅前《えきまえ》に**人《ひと》だかり**がしている。

Ⓒ 弟《おとうと》と、犬《いぬ》の散歩《さんぽ》と草《くさ》むしりを交換《こうかん》しようと**申《もう》し合《あ》わせた**。

Ⓓ ラジオ体操《たいそう》には、**動《うご》きやすい服《ふく》**でお越《こ》しください。

Ⓔ **公正《こうせい》**な審査《しんさ》の結果《けっか》、入賞作品《にゅうしょうさくひん》が決《き》まる。

Ⓕ 危険《きけん》に備《そな》えて、**護身《ごしん》**術《じゅつ》を身《み》につける。

Ⓖ **森羅万象《しんらばんしょう》**を解《と》き明《あ》かす学問《がくもん》に興味《きょうみ》がある。

問2

左《ひだり》の（　）に、❶～❼の語句《ごく》から最《もっと》も合《あ》うものを選《えら》んで書《か》きなさい。

㋐ （　　　）での登山《とざん》は危険《きけん》だ。

㋑ 彼《かれ》は（　　　）を押《お》しのけて前《まえ》へ進《すす》んだ。

㋒ 暴力《ぼうりょく》に対《たい》して（　　　）する手段《しゅだん》が必要《ひつよう》だ。

㋓ 彼女《かのじょ》の行動《こうどう》は、見《み》ていて（　　　）。

㋔ 「（　　　）無用《むよう》」とは、上下逆《じょうげさか》さまにしてはいけないという意味《いみ》だ。

㋕ 母《はは》と私《わたし》との間《あいだ》でお手伝《てつだ》いに関《かん》する（　　　）を結《むす》んだ。

㋖ 両者《りょうしゃ》に（　　　）な判断《はんだん》を下《くだ》す。

［裏ページの答え］問い1：①C　②D　③F　④G　⑤E　⑥B　⑦A
問い2：㋐隔たり　㋑不慣れ　㋒援助　㋓均等　㋔相性　㋕移譲　㋖活気

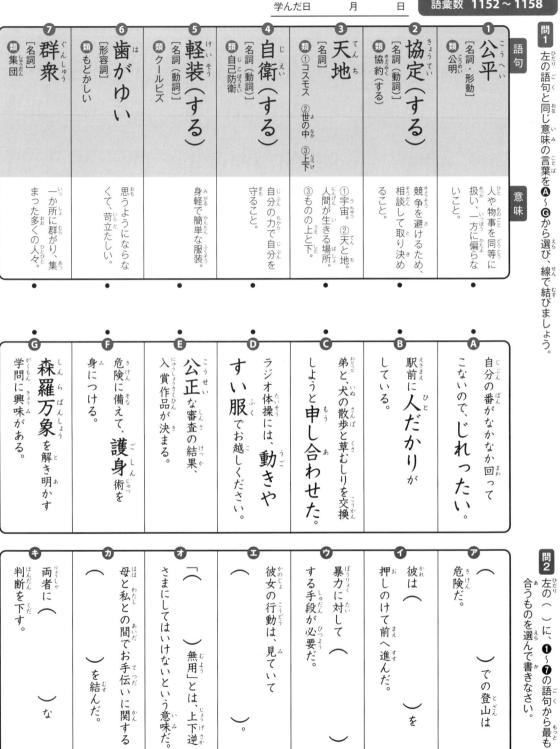

問1 左《ひだり》の語句《ごく》と同《おな》じ意味《いみ》の言葉《ことば》をⒶ～Ⓖから選《えら》び、線《せん》で結《むす》びましょう。

語句 / 意味

❶ 見物《けんぶつ》（する）
[名詞（動詞）]
類 物見《ものみ》
物事《ものごと》や場所《ばしょ》などを見《み》ること。

❷ ものおじ（する）
[名詞（動詞）]
類 臆病《おくびょう》
怖気《おじけ》づき、尻込《しりご》みすること。

❸ 経営《けいえい》（する）
[名詞（動詞）]
類 ①営《いとな》む ②運営《うんえい》（する）
①事業《じぎょう》を営《いとな》むこと。②方針《ほうしん》や計画《けいかく》を立《た》てて活動《かつどう》すること。

❹ 重責《じゅうせき》
[名詞]
類 大任《たいにん》
重《おも》い責任《せきにん》。

❺ 度々《たびたび》
[副詞]
類 しばしば
同《おな》じことを、間《あいだ》をおかずに繰《く》り返《かえ》す。

❻ 言《い》い争《あらそ》い
[名詞]
類 言《い》い合《あ》い
口《くち》げんか。

❼ 通用《つうよう》（する）
[名詞（動詞）]
類 ①通《つう》じる ②流行《りゅうこう》（する）
①広《ひろ》く認《みと》められること。②一定《いってい》の期間《きかん》や範囲《はんい》で有効《ゆうこう》なこと。

Ⓐ 母《はは》がケーキ屋《や》を**切《き》り盛《も》り**する。

Ⓑ 今《いま》や小学生《しょうがくせい》にも携帯電話《けいたいでんわ》が**普及《ふきゅう》**している。

Ⓒ 兄《あに》は、アニメの聖地《せいち》を**見《み》て回《まわ》る**のが趣味《しゅみ》だ。

Ⓓ 妹《いもうと》は先生《せんせい》の前《まえ》だと**萎縮《いしゅく》**してしまう。

Ⓔ 二人《ふたり》の間《あいだ》には**口論《こうろん》**が絶《た》えない。

Ⓕ 開会式《かいかいしき》で、選手宣誓《せんしゅせんせい》の**大役《たいやく》**を果《は》たす。

Ⓖ 旅行《りょこう》で**何度《なんど》も**フランスを訪《おとず》れる。

問2 左《ひだり》の（　）に、❶～❼の語句《ごく》から最《もっと》も合《あ》うものを選《えら》んで書《か》きなさい。

㋐ そんな考《かんが》え方《かた》は（　　　）しない。

㋑ 忘《わす》れ物《もの》をしないようにと、先生《せんせい》に（　　　）注意《ちゅうい》される。

㋒ 細《こま》かいことで（　　　）になる。

㋓ 彼《かれ》は（　　　）しない性格《せいかく》だ。

㋔ 高《たか》みの（　　　）を決《き》め込《こ》む。

㋕ 学級委員《がっきゅういいん》に選《えら》ばれて（　　　）を担《にな》う。

㋖ 父《ちち》が会社《かいしゃ》を（　　　）している。

［裏ページの答え］ 問い1：①G　②E　③B　④F　⑤D　⑥C　⑦A
問い2：㋐取り急ぎ　㋑完勝　㋒忠義　㋓報復　㋔運勢　㋕労働　㋖見ず知らず

問1 左《ひだり》の語句《ごく》と同《おな》じ意味《いみ》の言葉《ことば》をⒶ～Ⓖから選《えら》び、線《せん》で結《むす》びましょう。

	語句	意味
❶	**完勝《かんしょう》（する）** ［名詞（動詞）］ 類 圧勝《あっしょう》（する）	危《あぶ》なげなく勝《か》つこと。
❷	**忠義《ちゅうぎ》** ［名詞・形動］ 類 忠節《ちゅうせつ》	国《くに》や主人《しゅじん》などに真《ま》心《ごころ》をもって仕《つか》えること。
❸	**報復《ほうふく》** ［名詞］ 類 復讐《ふくしゅう》	仕返《しかえ》しをすること。
❹	**運勢《うんせい》** ［名詞］ 類 運気《うんき》	もって生《う》まれた幸《こう》・不幸《ふこう》の巡《めぐ》り合《あ》わせ。
❺	**取《と》り急《いそ》ぎ** ［連語］ 類 至急《しきゅう》	できるだけ早《はや》く。とりあえず急《いそ》いで。
❻	**見《み》ず知《し》らず** ［名詞］ 類 赤《あか》の他人《たにん》	一度《いちど》も会《あ》ったことがないこと。
❼	**労働《ろうどう》（する）** ［名詞（動詞）］ 類 仕事《しごと》	賃金《ちんぎん》や利益《りえき》のために、体《からだ》や頭《あたま》を使《つか》って働《はたら》くこと。

Ⓐ 今日《きょう》は**勤労《きんろう》**感謝《かんしゃ》の日《ひ》で、学校《がっこう》が休《やす》みだ。

Ⓑ 相手《あいて》チームは、打《う》って変《か》わって**反撃《はんげき》**に転《てん》じた。

Ⓒ 妹《いもうと》に「**知《し》らない**人《ひと》について行《い》ってはいけない」と教《おし》える。

Ⓓ **速《すみ》やかに**作業《さぎょう》に取《と》り掛《か》かる。

Ⓔ 多《おお》くの兵士《へいし》たちが国王《こくおう》に**忠誠《ちゅうせい》**を誓《ちか》った。

Ⓕ シンデレラには、思《おも》わぬ**運命《うんめい》**が待《ま》ち受《う》けていた。

Ⓖ 八対一《はちたいいち》というスコアで**楽勝《らくしょう》**だった。

問2 左《ひだり》の（　）に、❶～❼の語句《ごく》から最《もっと》も合《あ》うものを選《えら》んで書《か》きなさい。

㋐ （　　　　）、ご連絡《れんらく》差《さ》し上《あ》げます。

㋑ 相手《あいて》チームの（　　　　）に終《お》わった。

㋒ 犬《いぬ》は飼《か》い主《ぬし》に（　　　　）を尽《つ》くす動物《どうぶつ》だ。

㋓ 攻撃《こうげき》に対《たい》する（　　　　）を開始《かいし》する。

㋔ 今日《きょう》の（　　　　）を雑誌《ざっし》でチェックする。

㋕ （　　　　）時間《じかん》の短縮《たんしゅく》を要求《ようきゅう》する。

㋖ （　　　　）の人《ひと》に声《こえ》を掛《か》けられる。

［裏ページの答え］ 問い1：①C ②D ③A ④F ⑤G ⑥E ⑦B
問い2：㋐通用 ㋑度々 ㋒言い争い ㋓ものおじ ㋔見物 ㋕重責 ㋖経営

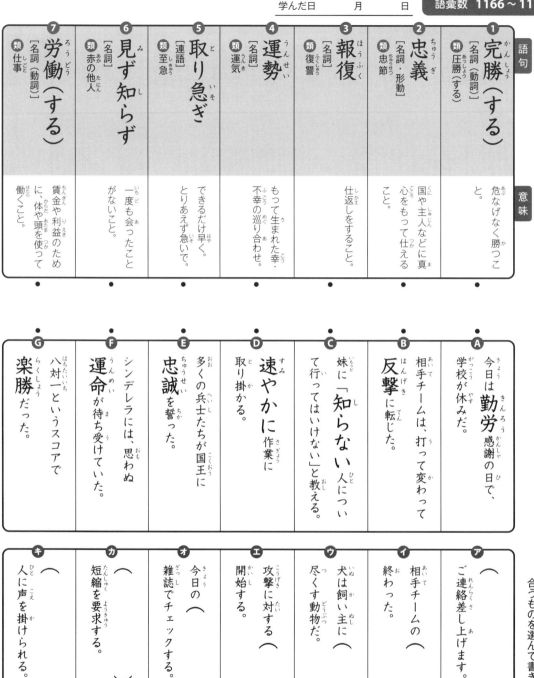

問1 左《ひだり》の語句《ごく》と同《おな》じ意味《いみ》の言葉《ことば》をⒶ～Ⓖから選《えら》び、線《せん》で結《むす》びましょう。

	語句	意味
❶	**敬意《けいい》**［名詞］ 類 尊敬《そんけい》	敬《うやま》う気持《きも》ち。
❷	**交互《こうご》**［名詞］ 類 互《たが》い違《ちが》い	互《たが》いに入《い》れ替《か》えて順番《じゅんばん》に。
❸	**授《さず》ける**［動詞］ 類 ①授与《じゅよ》する　②伝授《でんじゅ》する	①目上《めうえ》の者《もの》から目下《した》の者《もの》に与《あた》える。②技術《ぎじゅつ》などを教《おし》える。
❹	**顔色《かおいろ》**［名詞］ 類 ①色《いろ》つや　②形相《ぎょうそう》	①顔《かお》の表面《ひょうめん》の色《いろ》。②顔付《かおつ》きや表情《ひょうじょう》。
❺	**いとわない**［連語］ 類 煙《けむ》たがらない	嫌《いや》だと思《おも》わない。
❻	**率《ひき》いる**［動詞］ 類 ①引率《いんそつ》する　②指揮《しき》する	①引《ひ》き連《つ》れていく。②多《おお》くの人《ひと》を指図《さしず》して動《うご》かす。
❼	**もたつく**［動詞］ 類 はかどらない	物事《ものごと》が思《おも》うように進《すす》まない。

Ⓐ 相手《あいて》を**尊重《そんちょう》する心《こころ》**が大切《たいせつ》だ。

Ⓑ 遠《とお》い道《みち》のりを**面倒《めんどう》くさがらない**で歩《ある》く。

Ⓒ **もたもたしている**うちに、バスに乗《の》り遅《おく》れる。

Ⓓ 皆《みな》が**代《か》わる代《が》わる**発言《はつげん》するので、収拾《しゅうしゅう》がつかない。

Ⓔ 校長先生《こうちょうせんせい》が全校児童《ぜんこうじどう》に賞状《しょうじょう》を**授与《じゅよ》する**。

Ⓕ 昨日《きのう》、十分睡眠《じゅうぶんすいみん》をとったため今日《きょう》は**血色《けっしょく》**がよい。

Ⓖ バスガイドがツアー客《きゃく》を**先導《せんどう》する**。

問2 左《ひだり》の（　）に、❶～❼の語句《ごく》から最《もっと》も合《あ》うものを選《えら》んで書《か》きなさい。

㋐ 運動会《うんどうかい》の準備《じゅんび》に手間《てま》どり、（　　）。

㋑ 歌手《かしゅ》になれるなら、どんな努力《どりょく》も（　　）。

㋒ 親《おや》ガモが子《こ》ガモを（　　）。

㋓ 男女《だんじょ》が（　　）に並《なら》ぶ。

㋔ 師匠《ししょう》が弟子《でし》に秘技《ひぎ》を（　　）。

㋕ 彼《かれ》の立派《りっぱ》な態度《たいど》に（　　）を表《ひょう》する。

㋖ 驚《おどろ》きのあまり（　　）が変《か》わる。

［裏ページの答え］ 問い1：①B　②G　③D　④A　⑤F　⑥E　⑦C
問い2：㋐いびつ　㋑非情　㋒有り得る　㋓朽ちる　㋔雰囲気　㋕議論　㋖繰り上げる

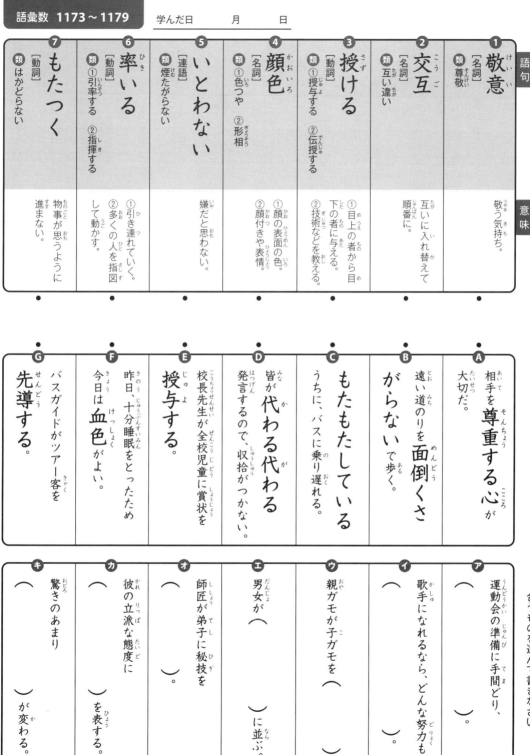

問1 左《ひだり》の語句《ごく》と同《おな》じ意味《いみ》の言葉《ことば》をA～Gから選《えら》び、線《せん》で結《むす》びましょう。

語句 / 意味

1 雰囲気《ふんいき》 [名詞] 類 ムード
その場《ば》の気分《きぶん》や、その人《ひと》のもっている感《かん》じ。

2 朽《く》ちる [動詞] 類 ①腐敗《ふはい》する ②廃《すた》れる
①草《くさ》や木《き》が腐《くさ》って役《やく》に立《た》たない。②滅《ほろ》んでなくなる。

3 有《あ》り得《え》る [動詞] 類 否定《ひてい》できない
可能性《かのうせい》がある。

4 非情《ひじょう》 [名詞・形動] 類 無情《むじょう》
人間《にんげん》らしい感情《かんじょう》をもたないこと。

5 議論《ぎろん》（する） [名詞（動詞）] 類 話《はな》し合《あ》い
複数《ふくすう》の人《ひと》が互《たが》いに意見《いけん》を出《だ》して論《ろん》じ合《あ》うこと。

6 繰《く》り上《あ》げる [動詞] 類 ①縮《ちぢ》める ②早《はや》める
①順番《じゅんばん》を前《まえ》におくる。②日《ひ》や時間《じかん》を予定《よてい》より早《はや》くする。

7 いびつ [形動] 類 ひずむ
ものの形《かたち》や心《こころ》がゆがんでいるようす。

A 利益《りえき》を守《まも》るために、冷徹《れいてつ》な判断《はんだん》を下《くだ》す。

B 落《お》ち着《つ》いたたたずまいの店《みせ》で食事《しょくじ》をする。

C 彼《かれ》は、ものの考《かんが》え方《かた》がひねくれている。

D 主人公《しゅじんこう》が負《ま》けるという結末《けつまつ》は、十分《じゅうぶん》に考《かんが》えられる。

E 失格者《しっかくしゃ》が出《で》たので、順位《じゅんい》を前《まえ》にずらす。

F 「UFOは存在《そんざい》するか」というテーマの討論《とうろん》会《かい》に出席《しゅっせき》する。

G 腐食《ふしょく》した木《き》のブランコに乗《の》るのは危険《きけん》だ。

問2 左《ひだり》の（　）に、1～7の語句《ごく》から最《もっと》も合《あ》うものを選《えら》んで書《か》きなさい。

ア この皿《さら》は（　　）な形《かたち》だが、味《あじ》わいがある。

イ （　　）な仕打《しう》ちを受《う》けて、不満《ふまん》に思《おも》う。

ウ 彼《かれ》なら（　　）話《はなし》だけに、おそろしい。

エ 木造《もくぞう》の橋《はし》が、劣化《れっか》して（　　）。

オ 一組《いちくみ》は（　　）のいいクラスだ。

カ 激《はげ》しい（　　）を繰《く》り広《ひろ》げる。

キ 明日《あす》の出発《しゅっぱつ》を一日《いちにち》（　　）。

［裏ページの答え］問い1：①A　②D　③E　④F　⑤B　⑥G　⑦C
問い2：㋐もたつく　㋑いとわない　㋒率いる　㋓交互　㋔授ける　㋕敬意　㋖顔色

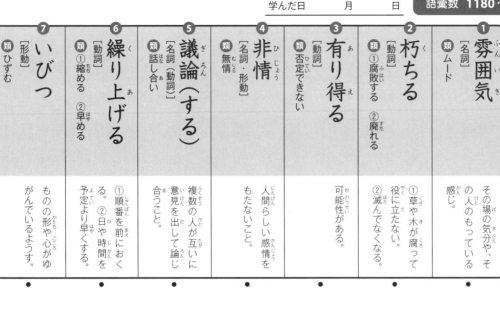

問1 左《ひだり》の語句《ごく》と同《おな》じ意味《いみ》の言葉《ことば》をA～Gから選《えら》び、線《せん》で結《むす》びましょう。

語句	意味
① **樹立《じゅりつ》（する）** ［名詞（動詞）］ 類 打《う》ち立《た》てる	揺《ゆ》るぎなく定《さだ》めること。
② **合理的《ごうりてき》** ［形動］ 類 ①能率的《のうりつてき》 ②論理的《ろんりてき》	①無駄《むだ》がないようす。②道理《どうり》や論理《ろんり》にかなっているようす。
③ **処置《しょち》（する）** ［名詞（動詞）］ 類 ①措置《そち》（する） ②治療《ちりょう》（する）	①物事《ものごと》を適切《てきせつ》に取《と》り扱《あつか》うこと。②病《びょう》気《き》やけがの手当《てあ》て。
④ **ことさら** ［形動・副詞］ 類 ①故意《こい》に ②特別《とくべつ》に	①考《かんが》えをもって、わざとそうするようす。②格別《かくべつ》に。
⑤ **貢献《こうけん》（する）** ［名詞（動詞）］ 類 寄与《きよ》（する）	力《ちから》を尽《つ》くして、人《ひと》や社会《しゃかい》の役《やく》に立《た》つこと。
⑥ **何気《なにげ》ない** ［形容詞］ 類 さりげない	特別《とくべつ》な考《かんが》えや意図《いと》がなく振《ふ》る舞《ま》っている。
⑦ **気《き》の置《お》けない** ［慣用句］ 類 気安《きやす》い	心《こころ》から打《う》ち解《と》けられる。

A 将来《しょうらい》は、社会《しゃかい》の**ためになる**仕事《しごと》に就《つ》きたい。

B 僕《ぼく》と彼《かれ》とは、**遠慮《えんりょ》がない**間柄《あいだがら》だ。

C 彼女《かのじょ》の**ちょっとした**仕草《しぐさ》がかわいい。

D クラスの方針《ほうしん》を**確立《かくりつ》**する。

E **意図的《いとてき》に**大声《おおごえ》で名前《なまえ》を呼《よ》ぶのはやめてほしい。

F 勉強《べんきょう》を**効率的《こうりつてき》**に進《すす》める方法《ほうほう》を思案《しあん》する。

G ハチに刺《さ》されたときの**対処《たいしょ》**法《ほう》を学《まな》ぶ。

問2 左《ひだり》の（　）に、1～7の語句《ごく》から最《もっと》も合《あ》うものを選《えら》んで書《か》きなさい。

ア ボランティアに（　　）した功績《こうせき》で表彰《ひょうしょう》される。

イ 物事《ものごと》を（　　）に考《かんが》える。

ウ 不満《ふまん》で（　　）大《おお》きい声《こえ》を出《だ》して騒《さわ》ぐ。

エ 水泳《すいえい》の世界新記録《せかいしんきろく》が立《た》て続《つづ》けに（　　）される。

オ けがの応急《おうきゅう》（　　）をしてもらう。

カ 彼《かれ》の（　　）言葉《ことば》に傷《きず》つく。

キ 彼女《かのじょ》は、私《わたし》にとって（　　）人《ひと》だ。

［裏ページの答え］ 問い1：①B　②C　③E　④G　⑤D　⑥A　⑦F
問い2：㋐若干　㋑不和　㋒包容力　㋓ほかならない　㋔くじける　㋕試しがない　㋖腕ずく

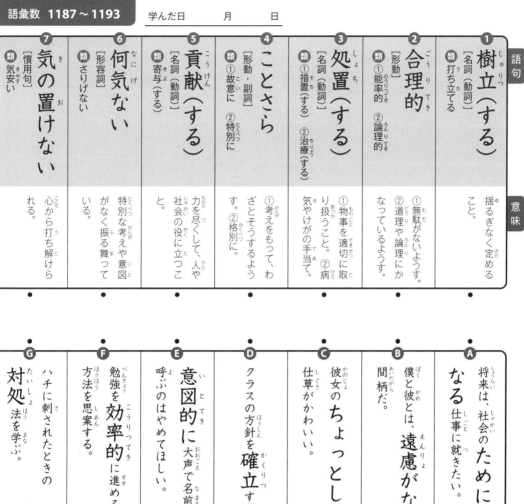

問1 左《ひだり》の語句《ごく》と同《おな》じ意味《いみ》の言葉《ことば》をⒶ～Ⓖから選《えら》び、線《せん》で結《むす》びましょう。

	語句	意味
❶	試《ため》しがない ［連語］ 類 前例《ぜんれい》がない	先例《せんれい》がない。
❷	腕《うで》ずく ［名詞］ 類 力《ちから》ずく	腕力《わんりょく》に頼《たよ》って物事《ものごと》を解決《かいけつ》すること。
❸	くじける ［動詞］ 類 気力《きりょく》を失《うしな》う	勢《いきお》いや気力《きりょく》が弱《よわ》くなる。
❹	若干《じゃっかん》 ［名詞・副詞］ 類 少《すこ》し	いくらか。さほど多《おお》くはないようす。
❺	不和《ふわ》 ［名詞・形動］ 類 不仲《ふなか》	仲《なか》が悪《わる》いこと。
❻	ほかならない ［連語］ 類 ①特別《とくべつ》な ②何物《なにもの》でもない	①ほかの誰《だれ》でもない。②それ以外《いがい》のものではない。
❼	包容力《ほうようりょく》 ［名詞］ 類 寛大《かんだい》さ	心《こころ》が広《ひろ》く、他人《たにん》の欠点《けってん》や過《あやま》ちなどを受《う》け入《い》れること。

Ⓐ かけがえのない家族《かぞく》を大切《たいせつ》にする。

Ⓑ 徹夜《てつや》で勉強《べんきょう》してもうまくいったことはいまだかつてない。

Ⓒ 無理《むり》やり約束《やくそく》を取《と》り付《つ》ける。

Ⓓ 二人《ふたり》は長《なが》い間《あいだ》、仲《なか》たがいしている。

Ⓔ 対戦相手《たいせんあいて》が強豪《きょうごう》チームと聞《き》き、気持《きも》ちが沈《しず》む。

Ⓕ 彼女《かのじょ》の寛容《かんよう》さに、多《おお》くの人《ひと》が救《すく》われた。

Ⓖ けがの具合《ぐあい》は、多少《たしょう》よくなってきた。

問2 左《ひだり》の（　）に、❶～❼の語句《ごく》から最《もっと》も合《あ》うものを選《えら》んで書《か》きなさい。

㋐ アルバイトを（　　　）名募集《めいぼしゅう》する。

㋑ 友達《ともだち》との間《あいだ》に（　　　）が生《しょう》じるのは避《さ》けたい。

㋒ （　　　）のある人《ひと》が結婚相手《けっこんあいて》の理想《りそう》だ。

㋓ （　　　）君《きみ》の頼《たの》みとあっては、断《ことわ》れない。

㋔ 練習《れんしゅう》が厳《きび》しくて、あっという間《ま》に（　　　）。

㋕ だめだ、この作戦《さくせん》では勝《か》った（　　　）。

㋖ 彼《かれ》は（　　　）でほしいものを手《て》に入《い》れる。

［裏ページの答え］ 問い1：①D　②F　③G　④E　⑤A　⑥C　⑦B
問い2：㋐貢献　㋑合理的　㋒ことさら　㋓樹立　㋔処置　㋕何気ない　㋖気の置けない

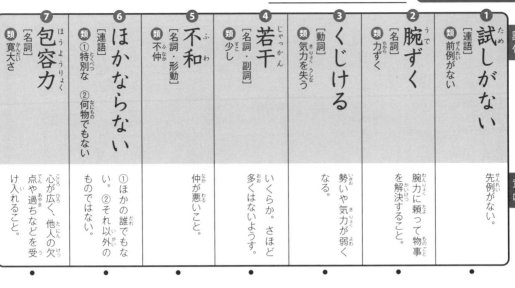

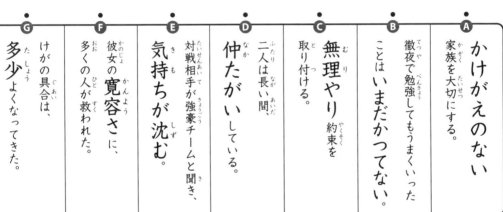

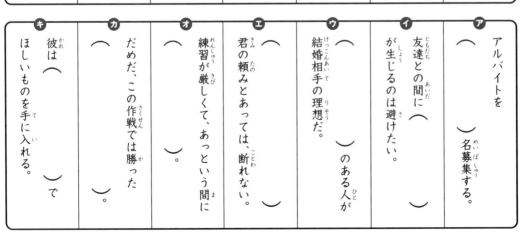

問 対義語《たいぎご》になるものを下《した》から選《えら》び、記入《きにゅう》しましょう。（□はAの島《しま》、□はBの島《しま》から選《えら》びましょう。）

語句	意味
1	集《あつ》まること。
2	ばらばらになること。
3	値段《ねだん》が安《やす》いこと。
4	値段《ねだん》が高《たか》いこと。
5	入《はい》ってくるお金《かね》。
6	出《で》ていくお金《かね》。
7	悪《わる》いことをする虫《むし》。
8	いいことをする虫《むし》。
9	不安《ふあん》がること。
10	気《き》がかりなものがないこと。
11	物事《ものごと》を起《お》こすもと。
12	物事《ものごと》が起《お》こった後《あと》の状態《じょうたい》。
13	希望《きぼう》がもてないこと。
14	明《あか》るい見通《みとお》し。
15	広《ひろ》げて大《おお》きくすること。
16	縮《ちぢ》めて小《ちい》さくすること。
17	うまくいくこと。
18	うまくいかないこと。
19	学校《がっこう》に行《い》くこと。
20	学校《がっこう》から家《いえ》に帰《かえ》ること。
21	会《かい》を始《はじ》めること。
22	会《かい》を終《お》えること。
23	苦労《くろう》の多《おお》い身《み》の上《うえ》。
24	物事《ものごと》がうまくいく身《み》の上《うえ》。

Aの島《しま》

原因《げんいん》　収入《しゅうにゅう》　成功《せいこう》　逆境《ぎゃっきょう》　害虫《がいちゅう》　登校《とうこう》　暗黒《あんこく》　拡大《かくだい》　集合《しゅうごう》　安価《あんか》　開会《かいかい》　心配《しんぱい》

Bの島《しま》

解散《かいさん》　結果《けっか》　順境《じゅんきょう》　高価《こうか》　安心《あんしん》　閉会《へいかい》　失敗《しっぱい》　縮小《しゅくしょう》　光明《こうみょう》　益虫《えきちゅう》　下校《げこう》　支出《ししゅつ》

［裏ページの答え］ ①暖　②伸　③合　④謝　⑤会　⑥延　⑦早　⑧越　⑨温　⑩超　⑪誤　⑫速

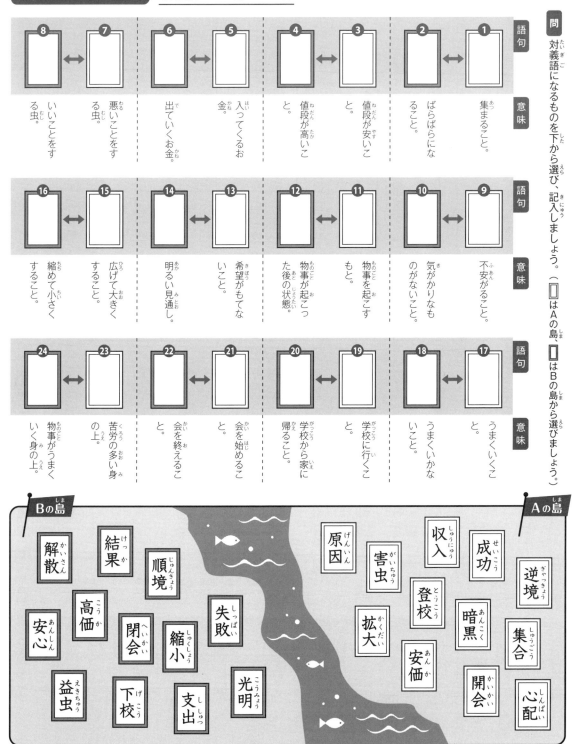

◆同訓異字語《どうくんいじご》

語句	意味
合《あ》う	二《ふた》つのものが一致《いっち》する。
会《あ》う	人《ひと》が対面《たいめん》する。
早《はや》い	時間《じかん》や時刻《じこく》がはやい。
速《はや》い	動《うご》くスピードがはやい。
温《あたた》める	食《た》べ物《もの》などを熱《あつ》くない程度《ていど》の温度《おんど》にする。
暖《あたた》める	暑《あつ》すぎないくらいに気温《きおん》を高《たか》める。
延《の》びる	時間《じかん》や期間《きかん》を引《ひ》きのばす。
伸《の》びる	ものや数値《すうち》を長《なが》くしたり、増《ふ》やしたりする。
越《こ》える	場所《ばしょ》や時《とき》などの境目《さかいめ》をこえる。
超《こ》える	数字《すうじ》などがある一定《いってい》の範囲《はんい》をこえる。
謝《あやま》る	相手《あいて》に許《ゆる》しを請《こ》う。
誤《あやま》る	失敗《しっぱい》する。間違《まちが》える。やり損《そこ》なう。

問　左《ひだり》の（　）にあてはまる適切《てきせつ》な漢字《かんじ》を、下《した》の□から一《ひと》つ選《えら》びましょう。

1. 部屋《へや》を（　　）める。
2. テストの点《てん》が（　　）びる。
3. 友達《ともだち》とは気《き》が（　　）う。
4. 迷惑《めいわく》をかけたことを（　　）る。
5. 道《みち》でばったり友人《ゆうじん》に（　　）う。
6. 大会《たいかい》の日程《にってい》が（　　）びる。
7. 朝《あさ》（　　）い時間《じかん》に出《で》かける。
8. 山《やま》の頂《いただき》を（　　）える。
9. スープを（　　）める。
10. 想像《そうぞう》を（　　）える世界《せかい》。
11. 建物《たてもの》の設計《せっけい》を（　　）る。
12. 彼《かれ》は泳《およ》ぐのが（　　）い。

延　合　越　温　誤　早　会　謝　暖　伸　超　速

［裏ページの答え］ ①集合　②解散　③安価　④高価　⑤収入　⑥支出　⑦害虫　⑧益虫　⑨心配　⑩安心　⑪原因　⑫結果　⑬暗黒　⑭光明　⑮拡大　⑯縮小　⑰成功　⑱失敗　⑲登校　⑳下校　㉑開会　㉒閉会　㉓逆境　㉔順境

問1 左《ひだり》の語句《ごく》と同《おな》じ意味《いみ》の言葉《ことば》をⒶ～Ⓖから選《えら》び、線《せん》で結《むす》びましょう。

	語句	意味
❶	苦心《くしん》(する)［名詞(動詞)］ 類 苦慮《くりょ》(する)、苦労《くろう》(する)	物事《ものごと》をやり遂《と》げるために、いろいろと心《こころ》を悩《なや》ますこと。
❷	標高《ひょうこう》［名詞］ 類 海抜《かいばつ》	海面《かいめん》を基準《きじゅん》とした、山《やま》や陸地《りくち》の高《たか》さ。
❸	さほど［副詞］ 類 思《おも》ったより、取《と》り立《た》てて	(下《した》に否定《ひてい》の語《ご》を伴《ともな》って)それほど。大《たい》して。
❹	かたくな［形動］ 類 強情《ごうじょう》、頑固《がんこ》	自分《じぶん》の考《かんが》えや態度《たいど》を変《か》えようとしないようす。
❺	専売特許《せんばいとっきょ》［名詞］ 類 お家芸《いえげい》、十八番《おはこ》、代名詞《だいめいし》	ある人《ひと》が特別《とくべつ》に得意《とくい》なこと。癖《くせ》になっていること。
❻	許容《きょよう》(する)［名詞(動詞)］ 類 受容《じゅよう》(する)、寛容《かんよう》(する)	その程度《ていど》ならと、許《ゆる》して受《う》け入《い》れること。
❼	街道《かいどう》［名詞］ 類 ①幹線道路《かんせんどうろ》 ②行路《こうろ》	①交通上《こうつうじょう》、重要《じゅうよう》な道《どう》路《ろ》。②人《ひと》の進《すす》む道《みち》。

Ⓐ 実際《じっさい》に来《き》て見《み》ると、**そんなに**きれいな景色《けしき》ではない。

Ⓑ 彼《かれ》は**独自《どくじ》の技《わざ》**として、両《りょう》手同時《てどうじ》のペン回《まわ》しを披露《ひろう》した。

Ⓒ 「定規《じょうぎ》を貸《か》して」と頼《たの》んだが、弟《おとうと》は**意固地《いこじ》**になって拒《こば》んだ。

Ⓓ 布地《ぬのじ》に食《く》い込《こ》んだファスナーを直《なお》すのに、**難儀《なんぎ》**した。

Ⓔ **主要道路《しゅようどうろ》**から横道《よこみち》に入《はい》ったら、入《い》り組《く》んでいて迷《まよ》った。

Ⓕ 遠足《えんそく》のおやつにバナナを**認《みと》める**。

Ⓖ 現在地《げんざいち》の**海面《かいめん》からの高《たか》さ**を調《しら》べる。

問2 左《ひだり》の(　)に、❶～❼の語句《ごく》から最《もっと》も合《あ》うものを選《えら》んで書《か》きなさい。

㋐ 縦《たて》に鋭《するど》く変化《へんか》するサーブは、彼《かれ》の(　　　)だ。

㋑ この絵《え》は、川《かわ》の水《みず》を描《えが》くところに(　　　)した。

㋒ (　　　)急《いそ》ぐ用事《ようじ》ではない。

㋓ 観光《かんこう》で、江戸時代《えどじだい》の(　　　)を歩《ある》く。

㋔ (　　　)三千《さんぜん》メートルを超《こ》える山《やま》に登《のぼ》る。

㋕ 謝《あやま》っても(　　　)な心《こころ》は解《と》けなかった。

㋖ 遅刻《ちこく》はしたが、二分《にふん》だけなので(　　　)する。

［裏ページの答え］ 問い1：①C　②A　③G　④D　⑤F　⑥B　⑦E
問い2：㋐後ろめたい　㋑淡々　㋒異色　㋓たしなめる　㋔刷新　㋕根にもつ　㋖しぶる

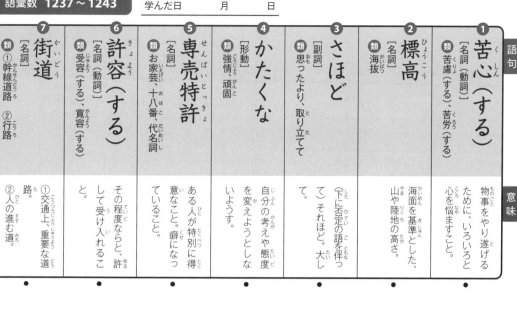

問1　左《ひだり》の語句《ごく》と同《おな》じ意味《いみ》の言葉《ことば》をⒶ～Ⓖから選《えら》び、線《せん》で結《むす》びましょう。

語句／**意味**

❶ **たしなめる**［動詞］　類 諭《さと》す
よくない言動《げんどう》を指《し》摘《てき》して、軽《かる》く叱《しか》る。

❷ **刷新《さっしん》（する）**［名詞（動詞）］　類 革新《かくしん》（する）、再編成《さいへんせい》（する）
事態《じたい》を改善《かいぜん》し、全《まった》く新《あたら》しいものにすること。

❸ **根《ね》にもつ**［慣用句］　類 遺恨《いこん》がある
過去《かこ》にひどいことをされた憎《にく》しみをもち続《つづ》けること。

❹ **異色《いしょく》**［名詞・形動］　類 異様《いよう》、非凡《ひぼん》
普通《ふつう》と違《ちが》っていること。目立《めだ》つ特色《とくしょく》があること。

❺ **しぶる**［動詞］　類 ①煮《に》え切《き》らない　②滞《とどこお》る
①するのを嫌《いや》がる。②物事《ものごと》がすらすら進《すす》まない。

❻ **後《うし》ろめたい**［形容詞］　類 気《き》がとがめる、後《うし》ろ暗《ぐら》い
よくないことをしたと、内心《ないしん》では感《かん》じているようす。

❼ **淡々《たんたん》（と）**［形動（副詞）］　類 冷静《れいせい》、平然《へいぜん》
感情的《かんじょうてき》でないようす。あっさりしているようす。

Ⓐ トレーニングのやり方《かた》を**がらりと変《か》える**。

Ⓑ うそはついていないし、**やましい**ことなどない。

Ⓒ 靴下《くつした》を脱《ぬ》ぎっぱなしにしていたのを母《はは》が**注意《ちゅうい》する**。

Ⓓ 実力《じつりょく》もあるが、マイペースすぎる点《てん》でも**型破《かたやぶ》り**の選手《せんしゅ》だ。

Ⓔ 雷鳴《らいめい》とどろく中《なか》でも、**動《どう》じずに**食事《しょくじ》を続《つづ》ける。

Ⓕ 子《こ》どもだけで遠出《とおで》することについて、父《ちち》が**難色《なんしょく》を示《しめ》す**。

Ⓖ 父《ちち》は車《くるま》を傷《きず》つけられたことを、まだ**恨《うら》み続《つづ》けている**。

問2　左《ひだり》の（　）に、❶～❼の語句《ごく》から最《もっと》も合《あ》うものを選《えら》んで書《か》きなさい。

㋐ 姉《あね》のお気《き》に入《い》りの服《ふく》を黙《だま》って借《か》りて（　　　）思《おも》いだ。

㋑ 大勢《おおぜい》からのインタビューに（　　　）と答《こた》える。

㋒ 彼女《かのじょ》は六十歳《ろくじゅっさい》で歌手《かしゅ》デビューした（　　　）の新人《しんじん》だ。

㋓ 先生《せんせい》が、園児《えんじ》のいたずらを優《やさ》しく（　　　）。

㋔ 校内新聞《こうないしんぶん》の紙面《しめん》を（　　　）する。

㋕ 昔《むかし》、音痴《おんち》だと言《い》われたことをいまだに（　　　）。

㋖ リレーの選手《せんしゅ》になることを最後《さいご》まで（　　　）。

［裏ページの答え］　問い1：①D　②G　③A　④C　⑤B　⑥F　⑦E
問い2：㋐専売特許　㋑苦心　㋒さほど　㋓街道　㋔標高　㋕かたくな　㋖許容

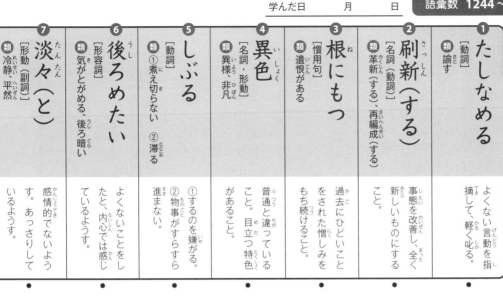

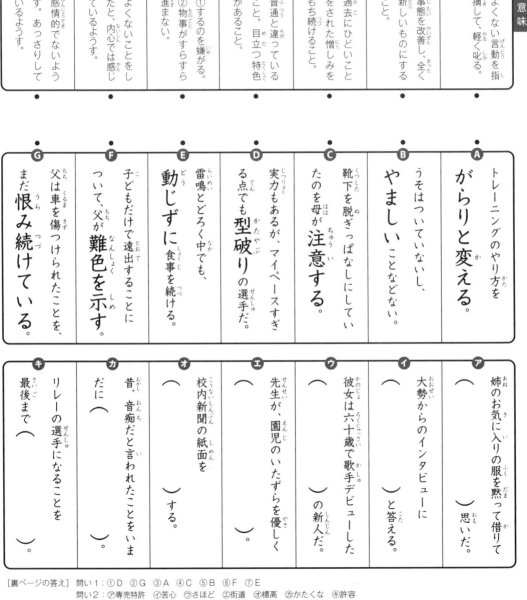

学んだ日　　月　　日

問1 左《ひだり》の語句《ごく》と同《おな》じ意味《いみ》の言葉《ことば》をA～Gから選《えら》び、線《せん》で結《むす》びましょう。

語句 / 意味

1 **繰《く》り下《さ》げる**
[動詞]
類 ①持《も》ち越《こ》す　②繰《く》り延《の》べる
①順繰《じゅんぐ》りに、あとに移《うつ》す。②予定《よてい》より遅《おそ》くする。

2 **のどか**
[形動]
類 穏《おだ》やか、平和《へいわ》、落《お》ち着《つ》いた
外気《がいき》が穏《おだ》やかで、のびのびと気持《きも》ちよく過《す》ごせるようす。

3 **入念《にゅうねん》**
[名詞・形動]
類 念入《ねんい》り、細心《さいしん》、丹念《たんねん》
細部《さいぶ》にまでよく注意《ちゅうい》すること。

4 **発揮《はっき》（する）**
[名詞（動詞）]
類 発現《はつげん》（する）、発動《はつどう》（する）、呈《てい》する
もっている力《ちから》を外《そと》に表《あらわ》して、働《はたら》かせること。

5 **情勢《じょうせい》**
[名詞]
類 状況《じょうきょう》、ようす
物事《ものごと》の現在《げんざい》や今後《こんご》のようす。

6 **安易《あんい》**
[名詞・形動]
類 ①容易《ようい》　②安直《あんちょく》
①たやすいこと。②深《ふか》く考《かんが》えないこと。

7 **口実《こうじつ》**
[名詞]
類 言《い》い訳《わけ》、名目《めいもく》、名分《めいぶん》
弁解《べんかい》のための理屈《りくつ》。

A **手軽《てがる》**に持《も》ち運《はこ》びできるパソコンがほしい。

B **丁寧《ていねい》**に荷造《にづく》りした後《あと》、入《い》れ忘《わす》れに気付《きづ》いた。

C 何《なに》ができるか知《し》らないが、父《ちち》が日曜大工《にちようだいく》の**腕《うで》を振《ふ》るう**。

D カブトムシの決闘《けっとう》がどうなるか、**成《な》り行《ゆ》き**を見守《みまも》る。

E **表向《おもてむ》きの理由《りゆう》**は勉強《べんきょう》、実《じつ》はアニメを見《み》に友人宅《ゆうじんたく》へ行《い》く。

F 主役《しゅやく》の到着《とうちゃく》が遅《おく》れ、誕生日会開《たんじょうびかいかい》始《し》を一時間《いちじかん》**引《ひ》き延《の》ばす**。

G **うららか**な春《はる》の日《ひ》に散歩《さんぽ》していたら、犬《いぬ》にほえられた。

問2 左《ひだり》の（　）に、1～7の語句《ごく》から最《もっと》も合《あ》うものを選《えら》んで書《か》きなさい。

ア うわさ話《ばなし》には、（　　）に飛《と》び付《つ》いてはならない。

イ 手紙《てがみ》に誤字《ごじ》がないか、（　　）に見直《みなお》す。

ウ 遠《とお》くで（　　）にウグイスが鳴《な》いている。

エ 先頭《せんとう》に一人《ひとり》入《い》れたので、番号《ばんごう》を順《じゅん》に（　　）。

オ 僕《ぼく》はニュースを見《み》ないので最近《さいきん》の（　　）にうとい。

カ 友達《ともだち》との約束《やくそく》を（　　）に、手伝《てつだ》いをサボる。

キ 兄《あに》は何事《なにごと》も最後《さいご》まで十分《じゅうぶん》に力《ちから》を（　　）する性格《せいかく》だ。

［裏ページの答え］ 問い1：①F　②C　③D　④E　⑤B　⑥G　⑦A
問い2：㋐未来　㋑糸口　㋒いざなう　㋓雄々しい　㋔適性　㋕展開　㋖忍ぶ

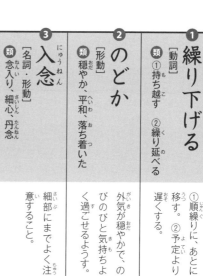

問1 左《ひだり》の語句《ごく》と同《おな》じ意味《いみ》の言葉《ことば》をⒶ～Ⓖから選《えら》び、線《せん》で結《むす》びましょう。

	語句	意味
❶	**忍《しの》ぶ**［動詞］ 類 ①耐《た》える、こらえる ②潜《ひそ》む	①つらさをじっと我慢《がまん》する。②こっそりと何《なに》かをする。
❷	**雄々《おお》しい**［形容詞］ 類 男《おとこ》らしい、豪胆《ごうたん》な	男《おとこ》らしくて勇《いさ》ましいようす。
❸	**糸口《いとぐち》**［名詞］ 類 契機《けいき》	物事《ものごと》を始《はじ》めるきっかけ。
❹	**未来《みらい》**［名詞・形動］ 類 将来《しょうらい》	これから先《さき》の時間《じかん》。
❺	**適性《てきせい》**［名詞］ 類 資質《ししつ》	あることをするのに合《あ》う能力《のうりょく》や性質《せいしつ》をもつようす。
❻	**いざなう**［動詞］ 類 誘《さそ》う、誘導《ゆうどう》する	ある方向《ほうこう》へ気持《きも》ちが向《む》くように仕向《しむ》ける。
❼	**展開《てんかい》（する）**［名詞（動詞）］ 類 ①拡張《かくちょう》（する） ②進展《しんてん》（する）	①大《おお》きく広《ひろ》がること。②物事《ものごと》が進《すす》んでいくこと。

Ⓐ 父《ちち》が事業《じぎょう》を**拡大《かくだい》**する。

Ⓑ 人《ひと》には何事《なにごと》も、**向《む》き不向《ふむ》き**がある。

Ⓒ 弟《おとうと》は**凛々《りり》しい**人《ひと》に憧《あこが》れている。

Ⓓ 今《いま》のところ、なくした財布《さいふ》の行方《ゆくえ》を知《し》る**手《て》がかり**はない。

Ⓔ 「**今後《こんご》**はちゃんと言《い》い付《つ》けを守《まも》ります」と紙《かみ》に書《か》かされる。

Ⓕ 足《あし》がしびれてきたが、話《はなし》が終《お》わるまで**辛抱《しんぼう》する**しかない。

Ⓖ ある人《ひと》とのふとした出会《であ》いが、僕《ぼく》を冒険《ぼうけん》の旅《たび》に**導《みちび》く**。

問2 左《ひだり》の（　）に、❶～❼の語句《ごく》から最《もっと》も合《あ》うものを選《えら》んで書《か》きなさい。

ア （　　　）ではきっとロボットと共存《きょうぞん》しているだろう。

イ ささいなことが解決《かいけつ》の（　　　）になる。

ウ 読者《どくしゃ》をファンタジーの世界《せかい》に（　　　）。

エ （　　　）大自然《だいしぜん》の中《なか》で、人間《にんげん》の小《ちい》ささを感《かん》じる。

オ 運転《うんてん》の（　　　）があると判定《はんてい》される。

カ ドラマの今後《こんご》の（　　　）が気《き》になる。

キ 変身《へんしん》ヒーローは世《よ》を（　　　）仮《かり》の姿《すがた》であることが多《おお》い。

［裏ページの答え］ 問い1：①F ②G ③B ④C ⑤D ⑥A ⑦E
問い2：㋐安易 ㋑入念 ㋒のどか ㋓繰り下げる ㋔情勢 ㋕口実 ㋖発揮

問1 左《ひだり》の語句《ごく》と同《おな》じ意味《いみ》の言葉《ことば》をⒶ～Ⓖから選《えら》び、線《せん》で結《むす》びましょう。

	語句	意味
❶	**高《たか》をくくる** [慣用句] 類 軽視《けいし》する、あなどる	どうせ大《たい》したことはないと甘《あま》く見《み》ること。
❷	**明快《めいかい》** [形動] 類 平明《へいめい》、明瞭《めいりょう》	筋道《すじみち》がはっきりして、わかりやすいこと。
❸	**吉兆《きっちょう》** [名詞] 類 吉祥《きっしょう》、吉相《きっそう》、瑞兆《ずいちょう》	めでたいことの前《まえ》触《ぶ》れ。
❹	**腹立《はらだ》たしい** [形容詞] 類 苛立《いらだ》たしい、頭《あたま》にくる	怒《いか》りがわくようす。
❺	**協力《きょうりょく》（する）** [名詞（動詞）] 類 協同《きょうどう》（する）	みんなが力《ちから》を合《あ》わせること。
❻	**誠実《せいじつ》** [名詞・形動] 類 真面目《まじめ》	うそがなく、真心《まごころ》があること。
❼	**根気《こんき》** [名詞] 類 気根《きこん》、踏《ふ》ん張《ば》り	我慢《がまん》して続《つづ》けていく力《ちから》。

Ⓐ 彼《かれ》は**実直《じっちょく》**な性格《せいかく》だから、心《こころ》にもないお世辞《せじ》が言《い》えない。

Ⓑ 僕《ぼく》が小学生《しょうがくせい》だからって、**見《み》くびる**と後悔《こうかい》するよ。

Ⓒ なるべく**すっきりとした**解説《かいせつ》をお願《ねが》いしたい。

Ⓓ ばかにされれば、誰《だれ》だって**しゃくにさわる**。

Ⓔ 僕《ぼく》たちは、**粘《ねば》り強《づよ》さ**だけが取《と》り柄《え》のチームだ。

Ⓕ イベントを成功《せいこう》させるために、**力《ちから》を結集《けっしゅう》する**。

Ⓖ ツバメが軒《のき》に巣《す》を作《つく》るのは、**幸先《さいさき》がいい**。

問2 左《ひだり》の（　）に、❶～❼の語句《ごく》から最《もっと》も合《あ》うものを選《えら》んで書《か》きなさい。

㋐ 茶柱《ちゃばしら》が立《た》つのは（　　　　）だそうだ。

㋑ 人々《ひとびと》が（　　　　）すれば大抵《たいてい》のことはできる。

㋒ 単純作業《たんじゅんさぎょう》の連続《れんぞく》だから、（　　　　）が必要《ひつよう》だ。

㋓ 幼児《ようじ》には、（　　　　）なストーリーの本《ほん》を読《よ》むとよい。

㋔ 低学年《ていがくねん》が相手《あいて》なら楽勝《らくしょう》だと（　　　　）。

㋕ 姉《あね》に服《ふく》のセンスが悪《わる》いと言《い》われ、（　　　　）。

㋖ 彼《かれ》は（　　　　）な人柄《ひとがら》だからみんなに信頼《しんらい》される。

［裏ページの答え］問い1：①F　②D　③C　④A　⑤B　⑥G　⑦E
問い2：㋐思案　㋑茶化す　㋒緊急　㋓美談　㋔制限　㋕きざ　㋖以前

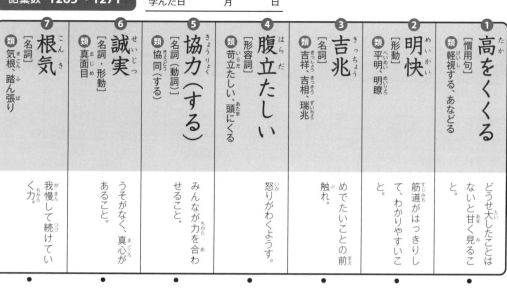

問1 左《ひだり》の語句《ごく》と同《おな》じ意味《いみ》の言葉《ことば》を**A**～**G**から選《えら》び、線《せん》で結《むす》びましょう。

語句

❶ **制限《せいげん》(する)**
[名詞(動詞)]
類 限定《げんてい》(する)、制約《せいやく》(する)、束縛《そくばく》(する)

❷ **美談《びだん》**
[名詞]
類 逸話《いつわ》

❸ **以前《いぜん》**
[名詞・副詞]
類 過去《かこ》、先頃《さきごろ》、前《まえ》に

❹ **きざ**
[名詞・形動]
類 自信過剰《じしんかじょう》、すまし屋《や》

❺ **緊急《きんきゅう》**
[名詞・形動]
類 火急《かきゅう》、超特急《ちょうとっきゅう》、大至急《だいしきゅう》

❻ **茶化《ちゃか》す**
[動詞]
類 ごまかす

❼ **思案《しあん》(する)**
[名詞(動詞)]
類 考察《こうさつ》(する)、慮《おもんぱか》る

意味

❶ 区切《くぎ》りや限界《げんかい》を決《き》めること。

❷ 人《ひと》がほめるような立派《りっぱ》な話《はなし》。

❸ それより前《まえ》の時点《じてん》。

❹ おしゃれなつもりで、もったいぶるようす。

❺ 重大《じゅうだい》で、とても急《いそ》いでしなければならないようす。

❻ 冗談《じょうだん》のように言《い》ってごまかす。

❼ あれこれ考《かんが》えを巡《めぐ》らせること。

A 書店《しょてん》のおじさんは**気《き》どり屋《や》**だが、人《ひと》がいいので憎《にく》めない。

B **切羽詰《せっぱつ》まった**事態《じたい》のときこそ、冷静《れいせい》になろう。

C **かつて**、祖母《そぼ》は美人《びじん》でモテモテだったそうだ。

D 自分《じぶん》を顧《かえり》みず人助《ひとだす》けをした人《ひと》の**感動的《かんどうてき》な話《はなし》**に涙《なみだ》する。

E なんとか、嫌《きら》いなものを食《た》べずに済《す》むよう**頭《あたま》を絞《しぼ》る**。

F 家《いえ》でゲームをしてよい時間《じかん》を**ここまでと決《き》める**。

G 深刻《しんこく》な話《はなし》になると嫌《いや》なので**わざと軽口《かるくち》を言《い》う**。

問2 左《ひだり》の(　)に、❶～❼の語句《ごく》から最《もっと》も合《あ》うものを選《えら》んで書《か》きなさい。

ア 彼《かれ》らをどう仲直《なかなお》りさせようかと(　　　)する。

イ 失敗《しっぱい》した子《こ》を(　　　)のはやめよう。

ウ (　　　)の用《よう》があり、習《なら》い事《ごと》は休《やす》むことにした。

エ 友情《ゆうじょう》のすばらしさを感《かん》じさせる(　　　)だ。

オ 車《くるま》を運転《うんてん》していい年齢《ねんれい》には(　　　)がある。

カ 人《ひと》に敬遠《けいえん》される(　　　)な態度《たいど》は、

キ 駅前《えきまえ》は、(　　　)よりにぎやかになった。

[裏ページの答え] 問い1：①B　②C　③G　④D　⑤F　⑥A　⑦E
問い2：㋐吉兆　㋑協力　㋒根気　㋓明快　㋔高をくくる　㋕腹立たしい　㋖誠実

学んだ日　　月　　日

問1 左《ひだり》の語句《ごく》と同《おな》じ意味《いみ》の言葉《ことば》をⒶ～Ⓖから選《えら》び、線《せん》で結《むす》びましょう。

	語句	意味
❶	丸《まる》く収《おさ》まる　［慣用句］　類 ハッピーエンド、大団円《だいだんえん》	物事《ものごと》が円満《えんまん》に解決《かいけつ》する。
❷	大《だい》それた　［連体詞］　類 恥知《はじし》らずの、無分別《むふんべつ》な	自分《じぶん》の立場《たちば》や地位《ちい》、道理《どうり》から大《おお》きく外《はず》れたようす。
❸	後《あと》ずさり（する）　［名詞（動詞）］　類 後退《こうたい》（する）	前《まえ》を向《む》いたまま、後《うし》ろに下《さ》がっていくこと。
❹	騒音《そうおん》　［名詞］　類 騒々《そうぞう》しさ、喧噪《けんそう》	大《おお》きくて騒《さわ》がしい音《おと》。うるさい音《おと》。
❺	博識《はくしき》　［名詞・形動］　類 博学《はくがく》、多識《たしき》	物事《ものごと》を広《ひろ》く知《し》っていること。
❻	行為《こうい》　［名詞］　類 行動《こうどう》、行状《ぎょうじょう》	しようという意志《いし》をもってする行《おこな》い。
❼	たわいない　［形容詞］　類 ①造作《ぞうさ》ない　②無邪気《むじゃき》	①手応《てごた》えや張《は》り合《あ》いがないようす。②悪意《あくい》のないようす。

Ⓐ 誘惑《ゆうわく》に負《ま》けて、**とんでもない**事件《じけん》を起《お》こす。

Ⓑ 試合終了後《しあいしゅうりょうご》は、コートの端《はし》で一礼《いちれい》してから**引《ひ》き下《さ》がる**。

Ⓒ 仲直《なかなお》りすれば、**めでたしめでたしとなる**。

Ⓓ 一人《ひとり》の身勝手《みがって》な**振《ふ》る舞《ま》い**に、みんながいらいらした。

Ⓔ 野鳥園《やちょうえん》の鳥《とり》たちの、鳴《な》き声《ごえ》の**けたたましさ**に驚《おどろ》く。

Ⓕ **取《と》るに足《た》りない**冗談《じょうだん》を本気《ほんき》にしてどうする。

Ⓖ 好奇心《こうきしん》が強《つよ》いと、どんどん**物知《ものし》り**になるらしい。

問2 左《ひだり》の（　）に、❶～❼の語句《ごく》から最《もっと》も合《あ》うものを選《えら》んで書《か》きなさい。

㋐ （　　　）でご近所《きんじょ》に迷惑《めいわく》をかけてはいけない。

㋑ お互《たが》いに譲《ゆず》り合《あ》えば、事態《じたい》は（　　　）。

㋒ 強《つよ》い相手《あいて》だと思《おも》ったが、意外《いがい》に（　　　）。

㋓ ヒーローの登場《とうじょう》で、悪者《わるもの》が（　　　）した。

㋔ 親切《しんせつ》な（　　　）は、周囲《しゅうい》の人《ひと》も和《なご》ませる。

㋕ 世界征服《せかいせいふく》が夢《ゆめ》とは（　　　）考《かんが》えだ。

㋖ （　　　）な人《ひと》は生《い》き字引《じびき》とも言《い》われる。

［裏ページの答え］　問い1：①B　②E　③A　④D　⑤C　⑥G　⑦F
問い2：㋐着目　㋑慎ましい　㋒ひとりよがり　㋓遠回し　㋔一夜漬け　㋕そらぞらしい　㋖生業

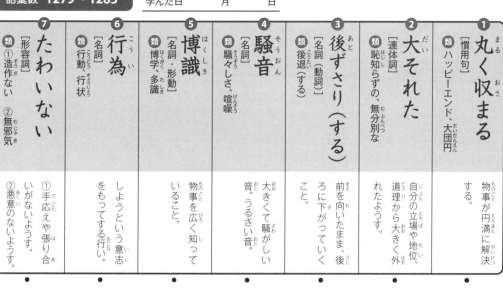

問1 左《ひだり》の語句《ごく》と同《おな》じ意味《いみ》の言葉《ことば》をⒶ～Ⓖから選《えら》び、線《せん》で結《むす》びましょう。

	語句	意味
❶	**ひとりよがり** [名詞・形動] 類 独善《どくぜん》	それでよいと自分《じぶん》だけで思《おも》い込《こ》むこと。
❷	**そらぞらしい** [形容詞] 類 白々《しらじら》しい	とぼけて知《し》らないふりをする。見《み》えすいたうそを言《い》う。
❸	**一夜漬《いちやづ》け** [名詞] 類 ①付《つ》け焼《や》き刃《ば》 ②即席漬《そくせきづ》け	①一晩《ひとばん》で仕上《しあ》げた仕事《しごと》や勉強《べんきょう》。②一晩《ひとばん》で漬《つ》けた漬物《つけもの》。
❹	**遠回《とおまわ》し** [名詞・形動] 類 婉曲《えんきょく》、間接的《かんせつてき》	はっきり言《い》わず、それとなくわかるようにすること。
❺	**生業《なりわい》** [名詞] 類 職業《しょくぎょう》、稼業《かぎょう》	生計《せいけい》を立《た》てるための職業《しょくぎょう》。
❻	**着目《ちゃくもく》(する)** [名詞(動詞)] 類 着眼《ちゃくがん》(する)、注目《ちゅうもく》(する)	ある点《てん》に目《め》を付《つ》けて、注意《ちゅうい》して見《み》ること。
❼	**慎《つつ》ましい** [形容詞] 類 ①控《ひか》え目《め》 ②つましい	①遠慮深《えんりょぶか》いようす。②質素《しっそ》なようす。

Ⓐ **にわか仕込《じこ》み**の空手《からて》だが、さまにはなっている。

Ⓑ **自分本位《じぶんほんい》**な考《かんが》えを改《あらた》める。

Ⓒ **食《た》べるための仕事《しごと》**以外《いがい》に、趣味《しゅみ》で農業《のうぎょう》をする。

Ⓓ **回《まわ》りくどい**言《い》い方《かた》をせず、嫌《いや》ならはっきり断《ことわ》ってくれ。

Ⓔ 今《いま》まで勉強《べんきょう》してただなんて**見《み》えすいた**うそを言《い》う。

Ⓕ でしゃばらず**奥《おく》ゆかしい**態度《たいど》の人《ひと》は、案外《あんがい》いない。

Ⓖ 小学生《しょうがくせい》が**関心《かんしん》を寄《よ》せる**ゲームについて調査《ちょうさ》する。

問2 左《ひだり》の（　）に、❶～❼の語句《ごく》から最《もっと》も合《あ》うものを選《えら》んで書《か》きなさい。

㋐ 新《あたら》しい技術《ぎじゅつ》に（　　）する。

㋑ （　　）食事《しょくじ》だが、家族《かぞく》の心《こころ》を温《あたた》かく満《み》たす。

㋒ 気《き》に入《い》っているのは君《きみ》だけで、（　　）の案《あん》だ。

㋓ 友達《ともだち》が傷《きず》つくといけないので、（　　）に言《い》う。

㋔ 覚《おぼ》えた知識《ちしき》は、（　　）で忘《わす》れるのも早《はや》い。

㋕ 絵《え》が苦手《にがて》な私《わたし》に、上手《じょうず》だね、とは（　　）。

㋖ うちは雑貨店経営《ざっかてんけいえい》を（　　）にしている。

[裏ページの答え]　問い1：①C　②A　③B　④E　⑤G　⑥D　⑦F
問い2：㋐騒音　㋑丸く収まる　㋒たわいない　㋓後ずさり　㋔行為　㋕大それた　㋖博識

学んだ日　　月　　日

問1 左《ひだり》の語句《ごく》と同《おな》じ意味《いみ》の言葉《ことば》をA～Gから選《えら》び、線《せん》で結《むす》びましょう。

	語句	意味
1	**繕《つくろ》う** [動詞] 類 ①修理《しゅうり》する　②装《よそお》う	①破《やぶ》れなどを直《なお》す。②身《み》なりを整《ととの》える。上辺《うわべ》を飾《かざ》る。
2	**なけなし** [名詞] 類 わずか、いささか	ほとんどないこと。それしかないこと。
3	**温厚《おんこう》** [名詞・形動] 類 温和《おんわ》	性格《せいかく》や性質《せいしつ》が穏《おだ》やかで優《やさ》しいようす。
4	**判明《はんめい》（する）** [名詞（動詞）] 類 露呈《ろてい》（する）	わかっていなかった物事《ものごと》が明《あき》らかになること。
5	**繁栄《はんえい》（する）** [名詞（動詞）] 類 隆盛《りゅうせい》（する）	豊《ゆた》かに栄《さか》えること。盛《さか》んになること。
6	**油《あぶら》を絞《しぼ》る** [慣用句] 類 小言《こごと》を言《い》う	悪《わる》い行《おこな》いをした人《ひと》を厳《きび》しく叱《しか》ること。
7	**玄人《くろうと》** [名詞] 類 巧者《こうしゃ》、熟練者《じゅくれんしゃ》	ある物事《ものごと》について深《ふか》い技術《ぎじゅつ》と知識《ちしき》がある人《ひと》。

A　子《こ》どもがうそをついたので、**こっぴどく責《せ》めた**。

B　料理番組《りょうりばんぐみ》で**専門家《せんもんか》**のやり方《かた》を見《み》ても、同《おな》じようにできない。

C　祖母《そぼ》が母《はは》の着物《きもの》を**修繕《しゅうぜん》して**くれた。

D　姉《あね》は、**少《すこ》ししかない**貯金《ちょきん》で買《か》った宝《たから》くじが当《あ》たった。

E　妹《いもうと》が母《はは》にだまってお化粧道具《けしょうどうぐ》を使《つか》ったことが**発覚《はっかく》**する。

F　怒《おこ》りっぽい人《ひと》が急《きゅう》に**柔和《にゅうわ》**になると、どうしたのかと思《おも》う。

G　一度《いちど》は**栄華《えいが》**を極《きわ》めても、ブームはすぐに過《す》ぎ去《さ》っていく。

問2 左《ひだり》の（　）に、1～7の語句《ごく》から最《もっと》も合《あ》うものを選《えら》んで書《か》きなさい。

ア　さすがに（　　　）らしい見事《みごと》な仕事《しごと》ぶりだ。

イ　昔《むかし》、ここに都《みやこ》があって（　　　）していた。

ウ　掃除《そうじ》を怠《なま》けてばかりいる彼《かれ》の（　　　）。

エ　欠点《けってん》を（　　　）のにも限界《げんかい》がある。

オ　多額《たがく》な費用《ひよう》がかかることが（　　　）する。

カ　（　　　）のお金《かね》で母《はは》の日《ひ》のプレゼントを買《か》う。

キ　何《なに》を言《い》われても微笑《ほほえ》んでいる（　　　）な人《ひと》だ。

［裏ページの答え］　問い１：①B　②A　③D　④C　⑤F　⑥G　⑦E
問い２：㋐仮に　㋑図星　㋒形容　㋓すごむ　㋔観測　㋕寛大　㋖着実

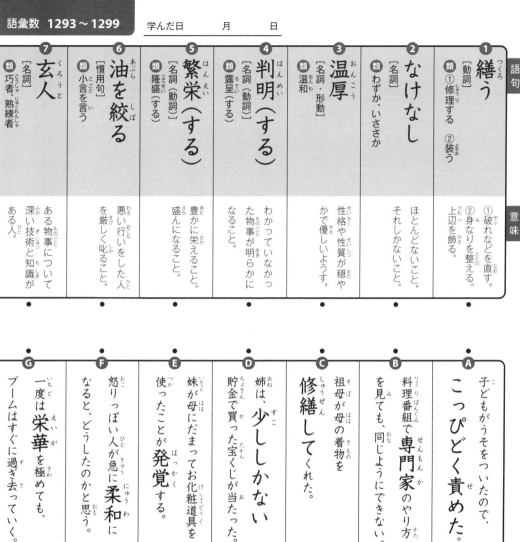

問1 左《ひだり》の語句《ごく》と同《おな》じ意味《いみ》の言葉《ことば》をⒶ～Ⓖから選《えら》び、線《せん》で結《むす》びましょう。

語句	意味
❶ **観測《かんそく》（する）** ［名詞（動詞）］ 類 ①測候《そっこう》 ②推測《すいそく》（する）	①自然《しぜん》の変化《へんか》を調《しら》べること。②将来《しょうらい》を想像《そうぞう》すること。
❷ **着実《ちゃくじつ》** ［名詞・形動］ 類 堅実《けんじつ》	物事《ものごと》を落《お》ち着《つ》いて間違《まちが》いなく進《すす》めること。
❸ **寛大《かんだい》** ［名詞・形動］ 類 寛容《かんよう》	心《こころ》が広《ひろ》くて思《おも》いやりがあるようす。
❹ **仮《かり》に** ［副詞］ 類 ①一時的《いちじてき》に ②もしも	①間《ま》に合《あ》わせに。②こうであると想《そう》定《てい》した場合《ばあい》。
❺ **すごむ** ［動詞］ 類 威嚇《いかく》する	相手《あいて》を怖気《おじけ》づかせるような態度《たいど》を見《み》せる。
❻ **図星《ずぼし》** ［名詞］ 類 要所《ようしょ》、弱点《じゃくてん》	狙《ねら》い所《どころ》。急所《きゅうしょ》。また、それがずばり当《あ》たっていること。
❼ **形容《けいよう》（する）** ［名詞（動詞）］ 類 描写《びょうしゃ》（する）、名状《めいじょう》（する）	物事《ものごと》の姿《すがた》や状態《じょうたい》、性質《せいしつ》などを言葉《ことば》で表《あらわ》すこと。

Ⓐ 油断《ゆだん》したウサギは、**地道《じみち》**に歩《ある》き続《つづ》けたカメに負《ま》けた。

Ⓑ この夏《なつ》は朝顔《あさがお》の生長《せいちょう》のようすを、毎日《まいにち》**観察《かんさつ》**するつもりだ。

Ⓒ 割《わ》れた窓《まど》ガラスを**とりあえず**ガムテープで留《と》める。

Ⓓ 普段《ふだん》から、「**度量《どりょう》が大《おお》きいね**」とおだてておく。

Ⓔ 竜宮城《りゅうぐうじょう》の美《うつく》しさは、とても**言《こと》葉《ば》で言《い》い表《あらわ》せ**ない。

Ⓕ 「アイドルの写真《しゃしん》を汚《よご》したら承《しょう》知《ち》しない」と兄《あに》が僕《ぼく》を**脅《おど》す**。

Ⓖ 「さてはサボる気《き》だな」と言《い》われたが、**そのとおり**だった。

問2 左《ひだり》の（　）に、❶～❼の語句《ごく》から最《もっと》も合《あ》うものを選《えら》んで書《か》きなさい。

㋐（　　　）失敗《しっぱい》しても、また別《べつ》の方法《ほうほう》がある。

㋑「本当《ほんとう》は嫌《いや》なんでしょう」と（　　　）を指《さ》される。

㋒ この複雑《ふくざつ》な心情《しんじょう》は何《なん》とも（　　　）しがたい。

㋓ 劇《げき》で相手《あいて》に（　　　）場面《ばめん》があるので、練習《れんしゅう》する。

㋔ 山頂《さんちょう》で天《あま》の川《がわ》を（　　　）する。

㋕（　　　）な心《こころ》をもつにはどうすればいいのだろう。

㋖ 計画《けいかく》を（　　　）に実行《じっこう》に移《うつ》す。

［裏ページの答え］ 問い1：①C ②D ③F ④E ⑤G ⑥A ⑦B
問い2：㋐玄人 ㋑繁栄 ㋒油を絞る ㋓繕う ㋔判明 ㋕なけなし ㋖温厚

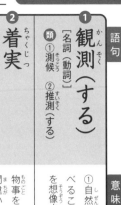

問1 左《ひだり》の語句《ごく》と同《おな》じ意味《いみ》の言葉《ことば》をA～Gから選《えら》び、線《せん》で結《むす》びましょう。

	語句	意味
❶	**有《あ》り様《さま》** [名詞] 類 様態《ようたい》、様相《ようそう》、状況《じょうきょう》	物事《ものごと》のようす。
❷	**危険《きけん》** [名詞・形動] 類 危難《きなん》、危機《きき》、リスク	危《あぶ》ないこと。悪《わる》いことが起《お》きる可能《かのう》性《せい》があること。
❸	**本来《ほんらい》** [名詞・副詞] 類 元来《がんらい》、もとより	もともと。初《はじ》めから。通常《つうじょう》。
❹	**十八番《おはこ》** [名詞] 類 お家芸《いえげい》、専売特許《せんばいとっきょ》	その人《ひと》が、最《もっと》も得意《とくい》とする芸《げい》。
❺	**神聖《しんせい》** [名詞・形動] 類 尊《とうと》い、清《きよ》らか、崇高《すうこう》	けがれがなく、尊《とうと》くて、粗末《そまつ》にしてはいけないようす。
❻	**快晴《かいせい》** [名詞] 類 日本晴《にほんば》れ、上天気《じょうてんき》	気持《きも》ちよい晴《は》れの天気《てんき》。
❼	**思《おも》いあまる** [動詞] 類 思案《しあん》にあまる	いろいろ思案《しあん》しても、よい策《さく》が浮《う》かばない。

A 忍者《にんじゃ》のまねで場《ば》を和《なご》ませるのは、彼《かれ》の**得意技《とくいわざ》**だ。

B 姉《あね》は**考《かんが》えに行《い》き詰《づ》まる**と逆立《さかだ》ちをする癖《くせ》がある。

C 湖《みずうみ》の神《かみ》が**厳《おごそ》か**な声《こえ》で、「落《お》としたのは金《きん》の斧《おの》か」と聞《き》く。

D 雨天《うてん》を願《ねが》ったのに、**雲一《くもひと》つない青空《あおぞら》**になった。

E 一人《ひとり》で山《やま》へ柴刈《しばか》りに行《い》くのは、本当《ほんとう》は**安全《あんぜん》ではない**。

F この程度《ていど》で息切《いきぎ》れする**状態《じょうたい》**では、一《いち》キロも走《はし》りきれない。

G **そもそも**、猫《ねこ》は水《みず》が嫌《きら》いだ。

問2 左《ひだり》の（　）に、❶～❼の語句《ごく》から最《もっと》も合《あ》うものを選《えら》んで書《か》きなさい。

ア カラオケで父《ちち》が自分《じぶん》の（　　　）の曲《きょく》を歌《うた》う。

イ 昔《むかし》は山自体《やまじたい》を（　　　）なものとして、人々《ひとびと》が拝《おが》んでいた。

ウ （　　　）と自暴自棄《じぼうじき》になるのは、困《こま》りものだ。

エ 通学路《つうがくろ》の（　　　）な場所《ばしょ》をあらかじめ把握《はあく》する。

オ （　　　）、この仕事《しごと》は君《きみ》がやるべきものだ。

カ テスト勉強《べんきょう》をしなかったせいで、この（　　　）だ。

キ 予報《よほう》どおり（　　　）になり、ハイキングに行《い》った。

［裏ページの答え］ 問い1：①C ②D ③F ④A ⑤E ⑥G ⑦B
問い2：㋐あるがまま ㋑展示 ㋒負担 ㋓側面 ㋔物騒 ㋕和える ㋖均一

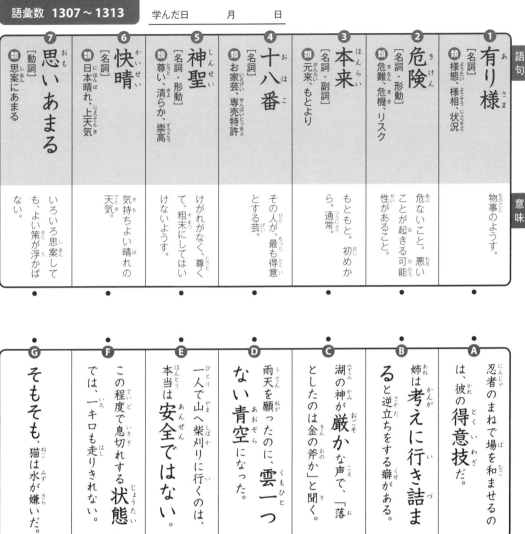

問1 左《ひだり》の語句《ごく》と同《おな》じ意味《いみ》の言葉《ことば》をA～Gから選《えら》び、線《せん》で結《むす》びましょう。

語句 / 意味

1 **物騒《ぶっそう》**［名詞・形動］
類 険悪《けんあく》
いつ危険《きけん》になるかもしれないようす。

2 **展示《てんじ》（する）**［名詞（動詞）］
類 ディスプレー、展覧《てんらん》（する）
品物《しなもの》を置《お》いて、大勢《おおぜい》の人《ひと》に見《み》せること。

3 **和《あ》える**［動詞］
類 混《ま》ぜる
食品《しょくひん》を調味料《ちょうみりょう》などと混《ま》ぜること。

4 **均一《きんいつ》**［名詞・形動］
類 一様《いちよう》、画一《かくいつ》
質《しつ》や量《りょう》などがどれも同《おな》じであるようす。

5 **負担《ふたん》（する）**［名詞（動詞）］
類 負荷《ふか》、重荷《おもに》
支払《しはら》いや仕事《しごと》、責任《せきにん》などを引《ひ》き受《う》けること。

6 **側面《そくめん》**［名詞］
類 ①半面《はんめん》、片方《かたほう》、脇《わき》　②一面《いちめん》
①横《よこ》の面《めん》。正面《しょうめん》でない面《めん》。②いくつかある性質《せいしつ》の一《ひと》つ。

7 **あるがまま**［連語］
類 ありのまま、無作為《むさくい》
実際《じっさい》のその状態《じょうたい》のまま。今《いま》のまま。

A フリーマーケットで**一律《いちりつ》**二百《にひゃく》円《えん》にしても、売《う》れ残《のこ》りが出《で》た。

B 考《かんが》えてみれば、大抵《たいてい》の動物《どうぶつ》はいつでも**自然体《しぜんたい》**だ。

C 二匹《にひき》の猫《ねこ》がにらみ合《あ》っていて、何《なに》やら**不穏《ふおん》**な雰囲気《ふんいき》だ。

D 文化祭《ぶんかさい》で絵《え》の**陳列《ちんれつ》**を任《まか》された。

E 人間《にんげん》は、**背負《せお》う**仕事《しごと》が多《おお》いと、怒《おこ》りっぽくなることが多《おお》い。

F 熱《あつ》いパスタにソースを**合《あ》わせる**。

G 同《おな》じ山《やま》でも、**別《べつ》の角度《かくど》**から見《み》ると全然形《ぜんぜんかたち》が違《ちが》う。

問2 左《ひだり》の（　）に、1～7の語句《ごく》から最《もっと》も合《あ》うものを選《えら》んで書《か》きなさい。

ア いつも（　　　　）の自分《じぶん》でいたいと思《おも》う。

イ 会場《かいじょう》にたくさんの作品《さくひん》が（　　　　）された。

ウ 委員会《いいんかい》の仕事《しごと》は全員《ぜんいん》で（　　　　）する。

エ 身近《みぢか》な人《ひと》の意外《いがい》な（　　　　）に驚《おどろ》く。

オ 最近《さいきん》は（　　　　）だから、戸締《とじま》りを確《たし》かめよう。

カ ツナと玉《たま》ねぎをマヨネーズで（　　　　）。

キ 工場《こうじょう》で作《つく》る製品《せいひん》の質《しつ》を（　　　　）にする。

［裏ページの答え］ 問い1：①F　②E　③G　④A　⑤C　⑥D　⑦B
問い2：㋐十八番　㋑神聖　㋒思いあまる　㋓危険　㋔本来　㋕有り様　㋖快晴

学んだ日　　月　　日

問 対義語《たいぎご》になるものを下《した》から選《えら》び、記入《きにゅう》しましょう。（□はAの島《しま》、□はBの島《しま》から選《えら》びましょう。）

語句	意味
1	ほかとはっきり区別《くべつ》されたもの。
↔ 2	ほかとあまり変《か》わらないもの。
3	劣《おと》っていること。
↔ 4	優《すぐ》れていること。
5	全《すべ》てそろっていること。
↔ 6	足《た》りないものがあること。
7	結《むす》び付《つ》いて一《ひと》つになること。
↔ 8	一《ひと》つのものが分《わ》かれること。
9	広《ひろ》く人々《ひとびと》に示《しめ》すこと。
↔ 10	誰《だれ》にも知《し》らせないこと。
11	作物《さくもつ》が実《みの》らない年《とし》。
↔ 12	作物《さくもつ》がよく実《みの》った年《とし》。
13	約束《やくそく》を取《と》り交《か》わすこと。
↔ 14	約束《やくそく》を取《と》り消《け》すこと。
15	強《つよ》くしっかりしていること。
↔ 16	柔《やわ》らかくて弱《よわ》いこと。
17	建物《たてもの》などを造《つく》ること。
↔ 18	建物《たてもの》などを壊《こわ》すこと。
19	学問《がくもん》に優《すぐ》れた人《ひと》。
↔ 20	頭《あたま》の働《はたら》きが鈍《にぶ》い人《ひと》。
21	いちばん長《なが》いこと。
↔ 22	いちばん短《みじか》いこと。
23	熱心《ねっしん》に励《はげ》むこと。
↔ 24	怠《なま》けてだらしないこと。

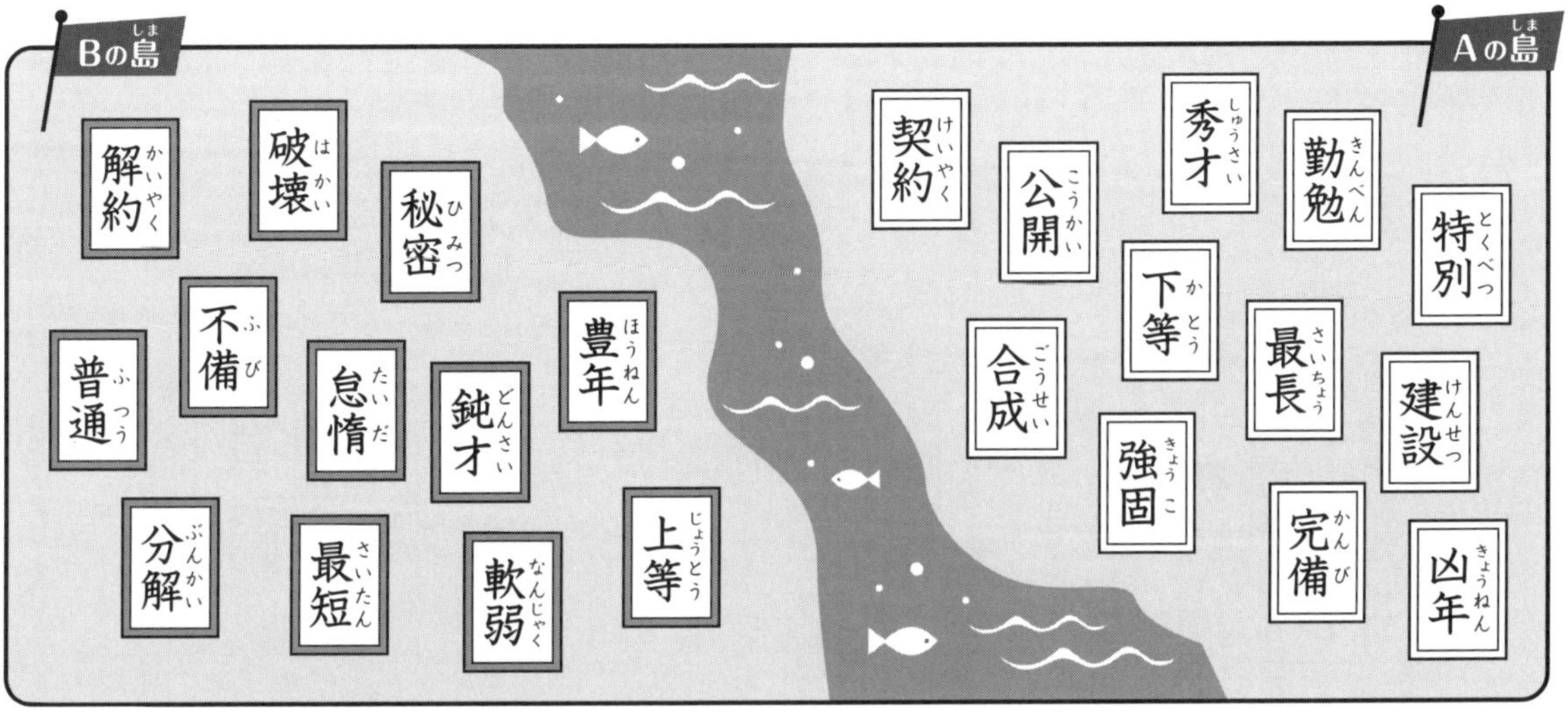

［裏ページの答え］①移　②折　③空　④表　⑤映　⑥負　⑦開　⑧写　⑨追　⑩現　⑪織　⑫著

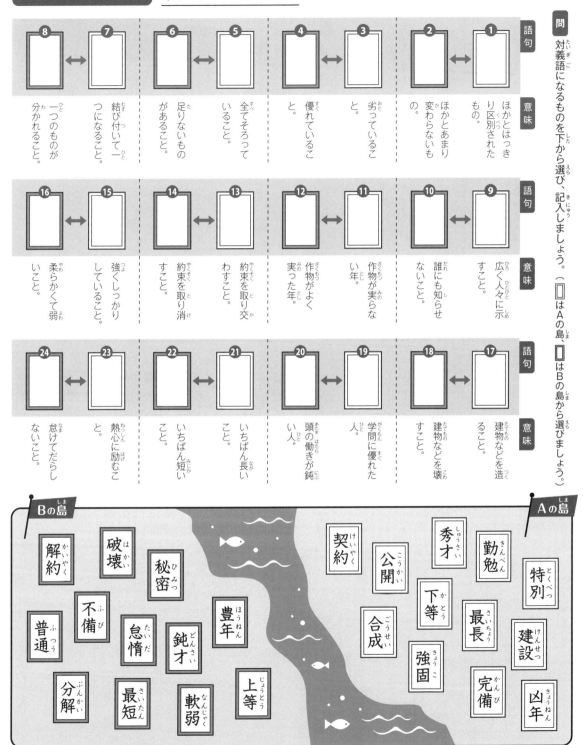

◆同《どう》訓《くん》異《い》字《じ》語《ご》

語句	意味
空《あ》ける	場所《ばしょ》を占《し》めていたものをどける。
開《あ》ける	閉《と》じていたものを開《ひら》く。
現《あらわ》す	それまで見《み》えなかったものが見《み》えるようになる。
著《あらわ》す	本《ほん》を書《か》いて世《よ》に出《だ》す。
表《あらわ》す	表《おもて》に出《だ》して表現《ひょうげん》する。
移《うつ》す	ある場所《ばしょ》から別《べつ》の場所《ばしょ》にものを動《うご》かす。
映《うつ》す	ものの姿《すがた》や形《かたち》が水面《すいめん》などに現《あらわ》れる。
写《うつ》す	絵《え》や文字《もじ》などを現物《げんぶつ》に似《に》せて書《か》く。
負《お》う	自分《じぶん》の身《み》で受《う》ける。
追《お》う	先《さき》に行《い》くものの後《あと》をついて行《い》く。
織《お》る	糸《いと》を組《く》み合《あ》わせて布《ぬの》を作《つく》る。
折《お》る	棒《ぼう》や板《いた》の形《かたち》のものを曲《ま》げる。

問 左《ひだり》の（　）にあてはまる適切《てきせつ》な漢字《かんじ》を、下《した》の□から一《ひと》つ選《えら》びましょう。

1. 机《つくえ》をほかの部屋《へや》へ（　）す。
2. 紙《かみ》を丁寧《ていねい》に（　）る。
3. 老人《ろうじん》のために席《せき》を（　）ける。
4. データをグラフにして（　）す。
5. 池《いけ》の水《みず》が月《つき》を（　）す。
6. 重《おも》い責任《せきにん》を（　）う。
7. 窓《まど》を大《おお》きく（　）ける。
8. 有名《ゆうめい》な文章《ぶんしょう》を紙《かみ》に（　）す。
9. 友達《ともだち》の後《あと》を（　）う。
10. 太陽《たいよう》が姿《すがた》を（　）す。
11. 子《こ》どもの浴衣《ゆかた》を（　）る。
12. 新《あたら》しい考《かんが》えを本《ほん》に（　）す。

負　開　映　表　織　現　空　写　追　折　著　移

［裏ページの答え］ ①特別　②普通　③下等　④上等　⑤完備　⑥不備　⑦合成　⑧分解　⑨公開　⑩秘密　⑪凶年　⑫豊年　⑬契約　⑭解約　⑮強固　⑯軟弱　⑰建設　⑱破壊　⑲秀才　⑳鈍才　㉑最長　㉒最短　㉓勤勉　㉔怠惰

問1 左《ひだり》の語句《ごく》と同《おな》じ意味《いみ》の言葉《ことば》をⒶ～Ⓖから選《えら》び、線《せん》で結《むす》びましょう。

	語句	意味
❶	**場違《ばちが》い** [名詞・形動] 類 不釣《ふつ》り合《あ》い	その場《ば》に合《あ》っていないこと。ふさわしくないこと。
❷	**強情《ごうじょう》** [名詞・形動] 類 意固地《いこじ》、意地《いじ》っ張《ば》り	意地《いじ》を張《は》って、自分《じぶん》の考《かんが》えや思《おも》いを押《お》し通《とお》すこと。
❸	**偉人《いじん》** [名詞] 類 大人物《だいじんぶつ》	世《よ》の中《なか》のためになる、立派《りっぱ》なことをした人《ひと》。
❹	**とがめる** [動詞] 類 ①非難《ひなん》する　②問《と》いつめる	①失敗《しっぱい》を責《せ》める。②怪《あや》しんで問《と》う。
❺	**号泣《ごうきゅう》（する）** [名詞（動詞）] 類 大泣《おおな》き（する）、むせび泣《な》き	大声《おおごえ》をあげて泣《な》き叫《さけ》ぶこと。
❻	**口振《くちぶ》り** [名詞] 類 言葉付《ことばつ》き	言《い》い方《かた》。話《はな》し振《ぶ》り。
❼	**脱落《だつらく》（する）** [名詞（動詞）] 類 ①欠《か》ける　②外《はず》れる	①抜《ぬ》け落《お》ちること。②仲間《なかま》について行《い》けなくなること。

Ⓐ 迷子《まいご》だった子《こ》がお母《かあ》さんを見《み》つけて、**わんわん泣《な》く**。

Ⓑ 冷蔵庫《れいぞうこ》を開《あ》けっ放《ぱな》しにした弟《おとうと》を**責《せ》め立《た》てる**。

Ⓒ **周《まわ》りになじまない**服装《ふくそう》はやめておく。

Ⓓ 自信《じしん》たっぷりの**口調《くちょう》**で、「俺《おれ》に任《まか》せろ」と言《い》ってみたい。

Ⓔ 妹《いもうと》は何《なに》を聞《き》かれても、**頑固《がんこ》に**口《くち》をつぐんだままだ。

Ⓕ この文章《ぶんしょう》には、重要《じゅうよう》な部分《ぶぶん》が**欠落《けつらく》**している。

Ⓖ 野口英世《のぐちひでよ》は**立派《りっぱ》なことをした人物《じんぶつ》**だ。

問2 左《ひだり》の（　）に、❶～❼の語句《ごく》から最《もっと》も合《あ》うものを選《えら》んで書《か》きなさい。

㋐ 警察官《けいさつかん》が不審《ふしん》な人物《じんぶつ》を（　　）。

㋑ これ以上《いじょう》（　　）を張《は》るな。

㋒ 彼《かれ》は、何《なん》でも知《し》っているみたいな（　　）だ。

㋓ 校庭十周《こうていじゅっしゅう》がしんどくて野球部《やきゅうぶ》の朝練《あされん》から（　　）した。

㋔（　　）な言葉遣《ことばづか》いをする。

㋕（　　）の伝記《でんき》を読《よ》む。

㋖ あまりの痛《いた》さに（　　）する。

［裏ページの答え］問い1：①B　②E　③A　④G　⑤C　⑥D　⑦F
問い2：㋐絶望　㋑無礼　㋒腹八分　㋓共倒れ　㋔単純　㋕手際がよい　㋖心苦しい

問1 左《ひだり》の語句《ごく》と同《おな》じ意味《いみ》の言葉《ことば》をⒶ～Ⓖから選《えら》び、線《せん》で結《むす》びましょう。

	語句	意味
1	**単純《たんじゅん》** [名詞・形動] 類 簡単《かんたん》、シンプル	物事《ものごと》が込《こ》み入《い》っていないこと。
2	**絶望《ぜつぼう》(する)** [名詞(動詞)] 類 失望《しつぼう》(する)	すっかり希望《きぼう》をなくすこと。
3	**心苦《こころぐる》しい** [形容詞] 類 つらい、切《せつ》ない	心《こころ》が痛《いた》むさま。相手《あいて》にすまなく思《おも》うさま。
4	**無礼《ぶれい》** [名詞・形動] 類 失礼《しつれい》、行儀《ぎょうぎ》が悪《わる》い	礼儀《れいぎ》に欠《か》けていること。
5	**手際《てぎわ》がよい** [連語] 類 そつがない	腕前《うでまえ》がよい。やり方《かた》がよい。
6	**腹八分《はらはちぶ》** [名詞] 類 腹八分目《はらはちぶんめ》	満腹《まんぷく》になるまで食《た》べようとせず、控《ひか》え目《め》にしておくこと。
7	**共倒《ともだお》れ** [名詞] 類 道連《みちづ》れ	争《あらそ》ったり、支《ささ》え合《あ》ったりして、両方《りょうほう》とも倒《たお》れること。

Ⓐ 勝手《かって》なお願《ねが》いばかりで、**申《もう》し訳《わけ》なく思《おも》う。**

Ⓑ おなかがすくと不機嫌《ふきげん》だなんて、**わかりやすい**性格《せいかく》だ。

Ⓒ 父《ちち》は台所《だいどころ》に立《た》つと、意外《いがい》と**てきぱきしている。**

Ⓓ 長寿《ちょうじゅ》の秘《ひ》けつは「**食《た》べる量《りょう》はほどほどに**」だ。

Ⓔ メンバーに選《えら》ばれず、**望《のぞ》みが絶《た》たれる。**

Ⓕ 隣接《りんせつ》するコンビニが**どちらもつぶれる。**

Ⓖ トイレの扉《とびら》をノックしないのは、**不作法《ぶさほう》**だ。

問2 左《ひだり》の(　)に、❶～❼の語句《ごく》から最《もっと》も合《あ》うものを選《えら》んで書《か》きなさい。

ア 決勝戦進出《けっしょうせんしんしゅつ》は(　　　)的《てき》だ。

イ (　　　)な態度《たいど》をとって注意《ちゅうい》される。

ウ (　　　)にしておけば、健康《けんこう》にいい。

エ ライバル同士《どうし》で張《は》り合《あ》いすぎると(　　　)になるよ。

オ このおもちゃの仕組《しく》みは(　　　)だ。

カ (　　　)と仕事《しごと》ぶりをほめられる。

キ みんなが忙《いそが》しいときに休《やす》むのは(　　　)。

[裏ページの答え]　問い1：①C　②E　③G　④B　⑤A　⑥D　⑦F
問い2：㋐とがめる　㋑強情　㋒口振り　㋓脱落　㋔場違い　㋕偉人　㋖号泣

問1 左《ひだり》の語句《ごく》と同《おな》じ意味《いみ》の言葉《ことば》をⒶ～Ⓖから選《えら》び、線《せん》で結《むす》びましょう。

語句	意味
❶ **もし** ［副詞］ 類 もしかして、あるいは	仮《かり》に。ひょっとして。
❷ **エピソード** ［名詞］ 類 ①挿話《そうわ》　②逸話《いつわ》	①物語《ものがたり》の間《あいだ》に挟《はさ》む、短《みじか》い話《はなし》。②ちょっとした興味深《きょうみぶか》い話《はなし》。
❸ **団結《だんけつ》（する）** ［名詞（動詞）］ 類 結束《けっそく》（する）	目標《もくひょう》に向《む》けて、大勢《おおぜい》で気持《きも》ちを合《あ》わせてまとまること。
❹ **うろたえる** ［動詞］ 類 戸惑《とまど》う、まごまごする	どうしたらよいかわからず、取《と》り乱《みだ》す。
❺ **ささい** ［形動］ 類 さまつ	ちょっとした。取《と》るに足《た》りない。
❻ **待《ま》ちかねる** ［動詞］ 類 待《ま》ちこがれる	待《ま》っている時間《じかん》が長《なが》く、我慢《がまん》できなくなる。
❼ **培《つちか》う** ［動詞］ 類 ①育成《いくせい》する　②栽培《さいばい》する	①心《こころ》や性質《せいしつ》を養《やしな》い、育《そだ》てる。②草木《くさき》を育《そだ》てる。

Ⓐ ハトのフンが突然《とつぜん》頭《あたま》に落《お》ちてきて、**まごつく**。

Ⓑ **大《たい》したことではない**ことが原因《げんいん》で、けんかが始《はじ》まる。

Ⓒ **万《まん》が一《いち》**大金持《おおがねも》ちになれたら、駄菓子屋《だがしや》を買《か》い占《し》めたい。

Ⓓ 皆《みな》で**心《こころ》を一《ひと》つにして、**先生《せんせい》にドッキリを仕掛《しか》ける。

Ⓔ 夏《なつ》が**待《ま》ちきれなくて、**アロハシャツを着《き》る。

Ⓕ 書道《しょどう》を通《とお》して、集中力《しゅうちゅうりょく》を**育《はぐく》み、成長《せいちょう》させる。**

Ⓖ 校長先生《こうちょうせんせい》から、修学旅行《しゅうがくりょこう》の**こぼれ話《ばなし》**を聞《き》く。

問2 左《ひだり》の（　）に、❶～❼の語句《ごく》から最《もっと》も合《あ》うものを選《えら》んで書《か》きなさい。

㋐ 父《ちち》が学生時代《がくせいじだい》の（　　　　）を語《かた》る。

㋑ 夕飯《ゆうはん》が出《で》て来《く》るのを（　　　　）。

㋒ （　　　　）生《う》まれ変《か》われるなら、猫《ねこ》がいい。

㋓ キャンプで自主性《じしゅせい》を（　　　　）のが目的《もくてき》だ。

㋔ トイレットペーパーがなくて（　　　　）。

㋕ （　　　　）なことにこだわると失敗《しっぱい》する。

㋖ クラスで一致《いっち》（　　　　）して優勝《ゆうしょう》を目指《めざ》す。

［裏ページの答え］　問い１：①E　②F　③D　④A　⑤G　⑥B　⑦C
問い２：㋐逆風　㋑選抜　㋒ジレンマ　㋓拒絶　㋔戒め　㋕もてなす　㋖健やか

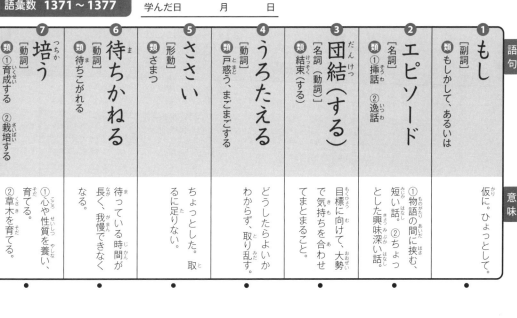

問1 左《ひだり》の語句《ごく》と同《おな》じ意味《いみ》の言葉《ことば》をA～Gから選《えら》び、線《せん》で結《むす》びましょう。

	語句	意味
1	**選抜《せんばつ》(する)** [名詞（動詞）] 類 選出《せんしゅつ》(する)、精選《せいせん》(する)	多《おお》くの中《なか》から、優《すぐ》れたものを選《えら》び抜《ぬ》くこと。
2	**逆風《ぎゃくふう》** [名詞] 類 ①仇《あだ》の風《かぜ》　②障害《しょうがい》	①進行方向《しんこうほうこう》から吹《ふ》いてくる風《かぜ》。 ②不利《ふり》な状況《じょうきょう》。
3	**健《すこ》やか** [形動] 類 健全《けんぜん》、達者《たっしゃ》	心《こころ》や体《からだ》が健康《けんこう》で、丈《じょう》夫《ぶ》なようす。
4	**戒《いまし》め** [名詞] 類 ①訓戒《くんかい》　②制裁《せいさい》	①悪《わる》いところを注《ちゅう》意《い》すること。教《おし》え。 ②懲《こ》らしめること。
5	**拒絶《きょぜつ》(する)** [名詞（動詞）] 類 拒否《きょひ》(する)	要求《ようきゅう》されたことを拒《こば》むこと。
6	**ジレンマ** [名詞] 類 どっち付《つ》かず	二《ふた》つの物事《ものごと》の間《あいだ》で、どちらにも決《き》められず困《こま》ること。
7	**もてなす** [動詞] 類 ①待遇《たいぐう》する　②振《ふ》る舞《ま》う	①人《ひと》を大事《だいじ》に扱《あつか》う。 ②ごちそうする。

A いたずらした**罰《ばつ》**として、僕《ぼく》だけゲーム禁止《きんし》になった。

B どっちの友達《ともだち》と遊《あそ》びに行《い》くか、**板挟《いたばさ》みの状態《じょうたい》**になる。

C 母《はは》はどんな人《ひと》にも**丁寧《ていねい》に対応《たいおう》する**人《ひと》だ。

D 赤《あか》ちゃんが、**すくすくと元気《げんき》に**育《そだ》つ。

E 漫才《まんざい》コンテストで、うけるコンビを**よりすぐる**。

F **向《む》かい風《かぜ》**に髪《かみ》をなびかせる。

G 「にんじんを食《た》べなさい」と言《い》われても、僕《ぼく》は絶対《ぜったい》**断《ことわ》る**。

問2 左《ひだり》の（　）に、1～7の語句《ごく》から最《もっと》も合《あ》うものを選《えら》んで書《か》きなさい。

ア （　　　）にも負《ま》けず、頑張《がんば》る人《ひと》が好《す》きだ。

イ サッカーの代表選手《だいひょうせんしゅ》を（　　　）する。

ウ 続《つづ》けるかやめるかの（　　　）に陥《おちい》る。

エ 無理《むり》な命令《めいれい》を（　　　）する。

オ 先生《せんせい》の（　　　）を守《まも》る。

カ 友達《ともだち》を、我《わ》が家《や》の手作《てづく》りケーキで（　　　）。

キ 子《こ》どもの（　　　）な成長《せいちょう》を願《ねが》う。

［裏ページの答え］ 問い1：①C　②G　③D　④A　⑤B　⑥E　⑦F
問い2：㋐エピソード　㋑待ちかねる　㋒もし　㋓培う　㋔うろたえる　㋕ささい　㋖団結

学んだ日　月　日

問1 左《ひだり》の語句《ごく》と同《おな》じ意味《いみ》の言葉《ことば》をⒶ～Ⓖから選《えら》び、線《せん》で結《むす》びましょう。

語句

❶ **異《こと》なる** ［動詞］ 類 食《く》い違《ちが》う

❷ **うかつ** ［名詞・形動］ 類 うっかり

❸ **保護《ほご》（する）** ［名詞（動詞）］ 類 擁護《ようご》（する）

❹ **先決《せんけつ》（する）** ［名詞（動詞）］ 類 第一《だいいち》

❺ **粒《つぶ》ぞろい** ［名詞］ 類 粒《つぶ》より

❻ **目移《めうつ》り（する）** ［名詞（動詞）］ 類 決《き》めかねる

❼ **足《あし》もとを見《み》る** ［慣用句］ 類 弱点《じゃくてん》を見透《みす》かす

意味

❶ 同《おな》じでない。別《べつ》のものである。

❷ ぼんやりしていて、気付《きづ》かないこと。

❸ 危険《きけん》な目《め》にあわないように、かばって守《まも》ること。

❹ 何《なに》よりも先《さき》に、決《き》めなくてはならないこと。

❺ 集《あつ》まった人《ひと》やものが同《おな》じくらいに優《すぐ》れていること。

❻ ほかのものにも心《こころ》が引《ひ》かれて、決《き》めがたいこと。

❼ 相手《あいて》の弱《よわ》いところを見抜《みぬ》いて、付《つ》け込《こ》む。

Ⓐ 今《いま》は遊《あそ》びより学業《がくぎょう》を**最優先《さいゆうせん》**するべきだ。

Ⓑ 商品《しょうひん》がやたらと多《おお》くて、**どれにするか迷《まよ》う。**

Ⓒ **不注意《ふちゅうい》**なことに、お弁当《べんとう》の箸《はし》を忘《わす》れてしまった。

Ⓓ 地球《ちきゅう》の環境《かんきょう》を**大事《だいじ》にして保《たも》つ。**

Ⓔ 弟《おとうと》の**弱《よわ》みを利用《りよう》して、**子分《こぶん》のようにこき使《つか》う。

Ⓕ 姉《あね》と私《わたし》は、顔《かお》は似《に》ているが、性格《せいかく》はずいぶん**違《ちが》う。**

Ⓖ **そうそうたる顔《かお》ぶれ**の選手《せんしゅ》が日本一《にほんいち》を競《きそ》う。

問2 左《ひだり》の（　）に、❶～❼の語句《ごく》から最《もっと》も合《あ》うものを選《えら》んで書《か》きなさい。

㋐ 客《きゃく》の（　　　）とは、失礼《しつれい》な店《みせ》だ。

㋑ ショッピングモールで迷子《まいご》になって（　　　）される。

㋒ この映画《えいが》の出演俳優《しゅつえんはいゆう》は（　　　）だ。

㋓ メンバーの意見《いけん》がそれぞれ（　　　）と大変《たいへん》だ。

㋔ 失敗《しっぱい》したら、言《い》い訳《わけ》するよりまず謝《あやま》ることが（　　　）だ。

㋕ （　　　）にも、Tシャツを後《うし》ろ前《まえ》に着《き》てしまう。

㋖ （　　　）して、買《か》うものが決《き》まらない。

［裏ページの答え］ 問い1：①C　②G　③A　④E　⑤D　⑥B　⑦F
問い2：㋐有益　㋑遂行　㋒あげ足を取る　㋓力む　㋔謝礼　㋕初々しい　㋖安静

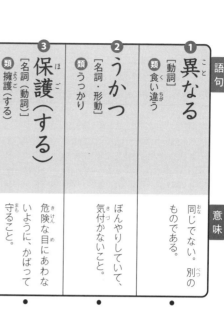

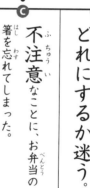

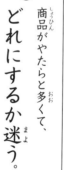

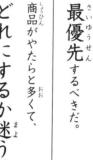

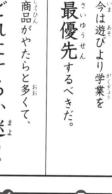

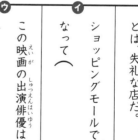

問1 左《ひだり》の語句《ごく》と同《おな》じ意味《いみ》の言葉《ことば》をＡ～Ｇから選《えら》び、線《せん》で結《むす》びましょう。

	語句	意味
1	初々《ういうい》しい　[形容詞]　類 純真《じゅんしん》	世間慣《せけんな》れしていなくて、かわいらしいようす。
2	遂行《すいこう》(する)　[名詞(動詞)]　類 達成《たっせい》(する)、成《な》し遂《と》げる	物事《ものごと》を最後《さいご》までやり遂《と》げること。
3	安静《あんせい》　[名詞・形動]　類 沈静《ちんせい》	静《しず》かにして、心《こころ》や体《からだ》を休《やす》めること。
4	あげ足《あし》を取《と》る　[慣用句]　類 重箱《じゅうばこ》の隅《すみ》をつつく	相手《あいて》の小《ちい》さな間違《まちが》いなどを取《と》り上《あ》げて、からかう。
5	有益《ゆうえき》　[名詞・形動]　類 有用《ゆうよう》	利益《りえき》があること。ためになること。
6	力《りき》む　[動詞]　類 ①踏《ふ》ん張《ば》る　②意気込《いきご》む	①体《からだ》に力《ちから》を入《い》れる。②力《ちから》があるように見《み》せる。
7	謝礼《しゃれい》(する)　[名詞(動詞)]　類 御礼《おれい》、謝意《しゃい》、謝辞《しゃじ》	お礼《れい》の気持《きも》ちを表《あらわ》すための言葉《ことば》や贈《おく》り物《もの》。

Ａ 熱《ねつ》が下《さ》がるまで、ゆっくりと穏《おだ》やかに過《す》ごす。

Ｂ 気張《きば》って重《おも》い荷物《にもつ》を持《も》ち上《あ》げる。

Ｃ 新一年生《しんいちねんせい》がうぶな表情《ひょうじょう》で体育館《たいいくかん》に入場《にゅうじょう》する。

Ｄ 彼《かれ》に聞《き》けば、テストに役《やく》に立《た》つ情報《じょうほう》を教《おし》えてくれるよ。

Ｅ 人《ひと》の言葉尻《ことばじり》を捉《とら》えてケチをつける。

Ｆ お世話《せわ》になった人《ひと》に感謝《かんしゃ》を込《こ》めた品物《しなもの》を渡《わた》す。

Ｇ 隣《となり》のクラスを偵察《ていさつ》してくるという任務《にんむ》をやり抜《ぬ》く。

問2 左《ひだり》の（　）に、1～7の語句《ごく》から最《もっと》も合《あ》うものを選《えら》んで書《か》きなさい。

ア （　　　）な情報《じょうほう》をもつ人《ひと》は重宝《ちょうほう》される。

イ 各当番《かくとうばん》の役目《やくめ》を（　　　）する。

ウ 人《ひと》の（　　　）なんて、意地悪《いじわる》なやつだ。

エ 重《おも》い石《いし》を持《も》ち上《あ》げようとして（　　　）。

オ （　　　）の手紙《てがみ》に「ありがとう」と書《か》く。

カ 新入生《しんにゅうせい》はみんな（　　　）ものだ。

キ 五日間《いつかかん》の（　　　）が必要《ひつよう》だと医者《いしゃ》に言《い》われる。

[裏ページの答え] 問い1：①F ②C ③D ④A ⑤G ⑥B ⑦E
問い2：㋐足もとを見る ㋑保護 ㋒粒ぞろい ㋓異なる ㋔先決 ㋕うかつ ㋖目移り

問1 左《ひだり》の語句《ごく》と同《おな》じ意味《いみ》の言葉《ことば》をⒶ～Ⓖから選《えら》び、線《せん》で結《むす》びましょう。

	語句	意味
❶	買《か》って出《で》る ［連語］ 類 率先《そっせん》する	自分《じぶん》から進《すす》んで引《ひ》き受《う》ける。
❷	たそがれ ［名詞］ 類 夕暮《ゆうぐ》れ、日暮《ひぐ》れ	夕方《ゆうがた》の、薄暗《うすぐら》くなってきた頃《ころ》。
❸	さしずめ ［副詞］ 類 ①ひとまず ②つまり	①今《いま》のところ。差《さ》し当《あ》たり。②結局《けっきょく》のところ。
❹	危機感《ききかん》 ［名詞］ 類 危機意識《ききいしき》、緊迫感《きんぱくかん》	このままでは、危《あぶ》ないと感《かん》じること。
❺	吸収《きゅうしゅう》（する） ［名詞（動詞）］ 類 ①取《と》り込《こ》む ②摂取《せっしゅ》（する）	①自分《じぶん》の中《なか》に取《と》り入《い》れること。②吸《す》い込《こ》むこと。
❻	風《かぜ》の吹《ふ》き回《まわ》し ［慣用句］ 類 どうしたことか	考《かんが》え方《かた》などが、状況《じょうきょう》によって変《か》わること。
❼	いがみ合《あ》い ［名詞］ 類 いさかい、もめごと	お互《たが》いに憎《にく》み合《あ》って、争《あらそ》うこと。

Ⓐ 体重増加《たいじゅうぞうか》に、これでは困《こま》るという思《おも》いを抱《いだ》く。

Ⓑ どういうわけか、急《きゅう》に母親《ははおや》が優《やさ》しくなった。

Ⓒ 運動会《うんどうかい》の片付《かたづ》けを自主的《じしゅてき》に受《う》け持《も》つ。

Ⓓ 弟《おとうと》と妹《いもうと》のいざこざを仲裁《ちゅうさい》する。

Ⓔ 日《ひ》が落《お》ちる頃《ころ》の道《みち》を、全速力《ぜんそくりょく》で走《はし》って帰《かえ》る。

Ⓕ 五百円《ごひゃくえん》もらったから、とりあえず困《こま》らない。

Ⓖ 外国文化《がいこくぶんか》を学《まな》び取《と》って、帰国《きこく》する。

問2 左《ひだり》の（　）に、❶～❼の語句《ごく》から最《もっと》も合《あ》うものを選《えら》んで書《か》きなさい。

㋐ タオルが汗《あせ》を（　　　）する。

㋑ 次《つぎ》の児童会長《じどうかいちょう》は（　　　）この僕《ぼく》だ。

㋒ どういう（　　　）か、兄《あに》が小遣《こづか》いをくれた。

㋓ 日頃《ひごろ》の運動不足《うんどうぶそく》に（　　　）をもつ。

㋔ 妹《いもうと》の代《か》わりに玄関掃除《げんかんそうじ》を（　　　）。

㋕ うちの猫《ねこ》と隣《となり》の猫《ねこ》の（　　　）が続《つづ》く。

㋖ 街《まち》の風景《ふうけい》は美《うつく》しい。（　　　）どきの

［裏ページの答え］ 問い1：①F　②E　③A　④G　⑤D　⑥C　⑦B
問い2：㋐仕草　㋑ねぎらう　㋒仕組み　㋓切り抜ける　㋔昼下がり　㋕影響　㋖若々しい

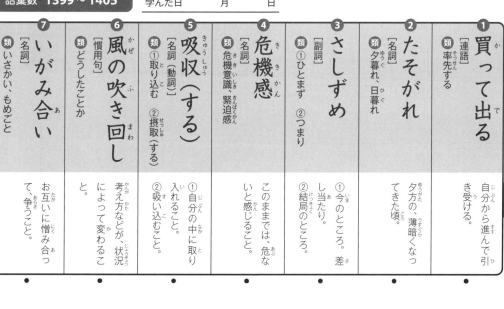

問1 左《ひだり》の語句《ごく》と同《おな》じ意味《いみ》の言葉《ことば》をⒶ～Ⓖから選《えら》び、線《せん》で結《むす》びましょう。

	語句	意味
❶	**ねぎらう** [動詞] 類 慰労《いろう》する	苦労《くろう》をいたわって、慰《なぐさ》める。感謝《かんしゃ》する。
❷	**仕組《しく》み** [名詞] 類 ①造《つく》り、からくり ②企《くわだ》て	①物事《ものごと》の組《く》み立《た》て。成《な》り立《た》ち。②計画《けいかく》。
❸	**若々《わかわか》しい** [形容詞] 類 うら若《わか》い	大変若《たいへんわか》く見《み》えて、生《い》き生《い》きと元気《げんき》なようす。
❹	**昼下《ひるさ》がり** [名詞] 類 昼日中《ひるひなか》、午後《ごご》	お昼《ひる》の十二時《じゅうにじ》を回《まわ》ったころ。真昼《まひる》。
❺	**影響《えいきょう》(する)** [名詞(動詞)] 類 作用《さよう》(する)、余波《よは》	ある物事《ものごと》が、ほかのことまでも変化《へんか》させること。
❻	**仕草《しぐさ》** [名詞] 類 態度《たいど》、身《み》のこなし	何《なに》かをするときの体《からだ》の動《うご》かし方《かた》。身《み》振《ぶ》り。
❼	**切《き》り抜《ぬ》ける** [動詞] 類 ①乗《の》り切《き》る ②打破《だは》する	①困難《こんなん》から逃《のが》れる。②囲《かこ》みなどを破《やぶ》って逃《に》げる。

Ⓐ 何歳《なんさい》になっても、心《こころ》だけは**みずみずしい**。

Ⓑ 池《いけ》に落《お》ちるというピンチを**どうにか脱《だっ》した**。

Ⓒ 赤《あか》ちゃんがバイバイする**動作《どうさ》**は、かわいらしい。

Ⓓ 少子化《しょうしか》の**あおり**を受《う》けて、公園《こうえん》が一《ひと》つなくなった。

Ⓔ 自転車《じてんしゃ》の**構造《こうぞう》**を、インターネットで調《しら》べてみる。

Ⓕ 掃除当番《そうじとうばん》に**感謝《かんしゃ》して、言葉《ことば》を掛《か》ける**。

Ⓖ **正午《しょうご》過《す》ぎ**の公園《こうえん》で、居眠《いねむ》りをする。

問2 左《ひだり》の（　）に、❶～❼の語句《ごく》から最《もっと》も合《あ》うものを選《えら》んで書《か》きなさい。

㋐ ピエロがおどけた（　　　）をする。

㋑ よく戦《たたか》った選手《せんしゅ》たちをコーチが（　　　）。

㋒ プログラミングの（　　　）を学《まな》ぶ。

㋓ 今年一番《ことしいちばん》の忙《いそが》しい時期《じき》を（　　　）。

㋔ （　　　）ののどかな光景《こうけい》を眺《なが》める。

㋕ ごみが自然環境《しぜんかんきょう》に（　　　）を与《あた》える。

㋖ 祖母《そぼ》はいつまでも（　　　）。

［裏ページの答え］問い1：①C　②E　③F　④A　⑤G　⑥B　⑦D
問い2：㋐吸収　㋑さしずめ　㋒風の吹き回し　㋓危機感　㋔買って出る　㋕いがみ合い　㋖たそがれ

学んだ日　　月　　日

問1 左《ひだり》の語句《ごく》と同《おな》じ意味《いみ》の言葉《ことば》をⒶ～Ⓖから選《えら》び、線《せん》で結《むす》びましょう。

	語句	意味
❶	**行《い》き渡《わた》る** ［動詞］ 類 浸透《しんとう》する	隅々《すみずみ》まで届《とど》いたり、伝《つた》わったりする。
❷	**格段《かくだん》** ［名詞・形動］ 類 格別《かくべつ》、とりわけ	違《ちが》いや程度《ていど》が、非常《ひじょう》に大《おお》きいこと。
❸	**愛想《あいそ》** ［名詞］ 類 ①好感《こうかん》 ②ホスピタリティー	①人《ひと》によい印象《いんしょう》を与《あた》える表情《ひょうじょう》や言葉《ことば》。②もてなし。
❹	**尻目《しりめ》（後目《しりめ》）** ［名詞］ 類 ①黙殺《もくさつ》 ②流《なが》し目《め》	①無視《むし》すること。②目《め》だけ動《うご》かして、後《うし》ろを見《み》ること。
❺	**終始《しゅうし》（する）** ［名詞（動詞）・副詞］ 類 ①徹《てっ》する ②いつも	①始《はじ》めから終《お》わりまでずっと続《つづ》くこと。②ずっと。
❻	**未満《みまん》** ［名詞］ 類 以下《いか》	ある数《かず》や量《りょう》に届《とど》かないこと。
❼	**規定《きてい》（する）** ［名詞（動詞）］ 類 取《と》り決《き》め（る）	決《き》まりとして、はっきり決《き》めること。

Ⓐ 勉強中《べんきょうちゅう》の姉《あね》を**気《き》にせず**に、カラオケ大会《たいかい》で盛《も》り上《あ》がる。

Ⓑ 親子面談《おやこめんだん》は、**最初《さいしょ》から最後《さいご》まで**緊張《きんちょう》した。

Ⓒ あの遊園地《ゆうえんち》は、十二歳《じゅうにさい》に**達《たっ》しない**子《こ》は保護者同伴《ほごしゃどうはん》だ。

Ⓓ 記念品《きねんひん》が、出席者全員《しゅっせきしゃぜんいん》に**もれなく渡《わた》される**。

Ⓔ 温水《おんすい》プールの利用者《りようしゃ》は、**定《さだ》められた**料金《りょうきん》を払《はら》う。

Ⓕ 髪型《かみがた》を変《か》えたら、**ひときわ**モテるようになった。

Ⓖ ご近所《きんじょ》のおばさんは、目《め》が合《あ》うたびに**感《かん》じよく**笑《わら》う。

問2 左《ひだり》の（　）に、❶～❼の語句《ごく》から最《もっと》も合《あ》うものを選《えら》んで書《か》きなさい。

㋐ 五十点《ごじゅってん》（　　　）は、再《さい》テストになる。

㋑ あの店員《てんいん》は、（　　　）が悪《わる》い。

㋒ 黒帯《くろおび》と白帯《しろおび》では実力《じつりょく》に（　　　）の差《さ》がある。

㋓ 彼《かれ》の話《はなし》は自慢話《じまんばなし》に（　　　）した。

㋔ 隣《となり》の人《ひと》のようすを（　　　）に見《み》る。

㋕ 体育館《たいいくかん》の使用《しよう》のルールを（　　　）する。

㋖ よいニュースが町中《まちじゅう》に（　　　）。

［裏ページの答え］ 問い1：①C ②E ③A ④G ⑤F ⑥B ⑦D
問い2：㋐キャリア ㋑馬の骨 ㋒おおっぴら ㋓重心 ㋔勢力 ㋕薄笑い ㋖遺伝

問1

左《ひだり》の語句《ごく》と同《おな》じ意味《いみ》の言葉《ことば》をⒶ～Ⓖから選《えら》び、線《せん》で結《むす》びましょう。

	語句	意味
1	遺伝《いでん》（する） ［名詞（動詞）］ 類 血《ち》を受《う》け継《つ》ぐ	親《おや》の性質《せいしつ》や体《からだ》の特徴《とくちょう》などが、子《こ》に伝《つた》わること。
2	薄笑《うすわら》い（する） ［名詞（動詞）］ 類 薄《うす》ら笑い（する）	口元《くちもと》だけ少《すこ》し笑《わら》うこと。人《ひと》をばかにしたような笑《わら》い。
3	重心《じゅうしん》 ［名詞］ 類 中心《ちゅうしん》	ものの重《おも》さが片寄《かたよ》らない、中心《ちゅうしん》となる点《てん》。
4	馬《うま》の骨《ほね》 ［慣用句］ 類 素性《すじょう》	身元《みもと》や正体《しょうたい》がよくわからない人《ひと》をけなして言《い》う言葉《ことば》。
5	キャリア ［名詞］ 類 職歴《しょくれき》、経歴《けいれき》	これまでの仕事《しごと》の経験《けいけん》。
6	おおっぴら ［形動］ 類 ①あけっぴろげ　②公然《こうぜん》	①遠慮《えんりょ》することなく、平気《へいき》なようす。②知《し》れ渡《わた》るようす。
7	勢力《せいりょく》 ［名詞］ 類 勢《いきお》い、威力《いりょく》	ほかのものを押《お》さえ付《つ》けるような勢《いきお》いや力《ちから》。

Ⓐ **バランス**を意識《いしき》して平均台《へいきんだい》を渡《わた》る。

Ⓑ 風邪《かぜ》で休《やす》んだのに、**人目《ひとめ》も気《き》にせず**遊《あそ》びに出《で》る。

Ⓒ 兄弟《きょうだい》みんなおっちょこちょい、これは**親譲《おやゆず》り**だ。

Ⓓ 我《わ》が家《や》で**影響力《えいきょうりょく》**があるのは、父《ちち》より母《はは》だ。

Ⓔ いばる兄《あに》が転《ころ》ぶのを見《み》て、**冷《つめ》たい笑《え》み**を浮《う》かべる。

Ⓕ **今《いま》までしてきた職業《しょくぎょう》**を生《い》かして転職《てんしょく》する。

Ⓖ あの人《ひと》は、どこの**生《う》まれ育《そだ》ち**だかわからない。

問2

左《ひだり》の（　）に、❶～❼の語句《ごく》から最《もっと》も合《あ》うものを選《えら》んで書《か》きなさい。

㋐ 姉《あね》は着実《ちゃくじつ》に看護師《かんごし》の（　　　）を積《つ》んでいる。

㋑ どこの（　　　）ともわからない人《ひと》には注意《ちゅうい》しよう。

㋒ 内緒《ないしょ》にしていた秘密《ひみつ》が（　　　）になる。

㋓ 体《からだ》の（　　　）を傾《かたむ》ける。

㋔ 台風《たいふう》の（　　　）が増《ま》したので、注意《ちゅうい》が必要《ひつよう》だ。

㋕ 不気味《ぶきみ》な（　　　）を浮《う》かべる。

㋖ 兄《あに》は、どうやら早食《はやぐ》いの才能《さいのう》が（　　　）したようだ。

［裏ページの答え］ 問い1：①D　②F　③G　④A　⑤B　⑥C　⑦E
問い2：㋐未満　㋑愛想　㋒格段　㋓終始　㋔尻目　㋕規定　㋖行き渡る

学んだ日　　月　　日

問1 左《ひだり》の語句《ごく》と同《おな》じ意味《いみ》の言葉《ことば》をⒶ～Ⓖから選《えら》び、線《せん》で結《むす》びましょう。

語句 / 意味

❶ **ともすれば**
［副詞］
類 ともすると
どうかすると。うかうかしていると。

❷ **根《ね》を下《お》ろす**
［慣用句］
類 ①住《す》み着《つ》く　②根付《ねつ》く
①そこに確《たし》かに位《い》置《ち》するようになる。②草木《くさき》が根《ね》を張《は》る。

❸ **信任《しんにん》（する）**
［名詞（動詞）］
類 信用《しんよう》（する）、委任《いにん》（する）
相手《あいて》を信用《しんよう》して、仕《し》事《ごと》を任《まか》せること。

❹ **抱負《ほうふ》**
［名詞］
類 志《こころざし》
「こうしたい」と思《おも》っている、心《こころ》の中《なか》の考《かんが》えや計画《けいかく》。

❺ **杞憂《きゆう》**
［故事成語］
類 取《と》り越《こ》し苦労《ぐろう》
いらない心配《しんぱい》をすること。

❻ **しゃくり上《あ》げる**
［動詞］
類 むせび泣《な》く
息《いき》を強《つよ》く吸《す》い込《こ》むようにしながら泣《な》く。

❼ **課題《かだい》**
［名詞］
類 任務《にんむ》、宿題《しゅくだい》
解決《かいけつ》しなければならない問題《もんだい》。与《あた》えられた問題《もんだい》。

Ⓐ 洋服《ようふく》を着《き》る習慣《しゅうかん》が日本《にほん》に**定着《ていちゃく》する**のは、戦後《せんご》である。

Ⓑ 道《みち》が凍《こお》っているから、**油断《ゆだん》していると**転《ころ》ぶよ。

Ⓒ よく学《まな》びよく遊《あそ》びよく眠《ねむ》る、これが僕《ぼく》の今年《ことし》の**決意《けつい》**だ。

Ⓓ テストに名前《なまえ》を書《か》き忘《わす》れたと思《おも》ったが、**心配《しんぱい》しすぎ**だった。

Ⓔ 妹《いもうと》が**肩《かた》を震《ふる》わせて泣《な》きじゃくる**。

Ⓕ 一日三十分《いちにちさんじゅっぷん》の勉強《べんきょう》が、私《わたし》の**取《と》り組《く》むべきこと**だ。

Ⓖ グループ発表《はっぴょう》の司会《しかい》を、彼女《かのじょ》に**一任《いちにん》**する。

問2 左《ひだり》の（　）に、❶～❼の語句《ごく》から最《もっと》も合《あ》うものを選《えら》んで書《か》きなさい。

㋐ 寒気《さむけ》がして、風邪《かぜ》をひいたかと思《おも》ったが（　　　）だった。

㋑ （　　　）ような泣《な》き声《ごえ》が聞《き》こえる。

㋒ 月曜日《げつようび》は、（　　　）寝坊《ねぼう》しがちだ。

㋓ 議長《ぎちょう》を（　　　）するかどうかを投票《とうひょう》で決《き》める。

㋔ 夏休《なつやす》みの（　　　）を提出《ていしゅつ》する。

㋕ この土地《とち》に（　　　）ことに決《き》めた。

㋖ 新年《しんねん》の（　　　）を述《の》べる。

［裏ページの答え］ 問い1：①C　②A　③G　④B　⑤F　⑥E　⑦D
問い2：㋐異状　㋑気高い　㋒インスタント　㋓危なげない　㋔尻が青い　㋕断絶　㋖面識

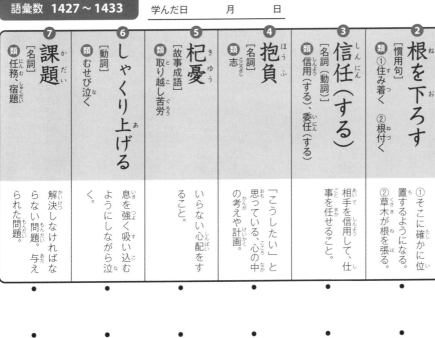

問1 左《ひだり》の語句《ごく》と同《おな》じ意味《いみ》の言葉《ことば》をⒶ～Ⓖから選《えら》び、線《せん》で結《むす》びましょう。

語句 / 意味

❶ **断絶《だんぜつ》（する）**
［名詞（動詞）］
類 ①途絶《とだ》える　②根絶《こんぜつ》（する）
①続《つづ》いていたものが絶《た》えること。②断《た》ち切《き》ること。

❷ **面識《めんしき》**
［名詞］
類 知《し》り合《あ》い
互《たが》いに顔《かお》を知《し》っていること。

❸ **気高《けだか》い**
［形容詞］
類 神々《こうごう》しい
品《ひん》がよくて、尊《とうと》い感《かん》じがするようす。

❹ **危《あぶ》なげない**
［形容詞］
類 手堅《てがた》い、安定性《あんていせい》がある
危《あぶ》ない感《かん》じがなくて、安心《あんしん》できるようす。

❺ **異状《いじょう》**
［名詞］
類 別状《べつじょう》
普段《ふだん》とは異《こと》なる状《じょう》態《たい》。正常《せいじょう》でないこと。

❻ **インスタント**
［名詞］
類 即席《そくせき》
その場《ば》ですぐに出《で》来上《きあ》がったり、使《つか》えたりすること。

❼ **尻《しり》が青《あお》い**
［慣用句］
類 青二才《あおにさい》
未熟《みじゅく》で、経験《けいけん》が乏《とぼ》しいようす。

Ⓐ 姉《あね》は顔《かお》が広《ひろ》いから、同《おな》じ学年《がくねん》の子《こ》はみんな**顔見知《かおみし》り**だ。

Ⓑ **ハラハラすることなく、**強《つよ》いチームが勝《か》つ。

Ⓒ お互《たが》いに忙《いそが》しくなり、手紙《てがみ》のやりとりが**途切《とぎ》れた。**

Ⓓ 弟《おとうと》は**一人前《いちにんまえ》でない**のに、生意気《なまいき》ばかり言《い》う。

Ⓔ **手間《てま》がかからない**料理《りょうり》なら、私《わたし》だって作《つく》れる。

Ⓕ 検査《けんさ》の結果《けっか》、**いつもと違《ちが》うところ**はなしだ。

Ⓖ 富士山《ふじさん》は**気品《きひん》があって清《きよ》らか**だ。

問2 左《ひだり》の（　）に、❶～❼の語句《ごく》から最《もっと》も合《あ》うものを選《えら》んで書《か》きなさい。

㋐ 検査《けんさ》の結果《けっか》、体《からだ》に（　　　）はなかった。

㋑ 女王《じょおう》は美《うつく》しく、そして（　　　）。

㋒ ラーメンが大好物《だいこうぶつ》だ。（　　　）

㋓ 試合運《しあいはこ》びで決勝戦《けっしょうせん》に進《すす》む。（　　　）

㋔ あの若者《わかもの》は、まだまだ（　　　）。

㋕ 国《くに》と国《くに》との交流《こうりゅう》を（　　　）する。

㋖ 引《ひ》っ越《こ》してきたばかりで隣《となり》の家《いえ》の人《ひと》と（　　　）がない。

［裏ページの答え］　問い1：①B　②A　③G　④C　⑤D　⑥E　⑦F
問い2：㋐杞憂　㋑しゃくり上げる　㋒ともすれば　㋓信任　㋔課題　㋕根を下ろす　㋖抱負

学んだ日　　月　　日

問 対義語《たいぎご》になるものを下《した》から選《えら》び、記入《きにゅう》しましょう。（□はAの島《しま》、□はBの島《しま》から選《えら》びましょう。）

番号	語句	意味
1		船《ふね》が港《みなと》を出《で》ること。
2		船《ふね》が港《みなと》に入《はい》ること。
3		勝《か》つこと。
4		負《ま》けること。
5		生物《せいぶつ》がよりよくなること。
6		生物《せいぶつ》が前《まえ》の状《じょう》態《たい》に戻《もど》ること。
7		分量《ぶんりょう》が多《おお》いこと。
8		分量《ぶんりょう》が少《すく》ないこと。
9		人《ひと》が生《う》まれること。
10		人《ひと》が死《し》ぬこと。
11		選《えら》び出《だ》されること。
12		選《えら》ばれないこと。
13		道理《どうり》に通《つう》じた賢《かしこ》い人《ひと》。
14		愚《おろ》かな人《ひと》。
15		人間《にんげん》の手《て》が加《くわ》わったもの。
16		人間《にんげん》の手《て》が加《くわ》わらないもの。
17		物事《ものごと》が調子《ちょうし》よく運《はこ》ぶこと。
18		物事《ものごと》がうまく進《すす》まないこと。
19		真夏《まなつ》の焼《や》けるような暑《あつ》さ。
20		非常《ひじょう》に厳《きび》しい寒《さむ》さ。
21		心《こころ》や体《からだ》が素早《すばや》いこと。
22		行動《こうどう》が鈍《にぶ》く、のろいこと。
23		勤《つと》めに出《で》ること。
24		勤《つと》めを休《やす》むこと。

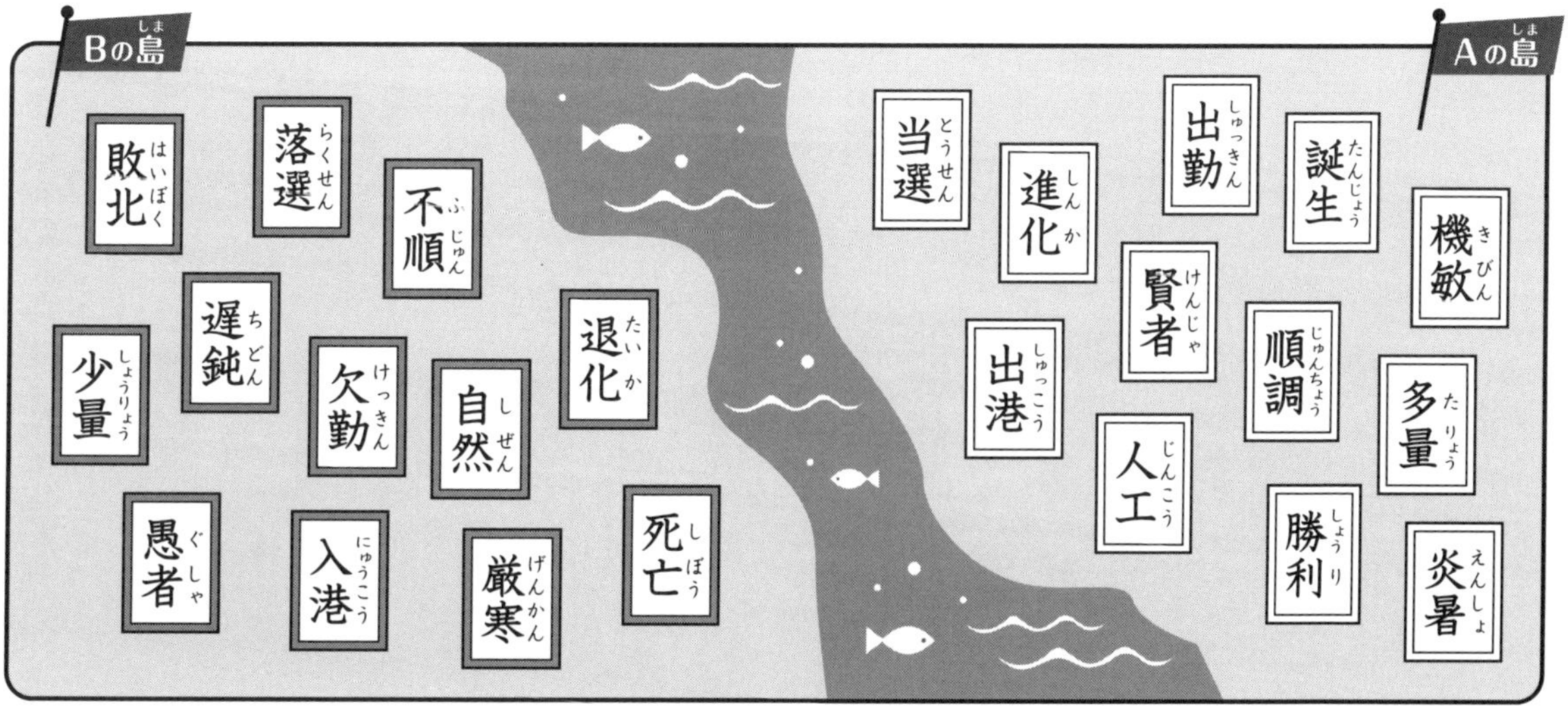

［裏ページの答え］ ①変 ②納 ③務 ④聞 ⑤治 ⑥効 ⑦修 ⑧勤 ⑨代 ⑩収 ⑪利 ⑫努

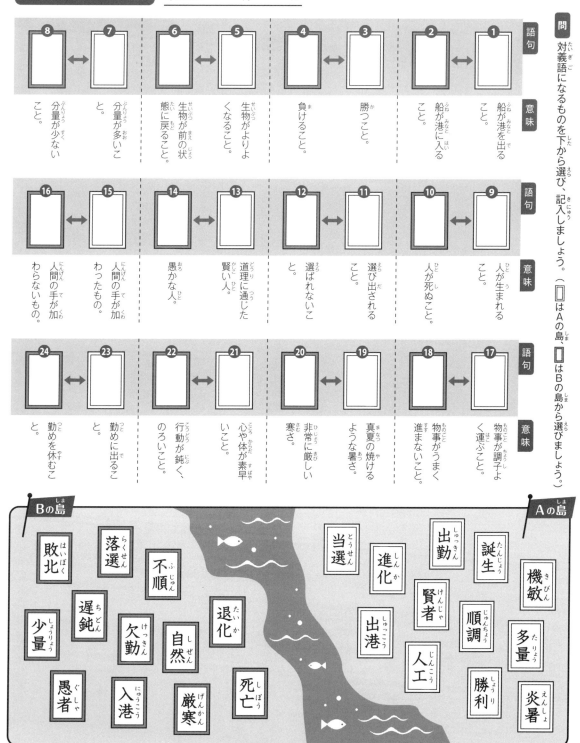

◆同《どう》訓《くん》異《い》字《じ》語《ご》

語句	意味
納《おさ》める	受《う》け取《と》ることになっている人《ひと》に渡《わた》す。
収《おさ》める	一《ひと》つのところにまとめて入《い》れる。
治《おさ》める	社会《しゃかい》を支配《しはい》して安定《あんてい》させる。
修《おさ》める	学問《がくもん》や芸《げい》などを身《み》につける。
変《か》える	今《いま》とは違《ちが》う状態《じょうたい》にする。
代《か》える	違《ちが》うものに同《おな》じ役割《やくわり》をさせる。
聞《き》く	音《おと》を耳《みみ》で感《かん》じる。
効《き》く	効果《こうか》や効《き》き目《め》がある。
利《き》く	本来《ほんらい》の力《ちから》をうまく発揮《はっき》する。
努《つと》める	努力《どりょく》していく。
勤《つと》める	職場《しょくば》で勤務《きんむ》する。
務《つと》める	任務《にんむ》や役割《やくわり》に力《ちから》を尽《つ》くす。

問 左《ひだり》の（　）にあてはまる適切《てきせつ》な漢字《かんじ》を、下《した》の□から一《ひと》つ選《えら》びましょう。

❶ 進行方向《しんこうほうこう》を急《きゅう》に（　）える。
❷ 国《くに》に税金《ぜいきん》を（　）める。
❸ 生徒会長《せいとかいちょう》を（　）める。
❹ 美《うつく》しい音楽《おんがく》を（　）く。
❺ 百年間国《ひゃくねんかんくに》を（　）める。
❻ 風邪薬《かぜぐすり》がすぐに（　）く。
❼ イタリア語《ご》を（　）める。
❽ 父《ちち》は銀行《ぎんこう》に（　）めている。
❾ ピッチャーを（　）える。
❿ 服《ふく》をタンスに（　）める。
⓫ 彼《かれ》はよく気《き》が（　）く。
⓬ 今後《こんご》のサービス改善《かいぜん》に（　）める。

治　効　納　勤　務　代　変　努　修　聞　利　収

［裏ページの答え］ ①出港　②入港　③勝利　④敗北　⑤進化　⑥退化　⑦多量　⑧少量　⑨誕生　⑩死亡　⑪当選　⑫落選　⑬賢者　⑭愚者　⑮人工　⑯自然　⑰順調　⑱不順　⑲炎暑　⑳厳寒　㉑機敏　㉒遅鈍　㉓出勤　㉔欠勤

問1 左《ひだり》の語句《ごく》と同《おな》じ意味《いみ》の言葉《ことば》をA～Gから選《えら》び、線《せん》で結《むす》びましょう。

	語句	意味
1	軽《かる》はずみ [名詞・形動] 類 軽率《けいそつ》	じっくり検討《けんとう》せずに、言《い》ったり、したりすること。
2	ぬけぬけと [副詞] 類 平然《へいぜん》と、臆面《おくめん》もなく	図々《ずうずう》しく、ふてぶてしいようす。
3	いずれ [代名詞・副詞] 類 ①どっちにしろ ②そのうち	①どちら。どっち。②近《ちか》いうちに。
4	相当《そうとう》（する） [名詞（動詞）・副詞] 類 ①合《あ》う ②だいぶ、非常《ひじょう》に	①価値《かち》や程度《ていど》などが該当《がいとう》すること。②かなり。
5	貧弱《ひんじゃく》 [名詞・形動] 類 ①弱々《よわよわ》しい ②乏《とぼ》しい	①みすぼらしいようす。②不十分《ふじゅうぶん》なようす。
6	利益《りえき》 [名詞] 類 ①利潤《りじゅん》 ②メリット	①もうけ。②ためになること。得《とく》になること。
7	スローガン [名詞] 類 合《あ》い言葉《ことば》、モットー	考《かんが》えたことや言《い》いたいことを、短《みじか》く言《い》い表《あらわ》した言葉《ことば》。

A どの意見《いけん》が正《ただ》しいのかは、そのうちわかることだ。

B アンケートで該当《がいとう》する箇所《かしょ》を丸《まる》で囲《かこ》む。

C 深《ふか》い考《かんが》えなしに行動《こうどう》すると、失敗《しっぱい》しやすい。

D 母《はは》は、イラストを描《か》いて得《え》た収益《しゅうえき》を被災地《ひさいち》に寄付《きふ》した。

E 遅刻《ちこく》なのに、悪《わる》びれることもなく教室《きょうしつ》に入《はい》る。

F 「笑顔《えがお》、笑顔《えがお》で、また笑顔《えがお》！」が、このクラスの標語《ひょうご》だ。

G 福引《ふくび》きの賞品《しょうひん》が安《やす》っぽくて、がっかりだ。

問2 左《ひだり》の（　）に、1～7の語句《ごく》から最《もっと》も合《あ》うものを選《えら》んで書《か》きなさい。

ア よくも（　　　）うそをつけるものだな。

イ あの犬《いぬ》は（　　　）な体《からだ》つきをしている。

ウ 古《ふる》い本《ほん》を売《う》って、（　　　）を上《あ》げる。

エ 運動会《うんどうかい》の目標《もくひょう》を（　　　）で表《あらわ》す。

オ （　　　）に何《なん》でもしゃべるな。

カ 千円《せんえん》（　　　）の商品《しょうひん》と交換《こうかん》する。

キ （　　　）遊《あそ》びに行《い》きます、と手紙《てがみ》に書《か》く。

［裏ページの答え］問い1：①E　②C　③F　④A　⑤B　⑥G　⑦D
問い2：㋐血相を変える　㋑天性　㋒極め付き　㋓損失　㋔了解　㋕明け渡す　㋖満々

問1 左《ひだり》の語句《ごく》と同《おな》じ意味《いみ》の言葉《ことば》をⒶ～Ⓖから選《えら》び、線《せん》で結《むす》びましょう。

	語句	意味
❶	極《きわ》め付《つ》き　［慣用句］　類 折《お》り紙《がみ》付《つ》き	確《たし》かな評価《ひょうか》があること。定評《ていひょう》があること。
❷	了解《りょうかい》（する）　［名詞（動詞）］　類 了承《りょうしょう》（する）	内容《ないよう》や意味《いみ》がよくわかって、納得《なっとく》すること。
❸	満々《まんまん》（と）　［形動（副詞）］　類 いっぱい、どっさり	満《み》ちあふれているようす。
❹	血相《けっそう》を変《か》える　［慣用句］　類 顔色《かおいろ》を変《か》える	怒《おこ》ったり、驚《おどろ》いたりして、表情《ひょうじょう》が変《か》わる。
❺	損失《そんしつ》　［名詞］　類 損害《そんがい》	損《そん》をすること。失《うしな》うこと。
❻	天性《てんせい》　［名詞］　類 天成《てんせい》、性分《しょうぶん》	生《う》まれつきもっている性質《せいしつ》。
❼	明《あ》け渡《わた》す　［動詞］　類 受《う》け渡《わた》す	今《いま》いる家《いえ》や土地《とち》を立《た》ち退《の》いて、ほかの人《ひと》に渡《わた》す。

Ⓐ 「財布《さいふ》がない！」と、**真《ま》っ青《さお》になって**飛《と》び出《だ》した。

Ⓑ 車《くるま》で三分《さんぷん》の所《ところ》まで、渋滞《じゅうたい》で十分《じゅっぷん》かかったから、七分《ななふん》の**ロス**だ。

Ⓒ 伝達事項《でんたつじこう》を**よく理解《りかい》して聞《き》き入《い》れる**。

Ⓓ 古《ふる》くなった家《いえ》を**出《で》て、次《つぎ》の人《ひと》に譲《ゆず》り渡《わた》す**。

Ⓔ グルメな父《ちち》が**太鼓判《たいこばん》を押《お》した**レストランに行《い》く。

Ⓕ コップに牛乳《ぎゅうにゅう》を**たっぷり**と注《そそ》いで、一気《いっき》飲《の》みだ！

Ⓖ 歌《うた》がうまいのは、**天《てん》から授《さず》かった才能《さいのう》**だ。

問2 左《ひだり》の（　）に、❶～❼の語句《ごく》から最《もっと》も合《あ》うものを選《えら》んで書《か》きなさい。

㋐ 振《ふ》り向《む》いたらクマがいて、（　　　　）。

㋑ 彼《かれ》は（　　　　）ののんびり屋《や》だ。

㋒ この本《ほん》は（　　　　）の面白《おもしろ》さだ。

㋓ 書店《しょてん》が減《へ》っていることは、社会《しゃかい》にとって大《おお》きな（　　　　）だ。

㋔ 親《おや》の（　　　　）を得《え》て、友達《ともだち》の家《いえ》に泊《と》まる。

㋕ 住《す》み慣《な》れた家《いえ》を、ついに（　　　　）。

㋖ 金《きん》メダルを取《と》るぞと、自信《じしん》（　　　　）だ。

［裏ページの答え］ 問い1：①C　②E　③A　④B　⑤G　⑥D　⑦F
問い2：㋐ぬけぬけと　㋑貧弱　㋒利益　㋓スローガン　㋔軽はずみ　㋕相当　㋖いずれ

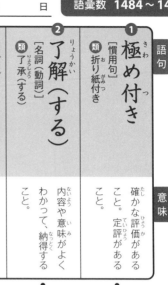

問1 左《ひだり》の語句《ごく》と同《おな》じ意味《いみ》の言葉《ことば》をⒶ～Ⓖから選《えら》び、線《せん》で結《むす》びましょう。

	語句	意味
❶	**虫《むし》の息《いき》** [慣用句] 類 重体《じゅうたい》、危篤《きとく》	弱《よわ》り果《は》て、もうすぐ止《と》まりそうな呼吸《こきゅう》。
❷	**まんざら** [副詞] 類 あながち、一概《いちがい》に	(下《した》に打《う》ち消《け》しの言葉《こと》がきて)必《かなら》ずしも。
❸	**釣《つ》り合《あ》う** [動詞] 類 調和《ちょうわ》する、似合《にあ》う	二《ふた》つのものに片寄《かたよ》りがなく、バランスがとれている。
❹	**傾向《けいこう》** [名詞] 類 傾《かたむ》き	物事《ものごと》や考《かんが》えなどが、ある方向《ほうこう》に傾《かたむ》いていること。
❺	**対象《たいしょう》** [名詞] 類 目当《めあ》て、目的《もくてき》	何《なに》かの活動《かつどう》や心《こころ》を向《む》ける相手《あいて》。
❻	**症状《しょうじょう》** [名詞] 類 容態《ようだい》、容体《ようだい》	病気《びょうき》や傷《きず》のようす。
❼	**徹《てっ》する** [動詞] 類 ①徹底《てってい》する ②終始《しゅうし》する	①貫《つらぬ》き通《とお》す。②ずっと行《おこな》う。

Ⓐ 外国人《がいこくじん》に納豆《なっとう》を出《だ》したら、**それほど**嫌《きら》いでもなさそうだ。

Ⓑ 小学生《しょうがくせい》を**ターゲット**にしたパズルを買《か》ってもらう。

Ⓒ 熱中症《ねっちゅうしょう》で倒《たお》れて、**息《いき》も絶《た》え絶《だ》え**になった。

Ⓓ 美女《びじょ》とイケメンのペアなら、**バランスがとれる**。

Ⓔ しょうが湯《ゆ》を飲《の》んで、風邪《かぜ》の**状態《じょうたい》**を和《やわ》らげる。

Ⓕ なんとしても、部活《ぶかつ》を**やり抜《ぬ》く**決心《けっしん》を固《かた》めた。

Ⓖ 私《わたし》は最近《さいきん》、暇《ひま》になると冷蔵庫《れいぞうこ》を開《あ》ける**きらい**がある。

問2 左《ひだり》の(　)に、❶～❼の語句《ごく》から最《もっと》も合《あ》うものを選《えら》んで書《か》きなさい。

㋐ 左右《さゆう》のバッグの重《おも》さが(　　　)。

㋑ 昔《むかし》ながらの店《みせ》が減《へ》る(　　　)にある。

㋒ 女性《じょせい》を(　　　)にしたイベントに参加《さんか》する。

㋓ 救急車《きゅうきゅうしゃ》が来《き》たときは、(　　　)だった。

㋔ 文化祭《ぶんかさい》では裏方《うらかた》に(　　　)つもりだ。

㋕ 女《おんな》の子《こ》にかっこいいと言《い》われて(　　　)でもない。

㋖ 風邪《かぜ》をひいたが、(　　　)は軽《かる》い。

[裏ページの答え] 問い1：①C　②G　③F　④B　⑤D　⑥A　⑦E
問い2：㋐聞こえよがし　㋑向こう見ず　㋒あるじ　㋓思い上がる　㋔大まか　㋕要望　㋖言い損なう

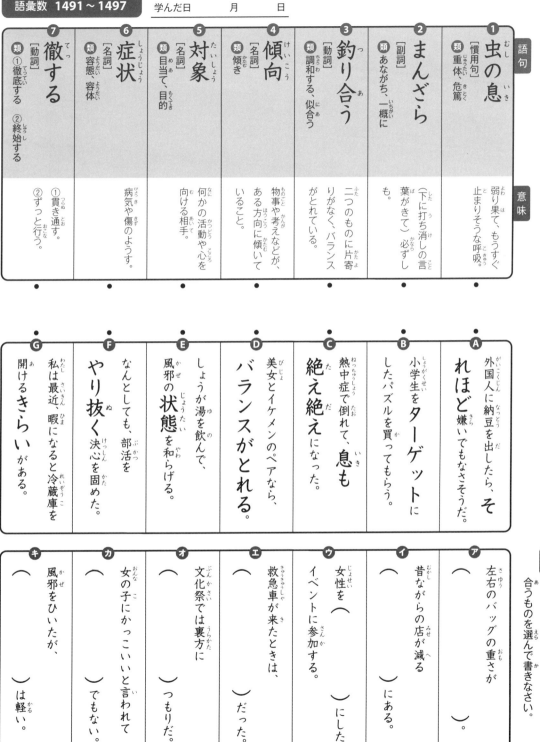

問1 左《ひだり》の語句《ごく》と同《おな》じ意味《いみ》の言葉《ことば》をⒶ～Ⓖから選《えら》び、線《せん》で結《むす》びましょう。

	語句	意味
❶	思《おも》い上《あ》がる [動詞] 類 うぬぼれる	実際以上《じっさいいじょう》にすごいと思《おも》って、いい気《き》になる。
❷	向《む》こう見《み》ず [名詞・形動] 類 無鉄砲《むてっぽう》	後先《あとさき》を考《かんが》えずに、行動《こうどう》すること。
❸	言《い》い損《そこ》なう [動詞] 類 ①言《い》い損《そん》じる　②言《い》い逃《のが》す	①間違《まちが》えて言《い》う。 ②言《い》う機会《きかい》を失《うしな》う。
❹	聞《き》こえよがし [連語] 類 あからさま	悪口《わるぐち》などを、意図的《いとてき》に本人《ほんにん》に聞《き》こえるように話《はな》すようす。
❺	大《おお》まか [名詞・形動] 類 ①おおらか　②およそ	①小《ちい》さいことを気《き》にしないこと。 ②大体《だいたい》。
❻	要望《ようぼう》(する) [名詞(動詞)] 類 要求《ようきゅう》(する)、要請《ようせい》(する)	こうなってほしいと強《つよ》く望《のぞ》むこと。
❼	あるじ [名詞] 類 主人《しゅじん》、持《も》ち主《ぬし》	店《みせ》や家《いえ》などの持《も》ち主《ぬし》。集団《しゅうだん》をまとめている人《ひと》。

Ⓐ 母《はは》に、週一回《しゅういっかい》はカレーにしてほしいと**願《ねが》い求《もと》める**。

Ⓑ 嫌味《いやみ》を、わざと**耳《みみ》に入《はい》るよう**に言《い》う。

Ⓒ 弟《おとうと》はほめられるとすぐに**つけ上《あ》がる**。

Ⓓ 父《ちち》は昔《むかし》から**大雑把《おおざっぱ》**な性格《せいかく》だ。

Ⓔ 行《い》き付《つ》けの喫茶店《きっさてん》の**マスター**と知《し》り合《あ》いになる。

Ⓕ 急《いそ》いでいたので友達《ともだち》の名前《なまえ》を**言《い》い間違《まちが》えた**。

Ⓖ 真冬《まふゆ》に池《いけ》に飛《と》び込《こ》むなんて、**怖《こわ》いもの知《し》らず**だ。

問2 左《ひだり》の（　）に、❶～❼の語句《ごく》から最《もっと》も合《あ》うものを選《えら》んで書《か》きなさい。

㋐（　　　）に、皮肉《ひにく》を言《い》って憎《にく》まれる。

㋑（　　　）にも、アメリカ横断一人旅《おうだんひとりたび》に出《で》た。

㋒ この家《いえ》の（　　　）は留守《るす》のようだ。

㋓ 女子《じょし》からチョコをもらって、（　　　）。

㋔（　　　）に計算《けいさん》して、僕《ぼく》のファンは十人《じゅうにん》だ。

㋕ 国民《こくみん》の熱《あつ》い（　　　）に応《こた》える。

㋖ 早口《はやくち》で「生麦《なまむぎ》、生米《なまごめ》、生《なま》たまご」を（　　　）。

［裏ページの答え］ 問い1：①C　②A　③D　④G　⑤B　⑥E　⑦F
問い2：㋐釣り合う　㋑傾向　㋒対象　㋓虫の息　㋔徹する　㋕まんざら　㋖症状

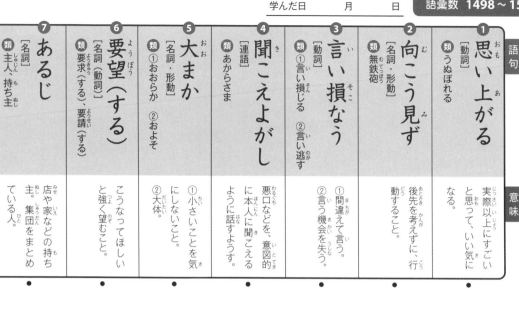

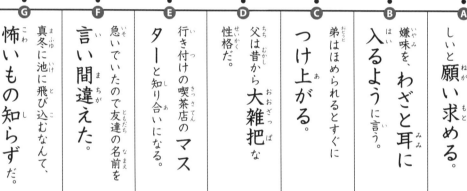

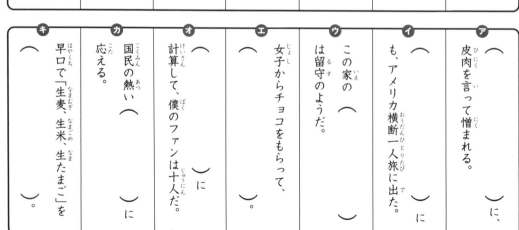

問1 左《ひだり》の語句《ごく》と同《おな》じ意味《いみ》の言葉《ことば》をⒶ～Ⓖから選《えら》び、線《せん》で結《むす》びましょう。

	語句	意味
❶	**見込《みこ》み** ［名詞］ 類 ①あて、展望《てんぼう》 ②希望《きぼう》	①予想《よそう》。期待《きたい》。予定《よてい》。②可能性《かのうせい》。
❷	**ちなんで** ［動詞］ 類 あやかって	関係付《かんけいづ》けて。つながりをもって。
❸	**観点《かんてん》** ［名詞］ 類 視点《してん》	物事《ものごと》を見《み》たり、考《かんが》えたりするときの立《たち》場《ば》。
❹	**信用《しんよう》（する）** ［名詞（動詞）］ 類 信頼《しんらい》（する）	疑《うたが》わずに、信《しん》じること。
❺	**そしる** ［動詞］ 類 非難《ひなん》する、くさす	人《ひと》を悪《わる》く言《い》う。
❻	**収蔵《しゅうぞう》（する）** ［名詞（動詞）］ 類 貯蔵《ちょぞう》（する）、保存《ほぞん》（する）	ものを集《あつ》めて、しまっておくこと。
❼	**孤独《こどく》** ［名詞・形動］ 類 孤立《こりつ》、孤高《ここう》	心《こころ》の通《つう》じ合《あ》う人《ひと》がいなくて、寂《さび》しいこと。

Ⓐ **見方《みかた》**を変《か》えれば、友達同士《ともだちどうし》のけんかは、じゃれ合《あ》いだ。

Ⓑ けちな妹《いもうと》が、おやつを分《わ》けてくれないことを**けなす**。

Ⓒ 七夕《たなばた》に**関連《かんれん》する**、星《ほし》についてのイベントが開《ひら》かれる。

Ⓓ みんなが帰《かえ》った公園《こうえん》に残《のこ》り、**一人《ひとり》ぼっち**になった。

Ⓔ 来月《らいげつ》までに、逆上《さかあ》がりができるようになる**見通《みとお》し**だ。

Ⓕ 「もうしないよ」という、弟《おとうと》の言葉《ことば》を**本当《ほんとう》だと思《おも》う**。

Ⓖ 家《いえ》の蔵《くら》に**収《おさ》めている**古《ふる》いつぼをさがす。

問2 左《ひだり》の（　）に、❶～❼の語句《ごく》から最《もっと》も合《あ》うものを選《えら》んで書《か》きなさい。

㋐ 人《ひと》の言葉《ことば》を素直《すなお》に（　　　）する。

㋑ あの新人《しんじん》アイドルは、売《う》れる（　　　）がある。

㋒ 博物館《はくぶつかん》に（　　　）されている恐竜《きょうりゅう》の骨《ほね》を見《み》に行《い》く。

㋓ 環境保護《かんきょうほご》の（　　　）に立《た》って考《かんが》える。

㋔ パンダに（　　　）、パンダせんべいが売《う》られる。

㋕ 一人暮《ひとりぐ》らしは、（　　　）に感《かん》じる。

㋖ 陰《かげ》で人《ひと》のことを（　　　）なんて許《ゆる》せない。

［裏ページの答え］ 問い1：①C ②E ③G ④B ⑤F ⑥D ⑦A
問い2：㋐せかせか ㋑お決まりの ㋒遺志 ㋓構成 ㋔人騒がせ ㋕見返す ㋖出身

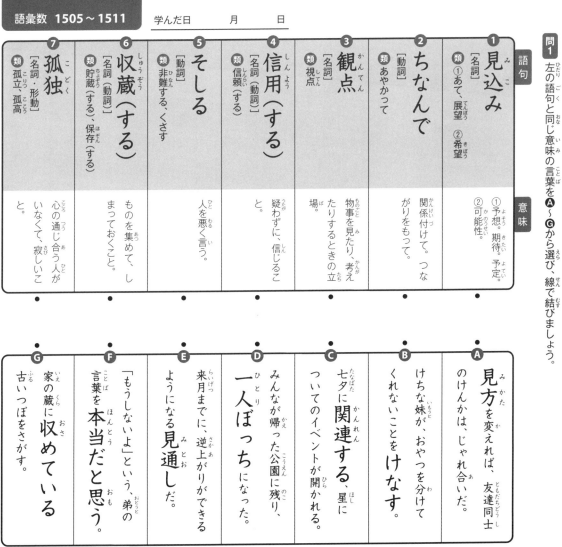

問1 左《ひだり》の語句《ごく》と同《おな》じ意味《いみ》の言葉《ことば》をA～Gから選《えら》び、線《せん》で結《むす》びましょう。

	語句	意味
1	構成《こうせい》(する) [名詞(動詞)] 類 構造《こうぞう》、造《つく》り	いくつかの要素《ようそ》を(一《ひと》つに)組《く》み合《あ》わせること。組《く》み立《た》て。
2	お決《き》まりの [連語] 類 いつもの、お定《さだ》まりの	いつも決《き》まっているやり方《かた》であること。
3	せかせか(する) [副詞(動詞)] 類 せわしい、慌《あわ》ただしい	忙《いそが》しそうで、落《お》ち着《つ》きがないようす。
4	見返《みかえ》す [動詞] 類 ①再点検《さいてんけん》する ②やり返《かえ》す	①見直《みなお》す。②仕返《しかえ》しとして、自分《じぶん》の力《ちから》を見《み》せつける。
5	遺志《いし》 [名詞] 類 故人《こじん》の志《こころざし》	死《し》んだ人《ひと》が生《い》きていたときにもっていた思《おも》い。
6	人騒《ひとさわ》がせ [名詞・形動] 類 お騒《さわ》がせ	訳《わけ》もなく人《ひと》を驚《おどろ》かせ、嫌《いや》な思《おも》いをさせること。
7	出身《しゅっしん》 [名詞] 類 出自《しゅつじ》、ふるさと	その土地《とち》、あるいはその学校《がっこう》を出《で》たこと。

A 父《ちち》は、大阪《おおさか》**生《う》まれ**の面白《おもしろ》い関西人《かんさいじん》だ。

B ときには過去《かこ》を**省《かえり》みる**ことも大切《たいせつ》だ。

C お別《わか》れ会《かい》の実行委員会《じっこういいんかい》は、各班《かくはん》から選《えら》んだ六人《ろくにん》で**形作《かたちづく》る**。

D 夜中《よなか》に寝《ね》ぼけて「火事《かじ》だ!」なんて叫《さけ》ぶのは、**はた迷惑《めいわく》**だ。

E 「ラクダは楽《らく》だ」は、**定番《ていばん》の**だじゃれだ。

F 祖父《そふ》の**生前《せいぜん》の望《のぞ》み**を継《つ》ぐ。

G 年《とし》の暮《く》れは、町《まち》を**せわしなく**歩《ある》いている人《ひと》が多《おお》い。

問2 左《ひだり》の( )に、1～7の語句《ごく》から最《もっと》も合《あ》うものを選《えら》んで書《か》きなさい。

ア 焦《あせ》ると、(　　　)した話《はな》し方《かた》になる。

イ 時代劇《じだいげき》は(　　　)ストーリー展開《てんかい》のものが多《おお》い。

ウ 亡《な》き人《ひと》の(　　　)を尊重《そんちょう》する。

エ 物語《ものがたり》の(　　　)を考《かんが》える。

オ (　　　)な事件《じけん》を起《お》こす。

カ 書《か》いた作文《さくぶん》を、もう一度《いちど》(　　　)。

キ 母《はは》は、美術大学《びじゅつだいがく》の(　　　)だ。

[裏ページの答え] 問い1:①E ②C ③A ④F ⑤B ⑥G ⑦D
問い2:㋐信用 ㋑見込み ㋒収蔵 ㋓観点 ㋔ちなんで ㋕孤独 ㋖そしる

問1 左《ひだり》の語句《ごく》と同《おな》じ意味《いみ》の言葉《ことば》をⒶ～Ⓖから選《えら》び、線《せん》で結《むす》びましょう。

	語句	意味
❶	**題材《だいざい》**［名詞］ 類 素材《そざい》、テーマ、モチーフ	絵《え》や小説《しょうせつ》などの主《しゅ》題《だい》、材料《ざいりょう》。
❷	**品格《ひんかく》**［名詞］ 類 品位《ひんい》、エレガントさ	人《ひと》やものから漂《ただよ》う品《ひん》のよさ。
❸	**しとしと**［副詞］ 類 ぱらぱら、ぽつりぽつり	弱《よわ》い雨《あめ》が、静《しず》かに降《ふ》るようす。
❹	**移籍《いせき》（する）**［名詞（動詞）］ 類 移行《いこう》（する）、異動《いどう》（する）	ほかの籍《せき》や団体《だんたい》に移《うつ》ること。
❺	**距離感《きょりかん》**［名詞］ 類 間隔《かんかく》、長《なが》さ	あるところまでの距離《きょり》が、このくらいだろうと思《おも》う感覚《かんかく》。
❻	**定石《じょうせき》**［名詞］ 類 ①定法《じょうほう》 ②王道《おうどう》	①決《き》まった方法《ほうほう》。②最上《さいじょう》とされる手《しゅ》段《だん》、方法《ほうほう》。
❼	**未熟《みじゅく》**［名詞・形動］ 類 ①半熟《はんじゅく》 ②不慣《ふな》れ ③未成熟《みせいじゅく》	①熟《じゅく》していない。②腕前《うでまえ》が不十分《ふじゅうぶん》だ。③発育《はついく》が不十分《ふじゅうぶん》だ。

Ⓐ タコ焼《や》きを口《くち》に入《い》れすぎるのは、**上品《じょうひん》さ**に欠《か》ける。

Ⓑ 水泳《すいえい》が上達《じょうたつ》したので、一《ひと》つ上《うえ》のクラスに**移《うつ》った**。

Ⓒ 犯人探《はんにんさが》しは、聞《き》き込《こ》み捜査《そうさ》が**定番《ていばん》のやり方《かた》**だ。

Ⓓ 作文《さくぶん》に書《か》くことがなくて、**ネタ**探《さが》しの旅《たび》に出《で》る。

Ⓔ 雨《あめ》が**音《おと》もなく細《こま》やかに**降《ふ》り続《つづ》く。

Ⓕ このリンゴはまだ**青《あお》い**から食《た》べられない。

Ⓖ キャンプに行《い》って、気《き》になる女《じょ》子《し》との**隔《へだ》たり**が縮《ちぢ》まった。

問2 左《ひだり》の（　）に、❶～❼の語句《ごく》から最《もっと》も合《あ》うものを選《えら》んで書《か》きなさい。

㋐ 小雨《こさめ》が（　　　　）降《ふ》っている。

㋑ 遠《とお》くに見《み》えるあの山《やま》までの（　　　　）がつかめない。

㋒ （　　　　）を踏《ふ》むことは大切《たいせつ》だ。

㋓ 言葉《ことば》の表現《ひょうげん》が（　　　　）なので、作文教室《さくぶんきょうしつ》に通《かよ》う。

㋔ 有名《ゆうめい》な選手《せんしゅ》がほかのクラブに誘《さそ》われて、（　　　　）する。

㋕ 夕焼《ゆうや》けを（　　　　）とした絵《え》を描《か》く。

㋖ あのタキシードを着《き》た紳士《しんし》は、（　　　　）がある。

［裏ページの答え］ 問い1：①D　②C　③A　④F　⑤B　⑥G　⑦E
問い2：㋐あなどる　㋑季節感　㋒有効　㋓押しのける　㋔うごめく　㋕度肝を抜く　㋖からめる

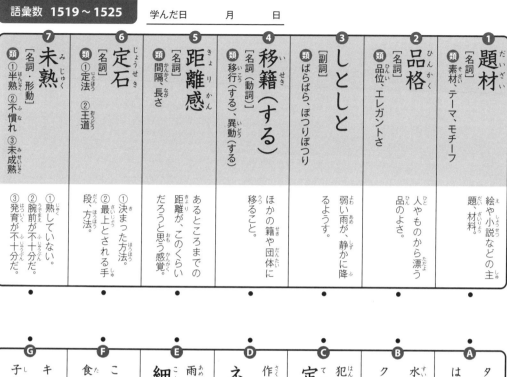

問1
左《ひだり》の語句《ごく》と同《おな》じ意味《いみ》の言葉《ことば》をⒶ～Ⓖから選《えら》び、線《せん》で結《むす》びましょう。

	語句	意味
❶	有効《ゆうこう》［名詞・形動］ 類 有用《ゆうよう》、有益《ゆうえき》	効《き》き目《め》があるようす。役《やく》に立《た》つようす。
❷	うごめく［動詞］ 類 むくむく動《うご》く	はうようにして、少《すこ》しずつ動《うご》く。
❸	押《お》しのける［動詞］ 類 ①のける、どける ②割《わ》り込《こ》む	①押《お》して、どかす。②争《あらそ》って、相手《あいて》を退《しりぞ》けさせる。
❹	あなどる［動詞］ 類 みくびる	人《ひと》をばかにする。見下《みさ》げる。
❺	からめる［動詞］ 類 ①まといつく ②関連付《かんれんづ》ける	①細《ほそ》いものを周《まわ》りに巡《めぐ》らす。②二《ふた》つのことを、関係付《かんけいづ》ける。
❻	季節感《きせつかん》［名詞］ 類 四季折々《しきおりおり》の風情《ふぜい》	その季節《きせつ》らしい感《かん》じ。
❼	度肝《どぎも》を抜《ぬ》く［慣用句］ 類 仰天《ぎょうてん》させる、驚嘆《きょうたん》させる	まさかと思《おも》われることをして、ひどく驚《おどろ》かせる。

Ⓐ バーゲン会場《かいじょう》では、人《ひと》をどかして商品《しょうひん》をつかみ取《と》る。

Ⓑ クリスマスツリーに電飾《でんしょく》を巻《ま》き付《つ》ける。

Ⓒ 芋虫《いもむし》がもぞもぞ動《うご》く。

Ⓓ 薬《くすり》の効能《こうのう》がある期限《きげん》を確《たし》かめる。

Ⓔ 苦手《にがて》な料理《りょうり》の腕《うで》を磨《みが》いて、皆《みな》をあっと言《い》わせたい。

Ⓕ 山《やま》の天気《てんき》を軽《かる》く見《み》ていたら、突然雷《とつぜんかみなり》が鳴《な》って焦《あせ》った。

Ⓖ 春夏秋冬《しゅんかしゅうとう》の味《あじ》わいがあふれる庭園《ていえん》だ。

問2
左《ひだり》の（　）に、❶～❼の語句《ごく》から最《もっと》も合《あ》うものを選《えら》んで書《か》きなさい。

㋐ 小《ちい》さいと思《おも》って、小犬《こいぬ》の力《ちから》を（　　　）。

㋑ 旬《しゅん》の果物《くだもの》で（　　　）を楽《たの》しむ。

㋒ 時間《じかん》を（　　　）に使《つか》う。

㋓ 岩《いわ》を（　　　）ほどの力《ちから》を出《だ》す。

㋔ 闇《やみ》に（　　　）人影《ひとかげ》に目《め》をこらした。

㋕ 超特大《ちょうとくだい》の誕生日《たんじょうび》ケーキが、私《わたし》の（　　　）。

㋖ お餅《もち》に、あんこを（　　　）。

［裏ページの答え］　問い1：①D　②A　③E　④B　⑤G　⑥C　⑦F
問い2：㋐しとしと　㋑距離感　㋒定石　㋓未熟　㋔移籍　㋕題材　㋖品格

問1 左《ひだり》の語句《ごく》と同《おな》じ意味《いみ》の言葉《ことば》をⒶ～Ⓖから選《えら》び、線《せん》で結《むす》びましょう。

語句 / 意味

❶ 出《で》ばなをくじく
[慣用句]
類 機先《きせん》を制《せい》する
最初《さいしょ》に邪魔《じゃま》をして、やろうとする気《き》をなくさせる。

❷ 生意気《なまいき》
[名詞・形動]
類 小生意気《こなまいき》
偉《えら》そうだったり、出《で》すぎた態度《たいど》をとったりすること。

❸ けんもほろろ
[形動]
類 取《と》り付《つ》く島《しま》もない
人《ひと》の頼《たの》みなどを、冷《つめ》たく断《ことわ》るようす。

❹ 煩《わずら》わしい
[形容詞]
類 おっくう
面倒《めんどう》くさくて、気《き》が重《おも》い。

❺ 温暖《おんだん》
[名詞・形動]
類 温順《おんじゅん》
気候《きこう》が、ちょうどよいくらい暖《あたた》かなこと。

❻ 納得《なっとく》(する)
[名詞(動詞)]
類 了解《りょうかい》(する)、了承《りょうしょう》(する)
意味《いみ》や内容《ないよう》がよくわかって、承知《しょうち》すること。

❼ 自尊心《じそんしん》
[名詞]
類 自負《じふ》、気位《きぐらい》
自分《じぶん》の人格《じんかく》や名誉《めいよ》を大事《だいじ》にする気持《きも》ち。

Ⓐ 厄介《やっかい》なけんかに巻《ま》き込《こ》まれてしまった。

Ⓑ 春《はる》が来《き》て、ぽかぽかと穏《おだ》やかな日《ひ》が続《つづ》く。

Ⓒ 一点先取《いってんせんしゅ》で、敵《てき》の勢《いきお》いをそぐ。

Ⓓ 弟《おとうと》にゲームを借《か》りるため、プライドを捨《す》てて土下座《どげざ》した。

Ⓔ 出《で》しゃばるような口《くち》を聞《き》くんじゃない!

Ⓕ 妹《いもうと》に五百円《ごひゃくえん》貸《か》してと頼《たの》んだが、素《そ》っ気《け》なく断《ことわ》られた。

Ⓖ 清潔感《せいけつかん》のない男子《だんし》はモテないと聞《き》いて、そうだと思《おも》う。

問2 左《ひだり》の( )に、❶～❼の語句《ごく》から最《もっと》も合《あ》うものを選《えら》んで書《か》きなさい。

㋐ (　　　)な気候《きこう》の土地《とち》に住《す》む。

㋑ すぐに(　　　)を傷《きず》つけられる傾向《けいこう》がある。

㋒ (　　　)に追《お》い払《はら》われ、手《て》も足《あし》も出《で》ない。

㋓ 父《ちち》に(　　　)な態度《たいど》をとって怒《おこ》られる。

㋔ 説明《せつめい》を聞《き》いて(　　　)する。

㋕ (　　　)作業《さぎょう》から解放《かいほう》されたい。

㋖ 遠足《えんそく》の(　　　)ような大雨《おおあめ》で、みんながっかりした。

[裏ページの答え]　問い1:①C　②F　③A　④G　⑤B　⑥D　⑦E
問い2:㋐合間　㋑重複　㋒構想　㋓見せびらかす　㋔高飛車　㋕介護　㋖ありがた迷惑

問1

左《ひだり》の語《ご》句《く》と同《おな》じ意《い》味《み》の言葉《ことば》をⒶ～Ⓖから選《えら》び、線《せん》で結《むす》びましょう。

	語句	意味
❶	高飛車《たかびしゃ》 [形動] 類 横柄《おうへい》、尊大《そんだい》	相手《あいて》をおさえ付《つ》けるような態度《たいど》をとること。
❷	見《み》せびらかす [動詞] 類 ひけらかす	自分《じぶん》の持《も》ち物《もの》などを自慢《じまん》そうに見《み》せる。
❸	ありがた迷惑《めいわく》 [名詞・形動] 類 余計《よけい》なお世話《せわ》	ありがたく見《み》えることが、相手《あいて》にはかえって困《こま》ること。
❹	合間《あいま》 [名詞] 類 間合《まあ》い、中休《なかやす》み	あることと、次《つぎ》のあることとの間《あいだ》の時間《じかん》。
❺	重複《ちょうふく》(する) [名詞（動詞）] 類 重《かさ》なる、二重《にじゅう》になる	同《おな》じ物事《ものごと》が重《かさ》なること。
❻	構想《こうそう》 [名詞] 類 計画《けいかく》、プラン	考《かんが》えやアイデアを組《く》み立《た》てて、まとめること。
❼	介護《かいご》(する) [名詞（動詞）] 類 介助《かいじょ》(する)、看護《かんご》(する)	病気《びょうき》の人《ひと》や高齢者《こうれいしゃ》の世話《せわ》をすること。

Ⓐ 人《ひと》の目玉焼《めだまや》きに勝手《かって》にソースをかけるなんて、お節介《せっかい》だ。

Ⓑ 「その濃《こ》い色《いろ》は、濃《こ》いね」では、言葉《ことば》がダブる。

Ⓒ 「みかん持《も》ってこい！」なんて、言《い》い方《かた》が頭《あたま》ごなしだ。

Ⓓ アニメ映画《えいが》の企画《きかく》がまとまる。

Ⓔ おじいちゃんを手助《てだす》けして、お世話《せわ》する。

Ⓕ 新《あたら》しいペンケースを得意《とくい》げに見《み》せる。

Ⓖ 番組《ばんぐみ》と番組《ばんぐみ》の切《き》れ目《め》に、トイレに駆《か》け込《こ》む。

問2

左《ひだり》の（　）に、❶～❼の語句《ごく》から最《もっと》も合《あ》うものを選《えら》んで書《か》きなさい。

㋐ 勉強《べんきょう》の（　　　）に、お菓子《かし》を食《た》べる。

㋑ 話《はなし》の内容《ないよう》が（　　　）している。

㋒ 町《まち》づくりの（　　　）を練《ね》る。

㋓ 友達《ともだち》に、最新《さいしん》のゲーム機《き》を（　　　）。

㋔ （　　　）な態度《たいど》で、言《い》い付《つ》ける。

㋕ 病気《びょうき》の人《ひと》を（　　　）する看護師《かんごし》に憧《あこが》れる。

㋖ うちの犬《いぬ》に勝手《かって》に芸《げい》を仕込《しこ》むのは、（　　　）だ。

［裏ページの答え］ 問い1：①C ②E ③F ④A ⑤B ⑥G ⑦D
問い2：㋐温暖 ㋑自尊心 ㋒けんもほろろ ㋓生意気 ㋔納得 ㋕煩わしい ㋖出ばなをくじく

学んだ日　　月　　日

問1 左《ひだり》の語句《ごく》と同《おな》じ意味《いみ》の言葉《ことば》をⒶ～Ⓖから選《えら》び、線《せん》で結《むす》びましょう。

	語句	意味
❶	底力《そこぢから》 [名詞] 類 真価《しんか》	いざというときに出《で》る、強《つよ》い力《ちから》。
❷	情《じょう》の深《ふか》い [連語] 類 情《なさ》けのある	他人《たにん》に対《たい》する親切《しんせつ》な感情《かんじょう》が強《つよ》いようす。
❸	一切《いっさい》 [名詞・副詞] 類 ①全部《ぜんぶ》 ②全然《ぜんぜん》	①全《すべ》て。ことごとく。②（下《した》に打《う》ち消しの言葉《ことば》がきて）全《まった》く。
❹	あごを出《だ》す [慣用句] 類 疲《つか》れ切《き》る、疲労困憊《ひろうこんぱい》する	ひどく疲《つか》れているようす。
❺	際《きわ》どい [形容詞] 類 危《あぶ》ない、すんでのところで	もう少《すこ》しで、困《こま》ったことになるようす。
❻	偽造《ぎぞう》（する） [名詞（動詞）] 類 がん造《ぞう》（する）、ねつ造《ぞう》（する）	本物《ほんもの》に似《に》たものを作《つく》ること。
❼	憎悪《ぞうお》（する） [名詞（動詞）] 類 嫌悪《けんお》（する）	嫌《いや》だと思《おも》い、激《はげ》しく憎《にく》むこと。

Ⓐ 人情味《にんじょうみ》のある彼《かれ》はクラスの人気者《にんきもの》だ。

Ⓑ 長《なが》い坂道《さかみち》を上《のぼ》って、くたくたになった。

Ⓒ お金《かね》をそっくりに作《つく》ることは法律《ほうりつ》で禁止《きんし》されている。

Ⓓ 妹《いもうと》は、ヌルヌルした生《い》き物《もの》を忌《い》み嫌《きら》う。

Ⓔ 練習《れんしゅう》では失敗《しっぱい》しても、発表会《はっぴょうかい》で本領《ほんりょう》を発揮《はっき》すればよい。

Ⓕ 家出《いえで》した猫《ねこ》の行方《ゆくえ》は、まるっきりわからない。

Ⓖ 塀《へい》のすれすれのところで、車《くるま》のブレーキを踏《ふ》んだ。

問2 左《ひだり》の（　）に、❶～❼の語句《ごく》から最《もっと》も合《あ》うものを選《えら》んで書《か》きなさい。

㋐ （　　）カードを使《つか》った犯罪《はんざい》のニュースをテレビで見《み》た。

㋑ 係《かかり》の仕事《しごと》の（　　）を任《まか》せる。

㋒ 困《こま》ったときにこそ（　　）を出《だ》す。

㋓ （　　）ところだったが、電車《でんしゃ》に間《ま》に合《あ》った。

㋔ 父《ちち》は気難《きむずか》しいが、（　　）一面《いちめん》もある。

㋕ プリンを食《た》べた犯人《はんにん》に（　　）の念《ねん》を抱《いだ》く。

㋖ 山道《やまみち》の途中《とちゅう》で力尽《ちからつ》きて（　　）。

［裏ページの答え］ 問い１：①B ②F ③E ④C ⑤G ⑥A ⑦D
問い２：㋐感受性 ㋑口外 ㋒ひとかど ㋓ほのか ㋔エスカレート ㋕えこひいき ㋖先見の明

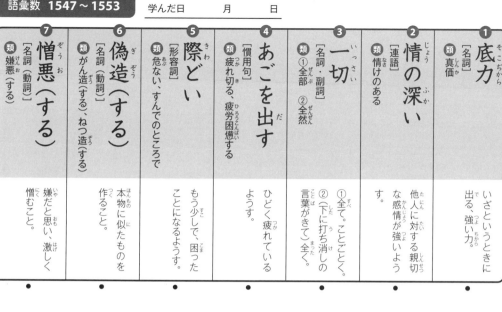

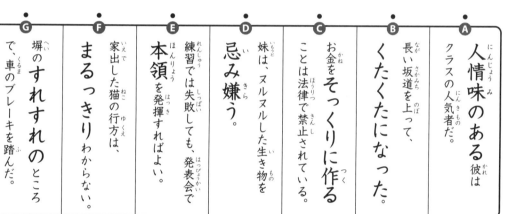

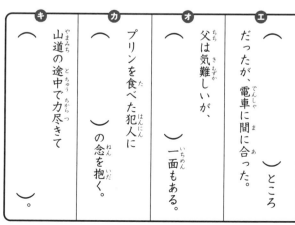

問1 左《ひだり》の語句《ごく》と同《おな》じ意味《いみ》の言葉《ことば》をⒶ～Ⓖから選《えら》び、線《せん》で結《むす》びましょう。

	語句	意味
❶	**エスカレート(する)** [名詞(動詞)] 類 悪化《あっか》(する)、増長《ぞうちょう》(する)	物事《ものごと》が少《すこ》しずつ大《おお》きくなり、勢《いきお》いが増《ま》すこと。
❷	**口外《こうがい》(する)** [名詞(動詞)] 類 他言《たごん》(する)	ほかの人《ひと》や外部《がいぶ》に、秘密《ひみつ》などをしゃべること。
❸	**えこひいき(する)** [名詞(動詞)] 類 偏愛《へんあい》(する)	ある人《ひと》やものだけを、特別《とくべつ》にかわいがること。
❹	**感受性《かんじゅせい》** [名詞] 類 感性《かんせい》	外《そと》からの刺激《しげき》や印《いん》象《しょう》を感《かん》じ取《と》る力《ちから》。
❺	**ほのか** [形動] 類 おぼろげ	ぼんやりとしていて、はっきりしないようす。
❻	**先見《せんけん》の明《めい》** [慣用句] 類 洞察力《どうさつりょく》	先《さき》のことを、前《まえ》もって見通《みとお》すことができる賢《かしこ》さ。
❼	**ひとかど** [名詞・副詞] 類 ①抜群《ばつぐん》 ②一丁前《いっちょうまえ》 ③相応《そうおう》に	①目立《めだ》って優《すぐ》れていること。②一人前《いちにんまえ》。③いっぱしに。

Ⓐ 防災対策《ぼうさいたいさく》には、将来《しょうらい》を**見抜《みぬ》く知恵《ちえ》**が必要《ひつよう》だ。

Ⓑ スーパーの安売《やすう》り競争《きょうそう》が、**激《はげ》しくなる。**

Ⓒ 子どもの**細《こま》やかに感《かん》じる性質《せいしつ》**を大切《たいせつ》にする。

Ⓓ 彼《かれ》は、**人並《ひとな》み以上《いじょう》**の身体能力《しんたいのうりょく》をもっている。

Ⓔ 三匹《さんびき》の小犬《こいぬ》を、**分《わ》け隔《へだ》て**せず、同《おな》じように育《そだ》てる。

Ⓕ 弟《おとうと》のおねしょの話《はなし》を、うっかり**人前《ひとまえ》で口《くち》にする。**

Ⓖ **かすか**な明《あ》かりを頼《たよ》りに、お化《ば》け屋敷《やしき》の出口《でぐち》を探《さが》す。

問2 左《ひだり》の（　）に、❶～❼の語句《ごく》から最《もっと》も合《あ》うものを選《えら》んで書《か》きなさい。

㋐ 芸術家《げいじゅつか》は（　　　）が強《つよ》い。

㋑ 秘密《ひみつ》を（　　　）しないと約束《やくそく》した。

㋒ 彼《かれ》は、将棋《しょうぎ》の世界《せかい》では（　　　）知《し》られた存在《そんざい》だ。

㋓ ろうそくの火《ひ》が（　　　）に光《ひか》る。

㋔ 甘《あま》やかされた妹《いもうと》のわがままが（　　　）する。

㋕ 先生《せんせい》は、みんなに公平《こうへい》で、（　　　）しない。

㋖ （　　　）があった父は、事業《じぎょう》で成功《せいこう》した。

[裏ページの答え]　問い1：①E　②A　③F　④B　⑤G　⑥C　⑦D
問い2：㋐偽造　㋑一切　㋒底力　㋓際どい　㋔情の深い　㋕憎悪　㋖あごを出す

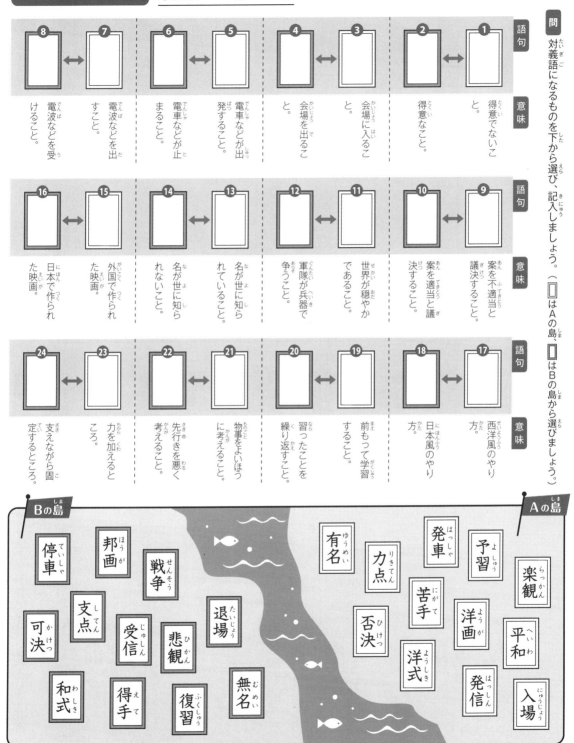

学んだ日　　月　　日

問 対義語《たいぎご》になるものを下《した》から選《えら》び、記入《きにゅう》しましょう。（□はAの島《しま》、□はBの島《しま》から選《えら》びましょう。）

語句	意味
1	得意《とくい》でないこと。
2	得意《とくい》なこと。
3	会場《かいじょう》に入《はい》ること。
4	会場《かいじょう》を出《で》ること。
5	電車《でんしゃ》などが出発《しゅっぱつ》すること。
6	電車《でんしゃ》などが止《と》まること。
7	電波《でんぱ》などを出《だ》すこと。
8	電波《でんぱ》などを受《う》けること。
9	案《あん》を不適当《ふてきとう》と議決《ぎけつ》すること。
10	案《あん》を適当《てきとう》と議《ぎ》決《けつ》すること。
11	世界《せかい》が穏《おだ》やかであること。
12	軍隊《ぐんたい》が兵器《へいき》で争《あらそ》うこと。
13	名《な》が世《よ》に知《し》られていること。
14	名《な》が世《よ》に知《し》られないこと。
15	外国《がいこく》で作《つく》られた映画《えいが》。
16	日本《にほん》で作《つく》られた映画《えいが》。
17	西洋風《せいようふう》のやり方《かた》。
18	日本風《にほんふう》のやり方《かた》。
19	前《まえ》もって学習《がくしゅう》すること。
20	習《なら》ったことを繰《く》り返《かえ》すこと。
21	物事《ものごと》をよいほうに考《かんが》えること。
22	先行《さきゆ》きを悪《わる》く考《かんが》えること。
23	力《ちから》を加《くわ》えるところ。
24	支《ささ》えながら固《こ》定《てい》するところ。

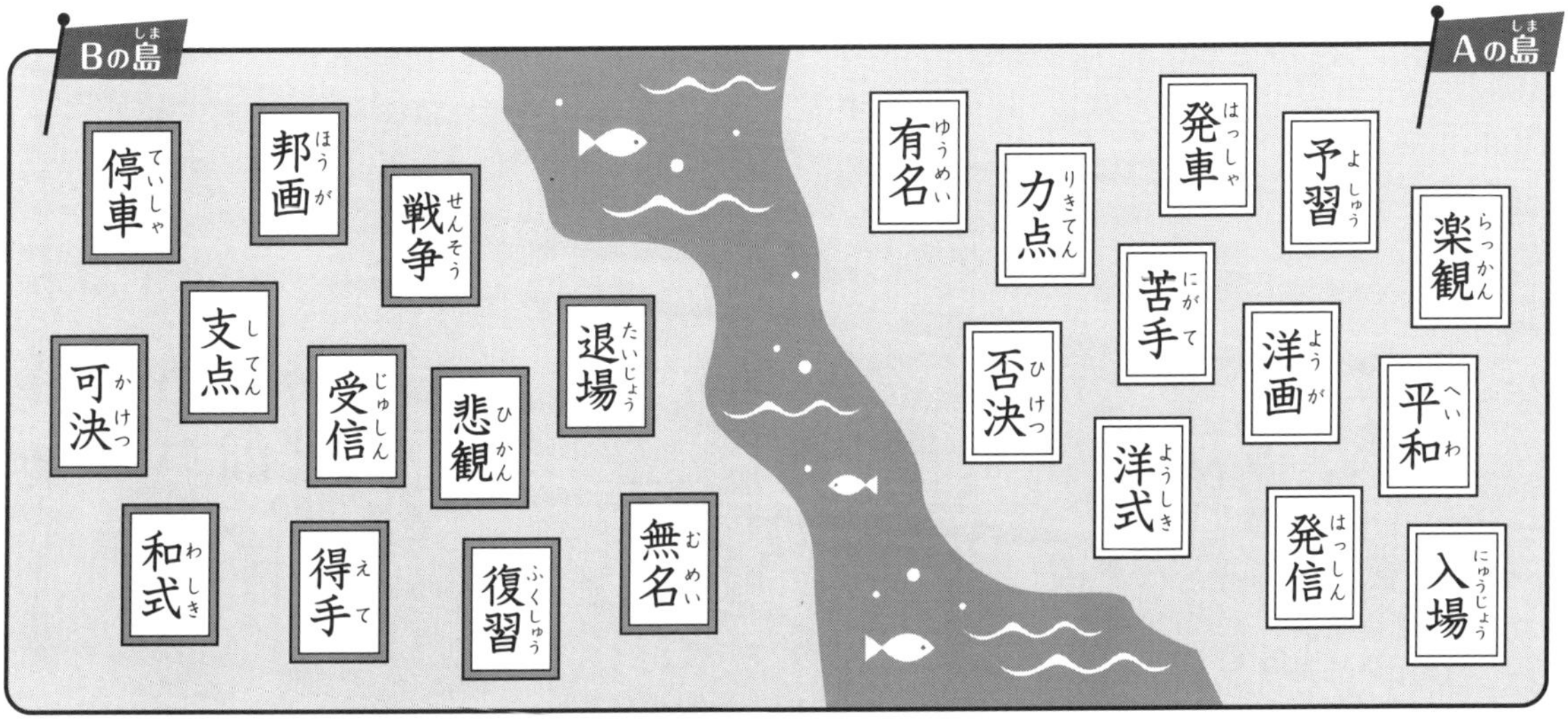

Bの島《しま》
停車《ていしゃ》
邦画《ほうが》
戦争《せんそう》
支点《してん》
可決《かけつ》
受信《じゅしん》
悲観《ひかん》
退場《たいじょう》
和式《わしき》
得手《えて》
復習《ふくしゅう》
無名《むめい》
Aの島《しま》
有名《ゆうめい》
力点《りきてん》
発車《はっしゃ》
予習《よしゅう》
楽観《らっかん》
苦手《にがて》
洋画《ようが》
否決《ひけつ》
平和《へいわ》
洋式《ようしき》
発信《はっしん》
入場《にゅうじょう》

［裏ページの答え］ ①備 ②断 ③臨 ④望 ⑤建 ⑥攻 ⑦冷 ⑧供 ⑨絶 ⑩裁 ⑪責 ⑫覚

◆同訓異字語《どうくんいじご》

語句	意味
冷《さ》ます	熱《あつ》いものを冷《つめ》たくする。
覚《さ》ます	眠《ねむ》った状態《じょうたい》から起《お》きる。
攻《せ》める	戦《たたか》いを仕掛《しか》ける。
責《せ》める	相手《あいて》をとがめる。
備《そな》える	起《お》こることを予想《よそう》して準備《じゅんび》しておく。
供《そな》える	神仏《しんぶつ》などにものをささげる。
絶《た》つ	（おもに形《かたち》のないものについて）それを続《つづ》けない。
断《た》つ	（おもに形《かたち》のあるものについて）それを続《つづ》けない。
建《た》つ	建物《たてもの》などが造《つく》られる。
裁《た》つ	紙《かみ》や布《ぬの》などを切《き》る。
望《のぞ》む	「こうであればよい」と心《こころ》の中《なか》で思《おも》う。
臨《のぞ》む	風景《ふうけい》や場所《ばしょ》などを目《め》の前《まえ》にする。

問 左《ひだり》の（　）にあてはまる適切《てきせつ》な漢字《かんじ》を、下《した》の□から一《ひと》つ選《えら》びましょう。

1. 来週《らいしゅう》の台風《たいふう》に（　）える。
2. 草《くさ》の根《ね》を根《ね》こそぎ（　）つ。
3. 海《うみ》に（　）む家《いえ》に住《す》む。
4. 将来《しょうらい》の成功《せいこう》を（　）む。
5. 駅前《えきまえ》にビルが（　）つ。
6. 敵《てき》の城《しろ》を（　）める。
7. スープを（　）ます。
8. 祖母《そぼ》の墓前《ぼぜん》に花《はな》を（　）える。
9. 交際《こうさい》を（　）つ決心《けっしん》をする。
10. 大《おお》きい布地《ぬのじ》を（　）つ。
11. 人《ひと》の過《あやま》ちを（　）める。
12. 夕方《ゆうがた》に目《め》を（　）ます。

備　覚　供　責　望　絶　裁
建　臨　攻　断　冷

〔裏ページの答え〕①苦手　②得手　③入場　④退場　⑤発車　⑥停車　⑦発信　⑧受信　⑨否決　⑩可決　⑪平和　⑫戦争　⑬有名　⑭無名　⑮洋画　⑯邦画　⑰洋式　⑱和式　⑲予習　⑳復習　㉑楽観　㉒悲観　㉓力点　㉔支点

学んだ日　　月　　日

◆同訓異字語《どうくんいじご》

語句	意味
上《あ》げる	（ものを）下《した》から上《うえ》に移《うつ》す。
挙《あ》げる	たくさんの人《ひと》の前《まえ》でとり行《おこな》う。
暑《あつ》い	不快《ふかい》に思《おも》うほど気温《きおん》が高《たか》い。
熱《あつ》い	触《さわ》れないくらい、ものの温度《おんど》が高《たか》い。
厚《あつ》い	ものの一《ひと》つの面《めん》から反対《はんたい》の面《めん》までの距離《きょり》が大《おお》きい。
押《お》す	力《ちから》を加《くわ》えて前方《ぜんぽう》に動《うご》かす。
推《お》す	ふさわしい人《ひと》やものを推薦《すいせん》する。
計《はか》る	時間《じかん》や程度《ていど》を調《しら》べる。
図《はか》る	計画《けいかく》などを立《た》てて、何《なに》かを成《な》し遂《と》げようとする。
測《はか》る	長《なが》さや深《ふか》さなどを調《しら》べる。
直《なお》す	正《ただ》しい場所《ばしょ》に戻《もど》したり、正常《せいじょう》な状態《じょうたい》にする。
治《なお》す	けがや病気《びょうき》などを治療《ちりょう》して、健康《けんこう》な状態《じょうたい》にする。

問 左《ひだり》の（　）にあてはまる適切《てきせつ》な漢字《かんじ》を、下《した》の□から一《ひと》つ選《えら》びましょう。

❶ 壊《こわ》れた犬小屋《いぬごや》を（　）す。
❷ 砂時計《すなどけい》で三分《さんぷん》（　）る。
❸ 用紙《ようし》の寸法《すんぽう》を（　）る。
❹ このドアは（　）すと開《ひら》く。
❺ たくさん寝《ね》て風邪《かぜ》を（　）す。
❻ 大々的《だいだいてき》に卒業式《そつぎょうしき》を（　）げる。
❼ ぶ（　）い上着《うわぎ》を洗《せん》たくする。
❽ 十月《じゅうがつ》になってもまだ（　）い。
❾ 荷物《にもつ》を電車《でんしゃ》の棚《たな》に（　）げる。
❿ 秘密基地《ひみつきち》を作《つく》ろうと（　）る。
⓫ 彼《かれ》を学級委員長《がっきゅういいんちょう》に（　）す。
⓬ 焼《や》き立《た》てのパンは（　）い。

推　挙　熱　押　上　厚　治　計　暑　測　図　直

［このページの答え］ ①直　②計　③測　④押　⑤治　⑥挙　⑦厚　⑧暑　⑨上　⑩図　⑪推　⑫熱

さくいん

[監修] **深谷圭助**（ふかや けいすけ）

1965年生まれ。愛知教育大学卒業、名古屋大学大学院博士後期課程修了。博士（教育学）。

立命館小学校校長を経て、現在は中部大学教授。NPO法人こども・ことば研究所理事長、元ロンドン大学東洋アフリカ研究学院客員研究員など複数の役職を務める。

「辞書引き学習法」を開発・提唱し、自らすすんで学ぶ力の大切さを主張している。近年では、イギリス、シンガポール、タイの現地学校における「辞書引き学習指導」、母語、英語に関する指導・助言も行っている。

著書に『小学校6年生までに必要な語彙力が1冊でしっかり身につく本』（かんき出版）、『深谷式　学年別必修基本語7700「ことばプリント」』（小学館）などがある。編集代表として『例解学習国語辞典』『例解学習漢字辞典』（小学館）をまとめ上げる一方、監修としても『たのしく勉強できる！小学生の重要語句クロスワード1・2・3年生』（池田書店）などを手がけ、多数の書籍を世に送り出し続けている。

装丁デザイン　宇都木スズムシ（ムシカゴグラフィクス）
DTP　尾本卓弥（リベラル社）
編集協力　福谷仁（株式会社一校舎）
編集人　伊藤光恵（リベラル社）
営業　津村卓（リベラル社）
制作・営業コーディネーター　仲野進（リベラル社）

編集部　鈴木ひろみ・中村彩・安永敏史
営業部　澤順二・津田滋春・廣田修・青木ちはる・竹本健志・持丸孝・坂本鈴佳

小学生で身につけたい 語彙力 1600 [コンパクト版]

2023年6月2日　初版発行

編　集　リベラル社
発行者　隅 田 直 樹
発行所　株式会社 リベラル社
〒460-0008　名古屋市中区栄3-7-9　新鏡栄ビル8F
TEL 052-261-9101　FAX 052-261-9134　http://liberalsya.com
発　売　株式会社 星雲社（共同出版社・流通責任出版社）
〒112-0005　東京都文京区水道1-3-30
TEL 03-3868-3275
印刷・製本所　株式会社 シナノパブリッシングプレス

ISBN978-4-434-32258-7　C6081